# 마르크스주의와 여성해방

국립중앙도서관 출판예정도서목록(CIP)

마르크스주의와 여성해방 / 지은이: 주디스 오어 ; 옮긴이:
이장원. -- 서울 : 책갈피, 2016
        p. ;    cm

원표제: Marxism and women's liberation
원저자명: Judith Orr
참고문헌과 색인수록
영어 원작을 한국어로 번역
ISBN  978-89-7966-119-4  03330 : ₩16000

여성 운동[女性運動]

337.2-KDC6
305.42-DDC23                              CIP2016016913

# 마르크스주의와 여성해방

주디스 오어 지음 | 이장원 옮김

책갈피

*Marxism and Women's Liberation* - Judith Orr
Published 2015 by Bookmarks Publications
ⓒ Bookmarks Publications

Korean translation edition ⓒ 2016 by Chaekgalpi Publishing Co.
Bookmarks와 협약에 따라 이 책의 한국어 판권은 책갈피 출판사에 있습니다.

# 마르크스주의와 여성해방

지은이 | 주디스 오어
옮긴이 | 이장원
펴낸곳 | 도서출판 책갈피

등록 | 1992년 2월 14일(제2014-000019호)
주소 | 서울 성동구 무학봉15길 12 2층
전화 | 02) 2265-6354
팩스 | 02) 2265-6395
이메일 | bookmarx@naver.com
홈페이지 | http://chaekgalpi.com

첫 번째 찍은 날 2016년 7월 29일
네 번째 찍은 날 2021년 3월 5일

값 16,000원

ISBN 978-89-7966-119-4
잘못된 책은 바꿔 드립니다.

# 차례

## 일러두기

1. 이 책은 Judith Orr, *Marxism and Women's Liberation*(Bookmarks, 2015)을 번역한 것이다.

2. 인명과 지명 등의 외래어는 최대한 외래어 표기법에 맞춰 표기했다.

3. 《 》부호는 책과 잡지를 나타내고 〈 〉부호는 신문, 주간지, 영화, 텔레비전 프로그램, 노래를 나타낸다. 논문은 " "로 나타냈다.

4. 본문에서 [ ]는 옮긴이가 독자의 이해를 돕거나 문맥을 매끄럽게 하려고 덧붙인 것이다. 지은이가 인용문에 덧붙인 것은 [ ─ 지은이]로 표기했다.

5. 본문의 각주는 옮긴이가 넣은 것이다. 지은이의 각주는 '─ 지은이'라고 표기했다.

6. 원문에서 이탤릭체로 강조한 부분은 고딕체로 나타냈다.

# 감사의 말

이집트 혁명이 일어났을 때, 나는 운 좋게도 카이로의 타흐리르 광장에서 18일 동안 벌어진 혁명 과정의 일부를 직접 목격할 수 있었다. 여성들은 봉기 첫날부터 투쟁의 중심에 섰다. 그러나 지금 그들은 반혁명으로 고통받고 있다.

그래서 나는 이 책을 혁명적 사회주의자이자 인권 변호사인 마히누르 엘마스리에게 헌정하고 싶다. 이 글을 쓰는 지금, 그녀는 혁명을 주도했다는 이유로 이집트의 감옥에 갇혀 있다. 그러나 마히누르는 자신과 같이 알려진 사람보다는 함께 수감돼 있는 "가족 모임에서만 자랑스럽게 기억될" 수많은 여성들에게 더 많은 연대가 필요하다고 항상 주장한다. 그런 뜻에서 마히누르와 이집트의 모든 정치수에게 이 책을 바친다.

# 1장 드높은 기대

　인류의 절반인 여성은 왜 아직도 차별받을까? 여성은 지구상의 극빈층 대다수를 차지하고 모든 사회에서 차별받으며 갖가지 방식으로 열등한 존재 취급을 받는다. 왜 여성은 유리 천장을 뚫고 부와 권력을 얻기보다는 저임금의 밑바닥에서 헤어나지 못하는 것일까? 영국에서는 최저임금을 받는 노동자의 3분의 2가 여성이며 100대 기업 중 최고경영자가 여성인 기업이 고작 6개밖에 안 된다. 실제로 100대 기업 최고경영자 가운데 존이라는 이름을 가진 사람이 여성 경영자보다 더 많다.

　영국 여성의 평균 소득은 남성보다 18퍼센트가량 적다. 남녀의 소득 격차가 매우 크게 벌어져서 영국은 남녀 소득 평등 분야에서 20위권 바깥으로 내려앉았다. 최근의 경제 위기는 노동계급에게 심각한 충격을 줬는데 특히 노동계급 여성에게 가장 심한 타격을 가했다. 2010~2015년에 보수당이 이끈 연립정부는 복지 예산을 삭감하고 긴축정책을 폈는데, 그중 85퍼센트가 여성에게 고통을 부담시키는 것이었다(이 수치는 주로 노동계급 여성이 받던 세액공제 등 복지 혜택의 축소가 미칠 영향을 근거로 계산한 것이다). 여성은 공공 부문에서 일하는 비율이 높아서 공공 부문의 일자리 축소와 임금 삭감·동결로도 남성보다 더 큰 타격을 입었다.

1960년대의 투쟁을 통해 쟁취했다고 생각한 성적 자유는 오히려 여성을 그 어느 때보다 더 노골적으로 성적 대상화한 듯하다. 오래된 형태의 성차별은 사라지지 않았다. 영국의 타블로이드 신문인 〈선〉은 3면에 반라 여성의 사진을 싣는 관행을 여전히 고수하고 있다.

그러나 오늘날에는 또 다른 형태의 성차별도 존재한다. 바로 외설 문화다. 그렇지만 여기에는 일종의 비틀기가 있다. 외설적인 것을 저속하고 부정적인 것으로 보지 말고 재미있고 긍정적인 것으로 즐기라는 역설이다. 스트립쇼는 더는 모멸적인 것이 아니라 랩댄스라는 새로운 이름으로 포장돼 마치 여성의 섹슈얼리티에 힘을 실어 주는 것이라도 되는 양 판매된다. 19세기에 카를 마르크스는 자본주의가 인간성의 고유한 부분을 사고팔고 소유할 수 있는 소외된 사물로 변화시킬 수 있다고 썼다. 이것은 섹슈얼리티 같은 우리 삶의 가장 내밀한 부분에도 영향을 끼쳐 우리에게 낯설고 소외된 사물로 변화시킨다. 모든 것을 이윤의 원천으로 바꾸는 자본주의 체제 때문에 우리가 힘들게 쟁취한 표현의 자유가 왜곡되고 있는 것이다.

여성의 섹슈얼리티는 해방이라는 미명 아래 다시 진부한 편견 속에 갇히게 됐다. 올림픽 메달리스트가 비키니를 입고 잡지 표지 모델로 포즈를 취하고 상점 노동자의 근로계약서에 화장을 해야 한다는 조항이 들어가는 등 여성의 몸은 성적 대상으로 취급받고 있다.

여성은 점점 더 과장된 '섹시' 이미지에 자신을 맞추라는 압력을 받는 반면, 남성은 자신이 남성호르몬의 포로라서 성적으로 공격적이며 만족할 줄 모르는 욕망에 허덕이는 것이 당연하다고 생각하도록 부추겨진다. 영국의 어느 대학이든 성차별이 학생들의 일상생활의 일부가 돼 버린 것을 볼 수 있다. 포스터, 광고지, 클럽 나이트 파티와 폴댄스 동아리들은 여성에 대한 성차별적 편견을 즐겁고 재미있는 것으로, 또 해방된 시대의 증거인 양 노골적으로 드러낸다. 더 전통적인 성차별적 행동도 이런 환경에서 번성하고 있다. 에두르지도 않고 노골적 여성 혐오를 더 당당하게 드러낼 뿐이다. 예를 들어 2014년에 런던대학교 정치경제대학LSE의 럭비부가 신입생 대상 동아리 소개회에서 여성을 '얼짱녀'와 '걸레'로 표현한 역겹도록 불쾌한 전단지를 나눠 준 사건이 있었다. 학생들의 항의로 학생회는 럭비부에 1년 동안의 활동 중지 처분을 내렸다.

성희롱은 '에브리데이 섹시즘 프로젝트'가* 보여 주듯이 단지 대학의 젊은이들만의 문제가 아니다. 수많은 여성이 자신의 경험을 온라

---

\* 여성에 대한 성희롱과 성차별 사례들이 투고되는 웹사이트로 영국의 페미니스트 작가 로라 베이츠가 2012년에 개설했다.

인에 게시했고 그것을 읽고 있자면 눈물이 앞을 가린다. 유거브의[*] 여론조사에 따르면 응답자의 3분의 2가 성차별이 직장에서 여전히 큰 문제라고 답했는데 여성은 75퍼센트가, 남성은 56퍼센트가 그렇다고 대답했다.[1]

때로는 시계가 거꾸로 돌아가고 있고 과거의 투쟁이 허사가 돼 버린 것처럼 느껴질 때도 있다. 그러나 여성은 이전 세대는 꿈도 꿀 수 없었던 중요한 구체적 성과를 이뤄 냈다. 100년 전에 여성은 투표권이 주어지지 않아서 수십만 명이 참정권을 요구하며 행진했다. 50년 전에는 임신중절이 불법이어서 열흘에 한 명꼴로 몰래 중절 시술을 받다 사망했다. 북아일랜드는 임신중절이 여전히 불법이다. 25년 전만 해도 부부 강간은 범죄가 아니었다. 아내는 남편이 원할 때마다 언제든지 성관계에 동의하기로 한 것으로 간주됐다.

오늘날 영국에서 여성은 이혼을 할 수 있고, 안전하게 임신중절을 받을 수도 있으며, 법적으로 남성과 동등한 권리를 보장받는다. 여성은 자신이 직장을 다니며 생계를 꾸릴 것이고 남성에게서 재정적으로 자립할 것이라고 생각하며 성장해 왔다. 여성은 자신의 할머니에게는 허용되지 않았던 직장과 높은 교육 수준을 누린다. 대학에 진학한 여성의 수는 1992년부터 남성을 앞지르고 있다.[2] 여성은 일상생활에서도 어느 때보다 많은 자유를 누리게 됐다. 자신의 섹슈얼리티를 표현할 권리를 획득했으며, 결혼을 하지 않을 것을 선택할

---

[*] 영국에 본부를 둔 인터넷 기반의 시장 조사 업체.

수 있게 됐고, 미혼모로 자식을 키우면서도 사회적 지탄을 받지 않게 됐으며, 자녀를 낳지 않을 수도 있게 됐다.

일부 여성은 크게 성공했다. 실제로 우리는 서구 여성들이 황금기에 살고 있다는 말을 종종 듣는다. 미국의 상업광고 잡지 〈애드에이지〉는 우리 시대를 "미국 사회와 문화의 새로운 시대, 즉 신新모권의 시대"라고 규정했다. "사회에서 여성의 경제적 권력이 커졌고 갈수록 여성이 지도적 구실을 맡기 때문"이라는 것이다.[3] 영국의 여성 경제인 지원 단체인 프라우어스는 2015년 다음과 같이 썼다. "최고의 자리에 오르고자 하는 야망 있는 여성들에게는 지금이야말로 실로 역사상 최고의 시대일지도 모른다."[4] 여성 기업인인 스테퍼니 셜리는 1960년대 자신의 직장 생활과 현재를 비교하며, 성차별 문제를 호소하는 여성들에게 다음과 같이 쏘아붙였다. "우리에게 지금처럼 좋은 시대는 없었습니다. 이제 그만 징징거리고 현실에 충실할 때입니다."[5]

그러나 여전히 대다수 여성이 차별과 억압을 생생하게 경험하고 있음을 지적하는 것은 징징거리는 것이 아니다. 여성의 처지가 많이 변한 것은 사실이지만 변하지 않은 것도 너무 많다. 사실 우리 생활의 일부 측면에서는 상황이 악화되고 있다.

사회의 상층부로 갈수록 여성의 수는 적다. 의회에서 여성 의원의 비율만 봐서는 여성이 인구의 51퍼센트를 차지하고 있다는 사실을 알 수가 없을 것이다. 1979년 보수당 총리 마거릿 대처가 이끄는 정부가 선출됐을 때, 여성은 의회의 3퍼센트를 차지하고 있었다. 2015

년 총선에서 역사상 가장 많은 여성 의원이 선출됐는데 2010년보다 14석이 늘어나 이제 하원의 29퍼센트를 차지하고 있다. 그렇지만 이 것은 남성이 전체 의석의 3분의 2 이상을 차지하고 있다는 것을 의 미한다. 웨스트민스터가* 여전히 남성 우월주의의 요새라는 것은 전 혀 놀랍지 않다. 지배계급 일부는 자신들이 남성만의 영역이라고 여 기는 기관에 여성이 진입하는 것을 여전히 떨떠름하게 본다.

데이비드 캐머런은** 한 무리의 명문 사립학교 출신 남성들이 운영 하는 정부로 보이지 않으려고 2015년 5월 선거 이후 내각의 3분의 1을 여성으로 임명했다(그의 이전 내각에는 여성보다 백만장자가 더 많았다). 그러나 여성에 대한 캐머런의 진정한 태도는 곧 드러났 다. 그는 보수당이라는 반동적 청중 앞에서 보수당과 노동당의 여 성 의원에게 성차별적 '농담'을 던졌다. 그는 의회 토론 도중 동료 보 수당 의원인 네이딘 도리스를 "극도로 욕구불만"이라고 묘사했다.*** 또 다른 회의에서는 당시 노동당 예비내각의 재무 차관 앤절라 이

---

* 국회의사당, 총리 관저 등 주요 관공서가 있는 행정구역으로 영국 정치의 중심부 를 말한다.

** 영국 보수당 당수로 2010년 총리가 됐다.

*** 네이딘 도리스는 임신중절 상담을 제한하는 보수적 법안을 제출했으나 캐머런은 연립정부 파트너인 자유민주당의 반대를 의식해 미온적 태도를 보였다. 의회 토론 에서 도리스가 채근하자 캐머런은 도리스가 "extremely frustrated"한 것을 알 고 있다고 말했다. 이 말은 매우 불만스러워한다는 뜻도 되지만 성적으로 극도의 욕구불만 상태라는 의미도 있다. 남성 의원들은 폭소를 터뜨렸다.

글 의원에게 "진정해요, 자기"라고 말해 의원들의 폭소를 유발했다.*

남성은 의회와 100대 기업만 지배하고 있는 것이 아니다. 영국 신문사 편집장의 5퍼센트만이 여성이고, 사법제도 안에서는 고위 법관의 13.6퍼센트만이 여성이다. 대법원에 가 보면 여성 대법관은 통틀어 한 명이다.[6]

직장에 다니면서 감히 임신하는 여성은 일자리를 지키기 위해 싸울 준비를 해야 할 것이다. 상당수 사용자들은 고용평등법을 지키기 싫어한다는 사실을 숨기지조차 않는다. 사용자의 40퍼센트는 가임기 여성(수많은 여성이 여기에 포함된다)의 채용을 꺼린다고 인정한다.[7] 불황이 시작된 2008년부터 2013년까지 임신 때문에 부당해고를 당해 소송을 제기한 여성의 수는 20퍼센트 증가했다. 2013년 이후 법률부조 보조금이 삭감돼 이제 고소인이 소송을 하려면 1200파운드[약 200만 원]의 소송비용을 부담해야 한다. 그러자 법적 정의를 구하려는 여성의 수가 급감했다. 임신과 출산으로 인한 법적 분쟁이 25퍼센트 감소한 것이다.[8]

영국 바깥으로 눈을 돌려 보면 자본주의와 경제 위기의 악영향은 수많은 여성에게 생존과 직결된 문제가 될 수 있다. 시에라리온의 여성은 출산 중 사망할 확률이 스위스 여성의 183배나 된다. 임

---

* "진정해요, 자기. 진정해요." 캐머런은 맞은편 노동당 측에 앉아 있던 앤절라 이글에게 이같이 말했다. 뒤편의 보수당 의원들은 폭소를 터뜨렸고, 노동당은 격분해 사과를 요구했다. 캐머런은 오히려 "'진정해요, 자기'라는 말은 당신들에게도 하겠습니다. 사과하지 않겠어요. 당신들은 진정할 필요가 있습니다" 하고 말했다.

신중절을 받을 권리가 보장되지 않아 전 세계에서 해마다 2200만 명의 여성이 안전하지 못한 임신중절 시술을 받는다. 이는 개발도상 국만의 문제가 아니다. 아일랜드 여성 사비타 할라파나바는 유산의 징후가 보이자 임신중절을 요청했으나 거부당했고 2012년 10월 28일 한 병원에서 사망했다.

[세계은행이 2011년에 발표한 세계개발보고에 따르면] 여성은 전 세계 부의 고작 1퍼센트만 소유하고 있다. 운이 좋아서 돈을 벌 수 있더라도 남성보다 30퍼센트 적은 임금을 받는다. 그리고 여성은 종종 최악의 노동조건에서 일한다. 방글라데시는 350만 명의 섬유 노동자 중 85퍼센트가 여성이다. 그들의 월급은 25파운드[약 4만 원]로 45파운드[약 7만 3000원]로 책정된 생활임금에 훨씬 못 미친다. 여성 노동자들은 성희롱과 성차별로 고통받으며 일요일도 없이 하루 14~16시간씩 노동한다. 그들은 또한 위험한 노동환경에서 일한다. 문이 잠기고 비상구도 없는 공장에 불이 나는 일이 흔하다. 2013년, 방글라데시의 수도 다카 외곽에 있는 라나플라자 섬유 공장이 붕괴해 1130명의 노동자가 사망했고 대부분 여성이었다. 여성은 전 세계 문맹자의 3분의 2를 차지해서 4억 9300만 명의 여성이 문맹이다.

그렇지만 여성 억압이 단순히 경제적인 것만은 아니다. 여성은 단지 여성이라는 이유로 성적 억압과 대상화를 통해 천대받고 때로는 학대받는다. 멕시코에서는 여성 대상 폭력과 살인이 급속히 늘어났다. 매일 7명의 여성이 살해당하는 것으로 추정되며 이 수치는 증가하고 있다. 2012년, 인도 델리에서 영화를 보고 버스로 귀가하던 23살 여성이 참혹한 집단 강간으로 사망하자, 성폭력에 대한 분노가 전 세계적으로 치솟았다. 인도 전역과 세계 곳곳의 수많은 사람들이 사법적 정의를 요구하며 시위에 참가했다. 이 사건은 21세기 여성 억압의 충격적 현실을 분명하게 보여 줬다.

## 성폭력

2012년 영국에서 유명 인사인 지미 새빌이\* 끔찍한 성범죄를 무수히 저질렀다는 사실이 알려지자, 아동 성범죄에 대한 보고가 봇물 터지듯 쏟아져 나왔다. 아동과 10대 청소년을 포함해 대부분 젊은 여성인 피해자 수백 명이 자신이 겪은 일을 털어놓았다. 그러나 이 스캔들은 새빌이라는 한 개인이 아니라 그 너머에 있는 현실을 보여 준다. 이런 성범죄가 아무런 제재도 받지 않고 지속되도록 해 준 은폐와 부패의 구조는 영국 지배층의 중심부가 썩어 있다는 사실과 그들의 일부가 성범죄의 주체라는 점을 드러냈다. 수십 명의 유명 인사와 정치인 등이 아동 성범죄 혐의로 기소됐다. 어려서 성추행이나 성폭행을 겪은 중년의 여성과 남성을 포함한 수많은 사람들이 처음

---

\* 영국의 방송인이었다. 봉사와 자선 활동에 대한 공로로 대영제국과 교황청으로부터 훈장과 기사 작위를 수여받았다. 2011년 사망하고 1년 후 수많은 미성년자와 BBC 여성 제작진이 그에게 성추행이나 성폭행을 당했다는 사실이 밝혀졌다. 알려진 피해자만 450명이 넘었다.

으로 입을 열었다. 그들은 설령 수십 년이 지난 일일지라도, 사람들이 자신의 이야기에 귀를 기울이고 정의가 실현되기를 바란다. 경찰, 정치인, 언론은 이런 성범죄를 은폐한 공모자들이다. 그들은 고발한 사람들의 말을 믿지 않거나 무시하거나 입을 다물라고 했다.

경찰은 그런 일이 오늘날에는 결코 일어나지 않는다고 공언한다. 그들은 피해를 호소하는 여성을 배려하고 돕고 있다고 주장한다. 그러나 경찰이 강간 신고를 무시하거나 제대로 수사하지 않는 사례가 끊임없이 발견된다. 심지어 수사를 그만두면서 신고자인 여성에게 알리지조차 않는 경우도 많다. 정부는 강간 사건의 15퍼센트만이 신고되고 있다는 점을 인정한다. 그런데 강간 신고는 22퍼센트 증가했지만, 이와 동시에 강간으로 기소되는 비율은 오히려 감소했다. 2012/13년 영국에서 여성 77명이 배우자나 전 배우자에게 살해당했다.[9] 이 모든 일이 강간위기센터와 피해자 보호시설에 대한 예산이 삭감된 시기에 발생했다.

2014년, 유엔을 대표해 여성의 지위를 조사하러 영국에 온 라시다 만주는 영국에 "남자들의 집단적 성차별 문화"가 있다고 묘사했다. 그녀는 여성에 대한, 특히 가정 폭력 피해 여성에 대한 복지 예산 삭감이 가져온 충격을 비판했다. 그러면서 2013년에 잉글랜드와 웨일스 여성의 7퍼센트가 가정 폭력을 경험했다는 통계 수치를 제시했다. 2010~2012년에 가정 폭력 문제를 다루는 단체들에 대한 지원 예산이 3분의 1이나 삭감됐다.[10]

여성들이 겪고 있는 고통을 기술하는 것만으로도 책 한 권이 가득 찰 것이다. 그렇지만 이 책은 그런 문제를 단순히 기술하고자 하는 것이 아니라 왜 여성이 참혹한 불평등과 억압에 직면하고 있는지 그리고 어떻게 그것에 대항해 싸울 것인지 하는 질문에 대답하고자 한다.


## 오늘날의 논쟁들

성차별의 증가와 성폭력에 대한 분노 때문에 다양한 사상과 운동이 성장했다. 많은 새로운 활동가들에게 페미니즘이라는 사상은 성차별에 대항하고 성 평등을 지지하는 최초의 자연스러운 정치적 표현이 되고 있다. 페미니즘은 여성 차별과 억압에 대한 기본적 거부를 나타내며 그것은 성차별에 반대하는 우리 모두가 공유하는 태도다. 페미니즘 사상은 단일한 학파의 사상으로 존재한 적이 없으며 지금도 마찬가지다. 그래서 '페미니즘'에 대한 단일한 정의는 필연적으로 다른 모든 가능성을 배제하는 것이 되고 말 것이다. 하나의 조직된 여성운동이 있던 때에도, 그것은 수많은 다양한 정치적 견해를 가진 사람들을 포함하는 것이었다.

또한 많은 페미니스트가 스스로를 사회주의자라고 생각하고 페미니즘과 사회주의는 공통점이 많다. 그러나 억압의 원인과 때로는 억압에 저항하는 방식을 놓고 몇몇 중요한 이론적 차이점도 있다. 이 책은 그 점을 다루고자 한다. 좌파와 조직 노동운동은 1970년대 여성해방운동과 페미니즘 사상에 영향을 끼쳤는데, 늘 미국보다 영국에서 영향력이 더 강력했다(7장 참조).

미국의 마르크스주의 페미니스트인 마사 지메네즈는 마르크스주의가 언제나 여성 억압을 설명하는 사상들의 시금석이라고 지적했다. 슐라미스 파이어스톤과 케이트 밀렛처럼 마르크스를 거부하는 페미니스트들도 마르크스주의와 논쟁하면서 자신의 정치적 주장을 구성하는 경우가 많다. 지메네즈는 다음과 같이 썼다.

> 사회과학자들과 페미니스트들이 말하는 것처럼 마르크스(와 마르크스주의 전통)이 그렇게 많은 한계가 있었고 그 때문에 실질적으로 훼손됐다면, 마르크스는 오래전에 잊혔을 것이다. 그러나 마르크스의 지적 통찰력과 활력은 약화되지 않았다. 마르크스주의를 거부하는 학자들조차 마르크스의 문제의식과 얼마나 많이 씨름해야 하는지를 보면 알 수 있다. 그들의 이론 자체가 마르크스를 부정하는 바로 그 과정을 통해 형성될 만큼 마르크스의 영향력은 강력하다.[11]

지난 10년 동안 여성해방의 정치에 관한 사상과 활동에 관심이 되살아난 것은 여성운동이 이룬 성과와 후퇴, 새로 등장한 문제들 간의 모순이 커진 상황에서 비롯한 것이다. 많은 정치인, 지식인, 저술가는 현 체제 내에서 해답을 찾는 것 외에 다른 대안을 보지 못하고 있지만, 새롭게 정치화한 많은 젊은 활동가들은 자본주의 내에서 해결책을 찾을 수 없다고 생각한다. 그들은 일부 여성이 상층부에 도달할 수는 있겠지만 그렇다 하더라도 억압은 여전히 지속될 것이라고 본다. 이들은 성 평등에 대한 드높은 기대를 품고 자라난 세대이지만 자본주의 체제는 그 기대를 충족시켜 줄 의지도, 능력도 없다.

그래서 계급, 섹슈얼리티, 젠더의 본질에 대한 오늘날의 논쟁은 1960~1970년대와는 매우 다른 상황 속에서 벌어지고 있다. 이것은 오늘날의 논쟁 일부가 과거의 논쟁과 중첩되는 면이 있지만 단순히 이전 주장을 반복하는 방식으로 다룰 수 없다는 것을 의미한다.

여성해방에 대한 새로운 관심 덕분에 새로운 책이 많이 출판됐다. 1990년대 말부터 당시 '새로운 페미니즘'이라고 불린 여러 서적이 출판됐다.[12] 2000년대 중반부터 페미니즘 동아리와 여성 모임이 수많은 대학 캠퍼스에서 우후죽순 생겨났다. 2008년 이래 런던에서 열린 1000여 회의 페미니즘 대회에 얼마나 많은 사람들이 몰려들었는지, 그리고 2004년부터 다시 열린 연례행사인 '리클레임 더 나이트'(밤길 되찾기)* 집회에 얼마나 많은 사람들이 참가했는지를 보면 페미니즘에 대한 관심을 알 수 있다.[13]

출판사들은 새로운 서적뿐 아니라 1970~1980년대의 수많은 오래된 이론서와 학술서도 재출판하고 있다. 그중 일부는 특권, 교차성, 유물론, 마르크스주의 같은 주제들을 재조명한다. 실비아 페데

---

\* 1970년대 미국에서 시작된 성폭력 반대 행진. '테이크 백 더 나이트'로도 불린다. 호주, 일본, 캐나다, 인도, 영국 등 여러 나라에서 열린다.

리치, 리스 보걸, 마리아로사 달라 코스타, 미셸 배럿, 실라 로보섬의 책들이 최근에 재출판됐다.

이런 주제들이 온라인에서 광범위하게 토론되고 있다. 이런 소통의 방식은 20년 전만 해도 전혀 불가능한 것이었으며 자신의 경험을 설명할 이론을 찾던 당시의 활동가들은 상상조차 못 할 일이었다. 바로 그 활동가들의 많은 수가 영국과 미국 모두에서 학계에 자리를 잡았고 새로운 활동가들의 이론적 모색을 형성하는 구실을 하고 있다. 그러나 이 모든 것은 그저 학술적이거나 이론적인 논쟁이 아니다. 차별에 도전하고 억압을 종식시키기 위한 투쟁은 어떻게 그런 억압이 인간 사회에 깊이 뿌리내리게 됐는지를 이해해야만 성공할 수 있다. 마르크스가 썼듯이 "철학자들은 세계를 다양한 방식으로 해석하기만 해 왔다. 그러나 중요한 것은 세계를 변혁하는 것이다."

여성해방운동을 통해 등장한 다양한 페미니즘 흐름의 이론적 발전은 8장에서 다룰 것이다. 그러나 주목할 만한 것은 '문화적 페미니즘'이라고 불려 온 조류, 즉 담론, 상징, 언어의 정치에 집중하는 페미니즘 조류는 오늘날 그 헤게모니가 도전받고 있다는 점이다. 환영할 만하게도, 여성 억압에 대한 유물론적 설명이 다시 관심을 끌고 있다.[14] 캐시 윅스는 미셸 배럿의 《오늘날의 여성 억압》 새 판본에 쓴 서문에서 오큐파이 운동과 반자본주의 운동의 영향이 "마르크스주의 페미니즘 프로젝트에 새로운 활력"을 주고 있다고 썼다.[15]

유물론, 마르크스주의, 페미니즘을 다루는 최근의 다른 책으로는 캐나다 학자인 샤르자드 모잡이 《마르크스주의와 페미니즘》이라는 제목으로 엮은 논문집과 헤더 브라운이 쓴 《젠더와 가족에 관한 마르크스의 관점》이 있다. 모잡은 "마르크스주의-페미니즘이 라는 용어에서 하이픈을 없애고" 싶다고 썼다.* 모잡은 마르크스주 의가 사회를 이해하는 데는 유용하지만 그것만으로는 여성 억압을 온전히 설명하고 다룰 수 없다는 흔한 주장을 되풀이한다. 마르크 스주의는 여성 억압을 경제와 계급으로 환원한다고 비판받는다. 마 르크스주의자들은 사회를 추동하고 구성하는 핵심적 사회관계가 착취라고 보기 때문이라는 것이다. 억압의 경험은 계급 분열을 넘어 영향을 끼치기 때문에 어떤 사람들은 계급 분석이 억압을 설명하지 못한다고 결론 내린다. 요컨대, 마르크스주의로는 부족하고 페미니 즘이 필요하다는 것이다.

그러나 마르크스주의는 억압을 경제로 환원하는 것과 거리가 멀 다. 마르크스주의는 억압이 작동하는 경제체제를 이해하지 못하면 억압의 전반적 영향을 제대로 이해할 수 없다고 주장한다. 마르크 스는 19세기 말에 글을 쓸 때 경제학을 임금과 이윤에 관해서만 다 루는 협소한 학문으로 생각하지 않았다. 오히려 그는 자신의 사상 과 정치적 방법이 사회의 모든 측면을 이해하는 데 도움이 되기를

---

* 모잡은 "1960년대 이후로 마르크스주의와 페미니즘은 '마르크스주의-페미니즘' 이라는 이름으로 결합해 공존하고 논쟁하고 상호작용하며 각자의 영역을 유지해 왔다"면서 이런 모순적 관계를 극복해야 한다고 주장했다. "두 세계관 모두 19세 기 말 이후로는 이론적 혁신이 없었다. … 마르크스주의가 페미니즘의 가부장제 분석을 받아들여야 한다"는 것이다.

바랐다.[16] 그는 "인간 노동의 경제적 종속은 … 모든 형태의 종속, 온갖 사회적 비극과 정신적 타락과 정치적 의존의 근본적 원인"이라고 썼다.[17]

억압은 계급을 초월한다. 그럼에도 이 책에서 나는 억압이 계급과 무관하지 않다고 주장할 것이다. 우리는 상식처럼 보이는 것의 이면으로 들어가 체제 안에서 여성과 남성의 삶에 영향을 미치는 진짜 힘을 찾아내야 한다. 마르크스가 썼듯이 "만약 겉으로 보이는 현상과 실재가 일치한다면, 과학은 불필요할 것이다."[18]

억압이 노동계급에게만 국한되지 않는다는 것은 틀림없는 사실이다. 부유하고 권력이 있는 여성도 사회의 성차별에 직면한다. 런던 금융가의 잘나가는 여성도 남성이 지배적인 직장에서 성희롱을 겪는다. 금융가는 성별 급여 격차도 평균보다 크다. 미래의 영국 왕비인 케이트 미들턴의 패션과 흰머리와 임신한 배에 집착하는 언론의 행태는 그저 성차별일 뿐이다. 그러나 미들턴이 성차별적 대우를 받는다고 해서 보호시설이 폐쇄돼 폭력적 남편을 떠나지 못하는 여성의 고통이나 최저임금으로 생계를 유지하면서 저렴한 보육 시설을 구하려고 발버둥 치는 교대제 노동자의 고통과 비교라도 할 수 있을까? 만약 우리가 계급 간의 차이를 무시한다면 대다수 여성의 경험을 하찮은 것으로 여기는 셈이다.

또한 대기업이나 공공 기관이나 금융계에서 고위직에 오른 극소수 여성의 성공이 왜 자신의 삶을 희생하는 또 다른 여성에 대한 착취에 기반하고 있는 것인지를 설명할 수 있어야 한다. 그런 성공한 여성은 일과 가정이라는 '두 마리 토끼'를 잡을 수 있다. 그러나 그들이 그럴 수 있는 것은 노동계급 여성이 때로 자신의 가정을 포기하면서 대가를 대신 치르기 때문이다. 지난 30년 동안 전 세계의 수많은 가난한 여성들은 자신의 아이들을 할아버지나 할머니에게 맡기고 가족을 떠나, 수천 마일 떨어진 나라에 가서 잘사는 '자매'들의 자식을 돌봐야 했다. 필리핀 여성의 대규모 이주(이주자의 3분의 2가 여성이다)는 그와 같은 현상을 잘 보여 준다. 이주 여성들이 집으로 보내 주는 소득은 필리핀 전체 인구의 54퍼센트를 부양할 정도다.[19]

전 세계에서 가장 부유한 여성 9명의 재산을 합하면 2300억 달러[약 260조 원]다. 최상층 여성들은 대다수 여성보다 훨씬 더 부유해지고 있다. 1960년대 중반 이래로 전체 여성의 소득에서 최상위층 여성의 소득이 차지하는 비율은 갑절이 됐다.[20] 1980년 최상위 1퍼센트 여성의 소득은 전체 여성 소득의 4퍼센트 남짓 차지했다. 2008년 그들은 전체 여성 소득의 8퍼센트를 차지했다.[21] 그런 여성들은 대다수 여성보다 훨씬 더 선택의 폭이 넓다. 구글에서 임원을 지내고 현재 페이스북에서 일하는 셰릴 샌드버그는 임신한 몸으로 구글사의 주차장을 가로질러 가는 것이 불편하다고 느끼자, 임신부 전용 주차 공간을 건물 가까이에 만들라고 지시했다. 이 명령은 즉시 이행됐다.

샌드버그는 성공하고자 하는 여성은 아이를 갖기 전에 "바짝 일해서" 승진하려고 분투해야 한다고 주장하는 책을 썼다. 샌드버그는 "여성 지도자가 늘어나면 모든 여성이 더 공정한 처우를 받게 될 것"이라고 썼다. 그러나 현실을 보면 그런 연관은 자동적이지 않다. 머리사 마이어는 야후의 최고경영자가 됐을 때 임신한 상태였다. 그렇지만 얼마 뒤 마이어는 직장 일과 육아를 병행해야 하는 여성들을 위한 제도였던 재택근무제를 폐지해 버렸다. 마이어 자신이 워킹맘이었지만 워킹맘들이 겪는 어려움은 그녀의 관심사가 아니었다. 집무실 바로 옆에 자기 아기만을 위한 육아방을 새로 지을 수 있었기 때문이다.

폴란드계 독일 혁명가인 로자 룩셈부르크는 1914년 이런 여성들에 대해 다음과 같이 단언했다. "유산계급 여성은 언제나 노동계급에 대한 착취와 억압의 열렬한 지지자일 것이다. 그들은 사회적으로 아무짝에도 쓸모없는 자신들의 존재를 유지하기 위한 돈을 그런 억압과 착취를 통해 간접적으로 벌어들인다."[22] 사회의 모든 측면에서 평등을 위한 투쟁은 중요하다. 그러나 카를 마르크스의 딸인 엘리너 마르크스가 지적했듯이 그런 투쟁(예를 들어 참정권 운동)은 계급과 분리될 수가 없다. 여성 참정권 운동가였던 밀리센트 포셋은 노동시간 단축 법안에 반대했는데, 엘리너 마르크스는 포셋에 대해 다음과 같이 썼다.

우리는 로스차일드와* 그의 직원들 사이에 공통점을 찾을 수 없는 것만

---

\* 18세기 말부터 막강한 영향력을 행사해 온 국제적 금융 재벌 가문.

큼이나 포셋과 세탁 노동자 사이에 공통점을 찾을 수가 없다. 여성으로서 우리는 남성(노동계급 남성을 포함해)이 오늘날 가지고 있는 권리와 똑같은 권리를 여성이 쟁취하는 것에 분명히 관심이 있다. 그러나 우리는 이런 '여성 문제'가 노동 해방이라는 보편적 문제의 필수적 부분이라고 생각한다.[23]

마르크스주의자가 여성 억압을 다룰 때 계급을 중요하게 여기는 것은 단순히 노동계급이나 가난한 여성이 더 고통을 겪기 때문이 아니다. 마르크스주의자가 아닌 많은 사람들도 경제적 불평등의 척도로서 계급을 인정한다. 인종, 성별, 섹슈얼리티 같은 다른 형태의 차별과 마찬가지로 계급도 유해한 영향을 끼치는 한 요인으로 간주하는 것이다.

마르크스주의자들은 계급을 단지 고통받는 처지로 이해해서는 안 된다고 주장한다. 즉, 계급은 집단적 힘의 원천이기도 한 것이다. 그 어느 때보다 더 많은 여성이 이제 노동계급에 속한다. 이런 변화는 이미 힘겨운 여성의 삶에 또 다른 부담이 되기도 하지만, 사실은 여성을 자본주의 체제에서 가장 강력한 잠재력이 있는 사회 세력의 중심부에 놓는 것이다. 이 세력은 바로 마르크스가 자본주의의 "무덤을 파는 자"라고 묘사한 세력이다. 마르크스는 노동자에게 자본주의 체제를 완전히 끝장낼 수 있는 잠재력이 있다고 생각했다. 계급에 대한 이런 시각은 주류 담론에는 들어맞지 않는다. 주류적 시각은 계급을 라이프스타일의 문제로 여기거나 남성 육체노동자에 대해 말할 때나 적합한 개념으로 본다(11장 참조).

그렇다면 왜 카를 마르크스와 (그의 동료) 프리드리히 엥겔스라는 빅토리아 시대 두 남성의 사상을 살펴봐야 할까? 도대체 그들이 21세기의 여성 차별에 대해 무슨 말을 해 줄 수 있을까? 마르크스와 엥겔스는 다른 무엇보다 혁명가였다. 그들은 유럽을 휩쓴 1848년 혁명에 적극 참여했다. 엥겔스는 바리케이드 위에서 싸웠으며 마르크스는 혁명 활동을 하다가 결국 독일에서 추방당했다. 이 책에서는 특히 마르크스와 엥겔스의 사상과 정치적 방법을 살펴보겠지만, 어거스트 님츠나 더 최근에 헤더 브라운 같은 저술가들이 마르크스와 엥겔스의 삶과 정치 활동을 탐구한 것도 있다.[24] 이 책들을 보면 마르크스와 엥겔스가 여성을 자신들이 건설하려 한 사회주의 단체와 노동계급 조직의 필수적 부분으로 여겼음을 알 수 있다.

마르크스와 엥겔스의 분석에서 가장 중요한 것은 여성 억압이 단지 사회에 구조화돼 있을 뿐 아니라 계급사회의 등장과 함께 탄생했고 특히 계급사회에서 가족이 하는 구실에 의해 형성됐음을 밝혀냈다는 점이다(4장 참조). 마르크스와 엥겔스가 여성 억압을 가족제도에 의해 형성된 것으로 봤다고 해서 아이를 낳을 수 있는 여성의 생물학적 능력을 여성 억압의 원인으로 본 것은 아니다(여성이 출산을 하지 않아야 비로소 자유로워질 것이라고 생각한 사람들도 과거에 있었다).[25]

마르크스주의적 접근은 생물학적 요인을 여성해방에 방해가 되는 결정적 요인으로 보지 않는다. 오히려 마르크스주의는 인간 사회의 발전에서 결정적 시점, 즉 사회가 계급으로 분화된 시점을 지적한다. 바로 그 시점에 여성의 출산 능력은 여성을 생산에서 분리해 그들의 지위에 결정적 영향을 끼쳤다(3장 참조). 그러므로 재생산의 생물학적 요인이 문제가 아니라, 재생산이 개별화된 가족 안에서 이뤄지는 사회의 조직 방식이 오늘날 여성 억압의 주된 원인인 것이다. 가족제도가 비록 많은 변화를 거쳐 오기는 했지만, 이 책에서는 가족이 어떻게 사회적·이데올로기적 기능을 수행하는지, 그리고 그런 기능이 더 넓은 자본주의 사회에서 가족이 하는 매우 중요한 물질적·경제적 기능에서 비롯한다는 점을 살펴보겠다. 이렇게 분석하면 계급사회의 종식을 통해 억압이 사라질 수 있음을 알 수 있다.

이 책은 마르크스와 엥겔스 그리고 그들을 따른 많은 혁명가들의 전통에 기반을 두고 현대 자본주의 사회에서 여성의 지위에 대한 분석을 제공하고자 한다. 그러므로 클라라 체트킨, 알렉산드라 콜론타이, 로자 룩셈부르크 같은 20세기 혁명가들의 통찰과 오늘날의 사회에서 여성 차별의 모순을 이해하고자 하는 새 세대 저자들의 통찰을 종합적으로 제시할 것이다.

사회주의 전통에는 여성 억압 쟁점에 대한 이론과 투쟁을 발전시킨 풍부한 역사가 있지만 이 점은 종종 간과된다. 세계 여성 노동자의 날을 제정해야 한다고 최초로 주장한 사람이 바로 독일 혁명가 클라라 체트킨을 비롯한 여성 사회주의자들이었다.[26] 이날은 투표권 쟁취 운동을 "여성 문제 전반과 연결해" 제기하기 위한 날로 구상됐다. 그 날짜는 참정권과 적정 임금, 생활 조건 개선을 위해

투쟁한 뉴욕의 로워이스트사이드 섬유 노동자들을 기념해 선택됐다.[27]

생활임금을 요구하는 미국의 패스트푸드 체인점 노동자들부터 긴축에 맞서 싸우는 그리스의 공공 부문 노동자들, 그리고 2011년 아랍 혁명 당시 거리에 나선 여성들에 이르기까지 전 세계의 여성들은 저항하고 있다. 영국에서는 여성 노동자들이 보수당의 긴축정책에 대항해 최전선에서 저항해 왔다. 2011년 11월, 공공 부문 노동자 260만 명이 연금 삭감에 반대해 벌인 파업은 영국 역사상 최대 규모의 여성 노동자 파업이었다. 침실세* 반대 운동을 주도한 사람들도 침실세로 가장 큰 피해를 입은 노동계급 여성들이었다. 이런 노동계급 여성에게 성 평등이란 삶의 물질적 조건을 개선하는 것이다. 그러나 사회의 가장 큰 분열인 계급 문제에 도전하지 못한다면, 평등은 단지 신기루에 불과할 것이며 해방은 무망한 일이 될 것이다.

이 책은 또 다른 '물결'의 페미니즘을 모색하려는 것이 아니라, 여성운동이 주요 전투들에서 이미 승리를 거뒀다고 떠들어 대는 이 시대에 우리가 여성 차별에 맞서 어떻게 저항하고 싸워야 하는지 살펴보려는 것이다. 이 책은 억압에 저항하는 오늘날의 투쟁이 왜

---

\* 소위 '복지 개혁'의 일환으로, 주택 보조금을 받으며 임대주택에 거주하는 사람들을 공격하는 정책이다. 정부가 까다롭게 기준을 정해 그보다 침실 수가 많으면 보조금을 삭감한다. 부유층은 방이 수십 개가 남아돌아도 아무런 제재를 하지 않으면서, 공공 임대주택이 부족해 이사를 가고 싶어도 갈 수 없는 서민에게만 고통을 주는 정책이라 큰 반발을 샀다. 96~97쪽 참조.

[1960~1970년대] 영국 여성해방운동의 종말을 예고한 파편화의 위험에 처해 있는지도 다룰 것이다. 당시의 분열은 '거대 담론', 즉 자본주의 사회에 관한 단일한 이론이 억압을 설명할 수 있다는 생각을 정치적으로 거부하는 것을 뜻했다.

이제 마르크스주의가 실제로 그런 설명을 제공할 수 있다고 주장할 때가 됐다. 게다가 마르크스주의는 훌륭한 길잡이 구실도 할 수 있다. 역사를 살펴보면, 여성 노동자들이 남성 노동자들과 함께할 때 노동계급의 집단적 힘이 발휘됐음을 알 수 있다. 학술적·이론적 연구는 그런 노동계급의 투쟁 경험을 좀처럼 다루지 않는다. 착취와 억압에 맞서 투쟁에 참가한 평범한 여성과 남성은 역사책에 이름이 기록되지도 않고, 동상이나 초상화로 기념되지도 않는다. 그러나 그들의 저항은 새로운 미래에 대한 희망을 보여 준다. 바로 여성해방이 최초로 현실이 되는 사회주의 사회에 대한 희망이다. 이 책은 우리보다 앞서 투쟁한 사람들에 대한 경의와 찬사로 가득하다. 그러나 이 책의 더 중요한 목적은 그들이 시작한 투쟁을 독자 여러분이 이어 나가도록 여러분의 마음을 움직이는 것이다.

# 2장 억압에 대한 설명들

억압이란 느낌이나 추측에 따른 차이를 들어 개인이나 집단을 차별하는 것이다. 예를 들어 성별, 피부색, 섹슈얼리티, 종교적 신념을 들어 차별이 이뤄질 수 있다(이런 차이는 실질적일 수도 있고 막연한 생각이나 느낌일 수도 있다). 억압은 때로는 단순히 개인적 편견의 산물로 보일 수도 있다. 그러나 개인적 편견도 억압의 표현이기는 하지만, 억압을 겪는다는 것은 단순히 편견이나 편협한 태도에 직면하는 것만을 의미하지 않는다.

억압은 특정한 물질적 근원이 있고 매우 실질적인 물질적 결과를 낳는다. 억압은 저임금, 가정 폭력, 인종적·종교적 소수집단에 대한 대량 학살을 가져올 수도 있다. 사회의 일부분을 통째로 악마화해 차별을 정당화할 수도 있다. 억압은 모든 계층의 사람들에게 영향을 끼칠 수 있다. 예를 들어, 인종차별, 동성애 혐오, 성차별은 계급을 가리지 않는다.

1장에서 여성 의원·사업가·학자가 외모로 평가받고 성희롱과 임금 차별을 겪는 것을 살펴봤다. 사람들은 여성을 평가할 때 자녀의 유무와 같은 가족 구성을 중요하게 여긴다. 그렇지만 같은 지위의 남성을 평가할 때는 그러지 않는다.

마르크스주의를 비판하는 사람들은 억압이 계급과 관계없이 작용하는 것을 보면 마르크스주의에는 억압을 이해하는 도구가 없음을 알 수 있다고 주장한다. 그러나 이 책은 오히려 억압을 마르크스주의적으로 이해하면 억압이 가하는 고통을 더 깊이 있게 이해할 수 있다는 점을 보여 주고자 한다. 억압과 계급 착취가 서로 다른 현상임을 인정하더라도, 계급과 관련짓지 않고 억압이 가하는 고통을 온전히 표현할 수는 없다.

지배계급 가운데 주로 백인 남성이 권력을 대부분 차지하고 있다는 사실은 계급과 억압이 서로 독립적으로 작동하지 않는다는 점을 보여 준다. 계급 분열은 여전히 사회의 가장 중요한 분열이며 우리 삶의 모든 측면에 영향을 미친다(11장 참조).


## 착취, 체제의 핵심

계급 분열의 토대는 착취다. 착취는 전체 자본주의 체제의 기본적 토대다. 착취란 본질적으로 노동자가 먹고살기 위해 일할 수 있는 능력(마르크스의 용어로는 '노동력')을 사용자에게 '판매'하는 과정이다. 자본주의 사회에 산다면, 누구나 먹을거리를 사고 공과금을 내기 위한 돈이 필요할 테고, 따라서 임금을 받기 위해 노동할 수밖에 없다. 이것은 노동자가 자신의 인간으로서의 속성을 자본주의 시장에서 사고팔리는 상품으로 전환시켜야 한다는 것을 의미한다. 그러지 못하면, 실업이라는 더 극심한 곤궁에 직면할 수밖에 없고 실업수당에 의존해야 한다.

마르크스는 노동력에 "가치의 원천이 되는 특별한 속성이 있다"고 주장했다. 이것이 의미하는 바는, 다른 상품과는 다르게 사용자가 노동자의 노동력을 구매하면 자신이 지불한 가격보다 더 많은 이익을 얻을 수 있다는 것이다. 사용자는 노동자가 새로 창출한 가치의 일부만 임금으로 지급하고 나머지는 모두 가져간다. 이 '잉여'가치가 사용자가 얻는 이윤의 원천이다. 오늘날 사회의 주류에서는 극심한 저임금이나 열악한 노동조건을 일컬을 때만 착취라는 용어가 사용되는 경우가 많다. 그러나 마르크스주의적 관점에서 어떤 사람이 착취받는지를 판단하는 데 핵심은 노동자가 창출하는 잉여가치이지 급여 수준이 아니다. 아무리 월급을 많이 받는 노동자라 해도 자신의 노동으로 생산한 가치를 전부 받지는 못한다. 만약 그들의 높은 노동생산성이 임금보다 더 많은 잉여가치를 생산하는 것을 의미한다면, 사실 그들은 저임금 노동자보다 더 많이 착취당한다고 할 수 있다.

착취율은 노동자의 노동시간, 임금, 시설에 들어간 비용, 기계와 기술에 대한 투자 등을 통해 구체적으로 계산할 수 있다. 자본가와 노동자의 이런 착취 관계가 자본주의 사회의 계급 분열을 규정하는 것이다. 계급은 먹고살기 위해 노동력을 판매해야 하는지 아닌지에 따라 나뉜다. 계급 분열은 사회적 관계에 바탕을 둔 것이지, 지위나 신분, 말투, 무슨 음식을 먹고 어떤 음악을 듣는지에 바탕을 둔 것이 아니다.


## 억압의 구실

억압은 자본주의적 축적을 추동하는 이런 핵심 과정의 일부는 아니다. 그러나 오늘날의 자본주의 체제에서 억압은 자본주의적 착취 과정에 의해 만들어지고 지배계급의 이익을 위해 착취를 용이하게 만들 수 있다.

억압의 여러 형태는 다양한 역사적 시점과 다양한 상황 속에서 발전해 왔다(3장 참조). 여성 억압은 가장 오래된 억압이며 1만여 년 전 계급사회가 등장한 데서 발생했다. 그렇다 보니 여성 억압이 인간의 삶에 마치 자연스러운 일부인 양 여겨지는 것도 놀라운 일이 아니다. 그래서 오늘날 여성이 사회에서 많은 일을 하는데도 가족 내에서 다음 세대를 양육하고 환자와 노인을 돌보는 것이 주로 여성의 일로 여겨진다. 그러나 늘 그랬던 것은 아니다. 다양한 가족 형태가 여성 억압을 재생산할 수 있지만 인간 역사 전체를 보면 여성 억압은 여전히 비교적 최근의 현상이다.

인간 역사의 90퍼센트 기간 동안 위계제나 체계적 차별은 없었다. 역사에 대한 이런 이해는 우리의 행동에 대해 많은 것을 알려 주고 일깨워 준다. 미래의 투쟁이 어떤 형태를 띠건 간에, 억압은 인간 본성의 필연적 산물이 아니다. 과거에 억압이 없이 살았다면, 미래에도 억압 없이 사는 것이 가능하다.

억압의 원인과 기능을 온전히 이해하기 위한 첫걸음은 사회를 전체적으로 보는 것이다. 이것은 억압의 원인을 개인 간 관계 속에서 찾는 위험을 피한다는 뜻이다. 우리는 억압적 관계가 억압적 사회라는 맥락 속에서 발생한다는 것을 이해해야 한다. 개인들 간의 억압적 관계는 억압이 존재한다는 사실을 보여 주는 것이지 그 자체가 억압의 원인은 아니다. 마르크스주의는 단순히 차별과 불평등이 존재한다는 경험적 사실을 살펴보는 것이 아니라 그것을 넘어서는 것을 추구한다. 일부 페미니스트들은 흔히 여성 억압의 원인이 남성의 성차별적 의식과 행동이며, 남성이 여성 억압에 집단적 이해관계가 있다고 분석한다. 이런 시각은 '남성 권력'이나 종종 '가부장제' 이론으로 불리는데, 마사 지메네즈가 지적하듯이, 이것은 "동어반복에 빠지는" 결과를 낳을 수 있다. 결국 단순히 "남성 지배가 존재한다고 결론 내리기 위해 든 현상에 근거해 남성 지배를 설명"하게 되는 것이다.[1]

이런 관점은 또한 자본주의적 사회관계 속에서 억압이 발생하는데도, 그런 사회관계와 동떨어진 힘 때문에 억압이 발생한다는 분석으로 나아갈 수도 있다. 예를 들어, 몇몇 사회주의 페미니스트들은 자본주의가 착취를 낳는 것은 맞지만, 가부장제는 계급과 무관하게 발생한 억압의 과정으로 존재한다고 보고, 따라서 억압과 싸우려면 별도의 분리된 투쟁이 필요하다고 여긴다. 이런 접근법은 '이중체계' 분석이라고 불린다.

이런 접근법은 심지어 억압이 생물학적 차이에서 비롯한 자연적 역할의 산물이라는 주장을 수용할 가능성도 있다. 이것은 남성이 본성적으로 경쟁과 지배를 추구하고 여성은 본성적으로 부드럽고 다정하기 때문에 여성이 억압받는다고 주장하는 시각이다.

가부장제 이론은 폭넓고 유연한 개념들의 집합이며, 일부 활동가들은 가부장제 이론의 영향으로 남성과 단결해 투쟁하는 것은 가능하지도 바람직하지도 않다고 결론 내렸다. 마르크스주의자들은 가부장제 이론과 그 영향을 수십 년 동안 비판해 왔다.[2] 이 문제는 뒤에서 더 자세히 다룰 텐데, 여기서는 다음과 같은 점을 지적하는 것이 중요하겠다. 즉, 모든 남성이 신체적 공통점 말고도 무엇인가 공통점이 있다고 보는 이론은 약점이 있을 수밖에 없다. 사회를 들여다보면, 남성 전체가 공통의 경험을 하고 여성 전체가 공통의 경험을 하는 것이 아니다.

사회의 최상층에 있는 소수 남성은 노동계급 여성과 별로 공통점이 없는 것과 마찬가지로 남성 청소 노동자와도 별로 공통점이 없다. 지배계급에 속한 소수 여성의 경우에도 마찬가지다. 평범한 사람들의 삶은 그들에게 낯선 것이다. 경제 위기는 이런 격차를 더 벌려 놓았다. 길 라일리라는 이름의 여성 상무이사는 〈가디언〉과 한 인터뷰에서 경제 위기의 영향에 대해 말하면서, 자신이 회사 직원들과 얼마나 가깝게 지내는지를 다음과 같이 자랑했다. "제 사무실의 말단 직원이든 누구든 내보내기 전에, 제 포르쉐를 먼저 처분할 겁니다."[3] 그녀 회사의 말단 직원과 여성 노동자의 절대다수가 경제 위기 때문에 내려야 하는 선택은 어느 차를 몰지를 선택하는 것보다 더 현실적인 것이다. 독일의 혁명가 클라라 체트킨이 한 세기 전에 지적했듯이 겉모습이 어떻든 일단 투쟁이 벌어지면, 모든 남성에 맞서 모든 여성의 이해관계가 일치한다는 생각은 "반짝이는 거품"처럼 사라진다.[4]

여성 억압은 특히 개인의 심리 문제로 치부돼 왔으며, 지금도 여전히 그런 경향이 있다. 그래서 여성이 우울증에 걸리거나 거식증이나 폭식증 같은 섭식장애 등의 정신적 문제로 고통받으면, 이것은 사회의 압력이 낳은 불안감과 연결된 질환으로 여겨지기보다는 개인적 문제로 취급된다. 영국의 보건복지정보센터HSCIC는 2013년에 "섭식장애로 입원한 환자의 수가 전국적으로 8퍼센트 증가했다"고 보고했다. 섭식장애로 입원한 여성은 남성의 9배나 됐으며, 15살 소녀가 가장 많았다.[5]

때로는 해결책이랍시고 나오는 것들이 사회의 억압적이고 성차별적인 가치관을 보여 주는 경우도 있다. 여성들과 소녀들에게 점점 더 어릴 때부터 현실과 동떨어진 체형이 미의 기준으로 제시된다. 자존감과 자신감이 낮아서 고통받는 여성에게 해결책으로 권유되는 것은 사회가 만든 틀에 맞춰 완벽한 여성이 되기 위해 훨씬 더 많이 노력하라는 것이다. 애당초 그런 틀에 맞출 수가 없거나 그러기를 원치 않는다는 것이 문제인데도 말이다. 예를 들어, "삶의 전환"이라는 이름의 웹사이트를 운영하는 영국의 한 성형외과는 "자기만족이 최고입니다" 하고 선언한다. 가슴 확대 수술을 한 여성이 사진 속에서 "자신감이 더 커졌어요. 훨씬 더 행복합니다" 하고 말한다(9장 참조).[6]

이 모든 것은 여성의 자존감이 커지려면 깡마르면서도 풍만하고자 하는 욕망이 충족돼야 한다는 생각을 받아들이는 것이다(그런 체형은 자연적으로는 매우 드물다). 성형수술은 이제 단순히 소비자가 선택하고 말고의 문제가 돼 버렸다. 그러나 외과 의사의 메스는 몸매에 대한 강박에 시달리는 여성들에게 해답이 아니다. 이런 강박을 만들어 내는 것은 도달할 수 없는 정형화된 이상적 여성의 이미지를 유지하는 사회다. 이것은 여성 억압을 치료가 필요한 개인적 심리의 문제로 바라보는 하나의 예일 뿐이다. 그러나 여성 억압을 조장하고 구조화하는 것은 오늘날의 사회다.

여성 억압이 낳은 문제들에 의료 행위가 해결책이 될 수 있다는 발상은 현대의 성형수술에만 국한된 것이 아니다. 역사를 살펴보면, 정형화된 성차별적 여성성에 순응하지 못하는 여성을 정신 질환을 앓는 것으로 보고 치료하려 든 사례들이 있다. 1950년대에 결혼하지 않은 여성이 임신하면 아이를 빼앗기고 정신병원에 갇힐 수 있었다. 일부 여성들은 그런 시설에 수십 년씩 갇혀서 참혹한 세월을 보내야 했다.

'히스테리'라는 용어는 여성이 정신적으로 불안정하다는 가정 속에 경멸적으로 조롱하는 의미를 담고 있다. 이 용어는 자궁을 뜻하는 고대 그리스어 단어에서 유래했다. 과거에는 여성의 '질환'을 치료한다는 명목으로 전기충격요법과 심신을 약화시키는 장기 투약에서 전두엽 절제술에 이르기까지 수많은 치료법이 사용됐다. 1941년 이후 영국에서 시행된 1만 5000건의 전두엽 절제술 중 대다수가 여성을 상대로 이뤄졌다. "1970년대의 어느 저명한 신경의학 서적은, 여성이 남편과 잘 안 맞지만 종교적 신념이나 재정적·심리적 의존 때문에 헤어질 수 없는 경우, 먼저 약으로 치료하고 그래도 안 되면 전두엽 절제술을 쓰는 것이 혼인을 유지하는 데 도움이 된다고 권고한다."[7]

여성 환자들이 전두엽 절제술의 잔인성과 끔찍한 영향으로 고통받는 것은 그다지 중요한 문제로 여겨지지 않았으며 당시 신경외과의들은 그런 수술이 "여성이 가정주부의 역할을 맡거나 유지하는 데 도움을 주기 때문에 여성에게 특히 더 효과적인 것 같다"고 말했다.[8] 미국에서는 이런 태도에 인종차별주의까지 더해져서 나타났다. 1970년까지 미국에서 전두엽 절제술의 전도자였던 월터 프리먼은 전두엽 절제술이 "남성보다 여성에게 더 잘 듣고, 백인보다 흑인에게 더 잘 듣는다"고 말했다.[9]

이처럼 억압으로 인한 고통을 질병으로 보고 치료하겠다는 발상에 우리는 반대해야 한다. 억압은 머릿속에 들어 있는 것이 아니다.

그러나 동시에 억압이 개인에게 깊은 상처를 줄 수 있고 정신 건강에 실제적 영향을 줄 수 있다는 것을 인정하는 것도 중요하다. 많은 사람들이 매우 심각한 정신 건강상의 문제를 겪고, 그런 문제 중 일부는 성차별적 사회 속에서 치료받고 진단받는 방식에 의해 유발되기도 하고 악화되기도 한다. 우리가 사회를 여성에게 맞게 변화시키기 전까지, 도대체 얼마나 많은 여성이 자신의 신체와 뇌를 절개해 가며 사회에 맞춰야 한단 말인가?

억압을 이해하려면 억압이 단순히 외부의 힘이나 '사회'로부터 추상적 방식으로 부과되는 것이 아니라는 점도 이해해야 한다. 행동, 외모, 역할에 대한 차별적 편견은 다른 여성들에 의해 내면화되고 심지어 단속되기도 한다. 어머니는 딸에게 밖에 나갈 때는 조신해 보이도록 "노력하라"고 말하기도 하고, 아들은 집안일이나 요리를 할 필요가 없거나 잘하지 못할 것이라고 생각하기도 한다.

지배계급 여성들은 노동계급 여성의 삶을 단속하는 데 중요한 구실을 해 왔다. 그들은 '가족의 가치'라는 이름으로 여성의 신체 자유를 공격하는 반동적 운동을 벌이기도 한다. 앤 위디컴이나 네이딘 도리스 같이 임신중절을 반대하는 보수당 의원들은 최근의 사례다. 1960년대와 1970년대에 종교 운동가인 메리 화이트하우스는 텔레비전이 성을 표현하는 것을 공격하면서 여성들에게 함께 참여해 달라고 호소했으며, 1980년대에 빅토리아 길릭은 10대가 부모의 동의 없이 피임 기구를 구입하지 못하게 하려는 떠들썩한 운동을 벌였으나 결국 법적 소송에서 패했다.

심지어 또래 집단 내에서도 즉, 청소년기의 여학생이나 성인 여성 사이에서도 유행을 따라 제모를 하라거나 화장을 하고 옷을 갖춰 입으라는 압박이 존재한다. 연예인의 몸무게와 외모에 집착하는 잡지들의 구매자는 여성이 압도적으로 많다.

사회화 과정은 무엇이 여성과 남성의 '정상적' 행동인지에 대한 기대를 형성하고 그것을 내면화시켜, 성차별적 관습이 우리의 일상생활에 스며들고 사회적 '상식'의 일부가 되도록 만든다. 1960년대의 여성해방운동은 그런 내면화 과정에 저항하고자 '의식 고양' 모임을 만들었다(7장 참조). 그런 모임들은 오늘날까지도 이어지고 있으며 젊은 여성들에게 자신감과 당당함을 북돋기 위한 활동과 토론에 활용되고 있다.

여성의 자신감을 북돋고 사회가 내면화시킨 제한적 역할을 거부하도록 격려하는 것은 분명 긍정적인 일이다. 우리는 모든 곳에서 그렇게 하기 위해 노력해야 한다. 그러나 이것에는 한계가 있다. 사고방식을 바꾼다고 해서 여성 억압 자체가 해결되지는 않는다는 점이다. 여성 억압은 체제 내에 구조화돼 있고 사회가 조직되는 방식에 뿌리내리고 있는 물질적 문제이며 이런 사실 때문에 성차별적 의식이 형성되는 것이다.

로리 페니는 자신의 책 《고기 시장》에서 다음과 같이 썼다. "만약 세상의 모든 여성이 내일 아침 일어나서 자기 몸에 대해 진실로 긍정적이고 당당한 기분을 느낀다면, 세계경제가 하룻밤 사이에 붕괴할 것이다."[10] 분명히 이것은 문자 그대로의 예측인 것은 아니다. 여성이 긍정적으로 사고하는 것의 영향을 다소 과장한 것이기 때문이다. 또한 이것은 여성이 자기 몸을 부정적으로 인식하는 것은 여성 자신의 책임이라는 뜻으로 비칠 수도 있는데, 페니는 또 다른 곳에서는 이런 생각을 비판했다. 그러나 오늘날 많은 페미니스트들은 여전히 의식 고양의 구실을 중요하게 여긴다.

만약 억압과 착취를 없애는 것이 정말로 의식의 문제라면, 그것이 우리가 싸우는 방식을 규정할 것이다. 마르크스는 "존재가 의식을 규정한다"고 주장했다. 다른 말로 하면, 우리가 태어나고 자라난 세상이 우리의 머릿속에 있는 생각을 형성한다는 것이다. 그러므로 차별적 생각이 불평등한 세상을 만드는 것이 아니라, 우리가 살고 있는 불평등한 세상이 차별적 생각을 만들어 내고 그것이 우리의 의식에 반영돼 있는 것이다. 그렇다고 해서 우리가 성차별적이고 억압적인 생각을 무시해야 한다는 의미는 아니다. 우리는 모든 성차별적 현상에 도전하고 성차별적 생각과 싸워야 한다. 그러나 지속적이고 실질적인 변화를 쟁취하려면 결국 애초에 그런 역겨운 생각들을 만들어 내는 자본주의 체제 자체에 도전해야 할 것이다.


## 개인적 설명들

억압을 단지 억압받는 개인이나 사람들의 주관적 경험으로 묘사하고 이해하는 설명과 논의도 있다. 억압에 대한 개인적 경험을 보여 주는 것은 잔인한 체제에서 겪는 참혹한 삶의 현실을 드러내는 강력한 증언이 될 수 있다. 그러나 그것이 체계적 불평등의 뿌리를 이해하고자 하는 이론을 대체할 수는 없다. 지메네즈가 썼듯이 "그러나 경험 그 자체는 의심스러운 것이다. 왜냐하면 변증법적으로 그것은 대립물의 통일이기 때문이다. 즉, 경험은 특수하고 개인적이며 통찰적이고 현실을 드러내 준다. 그와 동시에 경험은 철저히 사회적이고 부분적이며 현실을 신비화한다. 경험은 그 자체가 역사적 힘들의 산물이지만, 개인은 그런 힘을 거의 알지 못하거나 전혀 모를 수도 있다."[11]

가정 폭력과 같이 순전히 개인 간 관계에서 비롯한 것처럼 보이는 경우에도, 더 넓은 사회가 영향을 끼치며 이것은 단지 이데올로기적 영향만이 아니다. 예를 들어 남성이 배우자나 전 배우자에게 가한 폭력 행위로 법정에 불려 왔을 때, 그는 성별에 대한 사회적 통념을 이용해 정상을 참작해 달라고 호소할 수 있다. 그렇게 해서 폭력의 피해자에게 화살을 돌리고 가벼운 형량을 선고받을 수 있다. 국가는 사법제도를 통해 여성의 행동에 대한 규범을 반영하고 강화한다. 그래서 국가는 정당하다고 간주되는 남성의 폭력 행위에 관용을 베푼다.

2003년 영국에서 줄리아 펨버턴과 아들 윌리엄이 남편 앨런에게 살해되는 사건이 발생했다. 사건의 검시관은 앨런의 행동이 용서받을 수는 없지만, "정상을 참작할 만한 상황"이 있다고 유가족에게 말했다. 즉, 줄리아가 이혼하겠다고 "폭탄선언"을 한 이후 앨런이 살해 협박을 하자 법원에 접근 금지 명령을 신청했는데, 이 때문에 "앨런이 분명히 애착을 가지고 있던 집에서 쫓겨났다"는 것이다. 검시관은 줄리아가 앨런에 대해 "끔찍하고 불쾌한 주장"을 했다고도 덧붙였다. 줄리아와 그녀의 가족은 사건이 일어나기 1년 전부터 살해 협박에 대해 경찰에 신고했다. 그러나 경찰은 아무것도 하지 않았다.[12]

1991년의 또 다른 사건에서 조지프 맥그레일은 아내의 복부를 여러 차례 발로 차서 사망에 이르게 한 혐의로 버밍엄에서 재판을 받았다. 그는 아내가 알코올의존자였고 자신에게 욕설을 해 폭행을 유발했다고 주장했다. 판사는 "이 여성은 성인군자라도 견디기 어려웠을 것"이라며 남자에게 집행유예 2년을 선고했다. 1995년에 브라이언 스테드먼은 망치로 아내를 열세 차례 내리쳐서 죽였는데 고작 징역 3년을 선고받았다. 그는 아내가 끊임없이 잔소리를 해서 판단력이 흐려졌다고 주장했다. 2007년 웨일스의 쿰브란에서 한 남자가 말다툼 끝에 차로 아내를 치어 살해했다. 그는 여러 사람이 보는 앞에서 아내를 차에서 끌어낸 후 고의로 아내 쪽으로 차를 운전해 들이받았다. 판사는 "이것이 '잔인한 살해'라고 묘사"했으나 "법정은 아내가 '자극'했다는 이유로 [살인이 아니라] 상해치사라는 남편의 주장을 받아들였다. 그는 7년간 투옥됐다."[13]

이 각각의 남성은 자신들이 저지른 행위에 개인적 책임이 있다. 그러나 그런 사건들에서, "잔소리"를 했다거나 헤어지자는 통보를 이유로 폭력과 살인을 정당화하는 가해자의 주장을 받아들일 때, 사법적 판단은 체계적 억압을 뒷받침하는 구실을 하는 것이다.

# 분할해 지배하라

여성 차별은 자본주의 사회에서 특정한 기능을 하며 그것은 부양가족을 돌볼 부담을 사회가 아니라 개별화된 가족에게 떠넘기는 것과 연결돼 있다. 그러나 모든 차별은 우리를 분열시켜서 자신들의 지위를 공고히 하려는 지배계급에게 이용된다. 예를 들어, 저임금과 실업, 저렴한 주택 부족이 모두 이민자들 탓이라고 주장하는 정치인과 경영자는 자신들의 책임을 다른 곳으로 돌리려는 것이다. 남편 없이 아이를 키우는 여성이 복지 예산을 갉아먹고 있다거나 청년 실업은 게으름 때문이라고 묘사하는 것도 마찬가지다. 지배계급은 분열을 조장해 우리가 우리의 문제들에 대해 서로 비난하도록 만들기 위해 어떤 가능성과 기회라도 활용하려 든다. 이것이 사회의 상층부가 그토록 자주 소수집단을 희생양으로 삼으려 하는 이유다.

지배계급에 속하는 개개인이 인종차별적이거나 성차별적이기도 하겠지만, 이런 행위들은 특정한 이데올로기적 편견들에 의해 추동되는 것이 아니라, 지배를 더 쉽게 유지하기 위한 것이다. 사용자들은 노동자들을 굴복시키기 위해 심지어 공개적으로 이주 노동자들을 파업 파괴자로 사용하기도 한다. 여성 노동자를 이용해 남성 노동자의 임금을 낮추는 것 또한 과거부터 이어져 내려오는 방법이다. 모든 경우에 노동계급 내의 분열이 더 크고 깊을수록, 지배계급이 자신의 의지를 관철할 수 있는 능력은 더욱 커진다.

역사적으로 자본가들은 이런 방식으로 모든 노동자의 임금을 낮

추거나 모두에게 열악한 노동조건을 강요할 수 있었다. 경제학자 마이클 라이히는 자신의 저서 《인종 불평등》에서 미국의 흑인·백인 노동자의 임금과 노동조건을 연구한 결과를 보여 주는데, 1970년대 "제조업 분야 백인 노동자의 임금, 노조 조직률, 이윤율이 각각 인종 불평등과 유의미한 상관관계가 있다"는 것을 밝혀냈다. 즉, "인종 불평등이 더 심한 곳에서 임금과 노조 조직률은 더 낮고 이윤은 더 크다"는 것이다. 인종차별이 뿌리 깊고 노골적인 미국 남부의 주들에서 흑인 노동자는 백인 노동자보다 임금을 덜 받았다. 그런데 남부에 사는 백인 노동자의 임금은 북부에 사는 백인 노동자의 임금이나 심지어 흑인 노동자의 임금보다도 낮았다. 왜냐하면 남부의 백인 노동자는 흑인 노동자와 단결하기보다는 반목했기 때문이다. 여기서 이익을 본 것은 남부의 지배계급이었다.[14]

이와 유사하게, 1970년대 초까지 북아일랜드의 가톨릭 노동자들은 생활 조건과 임금이 영국에서 가장 열악했다. 지배계급은 북아일랜드의 개신교 노동자들에게 너희가 가톨릭교도보다 나은 대우를 받는 것은 영국 정부에 충성하기 때문이라고 말했고 실제로도 북아일랜드에서 개신교도는 가톨릭교도보다 더 나은 조건에서 생활했다. 그러나 북아일랜드 개신교도의 생활수준은 영국의 다른 모든 지역, 즉 종파적 분열이 없는 지역의 노동자들보다 훨씬 더 열악했다.

억압의 경험은 해방을 위한 강력한 운동들을 낳았다. 여성 억압 문제를 해결하기 위한 투쟁의 역사는 다른 장에서 다룰 텐데, 모든 시대에 그런 운동들은 체제가 가하는 한계에 직면했다. 중요한 성과와 개혁은 쟁취할 수 있다. 그러나 체제가 유지된다면 그런 성과는 사회 전체로 확대되지 못할 수 있으며 지배계급은 세력균형이 변하면 개혁을 후퇴시키려 끊임없이 시도할 것이다.

특정한 억압에 맞서 투쟁한다고 해서 반드시 다른 피억압 집단과 단결하게 되는 것은 아니다. 억압의 경험으로 인한 고통은 파편화와 고립을 초래할 수도 있다. 누군가 동성애 혐오로 고통받는다고 해서 자동적으로 이주 노동자를 지지하게 되는 것은 아니다. 동등한 임금을 위해 투쟁하는 여성이 모두 성소수자나 이슬람 혐오의 피해자들과 공동 투쟁을 해야 한다고 생각하지는 않는다.

그러나 그와 대조적으로, 착취의 경험은 노동계급 내부에서 분열을 극복하고자 하는 내재적 압력을 형성한다. 물론 노동자들이 편견이 없다거나 다른 집단을 억압하는 행동을 하지 않는다는 뜻은 아니다. 오히려 많은 노동자들이 편견에 사로잡혀 있고 억압적으로 행동하기도 한다. 그리고 과거에 일부 노동조합들은 여성 노동자와 흑인 노동자를 조직할 가능성을 배제하거나 무시했다. 그러나 노동자들이 승리하고자 한다면, 한 작업장에서 일하며 (때때로 편견을 갖고 있으면서도) 사용자에게 양보를 끌어내려면 서로 단결해야 함을 깨닫는 경험을 통해 집단적으로 조직화할 수밖에 없다. 만약 노동자들의 일부가 지배계급의 부추김에 넘어가 다른 노동자들과 반목한다면, 결과는 모두에게 더 열악한 노동조건이 돌아가는 것뿐이다.

노동자들의 주관적 생각이 어떠하든 간에, 그들의 객관적 이해관계는 자기편의 분열에 반대하는 것이다. 이것은 피억압자들을 위해 싸우는 것이 단지 동정심에서 비롯하는 행동이 아니라는 것을 의미한다. 모든 피억압자의 권리를 위해 투쟁하는 것은 전체 노동계급을 더 강하게 만든다. 직장에서 분열을 극복하고 편견에 도전하고 동등한 임금과 권리를 위해 싸우는 것은 노동계급의 모든 투쟁에서 가장 중요하다. 그뿐 아니라 노동계급은 다양하다. 즉, 여러 종류의 억압을 받는 집단들로 구성돼 있다. 노동계급은 단지 객관적 조건의 피해자가 아니라 그런 조건들에 대한 투쟁과 저항의 능동적 참여자들이다.

　억압에서 해방되기 위해 어떻게 투쟁하고 어떻게 평등을 쟁취할지에 대한 오랜 논쟁의 역사가 존재한다. 참정권 운동이건, 피임과 임신중절의 권리를 위한 투쟁이건, 동등한 임금을 위한 싸움이건 간에 피억압 집단이 더 강해지려면 단독으로 싸워야 하는지 아니면 다른 집단과 함께 싸워야 하는지, 또는 노동계급이 중심적 구실을 할 수 있는지 아닌지, 또는 점진적 개혁을 통해서 해방을 쟁취할 수 있는지 아닌지에 대한 논쟁이 수 세기 동안 격렬하게 벌어져 왔다. 19세기 말과 20세기 초의 논쟁은 참정권 운동, 반제국주의 투쟁, 노동자의 권리를 위한 투쟁에 의해 형성됐다. 그 후 전쟁과 혁명, 반혁명의 경험은 1960년대 미국에서 제국주의, 인종차별, 여성과 성소수자 차별에 반대해 일어난 운동에 깊은 영향을 끼쳤다.

　오늘날의 우리는 억압의 본질이 무엇인지, 억압을 뿌리 뽑고 진정한 해방을 쟁취하려면 어떻게 싸워야 하는지에 대해 새로운 논의를 하고 있다. 러시아 혁명의 지도자 블라디미르 레닌의 다음과 같은 주장은 오늘날에도 여전히 유효하다(러시아 혁명은 희망으로 가득 찼던 초기에 피억압자들의 권리를 위해 분투했다). 사회주의자는 "민중의 호민관"이 돼야 한다. "폭정과 억압이 있는 곳이라면 어디서건, 그것이 어느 계층이나 계급의 사람들에게 영향을 끼치건 상관없이 폭정과 억압이 드러나는 모든 현상에 맞서 싸울" 수 있어야 한다.[15]

# 3장 여성 억압의 기원

　때로는 세상이 예전부터 늘 지금과 같았던 것처럼 느껴질 수 있다. 직장이건 집이건 가족이건 모든 세상사에서, 우리는 지금 살고 있는 방식이 자연스럽고 당연하다는 말을 듣는다. 우리는 인간 사회에 고정불변의 속성들이 있고 거기에는 불평등과 사회적 분업도 포함된다는 환상을 주입받는다. 여성은 본성적으로 수동적이고 가정적이고 모성적이며, 남성은 더 공격적이고 경쟁적이라고들 한다. 현실은 현대 미국과 영국의 노동력 절반이 여성인데도 남성이 여전히 주된 부양자로 여겨진다.

　대중문화 속에 나타나는 평균적인 가족의 이미지는 대개 이성애자 부부가 두 명의 자녀를 두는 형태다. 이런 가족 구성이 우리의 본성에 따른 것이고 인류 자체만큼이나 오래된 생물학적 성 역할을 반영하는 것이라고 여겨진다. 인류학자이자 마르크스주의자인 엘리너 버크 리콕은 1960년대 말부터 인류의 역사나 사회와 가정에서의 여성의 구실에 대한 그런 피상적 시각에 꾸준히 도전해 왔다. 예를 들어, 리콕은 다음과 같이 썼다. 수렵·채집 사회에서는 "여러 가족이 하나의 천막을 공유하건 여러 개의 차양막을 치고 따로따로 살건, 가족이 아니라 무리가 공동체다 … 어린아이와 노약자를 돌보고 책임지는 것은 개인적인 문제가 아니라 사회적인 것이며 집단 전체의 문제다."[1]

여성의 평등권을 지지하는 사람도 일부는 여성이 선천적으로 배려심이 있고 온화하다는 시각을 받아들인다. 그러나 이것은 몰역사적 접근이다. 인류의 역사와 여성 억압의 발전에 영향을 끼친 생물학적 요인이 분명 있기는 하다. 특히 우리 키의 범위, 주기적으로 음식과 물이 필요하다는 점, 자녀가 자립하는 데 오랜 시간이 걸린다는 점 등의 생물학적 특징이 우리가 자연계와 상호작용하는 방식에 영향을 끼친다.

이 장에서는 남성이 아니라 여성이 아이를 출산한다는 사실이 인류 역사의 특정 시점에 어떻게 여성의 사회적 구실에 중요한 영향을 끼치기 시작했는지 살펴볼 것이다. 마르크스주의 페미니스트인 낸시 홀스트롬은 1984년에 다음과 같이 썼다. "새로운 요구와 능력이 지속적으로 창출됨에 따라, 생물학적 요인이 여전히 중요한 요인이기는 하지만 인간의 삶과 생물학적 기반 간의 연관 관계는 점차 덜 직접적인 것이 되고 있다."[2] 그래서 오늘날에는 여성이 출산을 한다는 사실이 여성의 사회적 구실을 좌우하지 않는다. 항공기를 조종하거나 버스를 운전하는 데 체력, 체구, 임신 가능 여부는 중요한 문제가 아닌 것이다.

## 마르크스와 엥겔스 그리고 인간의 본질

1884년, 마르크스의 친구이자 동지인 프리드리히 엥겔스는 인류사의 발전에 관한 이전의 가정들을 혁신하는 책을 저술했다. 비록 시대에 뒤진 부분이 일부 있지만, 《가족, 사유재산, 국가의 기원》은 계급사회가 발생하고 그와 함께 여성 억압이 나타난 과정을 아주 잘 설명해 준다. 엥겔스는 인류 역사의 90퍼센트가 넘는 기간 동안 인간은 계급 없는 사회에서 살았으며 여성은 체계적 차별을 겪지 않았다고 주장했다. 그는 협동과 평등에 기반을 둔 유랑적 수렵·채집 사회가 인류사의 대부분을 차지한다고 썼으며 이를 원시 공산주의라고 불렀다.

마르크스주의 인류학자인 캐런 색스는 다음과 같이 주장한다. "엥겔스는 여성의 지위가 사회의 지배적인 경제적·정치적 관계에 따라 사회마다 시대마다 달라진다고 보는 유물론적 이론을 제시한 거의 유일한 인물이다."[3] 색스는 당시에 구할 수 있는 자료에 한계가 있어서 엥겔스가 몇 가지 오류를 범했음을 인정하지만, 오랜 시간이 지난 지금 현대적 방법으로 수행한 연구 결과들을 이해하는 데도 엥겔스의 분석 틀이 여전히 가장 유효하다고 말한다.

마르크스와 엥겔스는 인간이 살아 숨 쉬는 생물학적 존재로서 자연의 산물이라고 주장했다. 그러나 그들은 여기에 더해 인간은 자연계와 **의식적으로** 상호작용한다는 면에서 다른 생물과 구분되는 독특한 존재라고 말했다. 마르크스는 이 과정을 다음과 같이 묘사한다. "이와 같이 외부 세계에 영향을 미치고 변화시킴으로써 인간은 자신의 본질도 변화시킨다."[4]

인간이 의식적으로 개입한다는 것은 인간이 계획하고 선택하고 실수에서 배울 수 있다는 것을 의미한다. 마르크스는 "자유로운 의식적 활동이 인간의 종種으로서의 특질"이라고 강조한다.[5] 인간의 노동이 의식적이라는 점은 인간을 다른 동물과 구별해 준다. 다른 많은 종의 행위도 주변 환경을 변화시킨다. 새는 복잡한 둥지를 만들고, 비버는 댐을 만들고, 일부 동물은 나뭇가지 같은 도구를 이용해 식량을 얻기도 한다. 그러나 이것은 변하지 않는 본능적 행동이다. 오늘날의 찌르레기는 수천 년 전 찌르레기와 똑같은 형태의 둥지를 짓는다. 찌르레기는 초가집을 짓지도 않고 고층 건물을 쌓아 올리지도 않으며 우주정거장을 만들지도 않는다.

마르크스는 이것을 다음과 같이 설명한다.

거미는 직조공과 유사한 일을 하고 벌은 어떤 건축가보다 더 정교하게 벌집을 짓는다. 그러나 가장 형편없는 건축가와 가장 뛰어난 벌도 다음과 같은 차이가 있다. 즉 건축가는 실제로 건축물을 세우기 전에 먼저 머릿속에서 그것을 구상한다. 우리가 모든 노동과정의 끝에 얻는 것은 노

동과정을 시작할 때 이미 노동하는 사람의 구상 속에 존재했던 것의 결과인 것이다.[6]

환경에 대한 인간의 의식적 활동을 이같이 이해하면 모든 단계마다 끊임없는 상호작용과 변화, 즉 자연의 일부인 인간과 자연 간에 변증법적 관계가 있다는 것을 알 수 있다.

환경은 우리 삶의 고정된 배경이 아니다. 환경은 끊임없이 변하며, 어느 정도는 그 자체가 인간이 만든 것이다. 심지어 수만 년 전부터 그랬다. 생태와 인류사를 연구한 마틴 엠프슨은 남아프리카에 있는 강의 하구에 주목한다. "5만 5000년에서 7만 5000년 전의 고고학적 증거를 보면 초기 인류가 식량을 더 많이 얻기 위해 환경을 변화시켰다는 점을 알 수 있다."[7]

인간이 필요를 충족시키기 위해 사용하는 도구, 방식, 물질은 인간 사회와 동떨어진 것이 아니라, 인간 사회의 기초를 형성한다. 기초적 관개수로든, 초기의 용광로든, 현대적 자동차 공장이든, 인간의 경제적 능력은 모두 그 자체가 인간 노동의 산물이면서 동시에 인간 사회를 구성하는 요인이기도 하다.

마르크스와 엥겔스의 역사유물론적 방법은 인간관계의 이런 경제적 토대만이 아니라 우리가 가지고 있는 도구와 물질, 이것들을 사용하기 위해 스스로를 조직하는 방식, 여기서 발생하는 이데올로기, 신화, 예술, 정치 사이의 지속적 상호작용을 모두 인식한다.

# 역사유물론

엥겔스는 어떤 사회든 그 근본적 토대는 생존 수단을 찾아야 하는 인간의 필요라고 지적했다. 엥겔스는 마르크스의 장례식에서 다음과 같이 말했다. 마르크스는 "인간 역사의 발전 법칙을 발견했습니다. 이것은 지금까지 이데올로기의 과도한 성장에 가려진 단순한 사실, 즉 인간은 정치·과학·예술·종교 등을 추구하기 전에 먼저 의식주를 해결할 수 있어야 한다는 것입니다."[8]

인간은 사하라사막에서 얼어붙은 남극에 이르기까지, 매우 다양한 기후와 환경 속에서 "의식주를 해결"하며 살아왔다. 마르크스주의자인 크리스 하먼은 다음과 같이 썼다.

이것이 현재의 유인원과 우리의 근본적 차이점이다. 고릴라는 열대우림 바깥에서는 발견되지 않으며 침팬지는 사하라 이남 아프리카의 수풀 지역에만 산다. 긴팔원숭이는 동남아시아의 나무 꼭대기에만 살며, 오랑우탄은 인도네시아의 몇몇 섬에만 산다. 그와 대조적으로, 인간은 아프리카, 유럽, 아시아의 광대한 지역에 걸쳐서 최소한 50만 년 동안 생존해 왔다. 우리의 유전적 '특질'은 바로 우리가 특화되지 않았다는 점, 즉 어떤 제한된 본능적 행동의 범위에 국한되지 않는다는 점이다.[9]

엥겔스는 생존 수단을 생산하고 만드는 방식이 어떻게 인간 사회의 모든 측면에 영향을 미치는지 묘사했다. 이런 접근은 철기시대,

석기시대, 청동기시대라는 시대 구분에도 반영돼 있다. 고든 차일드가 자신의 저서 《인간이 자신을 만든다》에서 설명하듯이, 각각의 시대에 대한 그런 명칭들은 생산력의 발전이 사회와 사회관계를 규정짓는 특징이었다는 점을 보여 준다. 인간이 "'역사를 만들' 수 있으려면 먼저 생존할 수 있어야" 하며, 생존 수단을 찾는 것은 "수천 년 전과 마찬가지로 오늘날에도 단순히 인간의 삶을 유지하기 위해 매일, 매시간 충족돼야 하는 모든 역사의 근본적 조건이다."[10]

엥겔스는 이런 "삶의 직접적 필수 요소들의 생산과 재생산"이 두 가지로 나뉜다고 주장했다. 인간의 신체적 필요를 충족하기 위한 생산이 있고 또 하나는

> 인간 자신의 생산, 즉, 종족의 번식이다. 특정한 역사적 시대와 특정한 나라의 사람들이 생활하는 사회조직은 이 두 종류의 생산에 의해 결정된다. 즉 한편으로는 노동의 발전 단계에 의해, 다른 한편으로는 가족의 발전 단계에 의해 결정된다.[11]

"인간 자신의 생산", 즉 재생산이 이뤄지는 방식은 사회의 경제적 생산과 분리해서 이해할 수 없다. 재생산의 방식은 시대를 초월해 불변하는 것이 아니다. "삶의 생산, 즉 노동과정에서 자신의 삶을 생산하고 생식 과정에서 새로운 삶을 생산하는 것은 모두 이제 이중적 관계로, 즉 한편으로는 자연적 관계로 다른 한편으로는 사회적 관계로 나타난다."[12]

# 사회적 존재로서의 인간

인간의 기본 필요는 언제나 협동 행위를 통해서만 충족돼 왔다. 이 사실은 인간이 본성적으로 경쟁적이고 타인을 지배하려 한다는 일반적 이미지를 반박한다. 그런 이미지는 자본주의가 자연스러운 인간 행동의 표현일 뿐이라는 믿음을 조장한다. 그러나 인류의 초기 역사를 자세히 살펴보면 이와는 매우 다른 모습을 볼 수 있으며 어떻게 계급사회가 발전했고 그와 함께 여성 억압이 나타나게 됐는지도 알 수 있다.

마르크스와 엥겔스는 인간이 사회적 존재라는 점을 언제나 강조했다. 마르크스는 로빈슨 크루소 같은 인간 개념, 즉 인간이 자급자족하는 개인들의 집합이라는 개념을 받아들이지 않았다. 그는 생활 수단의 생산이 사회적 과정이며 그런 사회적 과정에는 서로 의사소통을 해야 하는 필요성이 내재돼 있다고 봤다. 그래서 《독일 이데올로기》에서 다음과 같이 썼다. "언어는 의식만큼이나 오래됐다. … 언어는 의식과 마찬가지로 오직 다른 사람과 소통해야 하는 필요성 때문에 발생한다."[13]

엥겔스는 《유인원에서 인간으로 진화하는 데서 노동이 한 구실》에서 두 발로 직립보행을 하게 돼 자유로워진 두 손으로 갈수록 능숙하게 도구를 만들 수 있게 된 것이 [진화의] 결정적 요인이었다고 주장한다. "인간은 결정적 한 걸음을 내디뎠다. 손이 자유로워지면서 솜씨가 훨씬 더 좋아질 수 있었다. 이렇게 해서 얻은 더 큰 유연성은 다음 세대로 이어지며 더욱 향상됐다."[14]

도구의 사용, 즉 인간의 노동이 초기 인류의 본질에 결정적 영향을 미쳤다는 생각은 다윈의 진화론을 포함해 그 시대의 지배적 관념에 대한 혁명적 도전이었다. 다윈의 진화론은 두뇌가 먼저 커지면서 인간의 의사소통과 도구 사용의 발전이 가능해졌다고 봤다. 엥겔스의 통찰은 놀라운 것이었으며 우리가 어떻게 인간이 됐는지를 이해하는 데 오늘날에도 여전히 유효한 설명을 제시한다. 크리스 하먼은 다음과 같이 썼다.

인간은 소리와 몸짓을 사용하기 시작했다. 그러나 이것은 몇몇 동물이 그러듯이 단지 바로 앞에 있는 사물을 가리키거나 즉각적 욕구를 표현하기 위한 것만이 아니라, 자신이 무엇을 어떻게 변화시키기 원하는지 그리고 그것을 위해 다른 사람들이 자신을 어떻게 도와주면 좋겠는지를 표현하기 위한 것이었다. … 따라서 노동의 발전과 의사소통의 발전은 필연적으로 함께 이뤄진다. 그리고 이와 같이 노동과 의사소통이 함께 발전하면서 둘 모두를 능숙하게 할 수 있게 만드는 새로운 유전자의 선택이 촉진된다. 즉 더 능숙한 손, 더 큰 두뇌, 더 넓은 음역대의 소리를 낼 수 있는 후두가 발달하게 된 것이다.[15]

우리의 생물학적 특성 덕분에 우리는 신체 구조의 한계를 뛰어넘어 새로운 삶의 방식을 상상하고 획득하고 창조할 수 있다. 우리는 날개가 없지만 날 수 있고, 우리의 목청으로는 어느 정도의 소리를 지를 수 있을 뿐이지만 수천 마일 밖의 사람들과 소통할 수 있다. 그러나 이 모든 것은 집단적이고 협력적인 노동이 없다면 불가능할 것이다. 예를 들어, 항공 여행이 가능하려면 항공기 설계자와 제조자, 기술자, 조종사, 관제사 등 수많은 사람이 필요하다.[16]

인류학자인 크리스 스트링어는 초기 인류 사회들에서 식량을 획득하고 문화를 발전시키기 위해 사회적 상호작용이 이뤄졌음을 보여 주는 증거를 수집했다. 그는 다음과 같이 썼다, "정교한 사회적 두뇌가 여러 가지 복잡한 일을 서로 조율할 수 있게 되면서 인간의 집단은 원숭이나 유인원의 집단처럼 개별적이고 '이기적'인 약탈자들의 무리가 아니라, 마치 식량을 모으는 하나의 기계처럼 작동하게 된다."[17]

스트링어의 최근 연구는 인간이 기존에 알려진 것보다 40만 년 더 전에 브리튼 섬에 거주했음을 보여 준다.[18] 과학자들은 새로운 발굴을 하고 새로운 조사 방법과 연대측정법을 통해 이전의 발견들을 다시 살펴봤다. 지구의 자기장은 때로 방향이 바뀌기도 하는데 자기장의 방향은 각 시기의 퇴적물을 통해 관찰할 수 있다. 마지막으로 자기장의 방향이 변한 것은 78만 년 전이다. 그래서 연구자들이 영국 동부 노퍽 주의 퇴적층에서 오늘날의 자기장 방향과 반대 방향이던 시대에 만들어진 석기들을 발견했을 때, 그것을 통해 과거에 생각한 것보다 훨씬 더 오래전에 인간이 이 지역에 거주했음을 알 수 있었다. 이것이 중요한 이유는 스트링어가 매우 초기의 인간 사회에서도 상호 협력과 인간의 타고난 사회적 본성이 관찰된다는 사실을 보여 주기 때문이다.

영국의 한 발굴지에서 연구자들은 일련의 도구와 그 도구를 날카롭게 갈면서 만들어진 얇은 수석* 조각 그리고 도살된 흔적이 있는 거대한 동물들의 뼈를 발견했다. 지난 수십만 년 동안 브리튼 섬의 기후는 매우 극단적으로 변했기 때문에 매우 다양한 종류의 동물이 이 지역에 살았다. 털매머드, 검치호랑이, 들소, 사자가 있었다. 요크셔데일스 계곡과 템스 강에는 하마들이 헤엄치고 있었다.

연구자들은 자신들이 발견한 동물 뼈들을 통해 그 동물들이 개인이 혼자 힘으로 사냥하기에는 너무 크며, 따라서 집단이 공동으로 협력해 사냥하거나 이미 죽은 동물을 운반했을 수밖에 없다고 결론 내렸다. 한 유적지에서는 총 300자루의 수석 도끼가 발견됐다. 이것은 인간이 단지 사냥뿐 아니라 큰 동물을 도살하는 작업도 협력해 수행했음을 보여 주는 증거일 수 있다. 이렇게 도살한 고기는 도살 작업에 참여한 사람들에게 분배돼야 했을 것이다. 이것은 모두 일정 수준의 사회적 조직과 의사소통이 필요하다. 수십만 년 동안 사용된 다른 많은 도구들은 파괴돼 사라졌기 때문에 정확히 알 수는 없지만, 초기 인류는 노끈, 어망, 목재 도구와 덫 등을 사용한 것으로 추정된다.

---

\* 수석(燧石)은 석영의 일종으로 깨질 때 얇고 날카로운 조각으로 나뉘기 때문에 석기시대의 도구 제작에 널리 사용됐다. 이후 금속과 부딪히면 불꽃이 생긴다는 사실이 발견돼 부싯돌로도 사용됐다.

스트링어는 또한 2014년 런던 자연사박물관의 한 전시회에서 사회적 상호작용이 문화와 의식에 미친 영향을 보여 주는 자료를 전시했다. 매장을 위한 장식품과 계절에 따른 채집물 등이 전시됐다. 전시물 중에는 3만 4000년 전에 매장된 한 남성의 유골도 있었는데 그의 옷에는 조개껍질과 상아 고리가 정교하게 꿰매져 있었다. 이모든 것은 사회생활이 더 복잡해졌다는 증거다. 상징의 사용과 의사소통, 문화의 공유는 현생 인류의 특징인 것이다.

인간의 필요는 변화하고 발전하며, 인간에게 영향을 미치는 물질세계의 일부는 다른 인간들이기도 하다. 인간은 순전히 의존적인 상태로 태어나 여러 해 동안 타인이 먹이고 입히고 돌봐 줘야 한다. 그러나 인간은 신체적 필요를 위해서만 타인에게 의존하는 것이 아니다. 심지어 우리가 말하고 시력과 청력을 사용하는 기본적 능력도 사회적 상호작용과 경험에 의존하는 것이지 단순히 생물학적인 것만은 아니다. 다른 사람과의 상호작용 없이 자라나는 아이는 말하는 법을 배우지 못한다.[19] 마르크스는 인간을 사회적 존재로 이해하지 않는 것은 "사람들이 함께 살며 서로 대화를 나누지 않고도 언어가 발전한다는 생각만큼이나 터무니없는 것"이라고 썼다.[20]

토머스 패터슨은 2009년에 쓴 책 《인류학자 카를 마르크스》에서 개인적인 속성으로 여겨지는 것들조차 사실은 사회적인 상호작용의 산물이라고 말한다. "인간 개인은, 즉 그들의 의식·성격·모순·주관·개성·정체성·문화는 본질적으로 사회적인 특징을 가진다. 사회성은 심지어 혼자인 것처럼 보이는 순간에도, 개인의 삶의 모든 측면에 스머든다."[21]


## 엥겔스의 혁명적 발견

엥겔스가 저술 활동을 하던 19세기 말 이래로, 초기 인류와 선사 시대에 관한 연구에 수많은 진전이 있었다. 당시 엥겔스의 분석은 많은 부분이 북아메리카 등의 토착민에 대한 보고와 연구에 기초를 뒀다. 그런 토착민은 훨씬 더 오래된 사회의 자취로 여겨졌고 그들의 풍습과 생활 방식을 살펴보면 우리 조상들의 생활 방식과 그것이 변화한 과정과 이유를 알 수 있다고 생각했다. 수많은 과학적 발전이 이뤄졌지만, 엥겔스 주장의 기본 전제는 오늘날까지 시간의 검증을 견뎌 냈다. 엥겔스의 저작은 루이스 헨리 모건의 연구에 많은 부분 근거를 두고 있다. 모건은 1870년대에 활동한 미국의 변호사였는데 뉴욕 주에 살던 이로쿼이 원주민의 풍습에 관심을 가지게 됐다.[22]

모건의 저작은 친족 관계와 집단 조직에 관한 획기적 연구로 여겨진다. 모건의 연구와 그가 내린 결론은 논쟁적이고 당시의 생각과 가정을 뒤집는 것이었다. 모건의 가장 유명한 저서인 《고대사회》는 1877년에 출간됐는데, 마르크스는 이 책의 많은 부분을 높이 평가했으며 모건의 발견들에 대한 상세한 주석을 쓰기도 했다. 이 "민족학 노트"는 마르크스 생전에는 출판되지 못했지만 엥겔스의 연구에 기초가 됐다. 엥겔스는 《가족, 사유재산, 국가의 기원》 초판 서문에 다음과 같이 적었다. "모건은 마르크스가 40년 전에 발견한 역사 유물론의 개념을 자신만의 방식으로 미국에서 새롭게 발견했다."

모건은 이전의 연구들을 살펴봤을 뿐 아니라 직접 이로쿼이족 등의 아메리카 원주민들을 연구했다(20세기 전반기까지 아메리카 원주민은 보통 아메리카 인디언이라고 불렸다). 모건은 아메리카 원주민의 친족 제도에 관심을 기울였는데, 처음에는 그것이 아메리카 원주민만의 독특한 특징이라고 생각했다. 아메리카 원주민에 뒤이어 다른 토착민 집단들을 연구하고 그 이전에 여행자들과 선교사들이 한 연구를 조사한 뒤, 모건은 실제로는 인간 사회에 모종의 일반적 사회 진화가 일어났고 인간 사회의 출발은 비슷했다고 결론지었다. 그는 초기 인간 사회의 공통된 특징으로 평등주의와 모계제를 꼽았다. 이런 사회들은 종종 모처제 사회이기도 했는데, 즉 집단 내 여성의 친척을 기준으로 혈족과 가족 관계를 조직했다. 예를 들어 결혼한 부부는 아내의 어머니와 그 가족과 함께 거주했다.

모건은 인류의 발달을 야만, 미개, 문명의 세 단계로 구분했다(이 용어들은 그 시대의 표현과 생각을 나타낸다). 그는 자신이 이로쿼이 원주민 가운데 세네카족에게서 관찰한 것이 북아메리카의 다른 집단에서 나타나는 공통된 특징이고 세계의 다른 지역에도 나타난다는 점을 발견했다. 모건이 증명한 것은 지배계급이 대부분 달가워하지 않는 내용이었다. 즉, 빅토리아 시대의 지배계급이 신성불가침으로 여긴 법률과 전통과 가족 구성은 실제로는 비교적 최근에 발전했다는 것이다.

모건의 연구에는 결함이 있었는데, 당시 고고학적 증거가 부족한 탓이었다. 실질적인 과학적 인류학은 이제 막 등장한 단계였고 토착민 집단에 대한 이전의 정보는 대부분 선교사들한테 얻은 것이었는데 선교사들은 토착 사회를 단기간에 변화시키는 데 골몰한 사람들이었다. 그러나 마르크스주의 인류학자인 엘리너 버크 리콕은 1970년대 말에 재출판된 《고대사회》의 서문에 다음과 같이 썼다. "모건의 연구에는 혼란과 불일치, 심지어 명백한 오류도 있다. 그러나 모건이 이룬 경이로운 성과에 비하면 사소한 것으로 보인다."[23]

엥겔스는 자신이 모건의 오류를 물려받았다는 점을 인정했다. 그는 《가족, 사유재산, 국가의 기원》의 1891년판 서문에 다음과 같이 썼다. "모건의 일부 가설은 근거가 흔들리거나 심지어 잘못됐음이 증명됐다. 그러나 이런 새로운 자료들이 모건의 연구에서 제시된 가장 중요한 견해들을 무효화하지는 못했다. 초기 인류사의 발전 과정에 대한 그의 설명은 오늘날에도 여전히 유효하다."[24] 핼 드레이퍼는 엥겔스가 같은 책의 1891년판 서문에서 "'모건의 가설들이 특정한 지점에서 유효하다'고 보는 것과 '그의 주요 개념들'을 주장하는 것을 구별한다"고 썼다.[25] 그래서 엥겔스는 모건이 연구한 자료들의 한계를 이해했지만 위계 서열과 억압이 초기 인류 사회의 특성이 아니었다는 기본 시각은 고수했다.

마르크스와 엥겔스의 시대 이래로 방사성탄소연대측정법과 DNA 분석 같은 혁명적인 새로운 연구 기법들이 개발돼 인류 역사에 대한 새로운 자료를 많이 제공했다. 그러나 이런 새로운 증거들은 마르크스와 엥겔스의 기본 명제를 훼손하기는커녕 오히려 그들의 통찰과 분석을 뒷받침해 줬다. 콩고와 필리핀에 있는 수렵·채집 사회의 친족 구성을 조사한 새로운 연구 결과가 2015년에 나왔는데, 이 연구는 성 평등과 평등주의가 계급이 등장하기 이전 사회들의 특징이었음을 보여 주는 새로운 증거를 제시한다. 이 연구에 참여한 인류학자들은 그런 특성이 진화에 유리하게 작용했다고 결론지었다. 마크 다이블은 다음과 같이 주장했다. "수렵·채집 사회가 더 마초적이고 남성 중심적이었다는 시각이 여전히 널리 퍼져 있다. 우리는 농경이 시작돼 자원 축적이 가능해지고 나서야 불평등이 출현했다고 주장한다."[26]

패터슨이 다음과 같이 쓴 것은 전혀 놀랍지 않다.

130년 이상의 연구 성과를 돌아보건대, 내 생각은 "엥겔스가 옳았다!"는 것이다. 그의 주장의 전반적 개요는 오랜 세월이 흘렀는데도 건재하다. 그러나 그동안 다양한 종류의 경험적 증거가 축적돼 상상조차 할 수 없었던 세부적 사실들을 알게 됐으며 인류의 발전 과정에 대한 우리의 이해가 풍부해졌다.[27]

과거에 이뤄진 인류학 연구를 평가할 때는 주의할 점이 있다. 그런 연구는 주로 백인 중간계급 남성이 했으며, 종종 종교적 배경이나 식민주의적 팽창과 연관돼 있었다. 그 외의 사람들은 전 세계의 오지를 여행할 여유가 없었다. 17~18세기 초기 선교사들은 단순히 관찰하기 위해 여행한 것이 아니다. 선교사들은 새로운 개종자를 만들어서 자신들이 보기에 뒤떨어진 민족들을 '문명화'하고자 했다. 여기에는 원주민들에게 새로운 여성의 역할을 강요하는 것이 포함됐다.

여전히 초기 농경 사회나 수렵·채집 사회에서 살던 이 소규모 집단들은 17세기부터 이미 외부 계급사회와 짧게 접촉하기만 해도 삶이 붕괴하고 변화했다. 이 과정은 무역이나 억압, 심지어 잘못된 자선 행위를 통해서도 이뤄질 수 있었다. 그럼에도 그런 집단들은 여전히 엥겔스가 묘사한 인류의 발전 과정을 이해하는 실마리가 될 수 있다.


## 몽타녜족에 대한 르죈의 기록

그런 선교사 가운데 가장 잘 알려진 사람은 17세기 프랑스 예수회 성직자인 폴 르죈이었다. 그는 캐나다에 있는 프랑스 식민지들을 돌아다니며 자신의 경험을 상세하게 기록했다. 르죈은 1633~1634년에 아메리카 원주민인 몽타녜족 사이에서 선교 활동을 하며 70권이 넘는 수기를 남겼는데, 이것은 이후에 파리에서 출간됐다. 그의 저작은 현재 영어로 번역돼 온라인으로도 읽을 수 있다.[28] 르죈의 기록은 그가 "야만인"이라고 부른 사람들에 대한 선입견과 그들의 생활 방식에 대한 충격과 공포로 가득 차 있다. 그는 자신을 환대해 준 사회를 오히려 파괴하려 했다. 이런 점에도 불구하고 그의 기록은 두 가지 면에서 대단히 흥미로운데, 하나는 몽타녜족에 대한 부분이고 다른 하나는 인간 본성, 성별, 불평등에 대한 서구 사회의 가정에 배치되는 사회를 접했을 때 선교사들이 보인 태도에 관한 것이다.

르죈의 기록은 기독교 선교사가 수백 년 어쩌면 수천 년 동안 이어져 내려온 몽타녜족의 삶의 전통을 깨뜨리는 것이 얼마나 어려웠는지를 생생하게 보여 준다. 지도자도 없고, 여성이 결정권을 행사하고, 인간관계가 유동적이며, 어린이를 공동으로 보살피는 평등한 사회를 발견하고 선교사들은 충격을 받았다. 선교사들은 몽타녜족에게 유럽식 가족 구조를 강요하면서 남성은 권위를 가져야 하고 여성은 정조를 지켜야 하며 그러지 않으면 벌을 받는다고 주장했다.

르죈은 몽타녜족이 위계질서 개념도 없고 '권위'를 존중하지도 않는다고 불평하면서 다음과 같이 기록한다. 그들은 "자신들이 태어나면서부터 야생마처럼 자유를 누릴 권리가 있다고 생각한다. 그들은 자신이 원할 때를 제외하고는 아무에게도 복종하려 하지 않았다. 우리가 우리의 상관을 두려워하는 것을 보고 그들은 나를 수없이 나무랐다. 그들은 자신의 윗사람을 비웃기도 하고 그들과 장난을 치기도 했다."

선교사들은 남녀 관계가 자유로워야 한다고 믿는 사람들에게 기독교식 결혼 제도를 따르게 만드는 것이 어렵다는 사실에도 한탄했다. "남녀를 같은 멍에 아래 묶는 강력한 결합으로* 이 야만인들을 결합시키는 것은 매우 어려울 것이다."[29] 르죈은 또한 새로 개종한 여성이 정조를 지키는 것을 칭송한다. "그녀는 결코 이곳의 다른 여자들처럼 방탕하게 살지 않았다."[30] 그는 여성이 열등하다고 여겨지지 않으며 여자 '샤먼'이 종종 더 영험한 것으로 여겨진다고 썼다.

이런 사회들을 변화시켜서 사실상 식민지화하는 것은 점진적 진화가 아니었으며 도덕적 명분도 없는 짓이었다. 어느 선교사는 한 아이에게 아버지의 반대를 무릅쓰고 세례를 준 것을 자랑삼아 기록했다. 아이에게 사탕을 주는 척하다가 "실수로" 머리에 물을 좀 흘리고 서둘러 세례문을 읊었다는 것이다. 또 다른 선교사는 어떤 여성을 사악한 '마녀'라고 가르치자 그것을 믿게 된 사람들이 집단적으로 그녀를 고문하고 살해한 과정을 묘사하기도 했다.

## 여성의 역할

몽타네족 사회에서 여성은 중요한 역할을 했다. 분업은 존재했지

---

* 바울은 《고린도후서》에서 "너희는 믿지 않는 자와 멍에를 같이하지 말라"고 했다. 이 구절은 기독교인이 비기독교인과 결혼하지 말라는 의미로 해석되는 경우가 많으며 "멍에를 함께하는 것"은 결혼에 대한 비유적 표현으로 사용되기도 한다. 다만, 위 구절이 기독교인과 비기독교인의 결혼을 금지하는 것이고 멍에가 결혼을 의미하는지에 대해서는 기독교 내에서도 이견이 있다.

만 여성도 의사 결정 과정에 참여했고 여성의 일이 남성의 일보다 열등하다고 여겨지지도 않았다. 한 몽타네인 남성이 선교사들에게 한 다음의 얘기를 통해 여성이 공동체에 식량을 공급하는 데 얼마나 중요한 구실을 했는지 알 수 있다. "우리가 아내를 맞이했는데, 아내가 기분이 나빠지면 이내 우리를 떠날 겁니다. 그러면 우리는 비참한 삶을 살게 되겠죠. 왜냐하면 우리 부족에서 씨를 뿌리고 땅을 일구고 남편을 위해 음식을 준비하는 것은 여자들이기 때문입니다."

19세기 스코틀랜드 탐험가이자 선교사인 데이비드 리빙스턴은 1854년에 서아프리카 앙골라의 루안다를 여행하면서 겪은 일을 이야기한다. 그는 백인들끼리 강을 거슬러 올라가지 말라고 하는 여성 지도자 마네코의 지시를 따르지 않으려 한다. 리빙스턴은 그녀의 허락 없이 떠나려 하자 무슨 일이 일어났는지 묘사한다.

이런 식으로 마네코를 피할 수는 없었다. 그녀는 사람들을 데리고 와서 우리의 짐을 붙들었다. 그리고 내가 싫다고 하는데도 그 짐을 가져가겠다고 했다. 내 부하들은 내가 결정을 내리기도 전에 이 여성 통치자에게 굴복해 버렸고 나는 권위를 상실했다. 나는 그녀와 말다툼을 하고 싶지 않아서 카누 쪽으로 향했다. 그러자 그녀는 내 어깨에 손을 얹고 마치 어머니 같은 표정을 지으며 상냥한 말투로 말했다. "이 키 작은 아저씨야, 그냥 다른 사람들처럼 포기하세요."[31]

리빙스턴은 그녀의 지시에 따를 수밖에 없었다. 그와 부하들은 자신들이 진흙 구덩이에서 허우적거리는 동안 마네코가 무리를 이끌고 쏜살같이 사라지는 것을 경이롭게 쳐다봤다.

선교사 같은 외부인들의 간섭은 친족 구조에 급속하게 영향을 끼쳤으며 특히 여성의 역할에 많은 영향을 끼쳤다. 모건은 여성이 자율성과 남편을 선택할 권리를 누렸다고 기록했지만, 프랑스 예수회 선교사 조제프프랑수아 라피토는 그보다 고작 100년 전에 여성이 자치적으로 공동생활을 하며 자신이 선택한 연인을 맞이할 수 있는 사회를 묘사한 바 있다. 모건은 여성의 "힘들고 고된 일"에 대해 묘사했지만, 라피토가 관찰한 바에 따르면 한 세기 전에 여성은 훨씬 더 중요한 일을 맡았다. "모든 실질적 권한이 여성에게 있다. 토지와 밭과 수확물은 모두 여성의 것이다. 그들은 부족 회의의 실권자이며 전쟁과 평화의 중재자다. 여성은 모든 공유물을 관리한다."[32]

17~18세기 선교사들은 캐나다에서 몽타네나스카피족이 모처제 사회를 이루고 사는 것을 관찰했다. 리콕은 20세기에 몽타네나스카피족의 친족 조직을 연구할 때 "초기에 모처제가 존재했다는 것을 확인해 주는" 태도와 관행을 발견했다. 그러나 현재 그 집단들이 조직되는 지배적 방식은 남편의 친족 관계를 따른다. "상인, 선교사, 정부 관료의 직접적 영향에 더해 모피 무역의 간접적 영향까지 모두 부처제를 강화했다."

실제로 그런 전환은 광범위했다. "서구 문화를 접촉한 결과로 부계제가 꾸준히 증가했다고 할 수 있다. 모계제에서 부계제로 전환된 사례는 많지만 그 반대의 사례는 보고된 바 없다."[33] 그러나 '원시'사회에 대한 많은 연구는 인간이 다양한 방식으로 살아왔고, 여성이 언제나 차별받은 것은 아니며, 오늘날 우리가 사는 방식이 자연스러운 것은 결코 아니라는 점을 분명하게 증명했다.


## 평등에서 계급과 억압으로

호모사피엔스, 즉 현생 인류는 약 13만 년 전에 아프리카에서 진화했다. 호모사피엔스는 네안데르탈인 같은 다른 인간종과 마찬가지로 호모에렉투스의 후손이고 78만 년 전에 분기가 이뤄진 것으로 여겨진다.[34] 브리튼 섬을 예로 들면 네안데르탈인이 브리튼 섬에 도착한 것은 약 40만 년 전이며, 현생 인류가 속한 호모사피엔스는 약 4만 년 전에 도착했다.

오늘날 네안데르탈인 같다는 말은 특히 마초적이고 남성 우월주의적 행동을 지칭할 때 사용된다. 그러나 네안데르탈인은 통상적 인식과 달리 결코 잔인하고 원시적인 종이 아니었다. 그들은 혁신적이고 지적이었으며 다른 인간종이나 네안데르탈인의 사회가 여성을 차별했다는 증거는 존재하지 않는다. 실제로 네안데르탈인 남성과 여성의 신체 크기가 비슷했다는 증거가 존재하며, 이것은 남녀의 역할이 크게 다르지 않았음을 보여 주는 증거일 수 있다.[35]

네안데르탈인은 매우 정교한 도구를 제작하는 새로운 방법을 발명하기도 했다. 그들은 사회적 집단으로 조직돼 있었고, 병자를 돌보고 죽은 사람을 매장했다는 증거가 존재한다. 이렇게 네안데르탈인은 호모사피엔스와 많은 공통점이 있었다. 둘은 공존했지만 호모사피엔스가 네안데르탈인보다 더 오래 살아남았다. 혹자는 호모사피엔스가 네안데르탈인과 전쟁을 벌여 승리하면서 등장했다고 주장하기도 한다. 이것은 인간이 본성적으로 폭력적이고 경쟁적이라는 믿음에 바탕을 둔 주장이지만 이런 추론을 뒷받침하는 증거는 존재하지 않는다.[36] 사실 네안데르탈인이 결국 멸종한 이유가 여럿 있는 것으로 보이는데, 그중 하나는 기후변화다.[37]

네안데르탈인과 우리의 공통점은 사회성이나 도구 제작 기술만이 아니다. 현대의 DNA 분석은 우리의 유전적 구성을 보여 줄 수 있는데, 아프리카 대륙 바깥의 모든 현대인은 네안데르탈인 DNA를 2퍼센트가량 가지고 있다. 이것은 약 6만 년 전에 동아프리카를 벗어나 이주한 초기의 호모사피엔스가 유라시아 대륙에서 네안데르탈인과 공존하며 서로 짝을 짓기도 했다는 것을 보여 준다. 연구자들은 현재 아프리카 이외에 사는 모든 사람이 바로 이 집단의 후손이라고 주장한다. "우리가 누구이건, 어디에 살건, 어떤 언어를 말하건, 풍습과 가치관이 어떠하건, 피부색이 어떠하건, 200만 년 전 우리의 조상은 모두 아프리카에 살았다."[38]

호모사피엔스는 더 정교한 도구를 발전시켰고 네안데르탈인보다 환경에 더 잘 적응했다. 그들의 사회 관계망은 더 광범위했으며 다른 인간종보다 더 멀리 주기적으로 이동했다. 그 덕분에 더 효과적으로 식량을 확보할 수 있었다. 그들은 문화적으로도 발전했다. 단지 생존을 위해서뿐 아니라 예술과 장식의 형태로 자신과 다른 동물을 표현하기 위해서도 도구를 사용했다.

호모사피엔스는 30~40명씩 무리를 지어 떠돌아다니며 수렵·채집 생활을 했는데, 1년 중 어느 시기에는 더 많은 수의 무리를 짓기도 했다는 증거가 있다. "그들의 생산양식은 자신이 채집하거나 덫·사냥·낚시로 획득한 식량을 공유하는 것에 바탕을 두고 있었다."[39] 무리의 모든 구성원이 생산에 참여했지만 대부분의 식량은 견과류나 열매를 채집하고 작은 동물을 사냥해 얻었다. 그것은 여성의 일이었고 출산이나 양육과 함께 할 수 있는 노동이었다.

큰 동물을 사냥하는 것은 산발적이고 덜 안정적이었는데 주로 남성이 했다. 이렇게 집단 내에 분업이 있었지만 중요한 점은 여성의 노동이 남성의 노동과 마찬가지로 소중했다는 점이다(때로는 여성의 노동이 더 중요하기도 했다). 엥겔스는 이런 사회를 원시 공산주의라고 불렀다. 일부 저자와 인류학자는 모든 초기 인간 사회가 여성이 통치하는 모권제 사회였다고 주장한다. 그중에는 에벌린 리드 같은 페미니스트도 있는데 이런 전제를 바탕으로 책을 한 권 저술하기도 했다. "모계씨족사회는 인류 자체만큼이나 오래됐다."[40] 리드는 또한 초기 사회들이 "공산주의적이고 평등주의적"이었음을 인정한다. 그러나 여성 차별이 없었다고 해서 여성이 최초의 인간 사회들을 지배한 것은 아니다. 최초의 계급사회가 등장하기 전 수십만 년 동안에는 사회의 한 부분이 다른 부분을 체계적으로 지배했다는 증거가 없다.

수만 년에서 수십만 년 전에 인류의 일상생활이 어떠했는지 정확히 알 수는 없다. 그러나 고고학적 증거에 따르면 식량이 떨어지면 집단은 이주를 했고, 소유물은 거의 없었으며, 사유재산 같은 것은 없었고, 집단 전체가 함께 굶주리거나 함께 배불리 먹었다. 그들은 스스로를 부양해야 했기 때문에 작은 무리를 지어서 살았다. 아이의 수는 어른들이 데리고 다닐 수 있을 정도의 수로 제한됐다.

이런 형태의 사회는 수만 년 동안 인간의 삶을 지탱해 준 매우 성공적인 사회였다. 이 시대의 유골을 조사해 보면 많은 초기 인간들이 60~70살까지 장수했다는 점을 알 수 있다.[41]

고고학자인 켄트 플래너리와 조이스 마커스는 어떻게 인간 사회에서 불평등이 발전하게 됐는지에 대한 뛰어난 연구 결과를 보여 준다. 그들은 "만약 수렵·채집인들이 오늘날의 사회를 운영한다면 어떻게 될까?" 하며 잠시 상상의 나래를 펼친다. 그들은 사회의 운영 방식이 다음과 같이 달라질 것이라고 말한다.

다양성에 대한 우리 사회의 관용은 결혼에까지 확장될 것이다. 일부다처제나 일처다부제도 … 용인될 것이다. 아메리카 원주민 사회에서 "두 영혼을 가진" 사람들의 결혼이 허용된 것처럼 동성 결혼이 허용될 것이다. 수렵·채집 사회에서 영아 살해가 이뤄졌듯이, 우리의 새로운 지도자들은 임신중절을 불법화하지 않을 것이다.[42]

플래너리와 마커스는 경제적 불평등에 관해 다루면서, 수렵·채집인들의 공유 윤리는 "우리가 알고 있는 것과 같은 비즈니스 윤리를 바꿔 놓을 것이며, 최고경영자가 조립라인 노동자보다 수천 배나 급여를 더 많이 받는 것을 결코 용납하지 않을 것"이라고 말한다.[43] 오히려 더 많이 가진 사람들로 하여금 누가 더 이타적이고 자비심이 많은지 경쟁하게 하는 압박이 존재할 것이다. 그렇다고 해서 수렵·채집 사회로 돌아가는 것이 바람직하다거나 그것이 오늘날의 사람들이 선택할 수 있는 대안이라고 주장하는 것은 아니다. 단지 상상력을 동원해 인간이 역사적으로 매우 다르게 살아왔다는 점을 설명하는 것이다.

그러나 수렵·채집 사회는 변화를 겪게 되고 그것은 결정적이고 장기적인 영향을 끼치게 되는데 특히 여성의 역할을 변화시켰다. 때로 인간은 기후변화에 적응해야 했고 인구 증가의 영향 또한 더 많은 자원을 얻고자 하는 압력을 형성했다. 수천 년 동안 일부 사회는 화전火田을 일구기 시작했는데 이것은 생산능력을 크게 늘렸고, 그 결과 시간이 흐르면서 사회의 조직 방식도 변화했다. "1만~2만 년 전의 어느 시점에, 새로운 생활양식이 등장했는데 바로 목축과 경작이다. 이것은 구세계와 신세계의 여러 지역에 존재하던 공동체들에 접목됐다."[44] 새로운 식량 생산 방식이 "접목"됐다는 점이 중요한데, 왜냐하면 이것은 패터슨의 표현대로 "인간의 역사가 혼란스러울 정도로 복잡하다"는 점을 보여 주기 때문이다. 즉, 인간의 역사는 단선적으로 발전해 오늘날에 이른 것이 아니다. 수천 년 동안 서로 다른 생산양식이 공존하기도 했다. 사람들은 작물 재배를 하면서도 수확을 기다리는 동안 수렵·채집을 지속하는 등 보조적 방법을 사용했을 것이다.

농경과 초기 원예농업으로의 전환 과정은 신석기 혁명이라고 불린다. 모건의 개념을 받아들여 엥겔스는 이것을 "야만"에서 "미개"로의 전환이라고 불렀다. 신석기 혁명의 영향으로 정착 공동체, 최초의 영구적 마을, 땅을 파고 일굴 수 있으며 동물의 가죽을 자르고 벗길 수 있는 새로운 도구가 필요해졌고 또한 가능해졌다. 정착 생활을 하면서 집단은 더 오래 거주할 수 있는 주거지를 짓게 됐으며, 종자와 잉여 식량을 저장할 작은 그릇을 만들게 됐다. 그리고 이것은 최초의 잉여 식량이었다. 그 전에는 잉여를 생산할 만큼 충분히 생산적인 방법이 없었고 식량을 저장할 생각을 할 정도로 충분히 정착한 공동체도 존재하지 않았다.

공동체에 필요한 식량의 대부분을 농경을 통해 생산할 수 있게 되자 더 많은 인력과 자원이 농사에 투여됐다. 패터슨은 이런 변화를 다음과 같이 묘사한다. "밭을 갈고, 관개수로를 짓고 보수하고, 농작물을 재배하고, 계절에 따라 한 목초지에서 다른 목초지로 가축을 이동시키는 데 점차 더 많은 시간이 할애됐다."[45]

쟁기, 수로, 저수지 등은 여러 지역에서 각기 다른 방식으로 사용되기 시작했는데, 이것은 엄청난 생산성 증대를 가져왔을 뿐 아니라 여성의 사회적 역할에 중대한 영향을 끼치기 시작했다. 위와 같은 발전은 고된 노동을 요구하는 것이었는데, 그런 일에 종일 종사하면서 동시에 아이를 기르는 것은 쉬운 일이 아니었다. 밭을 일굴 수 있는 노동력이 더 많이 요구되면서 아이를 더 많이 낳는 것이 갈수록 중요하게 여겨졌다. 여성은 더 자주 임신하게 되고 아이에게 수유를 해야 했기 때문에 전처럼 자주, 멀리 이동할 수 없었다. 여성의 노동은 이전에는 주된 영양 공급원이었지만 이제는 집단의 필요를 충족시키는데 점차 부수적인 일이 돼 갔다. 그래서 재생산(이제 여성은 여기에 더 많은 시간을 들이게 됐다)과 잉여 생산(점차 남성이 통제하게 됐다) 사이의 분리가 일어났다.

잉여를 생산한 자들이 잉여의 사용도 통제했고 결과적으로 집단 내에서 권력을 쥐게 됐다. 잉여 창출 덕분에 집단 내의 일부 구성원은 매일 노동을 하지 않아도 되게 됐다. 그리고 이것은 외부 집단과의 접촉을 촉진했다. 왜냐하면 이제 교환하거나 훔치거나 싸워서 얻을 수 있는 것이 생겨났기 때문이다. 잉여생산물의 존재로 인해 사람들을 배치해 그것을 지킬 필요가 생겨났으며 시간이 흐르면서 잉여를 통제하는 소수의 권력을 정당화하는 이데올로기도 필요해졌다. 이것이 바로 소수의 특권적 지위를 유지하는 복잡한 국가 구조로 발전하게 된 과정의 시작이었다. 사람들이 이런 새로운 분화를 언제나 수동적으로 받아들인 것만은 아니었다. 플래너리와 마커스는 "불평등을 확대할 때마다 그에 대한 저항을 이겨 내야 했다. 지배하려는 자들과 저항하는 자들 간의 지속적 투쟁이 있었던 것으로 보인다"고 썼다.[46]

일부 남성들은 잉여를 통제하는 데 더 유리한 상황에 있었고 다른 남성들은 배제됐다. 따라서 당시의 분화는 남성들 사이에서도 일어났다. 경작지든, 가축이든, 곡식이든 부를 축적할 수 있었던 일부 남성들은 이제 역사상 최초로 부를 자손에게 상속하는 것에 관심을 두게 됐다. 일부일처제는 남성이 자신의 부를 '친자식'에게 물려주도록 보장하는 유일한 방법으로 주목받았으며 이후에는 보편적 제도로 시행됐다.

캐런 색스는 다음과 같이 썼다.

그래서 아이들이 무엇인지에 대한 정의에 변화가 일어났다. 이전에 아이들은 사회집단의 새로운 구성원이었지만 이제는 사적인 상속자이거나 종속되고 예속된 일꾼이 됐다. 이것은 여성의 재생산 노동 역시, 생산 노동과 마찬가지로, 사회적인 것에서 사적인 것으로 변화했다는 것을 의미한다. 즉, 여성은 이전에는 모든 남성과 여성을 포함하는 사회집단의 새로운 구성원을 낳았지만 이제는 남성의 재산과 사회적 지위를 물려받을 후계자를 낳았다.[47]

유랑 생활에서 자녀의 수가 제한된 것과 달리 여성이 낳는 자녀의 수는 늘어났으며, 그에 따라 "생물학적 요인과 사회적 필요 사이의 상호작용"이 발전했고 이것이 분업의 변화를 낳았다.[48] 즉, 남성이 아니라 여성이 아이를 낳는다는 사실은 인류 역사의 바로 그 시점에 중요한 요인이 됐다. 최초의 위계질서와 계급이 등장하고, 정착 농경이 이뤄지고, 처음으로 잉여가 창출된 바로 그 특정한 상황에서 생물학적 요인이 잠시 중요해졌다. 인간은 새롭게 변화하는 환경에서 살아갈 수밖에 없었다. 시간이 흐르면서 여성이 전체 사회와 가정에서 하는 일의 중요성은 변해 갔고 이런 물질적 변화는 결국 여성의 주변화를 고착시켰다. 이것은 새로운 가족 구조 내에서 여성의 역할에 의해 형성된 것이었다.

## 엥겔스의 접근법에 대한 비판

여성 억압의 기원과 가족의 구실에 대한 엥겔스의 분석은 예나 지금이나 몇몇 마르크스주의 페미니스트의 비판을 받아 왔다. 좀 더 변증법적이고 섬세한 마르크스의 분석에 비해 엥겔스는 "기계론적"이라고 묘사돼 왔다. 헤더 브라운은 엥겔스가 "기술 발전과 더 많은 잉여 재화"에 바탕을 두고 초기 인간 사회에서 발생한 갈등을 설명했다며 "경제결정론"이라고 비판한다. 브라운은 마르크스는 엥겔스와 달리 "경제적 요인과 사회적 요인 간의 변증법적 상호 관계를 눈여겨봤다"며 마르크스와 엥겔스 사이에 불일치가 존재한다고 주장했는데 왜냐하면 마르크스는 젠더 갈등을 포함한 초기 인간 사회의 다양한 모순을 인식했기 때문이라는 것이다.[49]

또 다른 사람들은 엥겔스가 《가족, 사유재산, 국가의 기원》에서 생산과 재생산을 구분하는 바람에 일부 사회주의 페미니스트들이 엥겔스가 여성 억압에 대한 '이중체계' 이론을 받아들였다는 잘못된 주장을 하게 됐다고 말한다.[50] 그러나 이런 비판도 엥겔스의 중심

테제를 설득력 있게 논박하지는 못한다. 브라운은 엥겔스와 달리 물질적·경제적 근원과 무관하게 발생한 인간 사회의 갈등이 있다고 말하고 있다. 이것은 여성 억압에 대한 또 다른 설명을 암시하는 것이지만 브라운은 그것이 무엇인지 더 구체적인 설명을 제시하지 않는다.

브라운은 엥겔스와 달리 마르크스는 억압을 "경제적 토대가 있는 것"으로만 보지 않았다며 한 사례를 든다. 브라운은 마르크스가 부르주아 가족제도 안에서 겪는 여성의 고통을 언급했다고 지적한다.[51] 그러나 엥겔스와 마르크스는 둘 다 여성 억압이 계급사회에서 생겨났지만 어떻게 부르주아 여성을 포함한 모든 여성에게 영향을 끼치는지를 분석했다. 《공산당 선언》에서 그들은 부르주아 가족제도의 위선을 비판하며 다음과 같이 썼다. "부르주아는 자기 아내를 단지 생산도구로 본다."[52]

엥겔스를 희생시켜서 마르크스와 엥겔스라는 두 혁명가를 갈라놓으려는 시도는 비판받아야 한다. 엥겔스는 자신의 작업이 마르크스의 노트와 연구에 근거를 두고 있음을 언제나 인정했다. 또한 엥겔스의 작업은 전혀 기계론적이지 않다. 오히려 인간이 단순히 특정한 생산방식이나 특정한 기술 발전의 산물은 아니지만 인간의 삶을 그런 측면에 대한 인식 없이 이해할 수는 없다는 변증법적 이해를 반영하고 있다.

## 생각과 사상

사유재산, 국가, 가족 구조의 등장은 오늘날 우리가 아는 개별화된 가족의 초석이 됐다. 오직 계급사회의 등장과 함께 "남성은 가정에서도 명령권을 가지게 됐으며 여성은 종속적 존재로 전락했다. 여성은 남성 욕정의 노예이자 단지 아이를 낳는 도구가 됐다."[53] 이런전환은 여성이 모든 측면에서 종속되는 결과를 낳았으며 이것은 지배적 이데올로기에 반영돼 있다. 여성의 처신, 옷차림, 자연스러운역할에 대한 성차별적 생각은 억압의 물질적 구조를 표현하는 것이자 정당화하는 것이다. 가족제도는 그런 억압 구조의 중심이다.

우리는 인터넷에 대한 지식을 가지고 태어나지 않듯이 성 역할에대한 생각을 가지고 태어나지 않는다. 여성이 무엇을 어떻게 하는것이 자연스럽고 당연한지에 대한 생각은, 그것이 남자의 머릿속에있건 여자의 머릿속에 있건, 어머니가 모유를 통해 주입하는 것이 결코 아니다. 이탈리아 마르크스주의자인 안토니오 라브리올라는 이것을 다음과 같이 좀 더 시적으로 표현한다. "생각은 하늘에서 떨어지는 것이 아니다. 우리가 꿈에서 계시를 받는 것은 아무것도 없다."[54]

마르크스는 생각과 사상이 사회의 구조와 위계질서라는 물질적현실에서 비롯하는 것이며 지배계급은 현 상태와 그 속에서 자신들의 특권적 지위를 유지해 주는 이데올로기를 만들 수 있는 권력이있다고 봤다. 그렇다고 해서 마르크스가 인간을 지배계급이 자신의 역겨운 이데올로기를 쏟아부으면 그저 그대로 받아들이는 텅 빈 그릇 같은 존재로 생각한 것은 아니다. 만약 인간이 그런 존재라면 체제에 대한 저항은 결코 존재하지 않았을 것이며, 노동자들은 노동조합을 결성하지 않았을 것이고, 여성은 투표권을 쟁취하기 위해 시위를 벌이지 않았을 것이며, 혁명은 가능하지 않을 것이다.

인간은 세상에 태어난 순간부터 지배적 사상을 흡수하고 재생산하면서도 동시에 그것에 저항한다. 인간은 끊임없이 사상을 자신의 경험과 비교해 시험하고 검증한다. 그리고 때로 그들이 지배계급과 맞서게 될 때, 사회의 진정한 힘이 가장 분명하게 드러난다.

오늘날 여성의 삶의 현실과 여성이 무엇을 할 수 있는지, 무슨 직업을 가져야 하는지, 급여를 얼마나 받아야 하는지, 무슨 옷을 입어야 하는지에 대한 생각들은 한두 세대 전과 매우 다르다. 가족제도 자체도 계급사회의 등장 이래로 수천 년 동안, 그리고 자본주의가 발전한 이래로 수백 년 동안 많은 변화를 겪었다. 그러나 이런 변화에도 불구하고 가족제도는 21세기에도 여전히 여성 억압을 형성하는 데 중심적 구실을 하고 있다.

# 4장 가족에 관한 문제들

소위 '따뜻한 가정'은 노동하는 계급의 여성이 어려서부터 죽을 때까지 노예처럼 부엌일을 하면서 보내는 낡고 답답하고 정체된 제도다.[1]

— 레온 트로츠키

영어에서 가족, 즉 패밀리라는 단어는 라틴어 파물루스에서 온 것인데 이것은 하인이나 가내노예를 일컫는 말이었다. 파밀리아는 한 명의 주인이 소유한 노예를 통틀어 지칭하는 말이었다. 이 단어의 의미는 한 명의 남성이 거느리는 하인, 아내, 아이 등 한 가구의 모든 구성원을 포함하는 것으로 확장됐다. 오늘날 가족의 의미는 여러 가지다. 가족은 서구 사회에서 가장 찬양받는 제도이며, 사람들은 가정생활을 통해 모든 성취와 행복을 달성할 수 있다고 생각한다.

현대 자본주의 사회의 핵가족은 수천 년 동안 남녀의 삶을 형성해 온 제도의 최신 버전일 뿐이다. 가족 안에서 여성의 역할은 언제나 그들의 계급적 위치에 따라 형성됐다. 역사적으로 보면 지배계급 남성에게 아내란 중세 시대의 성※이나 현대의 자가용 제트기와 같이 자신의 부를 뽐내기 위한 일종의 '트로피' 같은 존재다. 또한 부가 자신의 혈통에게 상속되도록 하기 위해 상류계급 여성은 전통적으로 두 명의 아이(후계자 한 명과 혹시 모를 일을 대비한 여분의 자녀 한 명)를 낳을 의무가 있다고 여겨졌다.[2] 귀족에게 결혼은 사랑을 바탕으로 한 개인 간의 결합이라기보다는 두 가문 사이에 맺는 것이었다.

가족은 대단히 적응력과 회복력이 뛰어난 제도다. 봉건제에서 농민의 대가족은 생산의 구심이었으며 모든 세대의 가족 구성원이 가족을 중심으로 생산 활동에 참여했다. 토지를 약간 보유한 이들은 영주를 위해 일하면서 노동력이나 농작물을 세금으로 바쳤지만, 자신들을 위한 식량과 옷, 가재도구도 만들었다. "많은 양치기와 농부가 아내와 아이들을 데리고 교회에 나왔으며, 그들이 입은 옷은 다른 사람이 아닌 바로 자기 자신이 만든 것이었다."[3]

땅이 없는 사람들은 다른 사람을 위해 일하고 아주 적은 품삯을 받았다. 성별 분업이 있었고 여성은 아이들을 돌보고 감독하는 일과 가사노동을 담당했는데, 아이들도 역시 일을 해야 했다. 그렇지만 여성은 집에서 사용할 물건뿐 아니라 교환하기 위한 물건을 생산하는 데도 많은 부분 중요한 구실을 했다. 12~15세기 잉글랜드 농민 가족의 성별 분업에 관한 한 연구는 다음과 같이 묘사했다.

농업과 목축업에서, 각각의 성별은 특정한 종류의 작업으로 특화되는 경
향이 있었다. 남성은 주로 쟁기질, 울타리와 도랑 치기, 수확, 풀베기, 가
축의 난소 제거와 불까기 같은 작업을 했다.

여성은 씨뿌리기, 키질, 수확 후 남아 있는 밀짚과 겨 모으기, 김매기 같
은 일을 했으며 가금류와 젖소를 돌보는 일도 했다. 그러나 이런 분업은
통상 유동적이었으며 서로의 일을 함께 하는 경우도 많았다. 수확, 짚단
묶기, 풀베기, 곡물 운반, 양털 깎기, 지붕이기, 도로를 내기 위한 암석 깨
기 등 주로 남성이 하던 작업에 여성이 참여했다는 증거들이 있다. 쟁기질
만이 거의 전적으로 남성이 한 작업이었는데, 여기도 예외가 있었다. 어떤
지역에서는 여성도 능숙하게 소를 몰아 밭을 갈았다는 증거가 있다.[4]

봉건제에서 자본주의로 이행하면서 생산은 가족을 벗어나 대규
모 제조업 형태로 이뤄지게 됐으며, 이에 따라 생산에서 여성의 역할
도 변하게 됐다. 이것은 매끄럽고 단선적인 과정이 아니었고, 노동계
급 여성은 여전히 많은 수가 일을 해야 했다. 여성은 밭에서건, 새로
운 공장에서건 가정 바깥에서 일을 하면서도 여전히 무보수 가사노
동을 해야 했다. 가족 구성원들은 특별한 이유가 없는 한 모두 일
을 해야 했고, '여자들의 일'도 결코 가벼이 여겨지지 않았다.

1743년 [엘리자 헤이우드가] 하녀에게 해 준 다음과 같은 조언은 노동
계급 여성이 스스로를 부양해야 했다는 사실을 보여 준다. "부부가

모두 아무 일도 안 하면서 살 수 있는 결혼 생활을 기대할 수는 없을 것이며, 또 혼자만 노동해서 아내를 부양해야 하고 아내는 아무런 기여를 하지 않으려 한다면, 그런 여자와 결혼할 남자는 바보밖에 없을 것이다."[5]

## 산업혁명

산업혁명이 진행됨에 따라 수많은 사람들이 공장제 생산에 동원돼 공장이나 광산에서 노동력을 판매하게 됐다. 그들의 일은 힘들고 더럽고 위험했다.

마르크스와 엥겔스는 산업혁명의 영향으로 노동계급 가족의 근간이 파괴될 것이라고 생각한 적이 있었다. 왜냐하면 남성과 여성과 아이들이 모두 생존을 위해 가정 바깥에서 장시간 노동에 시달려야 했기 때문이다.

영국은 산업에 따라 고용 형태가 다양했고, 일부 산업에서는 아동이 이상적 노동자로 여겨졌다. 예를 들어 실크를 직조하는 작업에는 어른 아이 할 것 없이 모든 가족 구성원이 참가했다. 18세기 런던 동부의 베스널그린에는 심지어 '아동 인력시장'도 있었다. "매주 월요일과 화요일 오전 6~8시에 50~300명에 이르는 7살 이상의 아동이 공터에 나와서 일자리를 찾았고 직조업자들은 거기서 아동 노동자를 고용했다."[6]

아이비 핀치벡의 고전적 저작인 《여성 노동자와 산업혁명 1750~1850》은 이 시기의 삶이 얼마나 혹독했는지 잘 보여 준다. 광산에서 일하던 한 십장은 다음과 같이 말했다. 여성과 아동은 "남자도, 심지어 젊은 남자도 일할 수 없는 곳에서 일한다." 여성은 채굴된 석탄을 지상으로 끌고 오는 작업을 했다. 원래 이 작업은 한 가족이 함께 하던 것이었는데, 남편이 석탄을 캐면 아내와 아이들이 그것을 모았다. 핀치벡은 이런 노동자들의 노동환경을 다음과 같이 묘사한다.

> 허리에 넓은 가죽 벨트를 찼는데 여기에는 약 4피트[120센티미터]의 쇠사슬이 고리로 연결돼 있었다. 쇠사슬은 다리 사이를 지나서 밑바닥에 쇠를 두른 썰매에 연결됐다. 어린 소녀들과 여성들은 헬멧에 촛불을 끼우고 손과 무릎으로 기면서, 질퍽한 진흙길 위로 석탄이 실린 썰매를 끌었다. 갱도가 흔히 9~18도나 비탈져 있는 데다 바닥이 질퍽거려서 작업은 더 어려웠다.[7]

한 여성은 광업 조사관에게 다음과 같이 말했다. "벨트와 쇠사슬이 임신했을 때 너무 불편합니다."[8] 또 다른 여성은 갱도 안에서 아이를 출산해 치마에 싸서 지상으로 끌고 나왔다고 보고하기도 했다.[9] 접근성이 안 좋은 갱도의 경우 여성이 석탄을 등에 지고 촛불을 입에 물고 사다리로 올라서 갱도 밖으로 나왔다. 이것은 고결하다고 칭송되는 빅토리아 시대의 여성성과는 너무나 다른 모습이다. 빅토리아 시대의 상류계급 여성은 연약한 꽃과 같은 존재로 여겨져서, 무도회에 초대받지 못하는 일과 같은 충격적인 일을 겪고 소파 위로 기절하면 후자극제로* 깨워야 했다. 이 시대의 부르주아 가정에서는 식탁 다리도 천으로 감쌌는데, 여성의 우아함을 지키기 위한 것이었다고 한다.

마르크스와 엥겔스가 노동계급 가족이 제도로서 존속하지 못할 것 같다고 생각한 것은 위와 같은 노동계급의 비참한 생활을 목도했기 때문이다. 그러나 가족제도는 그들이 예상한 것보다 더 회생 능력이 컸다. 가족은 두 가지 이유로 되살아났는데, 하나는 가족이 자본주의에 도움이 됐기 때문이고 다른 하나는 노동계급이 가족을 지키기 위해 싸웠기 때문이다. 산업혁명의 영향 때문에 노동자들의 삶이 피폐해졌는데, 노동자들은 남녀를 막론하고 자기 삶에 대한 통제력을 회복하고 싶어 했다. 그들은 아이가 사산되는 것을 더는 보고 싶어 하지 않았으며, 공장의 작업장에서 중노동에 시달리는 것보다 더 의미 있는 삶을 살기를 원했다. 많은 사람들은 가족이 이를 이루는 수단이라고 생각했다.

지배계급의 일부는 노동계급 가족을 회복하고자 했는데, 왜냐하면 건강한 노동자가 필요했기 때문이다. 열악한 노동조건과 생활조건 때문에 아이들은 제대로 성장하지 못하고 노동자들은 너무 일찍 사망했다. 이런 우려 때문에 19세기 중반에 아동과 여성의 고

---

* 의식을 잃은 사람의 코에 대어 정신이 들게 하는 데 쓰는 약품.

용을 규제하는 법률이 제정되기 시작했다. 노동시간에 제한을 뒀고 특정 직업군, 특히 광산업에 아동과 여성이 고용되지 못하게 했다.[10]

여성과 아동이 노동에서 배제되자 노동계급 가정의 빈곤과 고통은 의심의 여지없이 증가했다. 남성 노동자들은 '가족 임금', 즉 여성과 아동이 가정 바깥에서 일하지 못해 생기는 경제적 손실을 보상하기에 충분한 임금을 약속받았지만, 당연하게도 '가족 임금'을 실제로 받는 남성 노동자는 거의 없었다. 이것은 새로운 규제 조치로 많은 가구의 소득이 감소했다는 것을 의미했다. 그러나 일부 남성들과 일부 노동조합은 여성의 저임금이 남성 노동자의 임금을 끌어내린다며 여성 노동 규제 조치에 찬성했다.

장시간 혹독한 노동에 시달리던 많은 여성, 심지어 임신과 수유 기간에도 일해야 했던 많은 여성들은 규제 조치를 환영했다. 이런 변화는 임금노동과 가사노동이라는 이중의 부담을 덜어 주는 것을 뜻했다. 또한 노동계급의 많은 여성과 남성과 아이들이 더 나은 생활을 하고 공장 바깥에서 '가정생활'을 누릴 수 있는 최소한의 가능성을 열어 준다는 것을 뜻했다.

일부 페미니스트 이론가들은 이 시기에 여성을 특정 생산 영역에서 일하지 못하게 법으로 금지한 조치가 남성 자본가와 남성 노동자 사이의 가부장적 공모의 증거라고 주장했다. 그들은 남성이 여성을 임금노동에서 몰아내 무보수의 고립된 가사노동으로 몰아넣고자 하는 공동의 목표를 가지고 있었다고 말한다. 하이디 하트먼은 이것이 가부장제를 위한 물질적 토대를 놓았다고 주장했다. 하트먼은 다음과 같이 썼다. "가부장제는 위계 서열적이며, 서로 다른 계급·인종·민족 집단의 남성은 이 위계 서열 내에서 서로 다른 지위를 가진다." 그러나 "그들은 또한 여성을 지배하는 문제에서는 공동의 관계 속에서 단결한다. 그들은 그런 지배를 유지하기 위해 서로에게 의지한다."[11]

그러나 이것은 광산과 공장의 고되고 위험한 노동에서 벗어나고 싶어 한 많은 여성 노동자의 주체적 행동을 부정하는 것이다. 남성 자본가들은 자신이 남성 노동자들과 이해관계가 일치한다고 생각하지 않았으며, 남성 노동자들이 이전에 아내와 자녀가 벌던 만큼의 임금을 추가로 받지 못하게 했다. 일부 남성들은 줄어든 소득을 메꾸기 위해 더 오래 일해야 했다.

한 여성 탄광 노동자는 1주일에 7실링을 받던 갱도 일이 금지된 것을 다음과 같이 환영했다.

우리는 아이들을 돌봐 주는 아주머니에게 2실링 6펜스를 지불해야 했습니다. 새벽 4시에 자고 있는 아이들을 데려가서 아주머니 침대에 눕혔습니다. 세탁을 부탁하려면 1실링을 더 내야 했고, 바느질이나 다른 일도 돈을 지불해야 했습니다. … 그리고 낮의 일을 마치고 저녁에 집에 돌아오면 모든 집안일을 해야 했죠. 그렇지만 너무 피곤해서 제대로 할 수가 없었어요. 불을 피우지도 않았고, 요리도 할 수 없었고, 물도 길어 오지 못했고, 집안은 엉망인 데다가, 남편을 편안하게 해 주지도 못했죠. 지금이 훨씬 나은 상황이고 정말이지 다시는 갱도로 내려가지 않을 겁니다.[12]

왜 여성들이 여성 노동 규제를 지지했는지를 이해하는 것은 어렵지 않다. 그들은 그 조치가 자신과 가족 전체의 삶을 향상시켜 주는 것이라고 본 것이다. 그 결과, 한 역사가가 지적했듯이 기혼 여성이 전업주부로 있다는 것은 "한 가정의 건강과 안정, 번영"의 표시로 받아들여졌다. 이것은 노동계급 가정이 부유해지거나 중간계급화했다는 것을 의미하는 것이 아니라 단지 "노동계급이 경험하고 있는 현실을 나타내는 것"이었다.[13]

물론 현실은 이 시기는 물론 20세기에도 많은 여성이 여전히 일을 하고 있었다는 것이다. 1915년에 출간된 "기혼 여성의 노동"에 대한 한 연구에서 편집자인 클레멘티나 블랙은 "임금노동을 하는 것이 여성에게 끼치는 도덕적이고 정신적인 효과는 긍정적인 것이라고 확신하게 됐다"고 썼다.[14]

가정 밖에서 일하는 여성은 언제나 존재했다. 그러나 19세기 중반에 이르러 부르주아 가족 형태는 이데올로기적으로 지배적인 모델이 됐다. 이런 가족제도에서 여성은 가정이라는 "사적 영역"에 머물렀고 "더 약한 성"으로 여겨졌다. 여성은 자신과 아이들을 경제적으로 부양해 주는 남성 가장을 공경해야 한다고들 얘기했다. 부르주아 여성과 노동계급 여성의 삶은 예나 지금이나 완전히 다른 세상에 속하지만, 이런 모델은 이상적 가족의 근간이 됐으며 오늘날까지 강력한 영향을 끼치고 있다.

# 자본주의에서 가족의 구실

가족은 단순히 계급사회의 산물인 것만은 아니다. 가족은 계급사회를 유지하는 데도 중요한 구실을 한다. 지배계급은 가능한 모든 방식으로 가족의 구실을 증진하고 강화하기 위해 노력한다. 크리스 하먼은 가족과 자본주의 체제의 관계를 올바로 이해하는 것이 중요하다고 지적했다.

자본주의는 종교를 퍼뜨리고 군주제를 유지하며 반反계몽주의 사상을 부추기려는 욕망에 의해 추동되지 않는 것과 마찬가지로 가족(과 여성 억압)을 유지하고자 하는 욕망에 의해 추동되지 않는다. 자본주의의 추동력은 오직 한 가지다. 그것은 축적을 위한 노동자 착취다. 종교나 군주제와 마찬가지로 가족은 이런 목표에 도움이 되는 한에만 자본주의에 유용하다.[15]

가족제도는 경제적·이데올로기적 구실을 통해서 자본축적이라는 목표에 기여하는데, 두 구실은 서로 분리될 수 없다.

가족은 추상적 구조물이 아니다. 가족은 서로 부양하고자 나날이 분투하는 현실의 여성과 남성, 그들의 피부양자로 이뤄져 있다. 그러나 사회적 분업이라는 역사적 사건 때문에, 여성이 가정 밖에서 임금노동을 하더라도, 가사의 부담을 가장 크게 지는 것은 여전히 여성이다. 사회의 이데올로기적 상식에 따르면, 여성은 사람들을 돌보는 일에 적합하고, 가정은 당연히 여성의 영역이며, 여성은 모든 집안일을 가장 잘한다.

제2차세계대전 이후 호황기에 자본주의가 엄청나게 팽창하면서 가족은 다시 한 번 재구성됐다. 노동력 수요가 늘면서 엄청난 수의 여성들이 노동시장에 편입됐다. 7장에서는 이런 상황이 어떻게 여성 해방운동을 위한 조건을 조성했는지 살펴볼 것이다. 그러나 여성의 노동시장 진출이 늘고 교육 수준이 높아지자 일하는 남성이 여성을 부양한다는 핵가족 이데올로기와 현실 간의 간극이 그 어느 때보다 더 크게 벌어졌다.

그러나 이렇게 간극이 벌어지자 이상적 모델로서 가족의 필요성은 자본주의 체제에 오히려 더 중요해졌다. 사실 이상적 가족이 훨씬 더 중요한 이유는 바로 그것이 현실과 들어맞지 않기 때문이다. 그래서 성인 여성의 대다수는 집 밖에서 일을 하면서도, 여전히 집안의 개별화된 재생산 노동이 대부분 자신의 책임이라고 느낀다. 심지어 여성보다 남성에게 육아휴직을 적게 주는 것도 아버지가 육아에서 덜 중요한 구실을 한다는 생각에 근거해 이뤄지는 것이다.

현대의 핵가족은 생산의 장소라기보다는 중요한 소비의 장소다. 많은 제품이 워킹맘을 겨냥해 마케팅되며 완전 조리 식품이나 반조리 식품이 바쁜 생활의 해결책으로 제시된다. 지금은 재료 손질부터 시작해서 처음부터 끝까지 직접 요리하는 것이 특별한 경우에나 하는 일이 됐지만, 몇 세대 전의 여성에게는 처음부터 끝까지 직접 요리한다는 표현 자체가 낯설 것이다. 왜냐하면 요리란 당연히 그렇게 하는 것이었으며 그 외의 방식은 거의 없었기 때문이다. 워킹맘을 겨냥한 광고들의 주된 포인트는 전업주부가 아니더라도 여전히 좋은 엄마이면서 좋은 아내일 수 있다는 것인데, 바로 이 제품을 사기만 하면 된다는 것이다!

노동계급 여성과 남성은 저임금, 보육 시설 부족, 사회적 지원 감축, 열악한 주거 환경과 높은 주거비 속에서 어떻게든 살아가기 위해 분투하고 있다. 여성들은 직장 생활을 유지하면서 좋은 어머니이자 아내가 되지 못하면 실패한 것으로 느끼고, 남성들은 가족 모두가 풍족한 생활을 할 수 있을 만큼 벌어 오지 못하면 가족의 기대를 저버리는 것이라고 느낀다.

여성과 남성이 가정에서 하는 무보수 노동은 최소한의 비용으로 다음 세대의 노동자를 양육할 수 있다는 점에서 지배계급에게 엄청난 가치가 있다. 여전히 지배계급은 돌봄의 부담을 늘 떠넘기고 싶어 한다. 2010년에 집권한 보수-자유민주 연립정부는 세계적 경제 위기를 구실로, 제2차세계대전 이래로 발전해 온 사회복지 서비스와 취약 계층 지원 예산을 전례가 없을 정도로 삭감했다. 2015년 보수당의 총선 압승은 복지를 훨씬 더 큰 규모로 삭감할 수 있는 길을 열어 놓았다.

이런 복지 삭감 때문에 가족이 하는 경제적 구실이 드러났다. 2010년, 보수당 총리 데이비드 캐머런은 가족이 "최고의 복지국가이고, 가족이 아이와 노인을 돌봐야 한다"고 대놓고 말했다. 환자와 장애인을 가족에게 돌보게 하는 것만으로도 정부는 매년 최소한

1190억 파운드[약 207조 원]를 절감하는 것으로 추정된다.[16]

미국의 한 웹사이트는 매년 어머니의 날에 "어머니의 가치"를 계산한다. 2014년에 전업주부가 하는 일을 다른 사람에게 보수를 지급하고 시키면 얼마나 드는지 계산했더니 1년에 11만 8905달러[약 1억 4000만 원]였다. 워킹맘의 경우에도 무보수 가사노동의 가치는 7만 107달러[약 8300만 원]에 이르는 것으로 계산됐다.[17] 영국의 통계청은 2014년 12월, 처음으로 경제활동에 "무보수 노동"의 가치를 포함시키기 시작했다. 2013년 통계청은 2010년 통계를 바탕으로 무보수 육아의 가치가 연간 3430억 파운드[약 600조 원]라고 계산했는데, 이것은 GDP의 23퍼센트에 이르는 수치다.[18] 2014년 11월, 통계청이 발행한 보고서는 가정에서 "옷을 만들고, 수선하고, 빨래하고, 건조하고, 다리미질 하는 것"의 경제적 가치만도 970억 파운드[약 168조 원]라고 발표했는데, 이것은 GDP의 5.9퍼센트에 해당한다.[19]

그러나 가족이 지는 부담은 단지 무보수 노동과 경제적 비용의 문제가 아니다. 다른 사람을 24시간 책임진다는 것은 돈으로 사기 어려운 것이다. 그것은 사랑과 연민의 마음에서 이뤄지는 것인데, 정부는 이런 매우 인간적인 감정을 무자비하게 착취하고 있는 것이다. 전임 노동당 정부에 뒤이어, 보수당 정부는 당장 노동하고 있지 않은 사람들을 돌보고 부양할 책임을 국가가 아니라 개별 노동계급 가족에게 더 많이 지우는 데 골몰했다. 청년들은 점점 더 저임금에 시달리고 있고, 복지 혜택을 받지 못하고 있으며, 터무니없이 비싼 대학 등록금을 감내해야 한다. 이 모든 것이 의미하는 것은 가족이라는 정서적·물질적 안전망에 대한 의존이 훨씬 더 커졌다는 점이다.

경제 위기와 긴축정책 시행 후, 저렴한 주택의 부족은 이제 가족에 대한 의존을 심화시키는 또 다른 요인이다. 정부 통계를 보면, 영국의 20~34살 성인 가운데 부모와 함께 사는 사람이 이 통계가 기록되기 시작한 1996년에는 270만 명이었는데 2013년에는 330만 명을 넘어섰다. 그사이 해당 연령층의 인구가 증가한 것도 아닌데 말이다.

사람들이 돌봄이 필요한 자녀, 부모나 다른 가족 구성원을 나 몰라라 할 수 없기 때문에 부담을 감내할 것이라는 사실을 정치인들은 알고 있으며 또한 이 점을 이용한다. 부모들은 어떻게 해서든 아이를 돌보기 위해 시간을 쪼개 가며 교대로 애쓰고 있지만 육아의 책임은 부모들이 개인적으로 해결해야 할 문제가 아니다. 보육에 대한 사회적 지원은 현대 복지국가의 의무이며, 더구나 세계에서 가장 부유한 나라 중 하나인 영국에서는 더 말할 것도 없다. 아이들을 잘 먹이고 보살피고 교육하는 것 그리고 노인들이 오랜 직장 생활 뒤에 안정적이고 편안한 노후를 보내는 것은 사회 전체에 이롭다.

정치인들은 노동계급이 복지 삭감의 결과를 감내하라는 요구를 언제나 받아들이지는 않는다는 것을 깨닫고 있다. 때로 그런 요구는 반대와 저항에 부딪힌다. 2013년과 2014년, 활동가들이 "침실세"라고 이름 붙인 정책에 반대하는 대규모 시위가 폭발했으며, 이 투쟁은 주로 노동계급 여성들이 주도했다. 보수당 정부는 "여분의"

침실을 가진 사람들이 있다고 주장하며 주택 보조금을 삭감했다. 이 정책은 몸이 불편한 가족이 있어서 집에 병원용 침대 같은 의료 기기를 둘 공간이 필요한 가족에게 특히 심각한 타격이었다.

노동계급을 지배계급의 필요에 순응하도록 만드는 과정에서 이데올로기 투쟁은 중요한 구실을 한다. 가족 이데올로기는 사람들로 하여금 자녀를 먹이고 입히는 책임이 자기 자신에게 있다고 여기게 만들며, 만약 가난하고 교육 수준이 낮고 주거 환경이 열악하다면 사회를 탓할 일이 아니라 자신의 능력 부족 탓이라고 믿게 만든다. 이것을 가장 노골적으로 표현한 것은 1987년에 보수당 총리 마거릿 대처가 《우먼스 오운》이라는 잡지와 한 인터뷰다. "사회라는 것은 없습니다. 개인으로서 남자와 여자가 있고 가족이 있는 거죠. 정부는 사람들을 통하지 않고는 아무것도 할 수 없고, 사람들은 먼저 스스로를 돌볼 수 있어야 합니다."

핵가족은 사람들을 원자화하며 문제에 대한 집단적 해결책에서 멀어지게 한다. 스터즈 터클은 1930년대 대공황 시절에 대한 구술사를 남겼다. 한 여성은 자신이 어떻게 모임에 나가게 됐고 그곳에서 뛰어난 연설가들이 혁명에 대해 이야기하는 것과 "우리의 삶이 뭔가 잘못됐다"는 말을 들었다고 했다. 그렇지만 그녀는 여성 노동자로서의 자기 삶에 대해 다음과 같이 말했다. "제 삶에서 어려운 점은 집안일에 얽매여 있다는 겁니다. 저는 세상일에 관심을 둘 수 없었어요. 저의 세상은 닫혀 있습니다. 제가 설령 세상일에 관심이 있었다고 해도, 한계가 있었을 것입니다."[20]

일부 옛 세대에게는 자립이라는 이데올로기가 워낙 강력하게 주입돼 있어서 그들은 설령 도움을 받는 것이 가능할지라도 그것을 받아들이는 것은 잘못이라고 믿었다. 제2차세계대전 이후 복지국가가 등장하고 국민보건서비스NHS가 설립돼 무상으로 복지 서비스를 제공하기 시작했을 때, 일부 사람들은 그것을 자선이라고 생각해 거부했다. 정치인들과 언론은 노동계급을 복지 제도를 "이용해 먹는" 데 혈안이 된 사람들로 줄곧 묘사하는데 터무니없는 소리다.

가족은 우리에게 자립정신과 더불어 사회에서의 자신의 위치를 가르치려고 한다. 우리는 위계질서가 자연스러운 것이고 우리보다 "나은 사람들"을 공경해야 한다는 가르침을 받아들인다. 가족법, 학생들의 무단결석에 대한 벌금,* 젊은이에 대한 반反사회적행동금지명령ASBO은** 모두 빈곤층 노동계급 가정에 주로 적용되며, "무기력한 빈민"이 사회에 위협이 된다는 생각을 강화한다.

가족은 지배계급에 의해 통제될 뿐 아니라, 주어진 핵가족의 틀에서 벗어나면 법률과 편견에 의해 배제됨으로써 고통받기도 한다. 성소수자들은 가족의 구실과 안정을 위협한다고 간주돼 성소수자의 가족 관계는 최근까지 국가의 법적 인정을 받지 못했다. 동성 결

---

* 영국에서는 학생이 일정 기준 이상 무단결석하면 부모에게 벌금이 부과된다. 학생들의 높은 결석률은 영국에서 큰 사회문제가 되고 있으며 특히 빈곤층 아동의 결석률이 더 높다.

** 법원이 '반사회적 행동'에 연루된 사람에게 특정 지역의 출입이나 특정 행동(예컨대 음주나 욕설)을 하지 못하게 명령하고 이를 어기면 처벌하는 제도.

혼 금지는 성소수자에 대한 낙인이라는 측면에서뿐 아니라 양육권과 연금, 심지어 병원에 입원한 반려자 면회권 등에도 매우 큰 영향을 끼쳤다.

2015년 아일랜드에서는 동성 결혼 허용에 관한 국민투표가 이뤄졌고 압도 다수가 찬성표를 던졌다. 이것은 많은 성소수자들이 커밍아웃을 하고 평등권을 요구하면서 사람들의 태도가 얼마나 많이 변했는지 보여 준다. 동성 결혼 반대파 진영의 주장은 '전통적' 가족이라는 이데올로기가 얼마나 끈질긴지 보여 준다. 그들은 결혼이 자녀를 낳고 양육하기 위한 것이기 때문에 오직 이성애자 간의 결혼만이 가능하다고 주장했다. 그들은 전통적 가족 구조가 붕괴해 체제와 자신들의 권력이 불안정해질까 봐 두려워한다.

성소수자 차별에 반대하고 그들의 결혼을 합법화하기 위한 오랜 운동 끝에, 2004년 영국에서 동성 간의 시민동반자관계가 법적으로 인정받게 됐다. 그러나 이것은 여전히 온전한 평등이 아니었으며, 따라서 많은 성소수자 운동가들이 지속적으로 동성 결혼권을 위해 투쟁했고 마침내 2013년 보수당 정부가 동성 결혼을 허용했다. 동성 결혼 합법화는 성소수자 평등을 위한 환영할 만한 변화다. 2015년 5월 더블린에서는 수천 명이 거리에 나와 국민투표 결과에 기뻐했다. 이것은 이 결과가 동성애 혐오와 싸우는 사람들에게 얼마나 중요한지를 의심할 여지없이 잘 보여 준다. 그러나 일부 활동가들은 국가로부터 시민 간 관계를 법률적으로 인정받을 권리를 요구하는 것의 모순을 지적한다. 일부 성소수자들은 결혼 제도가 타인에 대한 소유나 여성 억압과 연결돼 있다고 주장한다. 그들은 반동적 제도에 동화돼선 안 된다고 주장한다.

분명히 지배계급의 일부는 동성 결혼을 합법화해서 자신들이 사회 안정을 유지하는 데 매우 중요한 도구로 여기는 제도에 성소수자들을 통합시키려 한다. 이것은 1980년대 마거릿 대처 시절의 보수당 전략과는 상반된 것이다. 1988년 보수당은 지방정부법을 개정해 교사가 학생들에게 "동성애를 조장"(보수당의 표현)하지 못하게 금지하는 조항을 삽입했다. 이 조항에는 "지방정부는 어떤 학교에서도 동성애가 가족 관계로서 받아들여질 수 있다고 가르치도록 조장해선 안 된다"는 문구가 포함돼 있었다.

캐머런은 자신이 동성 결혼을 지지하는 것은 가족의 중요성을 확신하기 때문이라고 주장했다. "저는 결혼 제도의 철저한 신봉자이며, 동성애자들이 이 위대한 제도에서 배제되는 것을 원하지 않습니다." 그러나 지배계급은 동성 결혼 문제에 관해 여전히 입장이 갈린다. 보수당 우파는 여전히 결혼을 오직 이성애자들 간의 결합으로 보며, 이성 간 결혼만을 법적으로 인정하고 싶어 한다. 편견에 가득 찬 우파는 오직 이성애자 가족만이 자녀 양육에 적합하다고 생각하고 이것을 가장 중요하게 여긴다. 이제 그들은 성소수자들이 아이를 가지고 싶어 하는 경우도 있고 실제로 그럴 수도 있다는 사실에 경악하고 있다.

그러나 이상적 핵가족이라는 신화에 가까운 과거를 그리워하는 보수당 우파는 수많은 평범한 사람들이 겪는 삶의 경험에 포위되고 있다. '가족의 가치'를 내세워 미혼모를 사회적으로 비난하며 아기를 빼앗아 가고 부부 강간을 인정하지 않던 답답한 시절로 되돌아가는 것을 사람들은 원하지 않는다.

가족은 끊임없이 변하고 있다. 두 번째나 세 번째 결혼을 통해 의붓자식과 함께 사는 대가족도 있고, 결혼하지 않고 동거하는 커플도 있으며, 이성애 커플도 있고, 성소수자 커플도 있다. 오늘날의 많은 사람들에게는 이것이 가정생활이다. 또 다른 사람들은 어떤 전통적 가족 단위에서도 살지 않으려 한다.


## 가족의 모순

가족은 무조건적 사랑과 후원의 공간일 수 있다. 그렇지만 어떤 여성이나 아이에게는 폭력과 학대와 방임이 이뤄지는 매우 위험한 공간일 수도 있다. 통계에 따르면 약 500만 명의 여성, 즉 영국 성인 여성 인구의 30퍼센트가 16살 이후에 가정 폭력을 경험한 적이 있다. 잉글랜드와 웨일스에서는 월평균 7명의 여성이 현재나 이전의 남편이나 애인에게 살해당한다.[21] 아동 5명 가운데 1명이 심각한 학대를 겪었고, 성적 학대를 당한 아동의 90퍼센트는 아는 사람에게 학대당한 것이다. "부모나 다른 보호자에게 학대받은 아동은 그렇지 않은 아동에 비해 가정 폭력을 목격하는 비율이 거의 3배에 이르며" 그런 아동의 3분의 1은 학대받은 직후에 아무에게도 이야기하

지 않았다.[22]

영국의 최대 명절인 크리스마스 기간에 텔레비전 프로그램과 잡지와 광고는 난롯가에 모여 앉아 웃고 떠드는 행복한 가족의 모습으로 가득하지만, 가정 폭력 신고 기관에 전화가 가장 많이 걸려 오는 것도 이때다. 가족이 없거나 있어도 행복하지 않은 경우, 명절은 상실감의 고통을 가중시킬 뿐이다. 사람들이 가장 행복해야 할 바로 그 시간이 실제로는 정반대의 시간이 될 수 있는 것이다. 부부가 이혼 변호사와 가장 많이 상담하는 날은 1월 8일인데, 요즘은 이날을 이혼의 날이라고 부르기도 한다.

그런데 이혼율이 계속 상승하고 있기는 하지만, 재혼율 역시 상승하고 있다. 결혼은 매우 큰 사업이다. 결혼과 관련된 행사, 전시회, 박람회가 전국적으로 열려, 업체들이 결혼식장에서부터 하객용 선물까지 모든 것을 두고 경쟁을 벌인다. 《브라이즈》라는 잡지는 결혼식 예산으로 2만 4716파운드[약 4300만 원]를 제시한다. 영국에서 평균 결혼식 비용은 약 2만 1000파운드[약 3600만 원]다.[23] 이제 사람들은 결혼식 전에 하룻밤 총각파티나 처녀파티를 하는 것으로 끝내지 않는다. 그 대신 수천 파운드를 들여 유럽의 도시로 몇 일간 여행을 떠난다. 결혼 산업은 영국에서 연간 약 5억 파운드[약 8600억 원] 규모에 이르는 것으로 추정된다.[24]

결혼식에서 가장 중요한 것은 여전히 신부다. 수십 종의 결혼 잡지들이 전적으로 예비 신부들을 겨냥한 것이다. 오랫동안 방영되고 있는 리얼리티 프로그램인 〈신부에겐 말하지 마세요〉는 모든 여성이 어린 시절부터 이상적 결혼식을 꿈꾼다는 아이디어에 기반을 두고 있다. 보통 어찌할 줄 몰라 하는 신랑에게 주어지는 도전 과제는 신부가 바라는 꿈의 결혼식을 이뤄 줄 수 있느냐 없느냐다.*

결혼을 하지 않는 사람들조차 현대적 핵가족을 여전히 이상적 모델로서 갈망한다. 자족적이고 사랑이 넘치는 완벽한 가족이라는 이데올로기는 노동계급에게 투사되지만, 지배계급이 그런 가족 형태를 유지하는 경우는 거의 없다. 집안일은 가사도우미가 하고 아이들은 보모가 돌보며 자녀가 성장하면 최대한 빨리 기숙학교로 보내 버린다.

그럼에도 노동계급 가족의 핵심적 구실은 여전히 다음 세대 노동자를 낳고 기르고 먹이고 사회화하는 것이다. 그러나 사람들이 결혼하거나 동거하는 것은 "다음 세대 노동력을 재생산"하기 위해서가 아니다. 사람들은 힘든 세상을 살면서, 사랑과 안정과 유대감을 원하기 때문에 결혼을 하고 가정을 꾸린다.

자본주의는 인간을 체제의 톱니바퀴로 대한다. 체제가 부침을 겪을 때마다 우리는 이것을 잠자코 받아들일 것을 요구받는다. 자본주의 체제의 건강이 한 가족이 빈곤에 빠질지 아니면 바캉스를 떠날 여유를 가질 수 있을지를 결정한다. 그러나 정치인들이 끊임없이

---

* 〈신부에겐 말하지 마세요〉는 2007년 BBC에서 시작된 리얼리티 쇼다. 신랑과 신부는 3주 동안 서로 연락하지 않고, 신랑 혼자 모든 결혼식 준비를 해서 신부를 만족시켜야 한다.

"근면 성실한 가족"을 말할 때 그것이 의미하는 바는 다른 가족이 풍요를 누릴 때 자신의 가족이 경제적으로 힘들다면, 탓할 것은 자기 자신밖에 없다는 것이다. 많은 사람들에게 가족은 자신이 통제할 수 없는 혼란스러운 체제의 격랑 속에서 유일하게 붙들 수 있는 구명정이다. 많은 속담과 격언이 가족의 유대 관계가 여전히 중요하다는 점을 보여 준다. "피는 물보다 진하다"거나 "가족밖에 없다"거나 혈연관계가 아니지만 친한 사람에게 "가족 같은 사람"이라고 하는 것을 생각해 보라.

마르크스는 종교의 구실을 "냉혹한 세상 속의 보금자리"라고 표현한 바 있다. 이 표현은 자본주의에서 가족이 하는 구실도 보여 준다고 할 수 있다. 그러므로 마르크스주의적 분석의 결론은 결코 "가족을 폐지하라"는 플래카드를 드는 것이 아니다. 실제로 1917년 러시아 혁명 당시 볼셰비키 지도자 알렉산드라 콜론타이는 볼셰비키가 결코 아이들을 빼앗지 않을 것이라고 노동계급 여성들을 안심시켜야 했다고 썼다. 볼셰비키는 당시에 가족 내에서 여성만의 책임이던 양육의 부담을 사회가 집단적으로 지도록 만들고자 했을 뿐이다.[25]

물론 역사에서 많은 사람들이 가족이라는 협소한 제약에서 벗어나고자 했다. 그러나 대안적 생활은 대부분 일부 특권층만이 선택할 수 있었다. 여러분이 가족제도 바깥에서 산다 하더라도, 가족제도가 뿌리내린 자본주의 체제의 억압적 구조는 사라지지 않는다.

어떤 사람들에게 가족은 체제에 대한 순응이 아니라 저항을 의미할 수도 있다. 미셸 배럿은 자신의 1980년 저작인 《오늘날의 여성 억압》의 신판 서문에서 1960년대와 1970년대에 활동한 흑인 페미니스트들이 가족에 대해서 자신과 같은 백인 페미니스트들과는 시각이 다른 경우가 많았다고 지적한다. 예를 들어 흑인 페미니스트들은 국가가 이민 통제를 통해 흑인 가족을 해체하고 있다고 봤다. 배럿은 자신을 비판한 사람 중 한 명인 헤이즐 카비를 인용한다. 카비는 배럿의 분석과 대조적으로 가족이 "흑인 남녀 모두에게, 적대적이고 인종차별적인 사회 속에서 서로 돕고 의지하는 피난처"라고 썼다.[26]

1960년대 미국에서 여성 억압에서 가족이 하는 구실을 두고 논쟁이 벌어지던 당시, 많은 흑인 여성들은 가족을 꾸릴 권리를 자신들의 조상이 쟁취한 것으로 여겼다. 흑인 노예는 수 세대 동안 가정을 꾸리고 살 권리와 능력을 박탈당했다. 노예주들은 가족 관계를 무시하고 노예를 상품으로 사고팔았다. 1853년 노스캐롤라이나 주의 한 판사는 노예 간 결혼의 법적 지위에 관한 주 정부의 시각을 다음과 같이 서술했다. 법률은 "소유주의 명시적 허가에 의해 서로를 '취하는' 것이든 단순한 자연적 충동에 의한 것이든 노예 간 혼인에 관해 어떠한 의식이나 절차도 요구하지 않는다.* '번성하여 땅에

---

\* 당시 서구에서 혼인은 결혼식이라는 의례를 통해 공식적으로 성사되는 것이었으며, 법률은 그런 의례가 포함해야 하는 최소한의 절차를 규정하고 있었다. 따라서 노예의 결혼 의례에 대한 법적 규정을 두지 않는다는 것은 곧 그들의 결혼을 법적으로 인정하지 않는다는 의미다.

충만하라'는* 명령에 따르기 위한 것이라 하더라도 법적으로 상고해 볼 때는 달라질 게 없다." 그러나 법률은 "노예 소유주의 경제적 이익"을 위한 것인 한에는 노예 가족을 인정했다. "따라서 노예의 아이는 어머니의 지위를 따르도록 법적 원칙이 발전했다."[27]

많은 흑인 여성들은 억압자의 지배에 대항해 어렵게 쟁취한 제도를 포기하려 하지 않았다.

그러나 전후 호황과 그에 따른 여성의 교육과 고용 기회 증대로 촉발된 변화들은 온 사회의 가족에 큰 영향을 끼쳤다.


## 오늘날 영국 가족의 모습

영국 통계청 조사 결과를 보면 가정생활이 끊임없이 변화하고 있음을 알 수 있다. 1970년 이후 결혼식을 종교적 의식으로 치르는 경우보다 비종교적 의식으로 치르는 경우가 더 많아졌다. 2012년에는 결혼식의 70퍼센트가 비종교적 의식이었다. 최근, 즉 2011년에 이뤄진 인구주택총조사에 따르면 결혼을 미루거나 아예 하지 않는 인구의 비율이 증가하고 있다. 2011년, 잉글랜드와 웨일스에 거주하는 1570만 명 이상의 성인(16살 이상 인구의 35퍼센트)이 결혼한 적이 없는 상태였으며, 이것은 2001년 1250만 명(30퍼센트)이던 것에서

---

* 창세기 1장 28절. 온 땅을 가득 채울 만큼 자손을 퍼뜨리라는 말이다.

증가한 수치다.[28] 비록 전체적으로는 결혼이 감소하는 추세이지만, 2011년 24만 9133건에 비해 2012년에는 26만 2240건으로 5.3퍼센트 증가했다.

새로운 세대의 페미니스트들은 더는 결혼을 반∇여성적 제도로 여겨 무조건 거부하지 않는다. 많은 글과 웹사이트가 "페미니스트 결혼식"을 하는 방법을 소개한다. 2015년에는 페미니스트 결혼 잡지가 미국에서 창간되기도 했다. 이 잡지는 결혼은 하고 싶지만 동시에 전통적 결혼식은 거부하고 싶은 사람들을 위한 것이다.[29]

그러나 동거 역시 여전히 증가하고 있다. 젊은 세대만이 아니다. 동거 커플 중 40살 이상인 커플은 2001년 31퍼센트에서 2011년 41퍼센트로 증가했다. 신랑과 신부가 모두 초혼인 결혼이 67퍼센트로 다수를 차지하지만, 그들이 모두 행복하게 잘 사는 것은 아니다. 통계를 보면 전체 결혼의 42퍼센트가 이혼으로 끝나고, 대부분의 이혼, 즉 65퍼센트는 여성이 청구한 이혼이다.[30] 직장을 다니고 재정적으로 어느 정도 독립적인 여성이 늘어났다는 사실은 여성이 불행한 결혼 생활을 감내하기보다는 그것에서 벗어나서 새로운 미래를 추구할 수 있다는 것을 의미한다. 현재 양쪽 모두 재혼인 결혼은 15퍼센트를 차지하며, 한쪽이 재혼인 결혼은 19퍼센트를 차지한다. 결혼 건수가 가장 많이 증가한 연령층은 65~69살이었다.

혼외 자녀의 출생도 장기적으로 증가하고 있는 추세라서 현재 태어나는 아이의 47.4퍼센트가 혼인 관계나 시민동반자관계 밖에서 태어난다. 또한 사람들은 더 적은 수의 자녀를, 더 늦게 출산하며 아이를 전혀 낳지 않기도 한다. 1935년 출생 여성의 평균 자녀 수가 2.42명으로 정점을 찍은 이래, 평균 자녀 수는 계속 줄어들고 있다. 2013년에 45살 이하 여성의 평균 자녀 수는 1.92명이다.[31]

여성이 자녀를 낳는 평균연령도 1975년 이래로 높아지고 있다. 2012년 거의 절반의 신생아(49퍼센트)가 30살 이상의 여성에 의해 출산됐으며, 20퍼센트의 신생아는 35살 이상 여성에 의해 출산됐다.[32] 1941년에 출생한 여성 중 아이가 없는 여성은 11퍼센트인 반면, 1968년에 출생한 여성 중 아이가 없는 여성은 18퍼센트다. 2013년 출산율은 2012년에 비해 급감했는데 1975년 이래 가장 큰 폭으로 떨어진 것이다.[33] 일하는 부모에게 가장 큰 어려움 하나는 저렴한 보육 시설을 찾기 어렵다는 점이다. 영국의 보육료는 비싸다. 평균적 가정은 소득의 4분의 1 이상을 보육료로 쓴다. 전 세계적으로 영국보다 보육료가 더 비싼 나라는 스위스뿐이다.

통계에 따르면 무려 68퍼센트에 이르는 여성이 출산 후 11개월 이내에 직장에 복귀하며, 80퍼센트가 17개월 이내에 복귀한다.[34] 부모가 되기 전에는 남녀 모두 직장을 다니는 경우가 많지만, 5살 이하의 자녀를 둔 여성 중 직장에 다니는 비율은 57퍼센트이며 이 수치는 남성의 경우 90퍼센트라는 점과 대조를 이룬다.[35] 그러나 이것은 단순히 여성이 직장에 다니고 싶어 한다는 것을 의미하는 것이 아니다. 전국출산기금NCT의 한 연구는 여성이 일과 육아를 병행할 수 있기를 원한다는 것을 보여 준다. 이 연구에서 여성 응답자의 55퍼센트가 "부부가 동등한 일자리를 가지고 있고 가사와 육아를 똑같이 분담하는 가족"을 이상적 가족이라고 대답했다. 또한 61퍼센트가 "경제적으로 꼭 일해야 하는 경우가 아니더라도 일을 하겠다"고 대답했다. 오직 5퍼센트만이 여성이 전업주부인 가정을 이상적 가족이라고 대답했다.[36]

한부모 가정은 생활이 가장 어려우며 국가와 여론의 눈총을 가장 많이 받는다. 노동당과 보수당 모두 한부모 가정을 희생양으로 삼아 왔다. 이들이 영국 전체 가구의 약 4분의 1을 차지하며 전체 아동의 거의 4분의 1을 양육하는데도 말이다. 아이를 혼자 기르게 되는 데는 여러 가지 이유가 있다. 처음부터 부모 중 한 명만 등록되는 신생아는 고작 6.5퍼센트다. 그러나 한부모는 무책임하고 존중받을 가치가 없다는 편견이 여전히 존재하며 정치인들은 그들을 묘사할 때 이런 편견을 이용한다.

1997년 총선에서 압승해 집권한 토니 블레어 노동당 정부가 가장 먼저 한 일 하나는 한부모 가정에 주는 보조금을 삭감한 것인데, 한부모의 91퍼센트가 여성이었다. 영국 역사상 여성이 가장 많이 포함된 정부라고 떠들어 대면서 한 일이 이런 것이었다. 1997년 선거에서 여성 노동당 의원이 100명 넘게 당선했는데, 그중 8명만이 이 법안에 반대표를 던졌다(그 8명 중 초선 의원은 없었다).[37] 한부모 가정을 지원하며 그들에 대한 편견과 싸우는 진저브레드라는 이름의 단체는 한부모의 수가 200만 명에 달하며 이 숫자는 1990년대 중반 이래로 큰 변화가 없다고 보고한다. 이들 중 64.4퍼센트가 직장에 다니고 있는데 1996년보다 20퍼센트포인트가 상승한 수치다. "자녀가 12살 이상이 되면, 한부모의 고용률은 자녀를 둔 기혼 여성의 고용률과 비슷해지거나 오히려 더 높아지기도 한다. 11~15살 자녀를 둔 한부모의 고용률은 71퍼센트다."[38]

한부모 가정에 대한 복지 정책은 2008년 이래로 끊임없이 바뀌어 왔으며 소득 보조금을 받는 자격 기준도 수시로 바뀌었다. 2008년, 가장 어린 자녀가 12살 이상인 한부모는 소득 보조금이 아니라 구직 수당을 받는 것으로 정책이 바뀌었다. 이것이 의미하는 바는 자녀를 혼자 기르는 것에 대해 지원을 받는 것이 아니라, 적극적으로 구직 활동을 하고 있다는 사실을 증명해야 한다는 것이다. 이 자격 기준은 계속 변경돼 지금은 가장 어린 자녀가 5살 이상이면 더는 소득 보조금을 받을 수가 없다. 양육비가 지나치게 높아서 저임금 노동자로서는 감당하기 어려운 상황에서 이런 정책은 극빈층 한부모 가정에게 형벌이나 마찬가지다.

그러나 직장이 있건 없건 한부모 가정은 가난하게 살 확률이 다른 가정보다 더 높다. 2014년 노동연금부 통계는 한부모 가정의 아이들이 상대적 빈곤층에 속하는 비율이 다른 가정의 아이들에 비해 거의 2배에 달한다는 사실을 보여 준다.[39]

많은 가정은 또한 장애가 있거나 질병에 걸린 가족을 돌보고 있다. 영국의 성인 8명 중 1명, 즉 650만 명이 장애가 있거나 병에 걸린 가족을 돌본다. 그중 58퍼센트가 여성이다. 가족을 돌보는 사람의 약 45퍼센트가 직장을 포기한다.[40] 긴축이라는 이름으로 끊임없이 예산을 삭감하는 것은 비공식 돌봄을 확산시키고 노동계급 가정의 고통을 가중시킬 뿐이다.

우리는 가족을 소중히 여긴다고 주장하는 사회에 살고 있지만, 지배계급은 평범한 사람들에게 더 큰 부담을 지우기 위해 가족을 궁지로 몰아넣고 있다. 이것이 바로 마르크스와 엥겔스가 《공산당 선언》에서 폭로한 모순이다. "부르주아지는 가족이 소중하다고 떠들어 대며 부모와 자녀의 관계가 신성하다고 가르치지만, 현대 산업의 행태는 프롤레타리아의 모든 가족적 유대 관계를 갈기갈기 찢어 버리고 있으며 그럴수록 가족에 대한 그들의 입에 발린 소리는 더욱더 듣기 역겨운 것이 돼 가고 있다."[41]

가족의 모습이 어떻게 변해 왔건 가족은 여전히 자본주의 체제 내의 개별화된 재생산이라는 동일한 경제적·이데올로기적 기능을 수행하고 있다. 여성해방의 가능성은 노동계급 여성들이 이 "낡고 답답하고 정체된 제도" 내에서 수행하도록 요구받는 책무를 사회화할 수 있느냐에 달려 있다.

# 5장 남자는 어떻게 남자가 되고
## 여자는 어떻게 여자가 되는가?

어린 소녀였을 때 나는 내가 남자면 좋겠다고 생각했지

코르덴 바지를 입고 남자애들을 따라다녔다네

다들 내가 그저 반항하는 것일 뿐이라고 했지

그렇지만 나는야 기술자가 되려 했다네

엄마는 말했지 "왜 넌 조신한 숙녀가 될 순 없는 거니?

진주처럼 고운 딸로 자라는 게 너의 도리란다

나이가 들 때까지 기다려 보렴 아가야

그러면 아마도 여자인 게 행복할 거야"

— 페기 시거[*]

---

[*] 미국 출신의 포크 가수. 성차별 문제를 비롯해 사회 비판적인 노래를 불렀으며,

가정에서 이뤄지는 아동의 사회화에 가장 중요한 부분은 엄격한 성 역할에 순응하는 법을 배우는 것이다. 임신한 여성이 가장 많이 듣는 첫 질문은 "아들인지 딸인지 알아?" 하는 물음이다. 옷, 장난감, 책부터 이불과 침대에 이르기까지 성별에 따라 구분돼 있고, 분홍색은 여자아이, 파란색은 남자아이를 위한 것이다. 어떤 사람들은 여기에 진화론적 의미까지 부여하고자 했다. 한 심리학 교수는 "이에 대한 설명은 수렵·채집 시대로 거슬러 올라갈 수 있는데, 당시 여성은 주로 열매를 채집하는 역할을 했기 때문에 잘 익은 붉은색 열매에 집중하는 능력이 중시됐을 것이다" 하고 말했다.[1] 성별에 따른 명확한 색깔 구분이 우리에게 아무리 깊숙이 자리 잡고 있다 할지라도, 다른 많은 잘못된 성별 고정관념과 마찬가지로, 이것 또한 사회적으로 만들어진 것이다.

19세기 말에는 모든 아기가 하얀색 옷을 입었고, 남아와 여아 모두 6~7살이 될 때까지 긴 드레스를 입었다. 이때가 돼서야 남자아이들은 "처음으로 머리카락을 잘랐다." 아기에게 색깔이 있는 옷을 입히는 경우에도 성별에 적합하다고 생각한 색깔은 오늘날과는 정반대였다. 1918년 6월 《언쇼스 인펀츠 디파트먼트》라는 유아복·아동용품 전문지에 실린 한 기사는 다음과 같은 조언을 담고 있다. "남자아이는 분홍색, 여자아이는 파란색이 일반적 관행이다. 분홍

---

그녀의 노래들은 1960~1970년대의 여성운동에서 널리 불렸다. 여기서 인용된 노래 가사는 시거의 대표곡인 〈나는 기술자가 될 거야〉의 일부다.

색은 과감하고 강하게 보이는 색깔이기 때문에 남자아이에게 더 잘 어울리며, 파란색은 가녀리고 우아해 보이는 색깔이기 때문에 여자 아이가 입으면 더 예쁘다."[2]

오늘날의 관행은 제2차세계대전 시기가 돼서야 확립됐는데, 이것은 기업들이 소비 시장 확대를 위해 새로 부모가 된 부부를 겨냥해 만든 것이었다. 1960년대 말과 1970년대에는 아동복을 성별로 구분하는 경향이 감소했는데 사회 전반적으로 유니섹스 스타일이 유행했기 때문이다.[3] 그러나 1980년대에는 성별 구분이 다시 강화됐다. 이런 변화가 태아의 성 감별 기술의 발달과 어느 정도 연관이 있다고 보는 분석도 있다. 업체들은 예비 부모들이 태아의 성별을 아는 경우가 많아졌다는 사실을 이용해 옷, 침대, 기저귀 등을 여아용과 남아용으로 구분해 마케팅했다.[4]

특히 성별에 따라 구분된 유아복이 이런 풍조를 강화한다. 남아용 유아복에는 "귀여운 개구쟁이"와 같은 문구가, 여아용에는 "귀여운 공주님"과 같은 문구가 새겨진다. 남녀의 사회적 역할이 다르다는 관념은 태어난 순간부터 우리 삶의 모든 영역에 침투해 들어온다. 이것은 남성과 여성이 워낙 달라서 그에 따라 사회가 구조화된 것으로 보일 수도 있다. 그러나 남녀의 차이에 관한 관념들은 그것들이 계급사회가 낳는 물질적 불평등을 반영하고 또한 그런 불평등을 유지하는 버팀목 구실을 하기 때문에 지속적으로 재생산되는 것이다.

# 천성인가 교육인가

성별에 따른 차이가 타고난 것이라는 끊임없이 되풀이되는 주장은 마치 유물론적 분석처럼 보일 수도 있다. 인간의 유전자 구성을 근거로 들고 이른바 과학적 연구로 주기적으로 뒷받침되는 것처럼 보이기 때문이다.

본질주의적 시각, 즉 생물학적 차이가 특정한 사회의 남성성과 여성성을 결정한다는 시각이 여전히 지배적이다. 이런 시각은 현 상태를 정당화하고 사회의 불평등을 자연스러운 것인 양 묘사하는 데 이용될 수 있다. 예를 들어, 이런 논리에 따르면, 여성이 가정에 전념하며 양육을 맡고자 하는 것은 천성이다. 그러나 몇몇 페미니즘 문헌에서 현 상태에 도전하려는 시도로서 본질주의가 나타나기도 한다. 예를 들어, 사회의 상층부에 여성이 더 많다면 전쟁이 줄어들 것이라는 생각은 공격성과 폭력성이 본질적으로 남성성과 연결돼 있다는 믿음에서 기원한 것이다. 이런 시각은 여성이 본성적으로 평화롭고 평등주의적이라고 본다.

사회주의자이자 신경과학자인 스티븐 로즈는 인간에 대한 본질주의적 시각의 맹점을 지적한다. 그는 모든 인간 행동에는 사회적 맥락이 있다고 주장한다. 예를 들어, 폭력을 단순히 일반화하다 보면 "연인이나 아이를 학대하는 남자, 축구팬들의 난투극, 경찰에 저항하는 파업 노동자들, 소수 인종에 대한 인종차별적 공격, 내전과 국가 간 전쟁 같은 이질적 과정들을 모두 공격성이라는 용어를 사용해 묘사하게 된다."[5]

따라서 남성이나 여성이라는 특정 성별이 '폭력적' 행동을 하는 경향이 있다는 것은 이론적으로 성립하지 않는다. 본질주의나 생물학적 결정론은, 그 정치적 기원이 무엇이든, 인간 두뇌와 행동의 엄청난 유연성을 설명하지 못하며 사회가 어떻게 조직돼야 하는지에 대해 위험한 결론에 도달할 수 있다. 가장 조악한 생물학적 결정론은 인간의 어마어마한 복잡성을 단지 세포들의 집합으로 환원한다. 그런 극단적 환원주의에 빠지지 않은 이론가들조차 인간의 잠재력이 생존경쟁에 의해 제한된다고 본다.

1970년대 중반, 생물학적 결정론의 개념들은 사회생물학이라는 형태로 많은 사람들에게 알려졌다. 사회생물학자들은 인간을 수천 년 동안 변하지 않은 신체적·본능적 행동 유형을 보이는 유전자의 산물일 뿐이라고 본다. 하버드 대학교의 학자인 E O 윌슨의 1975년 저작 《사회생물학》은 매우 큰 영향을 끼쳤다. 이 책은 여러 대학의 강좌에서 교재로 채택됐으며 이 주제에 관한 학술회의가 많이 개최됐다. 그러나 이 책은 또한 많은 논란을 일으켰으며 조악한 결정론이라는 비판을 광범위하게 받았다. 윌슨은 그런 비판을 반박하고자 "유전적 경향"과 같은 표현을 자주 사용했고 또한 어떤 유전자가 사람을 특정한 행동으로 이끌리도록 하는 "성향을 부여"할 뿐이라고 설명했다. 그러나 그는 성 불평등에 관해서는 자신의 시각의 논리적 결과를 전혀 부끄러워하지 않았다. 윌슨은 〈뉴욕 타임스〉와의 인터뷰에서 "수렵·채집 사회에서 남성은 사냥을 하고 여성은 가정을 지켰어요. … 설령 남녀가 똑같은 교육을 받고 모든 직업에 동등하게 접근할 수 있다 하더라도, 남성은 여전히 정치·경제·과학에서 더 큰 비중을 차지할 가능성이 높습니다" 하고 말했다.[6] 당시 한 학자는 다음과 같이 썼다. 사회생물학의 개념들은 "단지 프로파간다에 지나지 않으며 그런 개념이 나온 사회를 반영하는 거울일 뿐이다."[7]

그런데 사회생물학의 개념들을 일반 대중에게 널리 퍼뜨리는 책이 이듬해인 1976년에 출판됐다. 바로 리처드 도킨스의 《이기적 유전자》다.[8] 이 책은, 진화란 인간 신체가 유전자를 위한 "생존 기계"로 행동하는 과정일 뿐이라고 설명했다. 그는 인간의 행동이 복제 가능성을 최대화하기 위해 분투하는 유전자들에 의해 추동된다고 이해했다. 젠더에 관해 말하며 도킨스는 여성이 "성관계를 망설이는" 것은 그래야 진화적으로 유리하기 때문이라고 설명했다.[9] 여성은 임신 횟수에 제한이 있기 때문에 자녀가 좋은 유전자를 가지고 있는 남자에게 유전자를 물려받도록 하기 위해 성관계의 대상을 조심스럽게 선택해야 한다는 것이다.

반면 남성은 자신의 유전자를 최대한으로 퍼뜨리기 위해 여러 여성과 성관계를 하도록 진화됐다고 주장했다. 많은 여성한테서 자손을 얻는 것은 전혀 손해 볼 일이 아니기 때문이라며 말이다. 도킨스는 인간의 삶이 이런 단순한 모델보다는 조금 더 복잡하다고 항상 말했지만, 그의 설명은 여성과 남성이 생물학에 갇힌 포로라는 관념을 오랫동안 대중의 인식 속에 자리 잡도록 만들었다.

10년 뒤에는 진화심리학이 발전했다. 이것은 사회생물학보다 더 정교한 체했다. 진화심리학은 사회생물학의 주장을 많이 흡수했지만 더 유연하고 덜 기계론적으로 보이려 노력했다. 진화심리학은 인간의 두뇌도 행동에 관해 결정을 내리고 선택할 수 있도록 해 준다고 강조했다. 진화심리학은 과학적인 체했으나 많은 연구와 과학자가 이런 인식을 효과적으로 반박했다. 그럼에도 본질적 성차에 대한 대중적 담론은 우후죽순으로 퍼졌다. 예를 들어, 런던의 지역 일간지인 〈이브닝 스탠더드〉는 다음과 같은 주장이 담긴 기사를 실었다. "남자들은 여자들보다 쇼핑을 더 잘하도록 유전적으로 설계돼 있다. 남자들은 '수렵·채집가'의 본성을 물려받았기 때문에 마치 수백만 년 전 선사시대의 평원에서 사냥감을 찾아내듯이, 번화가에서 '목표물'을 더 효과적으로 찾아낸다. 물건을 구입하는 순간에 남자들의 심장박동 수도 증가한다. 이것은 석기시대에 사냥에 성공한 남자가 절정의 흥분에 이른 것의 흔적이다."[10]

　　또, 여자가 "높은 지위"의 남자를 만나려 하는 것이 수천 년 전에 뛰어난 사냥꾼과 짝을 지으려던 욕망에서 기원했다고 주장하면서 이것을 실험으로 입증하려는 시도도 있다. 예를 들어, 법대생들을 대상으로 실험을 하며 학생들에게 이성의 사진을 보여 줬다. 이 실험에서 여학생들은 버거킹 유니폼을 입은 수습사원으로 묘사된 남자보다는 롤렉스 시계를 차고 정장을 입고 의사로 묘사된 남자를 선택하는 경향이 컸는데, 연구자들은 이를 두고 여성은 자신을 부양해 줄 남자가 필요하기 때문이라고 결론 내렸다. 반면에 남성은 여성의 성적 매력에 더 많이 영향을 받는다고 말했다.[11] 많은 연구가 남성이 '매력적'이라고 느끼는 것이 무엇인지 탐구하며 무엇이 진화적 적응의 산물인지 찾으려 했다. 이런 종류의 많은 연구가 흔히 그러듯이, 한 연구는 남성 40명에게 각기 몸매가 다른 여성의 디지털 실루엣을 보여 줬다. 이 연구는 "허리가 잘록한 것"이 가장 매력적이라고 결론 내렸다. 왜냐하면 "허리가 가늘다는 것은 임신하지 않았고 따라서 현재 생식할 수 있다는 것을 시각적으로 보여 주는 신호이기 때문이다. 이것이 선사시대의 남성이 여성에게서 찾고자 한 속성이다."[12]

성차라는 주제를 주류 담론으로 크게 부상시킨 책은 베스트셀러인 《화성에서 온 남자 금성에서 온 여자》였다. 이 책은 1992년에 출판돼 세계적으로 1500만 권이 판매됐다.[13] 대중심리학으로 젠더 문제를 다룬 이 책의 저자 존 그레이는 여성과 남성이 서로 다른 종이며 의미 있는 관계를 맺으려면 서로의 언어를 배워야 한다고 썼다.

사회생물학과 진화심리학의 핵심 전제 일부는 오늘날 신빙성 있게 받아들여지고 있지는 않지만, 남성과 여성의 뇌 구조가 다르고 따라서 남녀의 속성이 서로 다르다는 말을 우리는 여전히 많이 듣는다.[14] 이런 조악한 생물학적 결정론은 인간의 복잡한 행동을 전혀 설명할 수 없다. 그런 생물학적 결정론의 논리가 얼마나 끔찍한 결과를 초래할 수 있는지 보여 주는 역사적 경험을 고려해 보면 단순히 웃어넘길 수 있는 일이 아니다.

생물학적 결정론은 1930년대에 등장한 우생학의 기반이었으며 우생학은 빈곤과 실업, 부도덕성을 초래하는 유전자가 있다는 시각에 기초를 두고 있었다. 우생학은 흑인과 여성이 지능이 떨어지고 미성숙하고 "정신력이 약한" 경향이 있다고 주장했으며 이런 속성들이 유전적으로 타고나는 것이라고 생각했다. 이런 논리가 사회의 주류적 시각이 되면서 20세기 초까지 미국 등 여러 나라에서 주로 가난한 취약 계층의 사람들과 때로는 정신 질환을 앓는 사람들이 강제 불임수술을 당했다. 흑인 남성과 여성은 자신이 불임수술을 받고 있다는 것도 모른 채 수술을 받았다. 이런 끔찍한 행위들은 지배계급의 일부에서 우생학이 얼마나 지배적이었는지 보여 준다. 그러나 이런 이데올로기적 논리를 가장 끔찍한 결론으로 밀어붙인 것은 독일의 나치 정권이었다. 바로 홀러코스트다. 우생학과 홀러코스트의 연관성 때문에 우생학은 한동안 신빙성을 상실했다.

우생학의 개념들이 1960년대와 1970년대에 스멀스멀 되돌아오기 시작한 이유는 인종·성별·섹슈얼리티·계급에 관한 기존 가치관에 도전하는 대규모 사회운동이 일어나 지배계급이 두려움을 느끼며 이데올로기적 반격에 나섰기 때문이다. 최초의 '유니섹스' 의상의 등장과 남자가 머리를 기르는 것과 같은 피상적이고 개인적인 저항의 표현조차 기존 체제에 대한 충격적 도전으로 받아들여졌다.[15]

현대의 생물학적 결정론은 여전히 유전학의 외피를 입고 등장한다. 지금은 기술 발전으로 과학자들이 인간의 유전정보를 분석할 수 있게 됐고 유전자가 서로 어떻게 작용하는지도 더 많이 알 수 있게 됐다. 그럼에도 여전히 알코올의존증이나 심장병, 심지어 폭동과 같은 다양한 특성과 행동을 "유발하는 유전자"가 있다고 말하는 경우가 다반사다. 그러나 눈 색깔과 같은 단순한 특징이라도 그것을 유발하는 단일 유전자는 존재하지 않는 것이 현실이다. 사회적 행동과 같은 복잡하고 미묘한 행위는 말할 것도 없다.[16] "우리의 환경과 행동, 심지어 우리의 생각도 유전자가 발현되는 것을 바꿀 수 있다."[17] 유전자는 서로 영향을 주고받으며 몸속의 화학물질이나 단백질과, 또 환경과도 중요하게 상호작용을 한다. 여성과 남성의 유전자는 대략 99.8퍼센트가 일치한다.[18]

그런데도 일부 사람들은 여전히 여성의 두뇌에 "뛰어난 언어능력, 대인관계에서의 깊이 있는 교감 능력, 표정과 말투로 감정과 정신 상태를 알아내는 독심술에 가까운 능력, 갈등을 해결하는 능력이 있으며 이 모든 것이 여성의 두뇌에 장착돼 있다"고 단언한다.[19]

그러나 인간의 키와 같은 단순한 신체적 특징조차 "타고나는 것인지 환경에 의한 것인지"를 명확하게 구분해 설명하기는 어렵다. 키는 유전적 요인도 있지만 성장하는 환경도 중요한 구실을 한다. 20세기 초 미국으로 건너온 많은 이민자들은 다양한 음식을 섭취하기 시작하면서 세대가 지날수록 키가 커졌다. 그러나 사람들의 키가 끊임없이 커진 것은 물론 아니다. 유전적 잠재력이 허용하는 최대치에 도달하면 그 수준에서 평준화됐다. 최근의 연구는 미국인의 평균 키가 네덜란드 같은 몇몇 유럽 나라에 뒤처지고 있음을 보여 준다. 이것은 열악한 보건 환경과 식생활 탓이다. 자본주의 사회에서는 제아무리 세계에서 가장 부유하고 강력한 나라일지라도 빈곤층

시민이 가장 기본적인 측면에서 잠재력을 온전히 성취하도록 보장해 주지 못한다는 사실을 알 수 있다.[20]

우리의 운명이 생물학에 의해 결정된다는 주장을 거부하는 것이 우리가 빈 도화지와 같다는 것을 의미할까? 그렇지는 않다. 남자와 여자는 생물학적 차이가 있다. 남녀는 호르몬 수치가 다르고, 신체의 일부가 다르고, 체모가 자라는 패턴이 다르고, 평균 키와 몸무게가 다르다. 이런 차이들에는 개인적 편차가 있다. 키가 크고 힘이 센 여자도 있고 키가 작은 남자도 있으며, 체모가 많은 여자도 있고 피부가 매끈한 남자도 있다. 또한 간성間性인 사람도 있는데, 이들은 남녀 모두와 연관된 유전적·호르몬적·신체적 특징을 가지고 태어난다.

그러나 생물학적 차이가 있다고 해서 자동적으로 여자애들은 분홍색을 좋아하고 남자애들은 장난감 총을 가지고 놀고 싶어 하게 되는 것은 아니다. 인간 사회의 과거 역사를 모두 살펴보면 오늘날의 성별 역할이 여성과 남성을 규정하는 유일한 방식이 아님을 알 수 있다. 예를 들어, 100여 개의 아메리카 원주민 부족에 "여자 옷을 입고 여자로 산 남자들이 있었다"고 추정된다. 또한 "전체 부족의 대략 3분의 1에는 남자 옷을 입고 남자로 산 여성이 있었던 것으로 추정된다. 블랙풋족의 언어에서 두 영혼을 가진 남자들이란 '여자처럼 행동하는' 사람을 일컫는 말이었을 뿐이다."[21] 다른 부족들에는 최대 7가지 유형의 결혼이 있었다. 즉, 한 사람이 한 명의 배우자와 결합하는 형태가 있고 여러 배우자와 결합하는 형태도 있으며, 양쪽 모두가 트랜스젠더인 경우가 있고 한쪽만 트랜스젠더인 경우도 있었다.

그러나 인간이 생물학에 갇힌 포로라고 주장하는 결정론자들이 모두 여성을 2등 시민으로 두고자 하는 보수주의자들인 것은 아니다. 최근 몇 년 사이 편견에 저항하는 트랜스젠더의 활동이 늘면서 생물학, 젠더, 억압에 관한 논쟁이 일부 급진주의 페미니스트 사이에서 다시 벌어지고 있다. 로라 마일스는 트랜스젠더 억압과 저항을 매우 잘 설명하는 논문을 썼는데, 1970년대에 여성만 참여할 수 있는 행사에 트랜스 여성들이 거부당했던 경험이 40년이 지난 지금도 여전히 되풀이되고 있다고 지적한다.[22] 트랜스 활동가들은 트랜스 여성을 배제하는 행사들에 대한 항의 시위를 조직했는데, 이 시위에 참가한 여성들까지 함께 배척당하는 일도 있었다.

"여성으로 태어나"지 않았다고 트랜스 여성을 배제하는 것은 여성 억압의 원인을 가부장제로 보는 이론의 결함에서 비롯한 것이다. 그래서 일부 급진주의 페미니스트들은 생물학적으로든 문화적으로든 남성성 자체에 억압적 속성이 내재돼 있다고 주장하며 트랜스 여성 차별을 정당화한다. 급진주의 페미니스트인 핀 매케이는 현재 트랜스 여성을 포함하는 단체와 포함하지 않는 단체 모두에서 활동하고 있는데, 성별 정체성이라는 쟁점을 가부장제라는 맥락 속에서 분명하게 제기한다. 그녀는 트랜스 여성이 "남성계급"으로 태어났고 "성계급이라는 사실 자체가 애초부터 문제인 것이다. 남성 지배라는 사실 자체가 애초부터 문제인 것이다" 하고 썼다.[23]

〈가디언〉 칼럼니스트인 줄리 빈델은 성전환 수술을 "성기 훼손"이라고 묘사하면서 트랜스젠더가 이런 수술을 받거나 "반대 성"에 동일시하고자 하는 것은 사회의 성별 역할에 동조하는 것이라고 비판하기까지 했다.[24] 그러나 현실의 많은 트랜스젠더들은 자신들이 사회적 성별 역할을 따르지 않고 있다고 여기며, 이분법적 구속에서 벗어나고 싶어 하고, 사회가 인정하는 것보다 더 유연한 정체성 개념을 지향한다.

트랜스젠더 억압을 논의하는 데 한 가지 주목할 만한 것은 '시스젠더' 또는 '시스'라는 용어의 사용이 늘고 있다는 점이다. 이것은 트랜스젠더가 아닌 사람을 지칭하는 용어다. 즉, 태어날 때 설정된 성이 자신의 성별 정체성과 일치하는 사람을 가리킨다. 그러나 이 용어를 사용하는 것은 종종 특권 정치와 결부되기도 한다. 즉, 시스젠더가 트랜스젠더 혐오로 고통받지 않으므로 특권을 누린다고 가정하는 것이다(특권 이론에 대해서는 8장 참조). 핀 매케이는 이런 시각에 올바른 문제 제기를 하며 시스젠더라고 해서 억압과 편견을 겪지 않는 것은 아니라고 주장한다. 매케이는 자신이 시스 여성이지만 "젠더를 표출하는 방식이 대부분의 여성보다 더 남성적"이라면서 자신의 경험을 들려준다. 그녀는 자신이 종종 남자로 여겨진다고 말한다. 실제 나이보다 어리게 보여서 종종 "젊은 남자나 10대 소년으로 여겨진다"는 것이다. "나는 일상생활에서 대체로 여자로 여겨지지 않는다."[25] 매케이는 여자 화장실에 가거나 의료 기관을 찾을 때도 정말 여자가 맞냐는 질문을 받았다고 이야기한다.

# 남성성이 문제일까?

젠더에 관한 결정론적 시각은 여러 가지 맹점이 있다. 2008년 금융 위기 이후, 많은 페미니스트들은 남성 금융가들이 고위험 투자를 한 원인이 남성호르몬 때문이라고 주장했다. 〈옵서버〉의 경제부장인 루스 선덜랜드는 "마초적 난투극과 같은 유형의 자본주의가 경제 위기를 야기했다"고 언급했다.[26] 2010년, 당시 프랑스의 재무장관이자 현재 IMF의 수장인 크리스틴 라가르드는 "만약 리먼브러더스가 아니라 리먼시스터스였다면, 오늘날 경제 위기의 양상은 분명 다를 것이다" 하고 말했다.[27] 이 말의 함의는 부의 균형과 조화를 이룰 수 있는 부드러운 여성적 자본주의라는 대안이 있다는 것이다. 아이슬란드에서 은행 2개가 도산하고 여성 지도자들로 구성된 새 정부가 출범하자 "테스토스테론 시대의 종말"이 선포됐다.[28]

페미니스트 학자인 발렌틴 모가담은 젠더와 경제 위기를 다룬 한 논문에서 "자본주의적 생산관계의 저변에 놓인 과도한 남성성과 (주로 남성인) 초국적 자본가계급의 행동"에 관해 분석한다. "모험적 투자와 무모한 투기, 주가조작과 금융 사기에서 볼 수 있듯이 남성성은 기업계의 두드러진 특징이기도 하다."[29] 여기서 남성성이 오직 부정적 특징하고만 연관된 것으로 가정하는 것을 주목하라. 남자들은 무모하고 교활한 악당들이라는 것이다.

반면 여성성은 긍정적으로 묘사된다. 경제학자이자 금융 전문가인 로즈 알트먼 박사는 "과도한 마초성"이 경제 위기의 요인 중 하나였다는 것에 동의할 뿐 아니라 다음과 같이 말한다. "여자들이 주도하는 상황이었다면 협동적 사고가 있었을 테지만 현실은 그렇지 못했다. … 여자라면 '장기적 관점에서 보자'고 말하는 것이 자연스런 경향이었을 것이다." 그녀는 여성이 "배려하는 정신, 보살피는 정신, 미래를 걱정하는 정신"을 가지고 있다고 단언했다.[30]

물론 런던 금융계가 철저하게 남성에 의해 지배되고 있는 것은 사실이다. 〈파이낸셜 타임스〉가 2015년에 실시한 조사에 따르면 "런던 금융계에서 상무이사급 직위 중 여성은 고작 5분의 1을 차지하고 있다."[31] 그런 직위에서 일하는 소수 여성도 불평등한 보수를 받고 성희롱 사건을 겪는다는 점은 성차별이 중대한 문제임을 보여 준다. 그러나 남성호르몬이 세계경제 위기를 야기했고 여성이 금융계를 운영하면 천성에 따라 다르게 행동할 것이라고 말하는 것은 전혀 다른 문제다. 금융계에서 고위직에 오른 소수의 성공한 여성은 남성과 마찬가지로 기존 환경에서 중요시되는 살인적 경쟁을 효율적으로 활용해 상층에 도달한 것일 뿐이다.


## 젠더: 평등주의적 교육의 중요성과 그 한계

신경과학자인 리스 엘리엇은 생물학적 성차 주장에 관한 글을 많이 썼다. 그녀는 다음과 같이 주장한다. "분명히 남자와 여자는 유전자와 호르몬이 약간 다르게 이 세상에 태어난다. 그러나 실제로

XY 염색체를 가진 사람을 남자로 길러 내고 XX 염색체를 가진 사람을 여자로 길러 내는 것은 환경과의 끊임없는 상호작용이 필요하다. 그리고 이것은 태교부터 시작해 성가대 발표회, 축구 경기, 고등학교 과학 수업, 놀이터에서의 인간관계 등 삶의 모든 과정을 통해 되풀이되며 성별 이분법 사회를 끊임없이 강화한다."[32]

성별 차이는 타고나는 것이 아니라 추구되는 것이며, 우리는 태어나는 날부터 성별에 따른 행동을 하도록 격려되고 철저하게 훈육된다. 인류학자인 게일 루빈은 다음과 같이 썼다. "배타적 성별 정체성은 자연적 차이를 표현하는 것이 아니라, 자연적 유사성을 억누르는 것이다. 그러려면 억제가 필요하다. 한 지역에서 '여성적' 특징으로 여겨지는 것이 무엇이건 남자는 그것을 억제해야 하고 '남성적' 특징으로 정의되는 것이 무엇이건 여자는 그것을 억제해야 한다."[33]

성별에 따른 기대를 테스트하는 한 실험에서 참가자들에게 아이를 돌보게 했다. 그런데 참가자들은 아이를 남자아이로 소개하면 장난감 망치를 쥐여 줬고 여자아이로 소개하면 인형을 줬다. 게다가 "참가자들은 아이들을 다르게 다뤘다. 남아의 경우는 위아래로 들었다 났다 하며 몸 전체를 자극하는 경우가 많았다. 반면 여아는 더 조심스럽고 덜 활동적으로 다뤘다."[34] 또 다른 고전적 실험에서는 닫힌 상자에서 스프링 인형이 튀어나오는 것을 본 아기의 반응을 담은 비디오 영상을 학생들에게 보여 줬다. 아기가 여아라는 말을 들은 학생들은 아기가 무서워한다고 묘사한 반면, 아기가 남아라는 말을 들은 학생들은 똑같은 반응을 깜짝 놀란 것이라고 묘사

했다.[35]

아이들은 어떤 옷을 골랐을 때 사람들이 보이는 부정적 태도를 재빨리 간파한다. 예를 들어 "이번 한 번만 예쁘게 치마를 좀 입어 봐"라는 말을 여러분은 얼마나 자주 들었는가? 오늘날의 사회는 여자아이들이 이따금 중성적인 옷을 입는 것에 관대한 편이지만, 남자아이들의 경우는 어떤 옷이 적합한지에 대해 좀 더 엄격하다. 해버대셔스 애스크스 남학교[영국의 자립형 사립학교]는 교칙으로 무엇이 남학생에게 적절한지 정확히 규정하고 있다. "머리 모양은 단정해야 한다. 머리카락은 염색을 해서는 안 된다. 머리카락이 옷깃에 닿으면 안 되며 고르게 깎여 있어야 한다. 윗머리가 너무 짧거나 길어선 안 된다. '사업가 같은' 머리 모양이 기준이 돼야 한다." 마지막 문장은 이 학교의 학생들이 앞으로 어떤 사람이 될 것으로 여겨지는지 말해 준다.[36]

그러나 엄격한 성 역할 순응을 강요하는 것은 사립학교만이 아니다. 켄트 주의 15살 한 남학생이 화장을 하고 등교했다가 퇴학당할 수 있다는 위협을 받았다. 그는 여성들이 페이스북에서 노메이크업 셀카를* 통해 많은 기부금을 모으는 것에 착안해 나름의 모금 운동을 한 것이다. 여성들의 민낯 셀카와 정반대로 남성인 자신이 화장

---

\* 영국에서 트위터와 페이스북을 이용해 진행된 암 연구비 모금 운동. 자신의 민낯 셀카를 찍어 SNS에 올리면 자선단체들이 일정액을 영국암연구센터에 기부하는 방식으로 단기간에 대규모 기금을 모았다.

한 셀카를 올리고 암 연구 기금을 모으면 좋을 것 같다고 생각한 것인데 자신의 사촌이 암 투병 중이었기 때문이다. 그의 어머니는 "아이가 한 화장은 대부분의 여학생들이 평상시에 하는 화장보다도 옅은 것이었어요" 하고 말했다.[37] 또 다른 사례를 들면, 웨일스에서 한 학교의 학생들이 성별로 구분된 교복 규칙에 집단적으로 항의했다. 교칙은 "남학생은 의무적으로 바지를 입어야 하며 여학생은 선택할 수 있다. 바지의 길이는 반드시 발목까지 와야 하며 검정색이어야 한다"고 규정하고 있었다. 학교장이 남학생은 여름에도 반바지를 입어서는 안 된다고 고집하자 모든 남학생이 치마를 입고 등교했다.[38]

성별 규범을 강요하는 것, 특히 젊은이들에게 강요하는 것에 대해 공론화가 폭넓게 이뤄지는 것은 바람직하다. 사회의 엄격한 성별 규범 강요를 거부하거나 적어도 불편하게 여기는 사람은 유사한 처지에 있는 다른 사람이 받는 차별에도 관심을 기울일 가능성이 있기 때문이다. 그러나 성별 관행과 이데올로기의 헤게모니는 매우 공고해서 아주 작은 균열만 낼 수 있을 뿐이다.

어떤 장난감을 가지고 어떻게 놀아야 하는지를 가르치는 것은 어릴 때부터 성별 규범에 순응하도록 만드는 과정의 일부다. 사람들은 남아가 신체적으로 더 활동적이라고 생각한다. 그러나 연구에 따르면 아이들이 가지고 노는 장난감과 활동성 수준 간에 상관관계가 있다. "각각의 아동이 참여하는 신체 활동(오르기, 달리기, 뛰기, 쫓아가기 등)의 양은 그 놀이를 하는 것이 남아인지 여아인지

보다는 장난감 유형에 더 많은 영향을 받았다."[39] 성 역할 사회화가 가정에서 이뤄지는 것만은 아니다. 어떤 부모들은 성별 고정관념에 도전하려 노력하고 아이들에게 모든 종류의 장난감을 가지고 놀도록 격려하며 무엇이건 입고 싶어 하는 옷을 입게 하기도 한다. 그러나 아이들은 적극적으로 가르쳐 주는 것만 배우는 게 아니라, 자신들이 보는 것을 통해서도 배운다. 여러분의 가정이 평등의 요새라 하더라도, 아이들은 학교·길거리·영화·광고·텔레비전을 통해서 배우게 된다.

연구에 따르면 심지어 3살짜리 아이도 성별에 따라 적절하게 행동하라는 압력에 반응하는데, 성인뿐 아니라 또래의 다른 아이들한테서도 그런 압력을 받는다. 한 연구는 같은 나이의 다른 아이가 방에 있을 때 그 아이가 남아이건 여아이건, 3~4살 아이들이 자신의 행동과 선택하는 장난감을 조정한다는 것을 보여 줬다. 심지어 다른 아이가 책상에 앉아 색칠을 하고 있어서 관찰 대상인 아이와 전혀 상호작용을 하지 않는 상황에서도 마찬가지였다.[40]

이것은 아이를 성별 규범에 따라 기르지 않으려고 노력하는 것이 아무 소용 없는 일이라고 말하려는 것이 아니라, 사회 전체의 모든 것이 성별 규범을 영속화하고 있는 상황에서 그런 노력의 결과에는 한계가 있다는 것을 말하고자 함일 뿐이다. 성별 규범에 따르라는 압박은 아이들이 성장해도 사라지지 않는다. 어떤 영역, 특히 성 행동에 관한 한 사회적 기대는 오히려 더 공공연해진다.

# 위험한 이중 잣대

남녀의 성 행동을 둘러싼 이중 잣대는 새로운 현상이 아니며 9장에서 더 자세히 다룰 것이다. 간단히 말하면, 여자는 스스로 순결과 정조를 지키도록 교육받으며 짧은 옷을 입고 다니거나 남자와 희희덕거리면 "화를 자초하는 것"이라는 말을 듣는다. 반면 남자는 진짜 남자라면 섹스를 많이 해야 하고 그러지 못하면 남자로서 능력이 없는 것이라는 말을 듣는다.[41]

젊은 여성은 위험하고 교묘한 유혹자이면서 동시에 보호받아야 할 고결하고 순수한 존재로 여겨진다. 악명 높은 우생학자이자 심리학자인 시릴 버트는 1930년대에 "여성 비행"을 다룬 한 논문에서 어린 소녀들을 가리켜 "상습적 어린 창녀"라는 표현을 사용했다.[42] 이런 태도는 2015년 초의 한 재판에서 분명히 드러났다. 16살 학생과 성관계를 한 남성 교사가 유죄판결을 받았지만 집행유예로 풀려났다. 판사는 여성이었는데 그 남성이 16살 소녀의 "꼬임에 넘어간 것"이라고 주장했다. 그녀의 판결은 남자는 유혹에 약하기 때문에 "순결"을 지키는 것은 여자의 책임이라는 오래된 인식을 공개적으로 표명한 것이며 이런 인식은 사법제도 안에 너무나 만연해 있다.[43]

이런 식의 판결은 아동 성 착취 사건들에서 흔한 일이다. 사건에 연루된 미성년 여성들은 농락당한 피해자라기보다는 성매매에 적극적으로 가담한 것으로 여겨져 왔다. 2012년 영국의 로치데일에서 9명의 남성이 아동 성 착취 혐의로 유죄판결을 받은 뒤 다음과 같은 사실이 드러났다.

한 젊은 여성이 2008년부터 학대를 받아 왔다고 경찰에 신고했다. …
심지어 자신의 속옷을 경찰에 증거로 제출했고 이 속옷에서 나중에 유
죄판결을 받은 9명 중 하나인 59살 남성의 DNA 증거가 발견됐다. 거
의 1년간의 수사 후 검찰은 이 사건을 기소하지 않기로 했다. 왜냐하면
검찰은 그 젊은 여성이 "신뢰할 수 없는 증인"이며 배심원도 그녀를 믿지
않을 것이라고 판단했기 때문이다. 이렇게 그 여성의 신뢰성을 문제 삼
은 것은 이 사건에 대한 심리가 재개될 때까지 그녀를 더 오랜 시간 학대
에 노출시키는 결과를 낳았을 뿐이다.[44]

이 사건에 연루된 남성의 다수가 파키스탄 출신이었기 때문에 언
론은 [소수자를 배려하려는] "정치적 올바름" 탓에 그들을 잡으려 하지
않은 것이라고 주장했다. 그러나 현실은 경찰과 사법제도가 젊은
여성에 대한 편견 때문에 학대 사건을 심각하게 받아들이지 않은
것이다.

## 성 역할이 내면화되는 방식

성차에 대한 시각은 단지 외부에서 강요되는 것이 아니라 내면화
되기도 한다. 연구자들은 수학 전공 학생들에게 테스트를 실시했

다. 먼저 두 집단 중 한 집단의 학생들에게는 이 테스트 결과에 대개 남녀 격차가 있다고 말했다. 이 말을 들은 여학생들은 그런 말을 듣지 않은 여학생들보다 현저하게 점수가 낮았다. 또한 남녀 격차가 있다는 말을 들은 남학생들은 그 말을 듣지 않은 남학생들보다 더 높은 점수를 받았다. 성별 격차가 있다는 말을 듣지 않은 집단의 경우 남학생과 여학생은 사실상 같은 결과를 보였다.[45] 또 다른 연구들은 "한 명의 여학생이 여러 남학생 사이에서 수학 문제를 푸는 상황에서는 같은 교실에 남학생이 더 많이 있을수록 여학생의 테스트 결과가 더 낮다"는 것을 보여 준다.[46]

여학생이 수학을 어렵게 느낀다고 한들 놀라운 일도 아니다. 1906년 교육위원회의 의료 자문인 재닛 캠벨 박사는 교사들에게 "수학과 같이 집중력이 많이 필요하고 따라서 두뇌 에너지를 많이 소모해야 하는 수업"에서는 여학생들을 너무 심하게 압박하지 말라고 조언했다. 그녀는 이어서 여학생들이 "피로"의 기색을 보이면, "요리, 자수, 수공예 등을 하도록 하는 것이 좋은데 … 상대적으로 정신적 긴장을 덜 야기하기 때문이다" 하고 말했다.[47] 1992년 말하는 바비 인형이 제작됐을 때 인형이 말하도록 녹음된 문장들에는 "나는 쇼핑이 좋아", "수학 수업은 어려워"가 포함돼 있었다. 이것이 여자아이들에게 끼치는 영향에 대한 대중적 항의가 빗발치자 제조업체는 인형이 말하는 문장을 수정해야 했다.[48]

여성이 여성의 자연적 역할로 여겨지는 것, 즉 가족을 중시하는 자상한 보호자의 역할에서 벗어나게 되면, 남자들에게서 매우 다른 처우를 받는다. 예를 들어, 여성이 강력 범죄를 저지르면 남성이 저지른 것보다 더 충격적인 것으로 여겨진다. 마이라 힌들리와 이언 브레이디는 1960년대에 4명의 아이를 살해했다. 그중 신문의 머리기사에서 공포의 대상으로 묘사된 것은 여성인 힌들리였다. 연쇄살인범인 로즈메리 웨스트가 남편 프레드와 함께 10건의 살인 사건으로 유죄판결을 받았을 때도 같은 일이 벌어졌다. 대부분의 연쇄살인범, 살인범, 강력범이 남자다. 그러나 가해자가 남자일 때는 가해자가 여자일 때만큼 충격적 기행으로 여겨지지는 않는다.

여성이, 특히 아이가 있는 여성이 주로 남성이 종사하는 직업이나 활동을 추구하면, 가정이라는 진정한 본분을 저버린다는 악의에 찬 비난을 접하는 경우가 종종 있다. 산악인인 앨리슨 하그리브스는 세계적으로 뛰어난 남성 산악인들과 경쟁하며 높은 산들을 정복했을 때 "에베레스트의 앨리슨"이라고 불리며 영웅처럼 떠받들어졌다. 그러나 1995년 파키스탄의 K2 정상에서 내려오던 길에 악천후로 사망하자, 언론은 갑자기 하그리브스를 공격했다. 아이가 있는 어머니였는데도 그런 위험한 일을 감행했다며 무책임하다고 맹렬히 비난했다. 〈가디언〉 칼럼니스트 폴리 토인비는 "앨리슨 하그리브스에 관해 흥미로운 점은 그녀가 마치 남자인 양 행동했다는 것이다" 하고 썼다.[49] 이것은 다음의 두 남성 산악인에 대한 보도와는 대조적이다. "폴 넌과 제프 티어는 모두 전문 산악인이자 아버지였는데 하그리브스가 사망하기 며칠 전에 K2 근처에서 등반 중 사망했다. 국제 언론은 하그리브스와 달리 이 남자들에 대해서는 이기적이라거나 목숨을 걸고 위험한 일을 했다거나 아이들을 저버렸다고 비난 하지 않았다."[50]

## 남자

앞에서 가족제도가 여성 억압을 형성하는 데서 하는 구실을 살펴봤는데, 그렇다면 가족이 남성의 사회적 구실과 관련해서는 어떤 의미가 있을까? 그리고 지난 세기 동안에 일어난 여성의 역할 변화는 남성의 삶에 어떤 영향을 끼치고 있을까?

"자연적 질서"에 반하는 모든 것에 분노를 표현하는 사람은 늘 있었다. 1833년에 여성 노동자들이 밖에서 돌아다니며 술 마시는 것을 보고 도덕적 분노를 터뜨리며 다음과 같이 쓴 사람도 있다. "요즘에는 공장에서 일하는 젊은 여자들이 무리 지어 술집에서 술을 마시는 것을 볼 수 있다. 몇 년 전만 해도 여자들은 그런 행동을 수치로 여겼다."[51] 이런 사람들은 남성의 영역이라고 여겨지는 곳에 여성이 들어가는 것을 보면 괴로워한다. 특히 여성이 가정 밖으로 나갈 때 그런다. 또한 여성에게 사회적 기회가 늘어나면 남성에게 올 기회는 줄어든다고 생각한다.

사회학자들은 1957년에 이미 여성들이 "직장, 여가, 섹스, 가정에서 남성성이라는 요새를 공격하고 있다. 여자들은 마치 … '남자가 할 수 있는 일이라면 나는 더 잘할 수 있다'고 말하는 것 같다"고 선언했다.[52] 1990년대 말에는 여성이 남성성의 위기를 초래하고 있다고 여겨지기도 했다. 여성의 지배력이 커지는 것, 특히 직장에서 힘이 커지는 것은 비난받아야 한다고 주장하는 책들이 많이 나왔다. 예를 들어, 《남자가 다리미질을 안 하는 이유》는 한 부부가 쓴 책으로 여자가 남자보다 "주변 시야"가 넓기 때문에 청소를 더 잘한다는 따위의 고전적 주장들을 담고 있었다.[53]

한 때 여권 활동가였던 워런 패럴은 2001년에 《남성 권력이라는 신화: 남성이 버려지는 성별인 이유》라는 책을 썼으며 이 책은 소위 "남성의 권리"를 외치는 사람들이 사용하는 핵심 텍스트가 됐다.[54] 이 책은 남자들이 추구해야 하는 것으로 여겨지는 남성성 모델의 모순을 진지하게 다루고자 시도한 것이었지만, 여전히 남성과 여성의 사회적 기능에는 근본적 차이가 있다는 생각에 근거를 두고 있었다.

이 시기에 '남성 잡지'가 인기를 끈 것은 여성의 권리가 신장됐다고 여겨지면서 이에 대한 반발에서 비롯한 측면이 있다. 《로디드》와 〈넛츠〉 같은 남성 잡지들은 한창 잘 팔릴 때는 수십만 부씩 판매됐으며 비주류였던 소프트 포르노물을 주류 잡지로 만드는 데 성공했다. 이 잡지들은 여자의 벗은 몸과 술과 소비주의에만 관심이 있는 편협하고 젠체하는 남자가 "진짜 남자"라는 고정관념을 보여 줬다(이 잡지들은 "술 마시는 데 돈을 다 쓰고 난 다음에 사야할 것들"을 소개하는 따위의 기사를 실었다). 이것은 "새로운 남자"에 대한 반발로 등장했는데 "새로운 남자"란 잘나가는 여자친구 때문에 기저귀나 갈고 말랑한 프랑스 파이나 먹는 것으로 여겨지는 남자를 가리키는 말이었다.

더 근래에는 여성이 너무나 많은 것을 성취했기 때문에 이제 억압당하는 것은 남성이라고 주장하는 책들이 등장하기에 이르렀다. 해나 로진이 쓴 《남자의 종말》 뒷표지의 다음과 같은 홍보 문구는 이런 유형의 주장을 잘 요약해 준다. "남자는 인류의 탄생 이래로 지배적 성별이었다. 그러나 이제 더는 그렇지 않다. 여자가 남자를 따라잡고 있다. 거의 모든 측면에서, 여자가 남자보다 더 잘나가고 있다." 로진은 "미국의 새로운 가모장제家母長制" 사회에서 남자가 뒤처지고 있다고 썼다.[55]

우익 싱크 탱크인 맨해튼정책연구소 출신의 케이 하이모위츠는 《남자답게 행동하기》에서 "알파걸"의 등장에 대해 썼다. 그녀는 알파걸 때문에 "차일드맨"이 생겨나고 있다고 주장했다. 이런 저술가들은 어떤 현상을 발견했다고 주장하면서 그에 대한 신조어를 만들어 내는 것을 정말 좋아한다. 하이모위츠가 말하는 "차일드맨"은 여자들이 더는 결혼, 소득, 안전에 대해 남자들에게 의존하지 않기 때문에 여전히 "미성년"인 것처럼 행동하는 30~40대 남성을 가리키는 말이다.

하이모위츠는 20년 전에 남자들이 했던 일들이 지금은 사라지고 있다고 쓴다. "지금이나 가까운 미래에 성년이 되는 젊은이들에게 현실은 지식 경제 사회에서 중시되는 조직 관리 기술에 더 관심이 있고 더 능숙한 것은 대부분 여자들이라는 사실이다."[56] 그녀는 이런 기술들을 가정생활에 필요한 능력과 동일시한다. "말하자면, 여자들이 만남 뒤에 감사 편지를 쓰고 고객의 생일을 챙기는 일을 더 잘한다."[57] 남성 지배적인 곳으로 악명 높은 실리콘밸리 같은 데서 직장을 구하려고 노력하고 있는 여성은 자신이 지식 경제 분야에서 우월한 처지에 있다는 말을 들으면 깜짝 놀랄지도 모른다. 트위터를 포함해 미국에서 상장된 모든 테크놀로지 기업의 절반은 여성 이사를 한 명도 두고 있지 않다.[58]

위와 같은 저자들이 성별 간 차이를 설명할 때 종종 놓치는 것은 계급이다. 그들은 남성의 육체노동이 더는 "탈脫산업사회" 경제의 중요 부분이 아니라고 말하지만, 구직 시장의 상층에 도달한 일부 여성이 소수라는 것을 인정하는 경우는 거의 없다. 그들은 남성의 대다수가 부나 권력을 누리는 위치에 있어 본 적이 없다는 것을 인식하지도 이해하지도 못한다.

대다수 남성도 현실에서는 가족제도 안에서 성별에 따른 사회적 기대에 종속돼 있다. 그런 기대는 남성의 삶을 왜곡하며 좀처럼 충족될 수 없다. 소년에게 남성성은 자신에게 주입해야 하는 것이기도 하지만 동시에 그들은 사회가 남성성에 비판적이라는 것도 배우게 된다. 한 오래된 전승 동요는 여자아이는 설탕과 향료와 온갖 좋은 것들로 만들어져 있지만 "남자아이는 무엇으로 만들어졌을까? 달팽이와 민달팽이, 강아지 꼬리로 만들어졌지" 하고 말한다.

남아의 사회화에서 가장 중요한 부분은 어려서부터 감정을 억누르는 법을 배우는 것이다. 계집애처럼 굴지 마라, 울보가 되지 마라,

마마보이가 되지 마라. 남아는 여아보다 학교에서 퇴교될 가능성이 더 높고, 주의력결핍과잉행동장애 같은 행동장애 판정을 받을 확률이 높으며, 저조한 성적으로 학교를 졸업할 확률이 높다. 2014년 학업성취능력평가에서 영어와 수학을 포함해 5개 과목 이상을 합격한 비율은 여학생이 65.7퍼센트인 반면 남학생은 55.6퍼센트였다.[59] 대학 교육에서는 여학생의 수가 남학생보다 더 많으며 2014년에는 그 격차가 최대로 벌어졌다. "2014년, 전체 전공 분야의 3분의 2에서 여학생이 남학생보다 더 많았으며, 전체 합격생 중 여학생이 남학생보다 5만 7800명 더 많았다." 의과대학, 법과대학, 생명공학 분야에서도 여학생이 더 많았다.[60]

대중문화에서 젊은 남성들은 문제를 일으키는 인물로 묘사된다. 노동계급 청년 남성들은 불량스럽게 표현되고 특히 흑인일 경우에는 뿌리 깊은 인종차별주의가 더해져 더욱 노골적이고 악의적으로 위험한 인물로 묘사된다. 젊은 노동계급 남성은 수상한 존재로 여겨지며 청바지 다음으로 가장 흔하게 입는 옷인 후드티는 이제 거의 위험한 무기라도 되는 양 위협의 상징이 돼 버렸다. 이제는 아예 젊은이들을 지칭할 때 후드티 입은 불량배를 뜻하는 '후디스'라고 부르기도 한다.[61]

그러나 교육 문제에서 계급은 여전히 성별보다 훨씬 더 큰 영향을 끼치는 요인이며 남학생들의 성적에서는 계급 격차가 더 두드러진다. 최근의 한 연구는 다음과 같이 결론 내렸다. "영국에서 사회계급은 학업 성취도에 가장 큰 영향을 끼치는 요인이며, 영국은 선진국 가운데 학업 성취도의 계급 간 격차가 가장 두드러진 나라 중 하나다."[62]

일부 사람들은 여전히 여학생이 남학생의 방해를 받지 않고 남학생의 과목으로 여겨질 수 있는 과학 같은 과목에서 밀려나지 않으려면 남녀공학이 아닌 여학교에서 교육받아야 한다고 주장한다. 여학교에 다니는 학생들의 학업 성취도가 높다는 점이 이런 주장을 뒷받침하는 증거로 사용돼 왔지만, 그런 학교들이 대부분 명문 사립학교이고 어느 정도 학생들을 선발해 왔다는 사실을 고려하면 그런 주장은 근거가 약하다. 연구 결과를 보면 "학교가 남녀공학인지 여부보다는 사회적 배경과 입학생의 학업 능력 수준이 시험 결과에 더 큰 영향을 끼친다."[63]

1970년대와 1980년대에 많은 교사들과 지역 당국자들은 사회의 성차별적 관념이 학교에 끼치는 영향에 대처하고자 했다. 1970년대 후반 영국 데번 주에서는 한 교육위원회의 의장이 초등학교에서 성별 고정관념에 도전하자는 위원회의 제안에 분개하며 다음과 같이 말했다. "부모가 아들을 남자답게 키우고 싶어 하고 딸을 여자답게 키우고 싶어 하는 건 아주 바람직하고 가정생활에 기본이 되는 거예요. 만약 남학생을 계집애같이 만들고 여학생을 선머슴으로 만들고자 한다면,* 그건 부모가 결정할 일이지 교육 당국이나 학교가

---

* 번역은 "계집애"와 "선머슴"으로 했으나 실제로는 동성애자에 빗대어 비하하는 표현이 사용됐다.

할 일이 아닙니다."[64]

계급은 여학생과 남학생 모두가 자신의 잠재력을 온전히 발휘할 수 있는 능력에 영향을 끼치며, 노동계급 남학생들은 자신의 주된 목표와 역할이 가족을 부양하고 보호하는 것이라고 배운다. 남성은 자신의 노동력을 판매할 수 있는 능력에 따라 규정된다. 지난 수십 년 동안 그 어느 때보다 더 많은 기혼 여성과 아이를 키우는 여성이 가정 바깥에서 일해 왔지만, 남성의 역할에 관한 이 지배적 이데올로기가 변화하지는 않았다. 만약 남성이 경제 위기나 높은 실업률 때문에, 또는 병에 걸리거나 나이가 많아서 일을 할 수 없다면, 그는 폐물 취급을 받게 된다. 사회가 그를 쓰다 버릴 수 있는 일회용품처럼 취급하기 때문만은 아니다. 남성 자신이 무력감을 내면화하는 경우가 많다.

남성은 심근경색 같은 중증 질환으로 사망할 확률이 더 높다. 의사들은 고민이 있거나 신체적·정신적 문제가 있어도 드러내지 못하도록 만드는 사회적 압력이 남성이 의사를 늦게 찾고 자살 위험이 여성보다 더 높은 원인의 하나라고 말한다. 2015년 정부 통계를 보면 남성 자살률이 여성의 3배나 되며 10년 만에 최고치를 기록했다.[65]

페미니스트 작가인 수전 팔루디는 1990년대에 실직과 실업이 노동계급 남성에게 끼친 영향을 아주 잘 설명하는 책을 썼다.[66] 팔루디는 미국 서부 해안의 조선소들이 폐쇄되면서 삶이 파괴된 남성들과 이야기를 나눴다. 이들은 소득뿐 아니라 사회에서 가치 있고 의미 있는 일을 하고 있다는 자부심마저 상실한 기분이라고 이야기했다. 그들의 이야기는 석탄 산업 붕괴로 수십만 개의 일자리가 사라진 영국 탄광 마을 광원들의 이야기와 다르지 않다. 직장을 잃자 많은 노동계급 남성은 자신이 할 수 있는 게 아무것도 없다고 느끼게 됐다. 자신이 하는 일이 자신의 사회적 가치를 결정하는 것이라고 배우며 자랐기 때문이다.

그러나 가정에서의 성별 역할에 변화의 여지가 없다면, 단지 직장이 있다고 해서 문제가 해결되는 것은 아니다. 영국은 유럽에서 노동시간이 가장 긴 나라에 속하며 남성은 자신의 파트너가 막 출산할 때쯤 가장 오랜 시간 일한다. 이 때문에 여성이 남성의 도움을 받지 못할 뿐 아니라 성별 분업이 본격화된다. 즉, 여성은 갓난아이와 함께 지내는 것에 익숙해지며 육아의 '전문가'가 되고 남성은 아이와 함께 시간을 보낼 기회를 박탈당한다.

오늘날에는 남성이 유모차를 민다고 해서 놀랄 사람은 별로 없을 것이다. 이제 많은 남성들은 아버지나 할아버지 세대와 달리 아이의 양육에 중요한 역할을 할 수 있는 기회를 누리고 있다. 남성이 단지 부양자 구실만 하면서 아이의 삶에서 주변적 존재가 되는 것은 충만하고 행복한 경험을 할 기회를 잃어버리는 것이라는 인식이 생겨났다. 과거에는 남자가 양육에 참여하는 것이 남녀 모두에게 문제가 됐다. 여성에게는 자신의 본분을 다하지 못하는 것이었고 남성에게는 여자의 일을 하는 것이므로 수치스러운 일이었다.

BBC의 시리즈물이자 책으로도 나온 《남자의 세계》는 20세기 전반부 남성들의 삶과 경험을 그들 자신의 말을 통해 살펴봤다. 에든 버러 근처에 있는 배스게이트 출신의 레너드 스몰은 1930년대에 자신의 아이들을 돌본 경험에 대해 말했다.

나는 아기들을 돌보는 것을 좋아했습니다. … 아내는 내가 집안일을 하는 것에 대해서는 아무 말도 안 했지만 내가 아기를 돌보는 것을 다른 사람들이 보면 안 된다고 했습니다. 한번은 가파른 언덕길을 올라가고 있었는데 내가 유모차를 밀고 있었습니다. 이웃집 여자들이 다가오기 전까지는 아무 일도 없었습니다. 이웃집 여자가 내 손을 철썩 내려치며 말했습니다. "손 떼세요, 남자가 뭐하는 짓이에요."

"아기 돌보는 것을 좋아하는 남자는 여자 같다고 조롱받았다. 랭커셔에서는 유모차를 미는 남자들을 메리-앤이라고* 불렀다."[67]

제2차세계대전 이후 가족수당 제도의 도입을 논의했을 때, 지배 계급의 일부는 이와 같은 국가의 지원이 "부양자로서 남자의 권위"를 잠식할까 봐 우려했다.[68]

아버지의 역할에 대한 시각이 바뀌기는 했지만, 노동계급 남자아이들은 여전히 사회가 노동력 판매 능력만을 가치 있게 여긴다고 배우며 자라난다. 사회는 때로는 다른 능력도 가치 있게 여기기도 한다. 미국 육군의 모병 포스터에는 다음과 같은 슬로건이 적혀 있다.

---

\* 가장 흔한 여성의 이름인 메리와 앤을 결합해 조롱하는 표현.

"육군, 당신의 꿈을 마음껏 펼칠 수 있는 곳."[69] 이것은 노동계급 청년 남성에 대한 지배계급의 전형적 태도를 보여 준다. 그들이 "꿈을 마음껏 펼"쳐서 할 수 있는 일은 결국 국가의 이름으로 죽임을 당하거나 다른 사람을 죽이는 것이다. 유럽에서든 미국에서든, 군대에 오면 직업 기술을 배울 수 있다고 홍보할 때, 그것은 부유층 아들을 겨냥한 것이 아니다. 돈 많은 집 아들은 교육을 받기 위해 군대에 갈 필요가 없기 때문이다. 이것은 노동계급의 삶을 쓰다 버릴 수 있는 것으로 취급하는 현실을 가장 극단적으로 보여 준다.

군대가 젊은 남성들을 병사로 만들기 위해 무엇을 해야 하는지 살펴보면 남성이 전쟁과 폭력에 자연적 친화력이 있다는 생각이 허구라는 것이 드러난다. 군대는 신병 훈련소에서 그들을 짐승처럼 취급하며 무조건 명령에 복종하고 차마 할 수 없는 일들을 하도록 훈련시킨다. 즉, 조국의 이름으로 고문하고 살해하고 살해당하도록 만든다. 퇴역 군인들이 겪는 심리적 문제가 매우 심각하다는 사실은 이 모든 훈련도 전쟁의 참혹함에 둔감하게 만들기에는 부족하다는 점을 보여 준다. 정치인들은 전쟁을 일으키지만 그들의 자녀는 결코 최전선에서 복무하지 않는다. 그리고 이런 전쟁광들에는 마거릿 대처나 미국의 국무 장관 콘돌리자 라이스와 매들린 올브라이트 같은 여성도 포함된다(올브라이트는 서방의 제재로 이라크 아동 50만 명이 사망한 것에 대해 "그럴 만한 가치가 있다고 생각한다"고 말한 것으로 유명하다). 제국주의 전쟁에 친화적인 것은 계급의 문제이지 성별의 문제가 아니다.

# 변화하는 성 역할

자본주의는 새로운 상황과 딜레마를 활용해 그것들을 상품으로 만드는 능력을 끊임없이 보여 준다. 자녀가 있는 성인 여성도 대부분 직장을 다니기 때문에 자본주의는 남성을 겨냥한 신상품을 만들어 새로운 방식으로 광고한다. 1955년의 한 광고에서 앞치마를 두른 한 여성은 새로 설치된 세탁기를 보고 감탄하며 즐거워하고 아이들은 소리친다. "와! 마침내 엄마의 꿈이 이뤄졌어!" 아마 이 광고는 오늘날에는 사용할 수 없을 것이다. 그 대신에 세탁 세제 회사들은 남성들을 상대로 1회분씩 포장된 세제를 광고한다. 이제 집안일을 도와야 하지만 세제를 얼마큼 넣어야 하는지 모를 남자들에게 도움이 된다는 것이다.

이와 유사한 방식으로 청소 용품도 남성을 겨냥하는 경우가 많은데 보통 "터보 충전"과 같이 남자답다는 인상을 강하게 풍기며 광고한다. 남자가 축구를 보면서도 어렵지 않게 청소를 할 수 있다는 것이다. 물론 이런 광고들은 알맞은 양의 세제를 사용하는 법이나 오븐의 기름때를 제거할 줄 아는 능력이 여전히 여성의 것이라는 관념을 강화한다. 변화하는 성 역할을 어설프게 활용하려 한 어떤 오븐 세척제 광고는 마지막에 다음과 같은 광고 문구를 사용하면서 오히려 반발을 샀다. "아주 쉬워서 남자도 할 수 있어요!" 이 광고는 수백 건의 항의를 받았는데, 시청자들은 이것이 남자를 바보 취급하는 것일 뿐 아니라 여자가 청소를 더 잘한다는 고정관념을

보여 주는 것이라고 생각했다.[70]

여성들이 여전히 가족을 위해 최선을 다하고 싶어 하지만 요리와 집안일을 할 시간이 부족하다는 점에 착안한 새로운 제품과 식품이 만들어지고 있다. 또한 남성을 겨냥한 스킨케어 등의 화장품이 늘어나고 있다. 링크스는* 여자친구를 사귀고 싶어 하는 남자들의 고민에 대한 해결책이라며 남성용 브랜드를 출시했다. 남자들은 섹스를 많이 할 수 있는 호색한이 돼야 한다는 말을 들으며 살지만 현실에서 인간관계를 맺고 유지하기는 아주 어려운 경우가 많다. 위와 같은 광고는 이런 남성들의 고민을 이용하고 있는 것이다.

오래된 고정관념이건 새로운 고정관념이건 그것들을 반영하고 활용하려는 광고나 영화는 겉으로만 그럴싸할 뿐이다. 그러나 동시에 더 중요한 사회적 과정을 반영하기도 한다. 성 역할은 이데올로기적 차원에서는 정적이고 변화가 없는 것처럼 보이지만 현실에서는 다양해지고 있다. 수많은 다양한 일에 종사하며 남성과 함께 일하고 생활하는 수많은 평범한 여성의 일상생활은 피상적 고정관념에 들어맞지 않는다. 성 역할과 관련된 많은 요인들의 복잡한 상호작용은 긴장과 모순을 발생시키며 이것은 타인이나 우리 자신과의 관계를 왜곡한다. 게다가 이것은 성별 고정관념이 남녀 모두에게 끼치는 악영향을 드러낼 위험도 있다.

사회는 섹슈얼리티와 개인적 관계에서부터 입고 있는 옷에 이르기

---

* 우리나라에서는 Axe라는 브랜드로 더 알려져 있다.

까지 모든 것을 남자 아니면 여자라는 범주로 우겨 넣을 수 있다고 가르치지만, 사실 그 모든 것은 훨씬 더 유동적이다.

# 6장 제1물결 여성운동

역사가들은 과거의 여성운동을 제1물결과 제2물결로 구분해 왔다.* 제1물결은 투표권 쟁취를 위한 참정권 운동을 가리키고 제2물결은 1960년대와 1970년대의 여성해방운동을 일컫는다. 여성운동의 역사를 살펴보는 데 이것은 유용하고 중요한 출발점이다. 제1물결과 제2물결은 투쟁이 최고조에 이르렀던 시점이며 그로부터 배울 것이 많기 때문이다. 그렇지만 이런 구분을 너무 문자 그대로 받아들이는 것은 과도한 단순화다. 20세기 초의 '제1물결' 이전에도 여성의 정치 운동이 있었고 이런 운동들에서 사회 전체의 여성이 단결한

---

* 통상적 방식을 따라 제1물결과 제2물결로 번역했지만, '물결'이라는 우리말은 원어에 비해 뉘앙스가 너무 약하다. 여기서 '물결'은 온 사회를 강타해 막강한 파급력을 끼친 격렬한 사회적 투쟁을 표현하는 것이다. 잔잔한 물결이 아니라 거대한 파도를 연상해야 할 것이다.

것은 아니며 오히려 실제로는 모든 투쟁에서 계급 문제가 있었다.

## 초기의 투쟁들

여성이 동등한 시민으로 처우받아야 한다는 생각을 참정권 운동
가들이 처음 한 것은 아니다. 여성은 1381년 잉글랜드 농민반란 당
시 인두세에 저항해 봉기했다. 혼인한 여성에게 소득과 무관하게 심
지어 소득이 전혀 없어도 별도로 세금을 부과하려 했기 때문이다.
법정 기록은 조하나 페로라는 한 반란군 여성을 "켄트 출신의 폭동
주동자이자 수괴"라고 묘사하고 있다.

극빈층 여성들은 영국 혁명이 일어난 17세기 중반의 정치적 혼란
기에 중요한 구실을 했다. 왕정복고 이후 한 보수적 저술가는 자신
의 계급이 투쟁에 참여한 사람들을 얼마나 경멸했는지 드러내면서
당시의 "젊은 여자들이 아무런 신중함이나 조신함도 없이 거침없이
자기 의견을 말했다"고 비난했다.[1] 대토지 귀족의 특권에 기반한 사
회를 종식시키려는 투쟁을 일으킨 것은 부르주아 민주주의와 자본
주의 생산관계를 확립하고자 하는 사람들이었다. 그러나 새로운
사회의 가능성이 열리자 투쟁은 그 투쟁의 주도자들이 설정하려 한
경계선 안에 갇힐 수 없었다. 자유와 평등의 권리를 말하게 되면서
여성의 지위, 일부일처제, 가족제도에 대한 문제 제기가 모두 전면에
등장하게 됐다.[2]

디거스라는 급진 단체의 제라드 윈스턴리는 "모든 남성과 여성이 자신이 사랑하는 사람과 결혼할 자유를 얻게 되리라"고 썼다. 랜터파 교도들은 일부일처제에 반대하며 남성과 여성의 성적 자유를 지지했다. 충격을 받은 한 퀘이커 교도는 어느 여성 랜터파 신도를 "자신이 사도들보다 우월하다고 말하는 무례한 년"이라고 묘사했다.[3] 당시에 토지를 소유하지 못한 빈민층은 부도덕한 부랑자로 묘사됐으며 랜터파 교도들의 소위 성적 문란함은 사회에 절제와 품위를 부여하려는 사람들에 대한 모욕으로 간주됐다. 여성 랜터파 신도들은 특히 비난의 대상이 됐다. 한 평론가는 그들이 "아내에게 자유를 주려는 남편을 매우 칭송하며 자신이 원하는 상대라면 누구하고라도 자유롭게 관계를 맺으려 한다"고 썼다.[4]

1789년 프랑스 혁명에는 대중이 동참했고 여성의 역할이 역사 서술에서 자주 다뤄진다. 민주주의와 평등을 적극적으로 주장한 부르주아 여성들이 많은 관심을 받는데 올랭프 드 구주도 그중 한 명이다. 구주는 1791년 《여성과 여성 시민의 권리 선언》을 작성했다. 그러나 사회의 극빈층 여성들도 왕정에 맞서 봉기했고 기층 민중에게 절실한 문제를 걸고 거리를 장악했다. 바로 식료품 가격의 문제였다. 혁명적 모임과 단체가 우후죽순 생겨났고 노동계급 여성들은 왕과 그 일족을 붙잡기 위해 베르사유 궁전으로 행진하며 "제빵사를 찾아내자, 마누라와 도제도!" 하고 구호를 외쳤다.*

---

*   왕을 제빵사에 비유한 표현. 즉, 왕이 빵을 제대로 공급하지 못했으니 왕과 왕비,

프랑스 혁명으로 말미암아 광범위한 정치 토론이 벌어졌고 영국에까지 파급력이 미쳤다. 영국의 저술가인 메리 울스턴크래프트는 혁명을 지지하며 《인간의 권리 옹호》라는* 감명 깊은 소책자를 썼다. 이것은 1790년에 프랑스 혁명을 공격하며 기존의 체제를 수호해야 한다고 주장한 에드먼드 버크에 대한 반박문이었다. 그녀는 또한 1792년 《여성의 권리 옹호》를 발표했으며 여성과 모든 노동계급 사람들이 투표권을 가져야 한다고 주장했다. 울스턴크래프트는 사회가 여성을 처우하는 방식을 격렬하게 비판했다. "여성이 매력과 나약함을 통해서만 권력을 얻을 수 있는 존재라면 … 도대체 여성은 무엇을 위해 창조됐는가?" 비록 부르주아적 편견 때문에 베르사유로 행진하는 여성들을 "거리의 가장 저열한 쓰레기"라고 부르긴 했지만 말이다.[5]

영국의 노동자들과 사회주의자들은 파리코뮌을 수호하기 위한 투쟁에 깊은 감명을 받았다. 파리코뮌은 1871년에 정부와 정부군에 맞서 싸우며 조직화된 노동자들이 수립했다. 파리코뮌은 모든 남성에게 투표권을 줬지만 여성에게는 주지 않았다. 그러나 여성은 코뮌 조직의 모든 부문에 참여했다. 코뮌의 여성들은 피비린내 나는 전투에서 열심히 싸웠는데 그중 한 명이 루이즈 미셸이다. 그녀는 코

---

도제인 왕자(다음 왕이 되고자 훈련받는 사람이므로)를 찾아서 처단하자는 의미다.

* 원제목은 *A Vindication of the Rights of Men*이었다.

뮌을 방어하기 위한 여성 전투부대의 지휘관이었다. 이 투쟁은 영국의 혁명가들을 감동시켰으며 카를 마르크스의 딸인 엘리너, 라우라, 예니는 코뮌에 대한 연대를 조직하는 데 참여했다. 또한 파리코뮌은 지배계급 남성과 여성 모두에게 두려움을 안겨 줬다. 코뮌 참여자들은 코뮌의 패배 이후 잔인한 처벌을 받았다. 일부는 처형당했으며 일부는 호주로 추방됐다. 코뮌 포로들은 거리에서 조리돌림을 당했으며 "잘 차려 입은 여성들이 양산으로 코뮌 참여자들을 때리며 처형하라고 외쳐 댔다."[6]

그러나 노동계급 여성들은 아무리 잔혹한 계급투쟁의 전장일지라도 여성이 남성과 함께 싸울 수 있으며 평등한 권리를 누릴 자격이 있다는 것을 보여 줬다. 엘리너 마르크스는 1880년대 노동자 투쟁의 지도자 중 한 명이 됐으며 1889년 가스 공장 노동자들의 노조 결성을 이끌었다. 석 달 만에 2만 명의 노동자를 조직했다. 카를 마르크스 자신이 조직한 단체인 국제노동자협회(제1인터내셔널)는 전 세계의 사회주의자와 혁명가를 끌어들였으며 여성도 포함했다.

역사가인 어거스트 님츠는 "마르크스가 인터내셔널의 총평의회 멤버들 중 여성 쟁점을 의제로 올리기 위해 가장 의식적으로 노력했다"고 썼다.[7] 마르크스는 엥겔스에게 "여성의 가입이 허용된다"는 점을 상기시키며 아일랜드 민족주의자 리지 번스를 인터내셔널에 참여시키자고 제안했다. 마르크스는 총평의회가 일부의 반대에도 불구하고 최초의 여성 회원인 해리엇 로의 가입을 통과시켰다는 점을 자랑스럽게 생각했다. 그리고 한 친구에게 "역사를 조금이라도 아는

사람이라면 위대한 사회혁명이 여성의 참여 없이는 불가능하다는 점을 알 것이라네" 하고 썼다.[8]

엘리너 마르크스와 동료 혁명가 클라라 체트킨은 1889년 파리에서 열린 국제 노동자 대회에 대표단으로 참석했다. 체트킨은 [당시에는] 혁명적 대중정당이던 독일 사회민주당의 일원이었으며 여성의 권리와 사회주의를 위한 투쟁에 대해 연설했다. 그녀는 또한 베를린 여성 노동자들을 대표해 여성해방이라는 문제가 별개의 쟁점이 아니라 "거대한 사회문제의 일부이고 … 여성의 해방은 인간의 해방과 마찬가지로 자본으로부터 노동의 해방이라는 틀 안에서만 가능합니다" 하고 주장했다. 체트킨의 연설은 박수갈채를 받았으며, 엘리너 마르크스의 남편이자 당시의 대표단 중 한 명이었던 에드워드 에이블링이 체트킨의 연설을 영어와 프랑스어로 통역했을 때도 마찬가지로 큰 호응을 얻었다.[9] 체트킨은 20년 후 다른 혁명적 여성 사회주의자들과 함께 국제 여성 노동자의 날을 기념일로 제정하는 일에 참여하기도 했다.[10]


## 여성 노동자들과 신노조운동

1880년대 말 영국에서 노동자 투쟁이 격화되고 노동조합 가입률이 폭증했다. 그러자 노동계급 여성들의 투쟁도 새로운 단계에 접어들었다. 일부 여성 노동자들에게는 이미 노동조합 조직화의 전통이 있었다. "1890년대 랭커셔의 공장 지대에서는 여성 노동자들이 남성 노동자들과 함께 노동조합을 결성하고 활동에 참여하는 것이 흔한 일이 돼 있었다."[11]

1888년에 벌어진 성냥 공장 여성 노동자들의 유명한 파업은 대중적 관심을 끌었을 뿐 아니라 신노조운동이라고 불리는 노동자 운동의 새로운 시대가 열리는 계기가 됐다. 런던 이스트엔드에 있는 브라이언트앤메이 성냥 공장에서 젊은 여성 노동자들이 일하고 있었다. 이 여성 노동자들은 장시간 노동에 시달렸으며 끔찍하게 위험한 노동환경에서 일하고 있었다. 한 관찰자는 당시에 여성 노동자들이 서로 가까이에서 일했기 때문에 "언제나 서로 결속력이 대단했어요. … 한 사람의 불만은 모든 사람의 불만이 됐지요" 하고 이야기했다.[12]

이 파업은 노동자 한 명을 해고한 것에서 촉발됐지만 그들의 노동환경과 저임금에 대한 사회적 관심으로 이어졌다. 다른 노동자들뿐 아니라 사회 전체가 그들의 열악한 상황에 충격을 받은 것이다. 그 공장의 여성 노동자들은 하루에 10시간에서 11시간 반 동안 일했고 주급은 4~6실링이었다. 사용자는 노동자에게 수많은 종류의 벌금을 물려서 급여에서 공제했다. "발이 더럽거나 의자 아래가 깔끔하게 청소돼 있지 않으면 3페니의 벌금이 부과됐다." 한 여성 노동자는 손가락이 기계에 잘리지 않도록 기계 손잡이 부분에 천을 댔

---

\*    12페니가 1실링이었다.

다는 이유로 1실링의 벌금이 부과됐다. 사용자는 그녀에게 "손가락은 신경 쓰지 마"라고 했다. 이 지시를 따른 다른 여성 노동자는 손가락을 잃었고 "망연자실해 있는데도 아무런 도움도 받을 수 없었다."[13] 루이즈 로는 이 성냥 공장 노동자들이 스스로 조직화하는 감동적 이야기를 자신의 신간 《불을 켜다》에서 재조명한다. 대중적 담론은 외부인들이 이 여성들을 이끌고 구원해 준 것일 뿐 파업 노동자들 자신은 "이름 없는 대중에 지나지 않았다"고 여기지만, 이것은 노동자들이 스스로 조직화했다는 사실을 간과하는 것이다.[14]

이 파업은 다른 노동자들의 엄청난 연대를 이끌어 냈다. 공장을 옮기고 대체 인력을 투입해 파업을 깨뜨리겠다고 사용자들이 위협해도 파업 노동자들은 흔들리지 않았다. 3주 만에 노동자들이 승리했다. 경영진은 노동자들의 요구를 모두 수용했다. 벌금은 폐지됐고, 인(燐)을* 다루는 작업장에서 떨어진 별도의 공간에서 식사를 할 수 있게 됐으며, 모든 해고 노동자가 복직됐다. 이것은 역사적 성과였다.

예전에는 조직화하는 것이 불가능하다고 여겨지던 노동자들이 조직화하기 시작했다. 가장 의미심장한 사건은 이듬해인 1889년에 일어난 런던 부두 노동자 파업이다. 임시직으로 처우받던 부두 노

---

* 성냥의 원료로 쓰이는 화학물질. 당시에는 인의 한 종류인 백린이 사용됐는데 인체에 매우 유해한 맹독성 물질이다. 이 때문에 노동자들은 심각한 건강상의 문제를 겪고 있었다. 브라이언트앤메이는 여론의 압박에 못 이겨 1901년 백린 사용을 중단했다.

동자들이 런던항을 10주 동안 폐쇄한 것이다. 그들은 시간당 6페니의 급여를 요구했고 승리했다. 큰 파업들이 여러 소규모 파업들에 영향을 끼쳤다. 모두 성공하지는 못했지만 모든 파업이 새로운 노조를 건설하는 동력으로 작용했다. 예를 들어 리즈의 여성 재봉공들이 파업을 하고 집회를 열자 5000명의 노동자가 시청 광장에 모였다. 이 파업은 비록 성공하지는 못했지만 리즈여성노동자협회의 조합원 수가 "단지 한 줌이던 것에서 2000명으로" 증가했다.[15]

1889년 말 영국의 노동조합원 수는 갑절로 늘어나 200만 명에 달했으며 이듬해 런던 하이드파크에서 열린 최초의 노동절 집회에 25만 명이 넘는 노동자가 참가했다. 엥겔스는 이 장면을 마르크스의 둘째 딸인 라우라 라파르그에게 보낸 편지에서 묘사하면서 집회의 규모에 관해 다음과 같이 썼다.

정말 압도적이라는 표현에 걸맞는다. 부르주아지 전체도 이것을 인정할 수밖에 없을 거야. 시선이 닿는 저 끝까지 25만~30만 명에 이르는 사람들의 머리와 머리가 다닥다닥 붙어 있었어. 연단으로 사용된 수레에서 내려왔을 때 네가 나를 봤다면 내 키가 2인치는 더 커 보였을 거야.* 40년 만에 다시 그 목소리를 들었어. 영국 프롤레타리아의 그 분명한 목소리를.[16]

---

* 감정이 고양돼 그만큼 자신감과 포부가 넘쳐 보였을 것이라는 뜻이다.

1886~1906년에 90개의 여성 노동자 조합과 단체가 새로 결성됐다. "재봉공, 소파 커버 공장 노동자, 제본공, 지갑 공장 노동자, 조화 공장 노동자, 깃털 장식 공장 노동자, 스카프 공장 노동자, 레이스 공장 노동자, 벽돌공, 제지공, 상자 공장 노동자, 유리 공장 노동자, 담배 공장 노동자, 잼과 피클 제조 노동자, 군수산업 노동자, 상점 점원, 타자수, 가정부 등이 소규모 노동조합들을 건설했다."[17]

이런 조합 결성 열풍은 여성 노동자들의 노동조합에 대한 열정을 보여 준다. 또한 이 시기에 여성이 수많은 다양한 직종에서 일했다는 것도 보여 준다. 비록 여전히 대다수 여성 노동자에게는 고되고 단조로운 가정부 일 외에 다른 선택의 여지가 없었기는 하지만 말이다. 그렇지만 이런 소규모 조합들이 생기면서 훨씬 더 중요한 발전이 이뤄졌다. 남성으로만 이뤄져 있던 노조들이 이제 여성에게 문호를 개방한 것이다. 1886년부터 10년간 전체 노동조합에서 여성 조합원의 수가 3만 7000명에서 11만 8000명으로 증가했고, 1906년에는 16만 7000명으로 증가했다. 그중 여성으로만 구성된 조합의 조합원은 5000명밖에 안 됐다.[18]

## 투표권 쟁취 투쟁

이 노동조합원들 중 약 12만 5000명이 방직공장 노동자들이었다. 이 여성 노동자들은 숙련공이었으며 여러 정치적 요구를 제기했다. 20세기 초 몇 년 동안 랭커셔 주의 방직공장 밀집 지역에서 엄청난 수준의 정치 토론이 벌어졌다. 당시 상황을 경험한 사람들은 여름날 수백 명의 노동자들이 밖에 모여 토론했다고 전한다. "마치 영국이 아니라 유럽 대륙의 마을에 온 것 같다. 평일 저녁 시장에 가보면 지적 토론에 관심 있는 남녀가 600~1000명 때로는 1500명이나 모여 한두 시간 동안 토론을 경청하는 것을 볼 수 있다."

잉글랜드 북서부의 이 광범위한 노동운동과 키어 하디가 1893년에 창당한 독립노동당ILP이 투표권 쟁취 운동을 주도했다. 수천 명의 여성이 투표권 운동의 노동계급 기반을 형성했다. 그들은 "작업장과 공장에서부터 여성노동조합동맹과 협동조합에 이르기까지, 방직공장이나 혹사 공장에서 새로 창당된 독립노동당에 이르기까지" 종횡무진했다.[19] 1872~1879년에 참정권을 요구하는 집회가 1400회 이상 개최됐으며 300만 명이 9500건의 청원에 서명했다.

대중의 기억 속에 팽크허스트 모녀와 서프러제트가* 여성 참정권 운동의 대명사가 돼 버리면서 노동계급 참정권 운동가들의 투쟁은 종종 간과됐다. 팽크허스트 모녀, 즉 어머니인 에멀린 팽크허스트와 딸들인 크리스타벨, 실비아, 아델라는 독립노동당 당원이었으며 1903년 맨체스터에 있는 자신들의 집에서 여성사회정치동맹WSPU을 창설했다. 이 단체의 처음 명칭은 단체의 정치적 기반을 반영해 여성

---

\* 서프러제트(Suffragette)는 원래 여성사회정치동맹 회원을 일컫는 말이었다. 지금은 참정권 운동가를 일반적으로 일컫는 말로도 쓰인다.

노동자대표위원회였다. 크리스타벨이 이미 비슷한 이름의 참정권 운동 단체('랭커셔·체셔 주 섬유 및 기타 직군 여성 노동자 대표 위원회')가 있다고 지적하자 명칭을 바꾼 것이다.[20]

여성사회정치동맹과 수많은 여성 노동자 참정권 운동 단체들과 나란히 1897년에는 밀리센트 개릿 포셋이 주도해 여성참정권협회전국연합NUWSS을 결성했다. 이 단체는 랭커셔의 섬유산업 단지 전역에서 청원 서명운동을 이끌며 여성이 남성과 동등한 비율로 투표권을 가져야 한다고 주장했다(당시에는 남성도 58퍼센트만 투표권이 있었다). 반면에 노동계급 여성에게 투표권 운동이란 투표권이 없는 남성 노동자들에게도 투표권을 부여하는 것을 의미했다.

이 때문에 제1차세계대전 이전 시기 내내 격렬한 논쟁이 벌어졌다. 즉, 남성과 동등한 비율의 투표권을 획득하기 위해 싸울 것인지 아니면 모든 성인 여성과 남성의 보통선거권을 위해 싸울 것인지의 문제였다. 노동운동 진영의 일부는 여성 투표권 쟁취 투쟁이 부유층 투표권 수만 증가시키는 결과를 가져올까 봐 염려했다. 그들은 노동계급 투표의 영향력이 약화될 수 있다고 우려해 보통선거권이 더 바람직하다고 여겼다. 노동자대표위원회와 그 후신인 신생 노동당은 제1차세계대전 직전까지 이런 견해를 유지했다.

그러나 일부 서프러제트는 비록 보통선거권이 더 민주적이고 급진적으로 보이기는 하지만 당시의 수준으로는 달성할 수 없는 것이라고 판단했고 남성과 같은 비율의 여성 투표권 쟁취가 더 달성 가능한 목표라고 생각했다. 그들은 적어도 일부 여성은 투표권을 획

득할 수 있는 현실적 가능성이 있는데 보통선거권을 주장하는 사람들이 그것을 가로막고 있다고 봤다. 노동계급 참정권 운동가 다수는 여성 투표권을 주장하면서도 동시에 자신들의 목표가 모든 성인의 보통선거권임을 공공연히 선언했다. 서프러제트 운동의 부유층 분파와 달리 그들은 여성 참정권 쟁취를 자신들이 여러 해 동안 벌여 온 더 넓은 산업 투쟁과 사회적 투쟁의 일부로 바라봤다.

운동의 이런 상이한 흐름들은 투쟁 과정에서 계급적 차이와 그로 인한 우선순위의 차이를 드러냈다. 물론 공통점도 있었고 서로 협력하기도 했지만 말이다. 팽크허스트 모녀는 1906년 런던으로 본부를 이전했는데 이것은 그들의 정치적 지향과 전략이 전환됐음을 보여 준다. 같은 해 〈데일리 메일〉이[*] '서프러제트'라는 용어를 처음 만들어서 사용했을 때, 팽크허스트 모녀는 자신들이 급진적 노동계급 참정권 운동가들과 구별돼 불리는 것에 흡족해했다.


## 참정권 운동과 노동자 대투쟁

신노조운동의 노동조합들은 여성과 미숙련 노동자에게도 개방된 최초의 일반노동조합이었을 뿐 아니라 의미심장하게도 톰 만, 엘리너 마르크스, 부두 노동자 대표 존 번스와 같은 사회주의자들이 이

---

[*]  1896년에 창간된 영국의 보수적 타블로이드 일간지.

끌었다. 아일랜드의 전투적 투쟁들도 짐 라킨과 제임스 코널리 같은 사회주의자들이 이끌었다.

1910년, 노동자 대투쟁이라는 이름으로 알려진 새로운 투쟁의 열풍이 불었을 때 노동자들의 자신감은 하늘을 찔렀다. 1911년 한 해만 해도 파업 일수가 1000만 일에 이르렀다. 이런 전례 없는 수준의 노동자 투쟁과 여성 참정권 운동의 성장, 아일랜드 독립운동이 모두 제1차세계대전을 앞둔 시기에 함께 벌어지며 영국이라는 국가의 안정성 자체를 위협했다.

1908년 6월 하이드파크에서 대규모 여성 참정권 집회가 열린 뒤 〈타임〉은 다음과 같이 보도했다. "집회 주최 측은 25만 명이 모일 것이라고 기대했다. 그 기대는 확실히 충족됐으며 그 2배에 이를지도 모른다. 누군가 3배가 모였다고 주장한들 그것을 반박하기 어려울 것이다." 이와 비슷한 초대형 집회들이 1910년과 1911년에 하이드파크에서 열렸다.[21] 참정권 운동 초기 6년 동안 최소한 10만 건의 집회가 개최됐다.

그런데 서프러제트들은 큰 소란을 일으켜 사회의 이목을 끄는 쪽으로 전술을 바꿨다. 그들은 애스퀴스가 이끄는 자유당* 정부의 장관들을 습격하고 유리창을 깨고 예술품을 파괴하고 건물에 불을

---

* 자유당은 1859년에 창당된 자유주의 정당으로 20세기 초까지 보수당과 더불어 영국의 양대 정당의 하나였다. 1906년 선거에서 승리해 집권한 후 허버트 헨리 애스퀴스가 1908~1916년에 총리로 재직했다. 자유당 다수파는 여성에 참정권 부분 허용에 찬성했으나 애스퀴스는 완강하게 반대해 실망과 분노를 샀다.

지르고 우편함을 폭파했다. 그들은 점점 더 대담하고 충격적인 행동을 하고자 했다. 이런 행동들은 치밀한 조직력이 필요한 경우가 많았고 대단히 창의적이기도 했다. 한번은 골프장 잔디밭에 산성 용액을 부어 "여성에게 투표권을"이라는 거대한 문구를 새기기도 했다.[22]

노동계급 지지자들은 개별적 파괴와 폭력 행위를 중심으로 한 이런 전술에 거부감을 느꼈고 서프러제트들을 엘리트주의자로 여겼다. 노동계급은 아래로부터 대중운동을 건설하는 것 외에 다른 대안이 있을 수 없다고 생각했다. 그들은 참정권 투쟁이 사회의 더 넓은 투쟁의 일부라고 봤다. 에멀린 팽크허스트는 이런 시각을 거부하며 다음과 같이 선언했다. "우리 회원들은 전적으로 오직 한 가지 목표만을 가지고 있을 뿐입니다. 우리는 하나의 목표에 모든 역량을 집중합니다. 그것은 바로 남성과의 정치적 평등입니다. 여성사회정치동맹의 어떤 회원도 여성 참정권 쟁취 이외의 다른 사회 개혁에 전혀 관심을 두고 있지 않습니다." 폴 풋이 지적했듯이 "1830년대 [차티스트 — 지은이] 운동의* 폭력성은 대중의 분노를 표현하는 것이었다. … 반면에 1912년과 1913년 서프러제트들의 폭력성은 위로부터의 명령에 따른 것이었다."[23]

10살 때부터 방직공장에서 일한 노동자 출신의 주요 참정권 운동

---

* 영국에서 1830년대 말부터 1850년대까지 이어진 노동계급 정치 운동. 남성 보통선거권 등을 요구하며 역사상 최초의 대중파업을 벌였다.

가인 셀리나 쿠퍼는 팽크허스트와 대조적으로 1906년 한 대중 집회에서 다음과 같이 말했다.

여성은 자신이 남성과 동등한 지위에 있다는 것을 자랑하려고 정치권력을 원하는 것이 아닙니다. 여성이 정치권력을 원하는 것은 남성이 권력을 가지려는 목적과 동일합니다. 바로 삶의 조건을 개선하려는 것입니다. 영국의 모든 여성은 노동자들이 더 행복한 삶을 누리고 개혁을 이루기 위해 정치적 권리를 갈망하는 것입니다. 우리는 참정권을 그저 가지고 놀 장난감으로 원하는 게 아닙니다.[24]

[에멀린 팽크허스트의 둘째 딸인] 실비아 팽크허스트는 여성 투표권 쟁취를 넘어선 쟁점에 관심을 갖게 된 참정권 운동가 중 한 명이었다. 그녀는 노동자들의 투쟁과 아일랜드인들의 반제국주의 투쟁에 깊은 감명을 받았다. 1912년 그녀는 여성사회정치동맹의 한 지부인 동런던서프러제트동맹을 설립했다. 동런던동맹은 노동계급과 빈민층 속에서 활동하면서 임금 인상, 빈곤 퇴치, 보육 시설 확충을 주장했다. 또한 여성들을 위한 진료소, 탁아소, 학교를 설립했고 여성 노동자들을 위한 저렴한 식당 두 곳과 장난감 공장도 운영했다.

투쟁이 격화되면서 많은 서프러제트가 투옥됐다. 그들은 교도소 당국자들에게 저항했고 투옥에 항의하며 단식투쟁을 조직했다. 교도소는 강제로 음식물을 먹였는데 고문이나 마찬가지일 정도로 참혹했다. 한 서프러제트는 자신의 경험을 다음과 같이 적었다.

그들은 개구기開口器라 불리는 도구를 사용했습니다. 개구기에는 인도산 고무로 덮인 부분이 있었지만 우리는 전혀 그 부분을 느끼지 못했습니다. 남자가 개구기를 오른손에 들면 우리는 전투의 순간이 왔음을 직감했습니다. 우리는 이를 앙다물기 위해 안간힘을 썼습니다. 우리는 신념에 따라 음식을 거부하고 있었고 앙다문 이는 음식이 들어오지 못하게 막는 마지막 방어선이었습니다. 의사에게는 수행해야 할 '의무'가 있었죠. … 그는 마치 도살자처럼 자신의 일을 시작했습니다. 이 일에는 아무런 기술도 필요하지 않았습니다. 그저 무자비함만이 필요했죠.

그는 우리의 이를 벌리고 커다란 손가락을 집어넣었습니다. 손가락 끝에 이빨 뒤쪽이 느껴지면 개구기를 마구 때려 박아 넣었습니다. 명백히 상처를 입히려는 의도였습니다. … 그는 음식을 목구멍으로 부어 넣거나 밀어 넣는 20분 동안 개구기를 붙잡고 있었습니다. … 우리의 발은 고정틀로 죄어 있었고 머리는 붙잡혀 있었습니다. … 그들은 강제로 턱을 최대한 벌렸습니다. 그러고 음식을 들이부었죠. 다진 고기와 갈색 빵과 우유였습니다. 음식이 너무 말라 있어서 딱딱했습니다. 그들은 우리가 숨을 쉬지 못하도록 코를 붙잡았습니다. … 그리고 자신의 손가락에 묻은 음식물을 닦아 내기 위해 우리의 이에 손가락을 문질러 댔습니다.[25]

정부는 단식투쟁을 부담스러워했고 1913년 새로운 법안을 통과시키기에 이르렀다. 이것은 '고양이와 쥐' 법이라고 불렸는데, 단식투쟁을 하는 여성이 너무 쇠약해져서 사망할지도 모르는 상태가 되면 풀어줬다가 건강이 어느 정도 회복되면 곧바로 다시 체포할 수 있도록 한 것이다. 서프러제트들은 감옥 안에서만 참혹함을 겪은 것이 아니다. 이 시기를 다룬 고전적 저작인 《자유로운 영국에서의 이상한 죽음》에서 조지 데인저필드는 '검은 금요일'이라고 알려진 1910년 11월 18일 의회 광장 집회를 묘사한다. 당시 내무 장관 윈스턴처칠은 경찰에게 여성들이 의회 안으로 들어오지 못하게 막으라고지시했다. 경찰은 처음에는 시위대를 약간 밀쳐서 광장에서 밀어내려 했으나 상황이 녹록하지 않음을 곧 깨달았다.

치마를 입은 전사들은 쉽게 물러서려 하지 않았다. 그들의 전술은 그저 장갑 낀 손으로 경찰의 가슴을 미는 것이었다. 시위대는 밀고 또 밀었다. … 그러자 경찰은 점차 흥분과 분노에 휩싸여 갔다. … 깃발들이 찢기고 짓밟혔다. 여성들은 주먹과 무릎에 얻어맞아 쓰러지고 질질 끌려갔으며 손에서 손으로 내던져지고 굴려지며 멍이 들었다. 군중은 부상자들이 흘린 피로 팔이 피범벅이 됐다. … 경찰은 여성들을 주먹으로 내려치고 꼬집었다. 또 손가락을 꺾어 팔을 비틀었으며 가슴을 움켜쥐었다. 그들은 여성들의 얼굴을 울타리의 뾰족한 부분에 대고 문질렀다. 이 모든 것이 거의 6시간 동안 계속됐다.[26]

여성 투표권, 아일랜드 독립, 대규모 노동자 투쟁이라는 세 가지쟁점이 지배계급을 위협하고 있었으며 1913년 앨버트 홀 집회는 이세 쟁점이 하나로 뭉치는 상징적 사건이었다. 실비아는 그 집회에서 더블린 공장폐쇄 사태* 속에서 파업을 이어 가고 있는 노동자들을 지지하는 연설을 했으며 노조활동을 이유로 투옥된 지도자 짐 라킨의 석방을 요구했다. 그녀는 노동운동 지도자이자 사회주의자인 제임스 코널리와 더불어 연설했는데, 코널리는 훗날 1916년 부활절 봉기의** 주모자로 체포돼 처형됐다. 실비아의 어머니와 언니는 실비아가 이런 급진적 정치 집회에 참여하는 것을 못마땅하게 여겼다. 당시 크리스타벨은 체포를 피하기 위해 파리로 도피해 자유분방한 성격의 폴리냐크 공작 부인의 저택에 피신해 있었다. 크리스타벨은 1914년 실비아에게 파리로 오라고 했는데 코널리와 라킨과 어울려 다닌 것을 꾸짖기 위함이었다.[27]

실비아는 다시 체포당하는 것을 피하기 위해 몰래 파리로 떠났다. 당시에 그녀는 풀려난 '쥐' 신세였다. 쇠약해져 기진맥진한 상태였다. 실비아는 감옥 안에서 단식투쟁을 했고 물조차 거부했으며 교도소장은 강제로 그녀에게 음식을 투여했다. 안전한 곳에서 참정권 운동을 후원하고 있던 크리스타벨이 머무는 저택에 도착하자, 실비아는 언니인 크리스타벨이 "작은 포메라니안 강아지에게 젖을

---

* 1913년 8월부터 벌어진 아일랜드 역사상 가장 격렬했던 노동자 대투쟁. 노동자들이 파업에 들어가자 사용자들이 다섯 달 동안 직장을 폐쇄했다. 짐 라킨과 제임스 코널리가 주요 지도자였다.

** 1916년 4월 24일 부활절에 아일랜드공화국형제단이 지휘하는 의용군과 제임스 코널리가 조직한 노동자 시민군이 무장봉기해 아일랜드공화국을 선포하고 더블린 중심가를 1주일간 장악한 사건. 여성도 200명이 넘게 참가했다. 봉기는 실패로 돌아갔고 코널리를 포함한 16명은 총살됐다.

먹이고 있는 것"을 보게 됐다. 크리스타벨은 실비아의 건강을 묻거나 인사말도 하지 않고 대뜸 동런던동맹이 전국 조직에서 제명돼야 하며 다른 이름으로 바뀌어야 한다고 말했다. 크리스타벨은 동런던동맹이 민주적으로 운영되는 것이 달갑지 않다며 다음과 같이 말했다. "우리는 모든 여성이 상명하복하고 군대처럼 일사불란하기를 원해."

실비아의 어머니인 에멀린과 언니 크리스타벨은 무엇보다 파업 노동자들이나 노동계급 여성들과 엮이는 것을 원하지 않았다. 크리스타벨은 실비아에게 여성 노동자 운동이 쓸데없는 일이라고 말했다. "여성 노동자는 여성 중에서도 가장 약한 부분이야. 그럴 수밖에 없지 않아? 그들은 생활이 너무 어렵고 토론을 하기에는 교육 수준도 너무 낮아. 가장 약한 부분을 투쟁에 활용하는 건 분명 실수야. 우리는 선택된 여성들을 원해. 가장 강력하고 가장 지적인 여성들 말이야."[28] 데인저필드는 이런 계급적 분열의 중요성을 인식했다. 그는 참정권 운동의 일부가 "프롤레타리아의 분노라는 어두운 파도 위에 밝고 선명한 색깔의 코르크가 둥둥 떠다니는 것 같았다"고 묘사했다.[29]

동런던동맹은 전국 조직에서 제명당한 이후 깃발에 빨간색을 추가하고 계속 성장해 나갔다. 1916년에는 단체 이름을 노동자참정권동맹으로 변경했다. 이 단체는 동런던 전역에 지부를 두고 있었고 단체의 신문인 〈위민스 드레드노트〉(여성의 전함戰艦)는 1만 명 이상의 독자를 가지고 있었다. 1917년에는 러시아 혁명에 감명을 받아

노동자사회주의동맹으로 개칭하고 신문의 이름도 〈워커스 드레드 노트〉(노동자의 전함)로 바꿨다. 실비아는 사회주의 혁명을 목표로 삼게 됐다.

서프러제트들의 분열은 팽크허스트 가문 지도자들이 노동운동 기반에서 멀어지면서 발생한 당연한 논리적 결과였다. 갈수록 남성을 악으로 규정하고 투쟁한 것도 이런 분열에 영향을 끼쳤다. 크리스타벨은 남성의 85퍼센트가 성병을 가지고 있다고 주장하는 책을 출간했다. 그들은 "여성에겐 투표권을, 남성에겐 정조를"이라는 슬로건을 내세웠다. 영국이 제1차세계대전에 참전하자 그들은 참정권 운동을 중단했다. 신문의 이름을 〈브리타니아〉로 바꾸고 제국주의적 애국주의에 완전히 빠져 버렸다. 그들은 전국을 돌며 군대에 자원하지 않은 청년들에게 [겁쟁이라는 뜻으로] 하얀 깃털을 나눠 줬고 외국인들을 잡아 가둬야 한다고 주장했다. 반면, 많은 노동계급 참정권 운동가들은 전쟁에 반대했다. 사회주의자인 해나 미첼은 다음과 같이 주장했다. "전쟁은 대부분 권력이나 영토, 시장 개척을 위한 싸움이며 언제나 노동자들이 수행하지만 가장 큰 피해를 입는 것도 늘 노동자들이다."[30]

제1차세계대전 기간 동안 여러 나라에서 병사들의 반란과 함께 혁명이 일어나 독재 정부들이 무너졌다. 전쟁이 끝나자 영국 정부는 여성 참정권 운동을 수용하고 30살 이상의 여성에게 투표권을 허가했다. 약 850만 명의 여성(여성 세대주나 남성 세대주의 아내, 토지 소유자와 대학 졸업자)이 투표권을 얻었다. 그러나 이것은 여전히

40퍼센트의 성인 여성이 배제됨을 의미했다. 남성의 투표권도 21살 이상의 모든 남성으로 확대됐고 군에 복무할 경우는 19살부터 투표권이 주어졌다. 유권자 수는 800만 명에서 2100만 명으로 증가했다. 마침내 모든 여성이 남성과 동등한 투표권을 쟁취하게 된 것은 1928년이었다.[31]

## 평등을 넘어서

참정권 투쟁은 여성의 권리를 위해 어떻게 싸울지를 놓고 격렬한 논쟁을 불러일으켰다. 운동을 하나로 묶을 수 있는 단일하고 포괄적인 '여성의 시각'은 존재하지 않았다. 당시의 거대한 정치적 쟁점들, 즉 노동자 파업, 참정권, 전쟁에 관해서 남성과 여성은 계급에 따라 분열했다. 마르크스주의자들은 여성 '평등'을 목표로 삼은 부르주아 페미니스트들을 비판했는데 왜냐하면 그런 시각은 계급이라는 가장 뿌리 깊은 불평등이 그대로 유지된다는 사실을 간과했기 때문이다. 이것은 여성이 평등을 위해 싸우면 안 된다는 게 아니라 노동계급 여성과 빈민 여성은 그런 목표만으로는 만족할 수가 없다는 뜻이었다.

클라라 체트킨은 제1차세계대전과 혁명 이전의 여러 해 동안 부르주아 페미니스트들과 날카로운 논쟁을 벌였다. 체트킨은 여성의 투쟁에 변함없이 헌신했는데 이 때문에 몇몇 학자들은 체트킨을 비롯한 주요 혁명적 여성 사회주의자들을 페미니스트라고 묘사한다. "그들이 여성해방을 우선시했기 때문"이라는 것이다.[32] 그러나 체트 킨 같은 사회주의자들은 다수의 평범한 여성들의 권리를 위해 투쟁 하려면 모든 여성을 위해 싸운다고 자처하는 부르주아 페미니스트 들에게 도전해야 한다고 봤다. 이들을 페미니스트로 묘사하는 것 은 이런 노력을 부인하는 것이다. 체트킨이 생각한 대로 부르주아 페미니스트들은 노동자의 권리 신장에 반대한다는 것이 거듭거듭 드러났다. 반면 체트킨과 알렉산드라 콜론타이 같은 혁명적 여성 사회주의자들은 여성의 권리를 위한 투쟁이 자본주의 체제에 대항 하는 더 넓은 사회적 투쟁과 분리될 수 없는 것이라고 봤다.

러시아 혁명가 나데즈다 크룹스카야는 1914년 〈라보트니차〉(여 성 노동자) 창간호에 다음과 같이 썼다.

부르주아 여성들은 자신들의 특수한 '여성의 권리'를 주장한다. 그들은 언제나 남성과 대립하며 남성에게 자신들의 권리를 요구한다. 그들에게 현 사회는 두 개의 주된 범주로 나뉘어 있다. 바로 남성과 여성이다. 남 성은 모든 것을 소유하고 모든 권리를 누린다. 문제는 평등한 권리를 획 득하는 것이다.

노동계급 여성에게 여성 문제는 이와 상당히 다르다. 정치의식이 있는 여 성은 현 사회가 계급으로 나뉘어 있다고 인식한다. 각 계급은 특수한 이해관계를 가지고 있다. 부르주아지와 노동계급의 이해관계는 상충한 다.[33]

제1차세계대전 말엽에 러시아와 독일에서 벌어진 혁명적 투쟁들은 억압과 착취에 대한 위대한 도전을 잠시나마 보여 줬으며 해방을 쟁취하는 방법을 놓고 논쟁을 불러일으켰다(12장 참조). 그런 투쟁들은 여성의 권리를 쟁취하는 투쟁에 깊은 영향을 끼쳤으며 20세기의 정치 지형 전체를 변화시켰다.

# 7장 제2물결 여성운동

제2차세계대전 이후 자본주의는 엄청나고 급속하게 팽창했으며 미국은 세계를 지배하는 초강대국으로 입지를 굳혔다. 전후 호황으로 말미암아 고용과 소득이 늘어났으며 복지국가가 탄생하고 고등교육이 확대됐다. 이 시기 영국의 총리 해럴드 맥밀런은 사람들에게 "이보다 더 좋았던 때는 없었다"고 말했다.

여성에게 끼친 영향도 엄청났다. 점점 더 많은 여성이 고등교육과 노동시장으로 진입했다. 영국 정부는 1944년 기혼 여성의 교원 재직 금지를 폐지했으며 1947년에는 공무원 임용 금지도 철폐했다. 1950년에는 법률이 개정돼 여성이 저녁 시간에 일하는 것이 허용됐다.[1]

더 많은 사람들이 냉장고, 세탁기, 진공청소기 같은 새로운 노동 절감 제품들을 이용할 수 있게 되면서 집안일도 변하고 있었다. 이 덕분에 더 많은 여성들이 가정 밖에서 자유롭게 일할 수 있게 됐다. 1950년대 초에 중간계급 가정의 이상적 생활은 여성이 부모를 떠나 결혼을 하고 곧바로 자녀를 낳아 가정을 꾸리는 것이었다. 집에서 가구를 닦으며 집안일을 하다가 남편이 직장에서 돌아오면 단정하게 차려입고 식사를 대접하는 것이 흔히 생각하는 여성의 이미지였다. 대중문화는 어머니나 부모를 위한 '전문가'의 조언들로 넘쳐났다. 1946년에 벤저민 스폭의 《육아 상식》이 출판돼 베스트셀러가 됐다.[2]

"목에 열쇠를 건" 아이들, 즉 맞벌이 부부의 아이들이 비행 청소년이 되는 현상을 둘러싼 도덕적 공황이 사회를 휩쓸었다. 심리학자인 존 보울비는 세계보건기구의 의뢰를 받아 전쟁고아의 정신 건강에 대한 논문을 작성했다. "어머니의 보살핌과 정신 건강"이라는 제목의 이 논문은 전쟁고아와 난민이 겪은 일반적 결핍의 몇몇 극단적 사례를 기초로 작성됐는데, 아이에게 "어머니(또는 친어머니를 대신한 영구적 관계의 보호자)와의 따뜻하고 친밀한 지속적 관계"가 필요했다고 결론지었다.[3]

그가 말한 "지속적" 관계란, "1년 365일 하루도 빼놓지 않고 밤낮으로 24시간 한결같이 보살피는 것"을 의미했다. 보울비는 또한 여성이 아이를 키우면서 즐거워하고 "깊은 만족감"을 느껴야 하며, 그러지 않으면 아이가 어머니의 불만족을 감지하고 삐뚤어진다고 주장했다. 그는 "아버지와 아이의 관계에 대해서는 할 말이 별로 없다. 아마도 어머니를 경제적·정서적으로 지원하는 정도의 의미가 있을 것으로 여겨진다"고 썼다.

보울비는 아이를 철저하게 보살피지 않으면 "모성 결핍"을 겪을 것이라고 주장했다. 이 연구는 여성의 사회적 구실을 강조하며 어머니가 밖에서 일하면 아이가 피해를 입을 수 있다는 이데올로기적 압력을 과학적으로 정당화하는 것이었다. 보울비의 연구는 직장을 다니는 수많은 어머니들에게 근심을 초래한 것은 물론이고 공공 정책에도 막대한 영향을 끼쳤다.[4] 그렇지만 새로운 통념이 생겨나는 것과 동시에 예전의 통념은 약화돼 갔다. 20세기 전반기에 기혼 여성이 직장을 다녀서 유아사망률이 높았다는 통념은 제2차세계대전 이후 직장에 다니는 기혼 여성의 수가 늘어났어도 유아사망률이 감소하자 잘못된 것임이 드러났다.[5]

이 시기에 나온 많은 보고서들은 여성의 사회적 구실을 둘러싼 긴장 관계를 일부 보여 준다. 하트퍼드셔 주의 교육장 존 뉴섬은 교육제도가 여학생들이 전업주부로서의 삶을 받아들이도록 도와야 한다고 노골적으로 주장했다. 그는 1948년 《여학생 교육》을 출판했고, 1963년에는 "학업 능력이 평균 이하"인 아동의 교육을 주제로 《절반의 미래》라는 책을 출간했다. 그는 이미 집안일을 많이 해서 가정학을 배우고 싶어 하지 않는 여학생에게는 "가사에 대해 훨씬 더 많은 훈련을 시켜서 집안일이 얼마나 보람 있는 것인지를 배우도록 해야 한다"고 주장했다.[6]

여성은 결혼을 해야 하고 결혼 후에는 남편에게 전적으로 의지해야 한다는 사회적 기대를 뒷받침하기 위해 여성에게 엄격한 법률적·행정적 제약이 가해졌다. 여성은 남편(미혼인 경우는 아버지)의 서명

없이는 (신용거래의 초기 형태인) 할부 구매를 할 수 없었다. 여성은 병원에서 수술을 받으려면 남편의 동의가 필요했으며, 담보대출을 받을 수도 없었고, 때로는 은행 계좌조차 만들 수 없었다. 또한 결혼한 여성은 많은 직종에서 여전히 배제당했다.

그러나 1960년대에 폭발할 변화의 씨앗은 1950년대에 이미 뿌려지고 있었다. 당시 여성 고용률은 그 어느 때보다 더 높았다. "영국 기혼 여성의 고용률은 1931년에는 10퍼센트밖에 안 됐지만 1951년에는 20퍼센트가 넘었다."[7] 1956년 미국에서는 가계소득이 7000달러에서 1만 5000달러 사이인 가구의 70퍼센트가 가족 구성원 중 최소한 2명이 직장을 다녔다. 1956년 주간지 〈라이프〉는 "전형적" 가정주부의 사진과 함께 다음과 같은 제목을 내걸었다. "여성, 미국 전체 일자리의 3분의 1을 차지하다."[8]

# 산아제한*

여성의 사회적 지위 변화를 가속화한 요인 하나는 여성이 출산을 통제할 수 있게 된 것이다. 경구피임약이 개발됐고 나중에는 임

---

* 피임기구를 사용하거나 불임수술을 하거나 임신중절을 통해 출산을 회피하는 등 성관계의 결과가 출산으로 이어지지 않도록 하는 모든 종류의 행위와 실천을 의미한다.

신중절이 합법화됐다. 1961년 영국의 국민보건서비스를 통해 대중적으로 보급되기 시작한 경구피임약은 여성이 임신을 할지 말지 그리고 임신을 한다면 언제 할지를 안전한 방식으로 결정할 수 있도록 해 줬으며 이것은 혁명적 변화였다. 최초의 경구피임약인 에노비드는 1957년 미국에서 원래는 생리 불순 치료제로 출시됐다. 에노비드에 피임 효과가 있다는 점은 이미 널리 알려져 있었으며 이 약이 배란을 억제한다는 사실은 약 포장지에 부작용의 하나로 명시돼 있었다. 미국에서 이 약은 1960년부터 피임약으로 판매되기 시작했으며 1962년에는 약 120만 명의 여성이 복용하고 있었다. 이 수치는 1963년 650만 명으로 증가했다.[9]

이런 변화는 영국과 미국의 수많은 여성의 삶을 실로 엄청나게 변화시켰다. 그 전까지 피임 기구는 지역신문에 "맬서스 장치"라고 광고되는 콘돔이나 자궁경부캡 등으로 노동계급은 대부분 너무 비싸서 구입할 수 없는 경우가 많았다. 평범한 사람들이 선택할 수 있었던 피임법은 질외 사정 또는 브랜디나 식초를 적신 해면(스펀지)을 사용하는 것이었다.[10]

임신중절은 영국에서는 1967년에, 미국에서는 1973년 로 대 웨이드 사건을* 계기로 합법화됐으며 여성이 원치 않는 임신을 합법적이

---

* 1969년 텍사스에 살던 노마 매코비(재판에서는 '제인 로'라는 가명을 사용)는 셋째 아이를 임신하자 임신중절을 원했다. 당시 텍사스 법률은 근친상간과 강간의 경우에만 임신중절을 허용했다. 매코비는 여러 편법을 써도 수술을 받을 수 없자 텍사스 주 정부를 고소했고 지방 검사장 헨리 웨이드가 텍사스 주를 대리했다. 3

고 안전한 방식으로 중단할 수 있는 길이 최초로 열리게 됐다.

여성들은 불법으로 임신중절을 받을 때 목숨을 걸어야 했다. 런던의 한 병리학자는 임신중절 후유증으로 열흘에 한 명꼴로 여성이 사망하는 것을 목격했다고 보고했다.[11] 당시 신문에는 다음과 같은 광고가 실렸다. "여성을 위한 기적의 약. 모든 여성 질환에 타의 추종을 불허함. 단 몇 알만으로 생리 불순 등을 야기하는 가장 끈질긴 이물질이 여성 체내에서 제거됨."[12] 20세기 초까지 쥐약, 단연경고(납 연고), 화약 같은 물질이 임신중절 유도제로 사용되고 있었다. 한 여성은 다음과 같이 여성들의 절박한 처지를 표현했다. "약국과 약사를 통째로 삼키는 한이 있어도 아이를 더 낳을 수는 없어요."[13] 〈알피〉와 〈업 더 정션〉 같은 1950년대와 1960년대의 영화들은 임신중절이 불법인 세상이 얼마나 끔찍한지를 잘 묘사하고 있다.

때로 임신중절약이 듣지 않을 경우, 아이를 사산시켜 주겠다는 산파를 찾아가기도 했다. 그것조차 실패하면 일부 여성은 태어난 영아를 살해하기도 했다.[14] 여성들은 출산 이후 앞으로 더는 임신하지 않도록 불임수술을 해 달라고 의사에게 간청하곤 했다. 1948년 영국에는 67개의 산아제한 진료소가 있었다. "매년 약 3만 명의 새로운 이용자가 생겼고, … 1963년에는 이런 진료소가 400개로 늘어났다." 그럼에도 노동계급 부부의 3분의 1가량은 공식적 산아제

---

년에 걸친 재판 끝에 연방 대법원이 매코비의 손을 들어 주며 임신중절의 권리가 헌법상의 기본권이라고 선언했다.

한 시술을 받을 수 없었다.[15]

영국 내무부는 1966년에 약 10만 건의 임신중절 시술이 이뤄졌다고 보고했다. 당시 소수의 부유층 여성들은 1938년의 본 판결에 따라 임신중절을 시술하는 의사를 찾을 수도 있었다. 본 판결은 여성이 임신으로 "심각한 신체적·정신적 피해"를 입을 경우 임신중절을 허용했다. 불법 임신중절로 인한 사망자 수는 추산하기가 어려운데 왜냐하면 여성들은 기소될 수도 있었으므로 하혈하게 된 원인을 속일 수밖에 없었기 때문이다. 그래도 통계 수치는 법이 바뀌기 전까지 영국에서 해마다 적어도 40명의 여성이 불법적인 뒷골목 임신중절로 사망했음을 보여 준다. 의회의 조사위원회는 1959년 산부인과 입원 건수의 무려 20퍼센트가 임신중절 시도 때문이었다고 추산했다.

1960년대에 임신중절법이 바뀌고 피임이 대중화되면서 마침내 여성이 활발한 성생활을 하면서도 효과적이고 안전한 방법을 통해 출산을 피할 수 있는 새로운 시대가 열렸다. 중요한 것은 여성이 임신을 원치 않든 아니면 적극적으로 원하든, 여성 스스로 통제하고 선택할 수 있게 됐다는 점이다.

한편, 많은 흑인 여성은 사회와 일부 의사들의 인종차별 때문에

---

* 앨릭 윌리엄 본은 영국의 산부인과 의사였다. 1938년에 14살 강간 피해 여성에게 불법 임신중절 수술을 한 혐의로 체포됐다. 그는 임신중절을 하지 않았다면 그 여성이 정신적·심리적 트라우마로 사망에 이를 가능성이 있었다고 주장했고 법원은 이 주장을 인정하는 판결을 내렸다.

아이를 낳지 말라는 종용을 받았다고 말했다. 예를 들어, 흑인 여성은 장기 지속형 호르몬 피임제인 데포프로베라를 사용하라는 권유를 자주 받았다. 미국에서 많은 흑인 여성은 강요된 불임수술을 받았다. 저명한 공민권 운동가인 패니 루 헤이머는 1961년 자궁 종양 제거를 위해 입원했을 때 의사들이 자신의 동의도 없이 전혀 알려 주지도 않고 자궁을 완전히 들어내는 수술을 해 버린 경험에 대해 이야기했다. 그녀는 한참이 지난 후에야 이 사실을 알게 됐다. "헤이머가 살던 마을의 선플라워 시립병원을 거쳐 간 흑인 여성의 60퍼센트가 불임수술을 당했으며, 많은 수가 당사자도 모르게 당했다."[16] 공민권운동을 벌인 학생비폭력조정위원회SNCC는 1964년 이 사건을 폭로하는 소책자 《미시시피 학살》을 발행했다.*

그런데 일부 페미니스트들은 원치 않는 임신을 할 두려움 없이 섹스를 하는 것이 남성의 이해관계에 들어맞는 것일 뿐이라고 주장했다. 왜냐하면 남성이 아무런 책임감 없이 섹스를 할 수 있도록 해 주기 때문이라는 것이다. 이런 시각은, 특히 우파가 이런 주장을 할 경우는, 여성은 성욕이 없다는 가정을 전제로 한 것이다(9장 참조). 급진주의 페미니스트가 이런 주장을 하는 경우는 남성과의 성관계는 본질적으로 억압적이기 때문에 여성이 이성애 성관계에서 즐거움을 얻는 것은 불가능하다는 발상에서 비롯한 것이다. 미국의 급진

---

\* 이런 강제 불임수술은 미시시피 주 정부가 흑인 빈곤층 인구를 감소시키려고 광범위하게 추진한 정책에 따른 것이었다.

주의 페미니스트인 로빈 모건은 "이른바 성 혁명이 … 여성의 자유에 끼친 영향은 재건 정책이* 해방된 노예에게 끼친 영향과 비슷했다. 또 다른 이름으로 억압을 다시 제도화한 것이다" 하고 썼다.[17]

## 자립

1960~1965년에 미국에서 학위를 취득한 여성의 수는 57퍼센트 증가했다(남성은 25퍼센트 증가했다). 1960년대에 혼자 사는 여성의 비율은 50퍼센트 증가했는데, 20~34살 여성의 경우는 109퍼센트 증가했다. 이런 물질적 변화는 여성의 염원을 변화시켰으며 이것은 다시 여성의 투쟁과 요구에도 영향을 미쳤다. 여성의 물질적 조건이 개선될 때마다 훨씬 더 큰 요구와 기대가 생겨났다.

임금노동은 경제적 자립을 이루고 개인적 자유를 어느 정도 누릴 수 있는 방법으로 여겨졌다. "일부 여성에게 집 밖에서 일을 하는 것은 이제 해방의 일부로 여겨졌다. 반면 방직공장에서 일하던 이전 세대의 여성에게 해방이란 감당할 수 없이 힘든 육체노동의 이중적 부담에서 탈출해 가정으로 되돌아오는 것이었다."[18]

---

* 미국 남북전쟁 이후 연방 정부가 패배한 남부를 재건하고 통합하려 한 정책. 노예제를 형식적으로 폐지했을 뿐 토지 재분배 같은 실질적 사회구조 변화를 전혀 이행하지 않아서, 노예 출신 흑인은 대부분 과거의 노예 소유주 밑에서 소작농이 되거나 노동자로 일해야 했고 잠시 허용됐던 참정권마저 도로 빼앗겼다.

물론 이 시기 내내 수많은 여성이 어쩔 수 없이 계속 일해야 했다. 여기에는 가족을 부양하기 위해 대대로 일해야 했던 미국의 많은 흑인 여성도 포함된다. 1900년 통계에 따르면 흑인 기혼 여성의 22.7퍼센트가 가정 바깥에서 일한 반면 백인 기혼 여성은 3.2퍼센트만 직장을 가지고 있었다.[19] 이런 경험의 차이가 페미니즘 운동의 정치에 영향을 끼쳤다. "백인 페미니스트들은 임금노동을 자립과 자아실현을 위한 방법으로 여기는 경향이 있었던 반면, 대다수 흑인 여성은 임금노동을 삶의 고된 부분으로 간주했으며 먹고살기 위해 어쩔 수 없이 해야 하는 것으로 여겼다."[20]

## 미국: 공민권운동에서 신좌파로

1960년대에 세계적 수준의 중요한 반제국주의 운동과 민족해방 운동이 일어나 한 세대가 급진화했다. 여성해방운동도 이런 운동들 속에서 성장했다.

미국에서는 대규모 흑인 공민권운동이 사회를 송두리째 뒤흔들었다. 여성도 모든 투쟁에 참가했다. 운동의 지도자 중에는 패니 루 헤이머도 있었다. 그녀는 면화 플랜테이션 출신이었다. 또한 활동가인 로자 파크스도 있었다. 그녀는 1955년 자신이 앉아 있던 버스 앞자리를 백인에게 내주기를 거부했다. 파크스는 이 사건으로 촉발된 몽고메리 버스 보이콧을 1년간 이끌었다.* 젊은 남녀가 가게와 카페에서 흑인과 백인의 자리를 구분하는 인종 분리선을 깨뜨리자 경찰과 백인 인종차별주의자들은 폭력으로 응답했고, 이런 사태 이후 1960년 최초의 '흑백 공용 좌석'이 생겨났다. 1961년 앨라배마 주의 버밍햄에서 자유 버스 운동이 잔인하게 공격받아 거의 중단될 뻔했다.** 그러나 주요 지도자 다이앤 내시는 다음과 같이 주장하며 자유 승객들을 이끌어 인종차별주의적 폭력에 저항했다. "그런 대규모 폭력 사태가 발생한 이 시점에 자유 버스 운동을 중단한다면, 그것은 비폭력 운동을 중단시키려면 대규모 폭력을 사용하면 된다는 메시지를 전하는 것이나 다름없습니다."

이렇게 용감하게 저항한 선구자 중에는 민주학생연합SDS과 학생 비폭력조정위원회를 포함해 수많은 단체가 있었다.

1960년대 초, 주로 젊은이들로 구성된 수천 명이 성장하는 흑인

---

\* 1950년대 미국 남부의 버스 좌석은 앞쪽은 백인용, 뒤쪽은 흑인용으로 구분돼 있었다. 로자 파크스는 흑인용 좌석 맨 앞줄에 앉아 있었다. 그러다 백인 승객이 버스에 많이 오르자 버스 기사가 '흑인용' 표지판을 한 칸 뒤로 옮기며 흑인 승객들에게 자리에서 일어날 것을 요구했다. 로자 파크스는 이에 불응해 체포됐다. 연방 대법원이 공공 버스의 흑백 분리가 위헌이라고 선언할 때까지 흑인 사회는 381일 동안 보이콧 운동을 벌였다.

\*\* 흑백 좌석 분리가 위헌판결을 받았는데도 남부의 여러 주에서는 그런 관행이 여전히 유지됐다. 1961년 공민권 운동가들은 이에 항의하기 위해 백인과 흑인이 함께 어울려 버스에 타고 여러 주를 여행하는 '자유 버스' 운동을 조직했다. 이 버스에 탄 승객을 '자유 승객'이라고 불렀다. 1961년 5월, 워싱턴에서 출발한 자유 버스가 앨라배마 주 버밍햄에서 공격당해 버스가 불타고 수많은 승객이 부상당했다.

공민권운동에 참여하기 위해 미국 남부로 쏟아져 들어왔다. 남부의 학생비폭력조정위원회 활동가들은 남녀 할 것 없이 농촌 지역을 돌며 유권자 등록 운동을 했다. 그들은 가슴받이와 멜빵이 달린 작업복 스타일의 데님 의상을 입고 다녔기 때문에 특히 눈에 띄었다. 이것은 주로 소작인이 입는 옷이었다.(노예제 폐지 이후, 토지가 없는 해방 노예들은 다른 사람이 소유한 땅의 일정 부분을 경작하고 수확물의 일부를 소작료로 지급했다. 대개 면화였다.)

활동가들의 이런 복장은 실용성도 있었고 정치적 의미도 있었다. 활동가들의 부모 세대는 흑인이라도 "사회적 존경"을 얻으면 평등한 대접을 받을 수 있게 될 것이라고 믿었다. 그러나 활동가들은 1961년 이후 농촌을 돌며 경찰과 지역 인종차별주의자들에게 공격당하면서 부모 세대가 바란 사회적 존경에 개의치 않게 됐고 오히려 농촌의 빈민과 자신을 더 동일시하게 됐다. 학생비폭력조정위원회 활동가들은 흑인 여성들에게 머리카락을 고데기로 지져서 퍼지 말고 자연스럽게 놔둘 것을 권장했다. 일부는 이 모든 것이 빈곤을 낭만화하는 것이고 또한 가장 억압받은 흑인이 입을 수밖에 없었던 옷을 낭만화하는 것이라고 비난했다. 그러나 많은 활동가들에게는 이것이 저항의 표현이었다.[21]

인종차별주의자들과 남부 주에 대항하는 것은 헌신과 조직화가 필요했다. "1961년 여름, 자유 버스 운동으로 말미암아 감옥이 가득 찼다. … 이런 경험을 통해서, 투옥과 폭력과 잔인한 탄압을 견디며 단결한 운동의 지도자들이 나타났고 투쟁을 승리로 이끌었다."[22] 1963년 봄, 앨라배마 주 버밍햄에서 경찰은 경찰견과 고압 살수차를 고등학생들에게 사용했다. 8월에는 20만 명의 시위대가 수도 워싱턴에 모여 "일자리와 자유"를 요구하는 대규모 공민권 쟁취 행진을 벌였다. 그곳에서 마틴 루서 킹은 "나에게는 꿈이 있습니다"로 시작하는 그 유명한 연설을 했다. 이 연설을 한 지 불과 18일후, 버밍햄에서 흑인 교회 폭탄 테러 사건이 벌어져 주일학교에 참석한 4명의 소녀가 사망했다. 이듬해, 자유 여름* 동안에는 흑인 유권자들을 등록시키기 위해 역대 가장 많은 사람들이 북부에서 남부로 향했다.

자유 버스와 자유 여름에 참여한 북부 출신의 흑인·백인 활동가 세대는 남부에서의 경험 덕분에 깊이 정치화됐다. 세라 에번스는 그 시기와 여성운동의 태동을 설명하는 개인적 기록을 남겼다.

게다가 활동가들의 경험이 끼친 영향은 남부에만 국한되지 않았다. 공민권운동에 참가한 백인 청년들도 심대한 영향을 받았고 이것이 '신좌파'의 탄생에 결정적 구실을 했다. … 남부에 다녀온 학생들은 당시 발전하고 있던 베트남 전쟁 반대 운동, 학생운동, 여성운동에 지도력과 전략, 이데올로기를 제공했다.[23]

1965년 무렵에는 블랙파워라는 사상이 공민권운동에서 지지를

---

\* 1964년 여름 미시시피 주에서 진행된 흑인 유권자 등록 운동.

얻어 가고 있었다. 남부에서 공공연한 폭력적 인종차별주의를 겪으며 정치화된 흑인 활동가들은 흑백 통합이라는 목표에 환멸을 느끼기 시작했다. 일부는 운동의 지도부가 더디게 움직이는 것에 불만을 느꼈고 백인들과 분리된 운동을 조직하기 시작했다.

1966년 학생비폭력조정위원회는 백인 회원들을 배제하고 흑인 자치 조직으로 전환하는 안을 간발의 표차로 가결시켰다. 투쟁의 초점이 남부에서 북부의 도시로 옮겨지면서 새로운 사회적 문제들이 제기됐다. 공개적으로 마르크스주의를 표방하고 마오쩌둥주의에 영향을 받은 흑표범당이 성장하면서 많은 여성을 당원으로 끌어들였는데 일레인 브라운, 캐슬린 클리버 같은 저명한 여성 활동가들이 지도부에 포함됐다. 앤절라 데이비스도 흑표범당 지지자였다. 블랙파워 운동은 오늘날까지 영향을 끼칠 정도로 문화적으로도 엄청난 파급력이 있었다. 흑인의 자부심과 "검은 것이 아름답다"는 사상은 특히 흑인 여성들의 자의식에 영향을 끼쳤다. 가수인 어리사 프랭클린은 이것의 영향을 다음과 같이 이야기했다. "저는 눈썹을 다듬고 그리는 것을 그만뒀어요. 원래의 자연스러운 모습으로 되돌아갔죠. … 그리고 흑인 스타일의 머리 모양을 했어요. 저는 아름다운 흑인 여성으로 스스로를 인정하기 시작했어요."[24] 온갖 방식으로 흑인을 폄하하던 뿌리 깊은 인종차별 사회에서 이런 변화들은 매우 의미심장한 것이었다.

민주학생연합은 미국 전역의 대학 캠퍼스에서 벌어진 베트남 전쟁 반대 운동에 관심을 돌린 백인 활동가들의 핵심 단체였다. 반전 강연들이 대규모 시위로 발전했고 운동의 절정기에는 수십만 명이 워싱턴에서 행진했다. 여성들도 초기부터 반전운동에 적극적으로 참여했다. 그러나 남성만 징병이 되고 있었고 그래서 남성만 징병 통지서를 불에 태울 수 있었다. 그래서 여성의 역할은 때때로 덜 중요한 것으로 여겨졌다. 반전운동에 존재하던 여성 비하적 태도는 다음과 같은 당시의 슬로건을 통해 볼 수 있다. "여자들이여, 노라고 말하는 남자들에게 예스라고 말하자!"* 여성해방운동이 생겨나게 한 '신좌파'는 이런 투쟁들로부터 성장했다. 신좌파의 기반은 대학생과 대학 졸업생이었는데 당시에 이들은 대부분 백인이었고 미국 사회에서 상대적으로 특권층에 속했다. 이 운동은 조직적으로나 정치적으로나 미국의 옛 공산주의 좌파에서 발전한 것이 아니었으며 '신좌파'라는 명칭 자체가 그런 점을 의도적으로 표현한 것이다.[25]

1930~1940년대에 대중적 기반을 형성했던 미국 공산당은 모순적 조직이었다. 미국 공산당은 가장 뛰어난 노동계급 투사들을 당원으로 뒀으며 여기에는 흑인 노동자들이나 엘리자베스 걸리 플린 같은 전투적 여성 활동가들이 포함돼 있었다. 그러나 공산당은 소련의 스탈린 정권의 요구에 굴종하면서 왜곡되기 시작했고 불신을 받기에 이르렀다. 새로운 세대의 활동가들은 소련에도 여전히 억압과 불평등이 명백하게 존재한다는 사실을 알게 됐다. 이 때문에 사회주

---

* 성적 메시지가 포함된 슬로건이다. 즉, 여성에게 징병을 거부하는 남성과의 성관계에 동의하라는 것으로 읽힐 수 있다.

의 혁명으로 해방을 쟁취할 수 있는지를 놓고 격렬한 논쟁이 벌어졌다.[26] 소련의 스탈린주의가 드리운 어두운 그림자는 많은 새로운 활동가들의 정치에 영향을 끼쳤고 일부는 사회주의가 여성해방을 가져오지 못할 것이라고 믿게 됐다.[27]

급진주의 페미니스트 앤 코트는 1968년 뉴욕 연설에서 그런 반ⓡ 좌파적 시각을 표현했다. 그녀는 자본주의에서 사회주의로의 혁명의 경험은 "남성의 이해관계라는 견지에서" 볼 수 있다고 말했다. 코트는 일부 성과가 있었지만 소련 여성은 여전히 억압받고 있다고 옳게 지적했다. 그녀는 소련 여성들이 "교사, 의사, 비서, 조리사"가 될 수는 있지만 "집에 돌아오면 여전히 남성에게 순종하고 가사를 돌보고 요리를 하고 양육의 주된 책임을 져야 한다"고 지적했다.[28]

스탈린주의에 반대한 혁명적 사회주의자들은 수가 너무 적어서 영향력을 발휘하거나 대안적 분석(소련이 스스로 뭐라고 주장하든 사회주의 사회가 아니라는 분석)을 제시할 수 없었다. 공산당 활동가들과 지지자들은 상원 의원 매카시와 반미활동조사위원회가 주도한 끔찍한 마녀사냥 때문에 지하활동으로 밀려났다. 블랙리스트에 오르면 악마화되고 직장을 잃고 심지어 가정도 파탄 날 수 있었다. 공산당 활동과 연루된 것으로 여겨질지 모른다는 두려움은 매우 컸으며 이런 두려움은 세라 에번스가 옛 공산당 지지자들과 인터뷰한 1971년까지도 남아 있었다. 일부 사람들은 실명이 거론되는 것을 거부했다. "비록 40년 전에 한 활동이지만, 많은 사람들이 … 여전히 좌파로 여겨지는 것을 두려워한다."[29]

미국에서 여성해방운동의 태동을 이끈 많은 여성들이 부모가 사회주의자이거나 노조 활동가이거나 공산당원 출신인 구좌파 가정에서 자라났다는 사실은 의미심장하다. 공산당원들의 자녀는 흔히 "적색 기저귀 아이들"이라고 불렸다. 에번스는 여성해방운동의 많은 핵심적 지도자들이 "적색 기저귀" 여성들임을 발견했다. "그들에게는 집에서 억압에 대해 이야기하는 것이 자연스러운 전통이었으며 … 구좌파의 딸들은 여성이 억압당하고 있다는 사실을 일정 수준 배우며 자라나는 경향이 있었다." 에번스는 다음과 같이 덧붙였다. "강조하건대, 나는 이 연구를 하면서 '적색 기저귀 아이들'을 일부러 찾으려고 하지 않았다. 오히려 특정한 신좌파 활동들에 참여한 여성과 남성, 특히 신좌파와 초기 여성해방운동 지도자들 사이의 연결 고리를 제공한 여성들을 연구했다. 그때마다 나는 이들이 급진적 가정에서 자라났다는 것을 발견하고 매우 놀랐다."[30]

에번스의 책이 출간된 이래로, 옛 공산당 당원이나 지지자의 일부는 좀 더 공개적으로 자신의 정치적 과거에 대해 말하기 시작했다. 그들은 구좌파가 여성의 처지를 묘사하기 위해 사용한 용어들(예컨대 억압과 남성 우월주의)을 여성해방운동이 어떻게 차용했는지 설명했다. 1980년대에는 적색 기저귀 아이들이 자신의 경험을 공유하는 학술 대회가 열리기도 했다.[31]

그러나 당시에는 좌파에 대한 부정적 낙인이 워낙 컸기 때문에 여성해방운동과 구좌파 사이에 연결 고리가 있다는 사실은 인정되지 못했다. 예를 들어, 미국 여성의 소외와 억압의 정서를 최초로 표현한 사람으로 여겨지는 베티 프리던은 개인적 경험에 대해 쓸 때 자신을 평범한 중간계급 가정주부 출신으로 묘사했다.[32] 그녀는 자신이 노동조합 간행물에 계급, 인종차별, 여성 노동자를 주제로 오랫동안 글을 쓴 노동운동 저널리스트였다는 사실을 감추기 위해 엄청난 노력을 기울였다.[33]

이 때문에 1960년대 미국에서 공민권운동과 베트남 전쟁 반대 투쟁이 일어났을 때, 이런 좌파적 전통, 특히 여성 억압을 중요한 문제로 여기는 전통은 대체로 간과됐다. 한 페미니스트 역사가가 썼듯이 "신좌파는 처음에 성별 관계에 대한 비판적 의식이 부족했다. 실로 이것은 구좌파와 신좌파 사이의 커다란 단절 때문에 발생한 불행한 결과 중 하나였다." 과거 공산당에서 활동했고 그 후 신좌파에도 참여한 활동가인 바버라 엡스타인은 다음과 같이 말했다. 민주학생연합에서 "남성 우월주의라는 단어를 입 밖으로 꺼냈다가는 비웃음을 당할 각오를 해야 했다."[34]

여성 억압에 대한 구좌파나 공산당의 설명은 결코 완전한 것이 아니었다. 이들은 여전히 소련을 이상적 모델로 여겼기 때문에 가족을 매우 중요하게 여겼고 전통적 성별 역할을 중시했다. "미국 공산당은 여성의 어머니 역할을 찬미했고 피임이나 임신중절을 지지하지 않았다."[35] 그러나 비록 공개적으로 인정되는 경우는 거의 없지만, 여성해방운동의 태동 과정을 보면 구세대 사회주의자들의 실천과 투쟁이 어느 정도 역할을 했음을 알 수 있다. 이전의 사회주의 사상과 연결된 끈이 완전히 끊어지지는 않았던 것이다.

용기 있는 많은 여성 활동가들이 1960년대 초의 투쟁에 참여했다. 그들은 가족적 배경을 뒤로하고 전국을 돌며 시위와 기층 운동에 참가했으며 때로는 목숨을 걸기도 했다. 사회적 저항의 규모가 매우 컸기 때문에 많은 사람들은 자신들이 세상을 바꿀 수 있다고 느꼈다. 그러나 운동의 단결은 오래가지 못했고 분열이 곧 표면화됐다.

신좌파의 지배적 정치를 형성한 것은 "민중이 결정하게 하라"고 선언한 이데올로기였다. 이것은 마오쩌둥주의의 영향을 보여 주는 것이다. 활동가들은 사회의 빈민층을 조직하는 것에 초점을 맞췄고 때로는 가장 후진적인 사상과 행동을 "진정한" 것이라고 이상화하기까지 했다.

시애틀의 워싱턴대학교에서 열린 대규모 집회에서 한 민주학생연합 활동가는 학생들에게 어떻게 하면 백인 빈민과 친분을 쌓을 수 있는지 조언했다.

그는 때로 사회적 병폐들에 대해 토론한 후 "함께 여자를 따먹으며" 여가를 보냈다고 했다. 그는 그런 활동이 가난한 백인 청년의 정치의식을 발전시키는 데 많은 도움이 됐다고 말했다. 청중석에서 한 여성이 다음과 같이 물었다. "그러면 그 활동이 그 여자의 정치의식에는 어떤 영향을 끼쳤나요?"

그 집회 이후, 여성들은 시애틀 최초의 여성해방운동 조직을 만들

었다.[36]

일부 여성들은 주로 남자들로 이뤄진 신좌파 지도부가 여성을 동등한 투쟁의 동지가 아니라 보조적 일꾼으로 여긴다고 느끼기 시작했다. 케이시 헤이든과 메리 킹, 두 여성은 1964년 미시시피에서 열린 학생비폭력조정위원회 임원 회의에서 이런 문제를 제기하기 위해 한 편의 문건을 작성했다. 이것은 "목표와 전략"을 다룬 37개의 다른 문건들과 함께 제출됐는데 "학생비폭력조정위원회 의견서: 운동 속의 여성, 작성자 실명은 요청에 따라 비공개"라는 제목의 글이었다. 그들이 이름을 공개하지 않은 것은 이 글에 대한 반응을 두려워했음을 보여 준다.

나중에 많은 활동가들은 주요 흑인 활동가인 루비 도리스 스미스로빈슨이 이 문건을 제출했다고 착각했다(그녀는 거리낌 없이 말하는 성격이었고 투쟁에서 지도적 구실을 하고 있었다). 에번스는 이것이 많은 경우 "흑인 여성들이 성차별에 도전할 수 있는 힘과 권력이 있는 지위를 차지하고 있었다"는 사실을 반영한다고 주장한다.[37]

헤이든과 킹은 여성 회원들이 보조적 사무 업무를 떠맡거나 지도부 지위에서 배제되고 있는 사례들을 구체적으로 제시했고 여성의 지위를 흑인 억압에 비유했다. 그러나 그 뒤 여성 활동가들에게 돌아온 반응은 여성이 스스로 권리를 주장할 필요가 있다는 사실을 다시 한 번 확인해 줄 뿐이었다. 회의가 끝나고 블랙파워 운동의 주요 활동가 중 한 명인 스토클리 카마이클이 한 무리의 활동가들과 대화하고 있었다. 그 자리에는 제출된 문건의 작성자 한 명도 함께 있었다. 카마이클은 다음과 같이 질문을 던졌다. "학생비폭력조정위원회에서 여성의 지위가 뭔데?" 그러고는 자신의 질문에 대한 답으로 다음과 같이 악명 높은 발언을 했고 사람들은 폭소를 터뜨렸다. "학생비폭력조정위원회에서 여성의 유일한 지위는 엎드린 자세뿐이야."[*38]

이것은 어쩌다 일어난 단발적 사건이 아니었다. 1965년 개최된 민주학생연합 대의원 대회에서 대의원들은 여성 연사들을 비웃고 조롱해 연단에서 내려오게 만들었다. 누군가는 한 여성 연사에게 "너는 그저 빠구리가 필요한 것일 뿐이야" 하고 조롱했다. 이듬해 회의에서는 여성 회원들에게 토마토가 날아들었다.[39] 초기 운동의 한 소책자에는 운동에 필요한 여성의 역할을 "일꾼이자 아내"로 묘사했다. 여성은 타자 등의 사무 기술과 가사 솜씨와 성적 능력을 발휘해서 남성 활동가들에게 봉사해야 한다는 것이었다. 심지어 1969년에도 민주학생연합의 한 지회는 다음과 같은 말이 담긴 활동용 소책자를 발행했다. "체제는 여자와 같다. 변화시키기 위해서는 자빠트려야 한다."[40]

---

* 지위를 의미하는 단어 position이 '자세' 또는 성행위의 '체위'를 뜻하기도 한다는 것을 이용한 말장난이다.

# 미국 여성해방운동의 탄생

투쟁으로 정치화된 많은 여성들은 억압과 불평등에 관한 논쟁을 하며 자신의 상황을 바라보기 시작했다. 그들은 사회에서 차별받고 무시당하는 자신들의 경험이 운동 안에서도 똑같이 반복되는 것에 낙담과 분노를 느꼈다. 1967년 신좌파들이 개최한 새정치전국대회에서 민주학생연합의 여성 대표들이 제기한 안건이 묵살됐을 때, 곪아 가던 종기가 드디어 터졌다.*

쌓여 가던 불만이 이때 시카고의 일부 여성 활동가들 사이에서 구체화됐다. 그들은 조직적으로 대처하기로 결심했다. 곧 다른 조직의 여성들도 같은 길을 밟았다. 처음에는 문제를 논의하기 위해 비공식적으로 몇 번 모인 것에 불과했다. 시카고의 활동가 조 프리먼이 한 전국적 소식지에서 여성해방운동이라는 말을 처음 만들어서 사용했다. 프리먼은 "전국적으로 벌어진 여러 운동 덕분에 여성해방운동이라는 말이 널리 쓰이게 됐다"고 설명했다.[41]

여성해방운동을 처음 시작한 여성들은 미국 사회 전체를 반영한 것은 아니었다. 앨리스 에컬스는 이 시기를 기록한 뛰어난 역사서에서 "대부분의 초기 여성해방 운동가들은 중간계급 가정에서 자라

---

\* 조 프리먼과 슐라미스 파이어스톤을 포함한 몇몇 여성이 새정치전국대회에 여성 문제에 관한 안건을 제기하자 주최 측은 중요한 문제가 아니라며 묵살했다. 대회 책임자는 파이어스톤의 머리를 토닥이며 "귀여운 아가씨, 우리한테는 여성해방보다 더 중요한 문제가 많아요" 하고 말했다.

나 20대 중후반에 대학 교육을 받은 여성들이었다"고 썼다.[42] 초창기에 사회와 운동에서 여성의 지위에 관한 문제 제기를 주도한 여성들은 자신을 좌파로 여겼다(그들은 종종 '폴리티코'라고 불렸다). 1969년 여성들은 자신을 사회주의자이자 마르크스주의자로 규정하는 경우에는 '폴리티코'로, 그러지 않는 경우에는 '페미니스트'로 분화됐다.[*][43]

에컬스는 여성해방운동이 그렇게 빨리 성장할 수 있었던 이유 하나는 초기의 선구자와 지도자 상당수가 좌파 출신이었기 때문이라고 설명한다.[44] 초기 여성해방운동 활동가 한 명은 시카고 그룹이 "다른 어떤 단체들보다도 초기 여성해방운동의 성장에 더 많은 기여를 했는데 그것은 시카고 그룹의 여성 운동가들이 좌파적 네트워크에 능숙했기 때문이다" 하고 말했다.[45]

이 한 무리의 여성들로부터 미국 전역을 강타한 운동이 성장했고 유럽에서도 비슷한 운동들이 일어나게 됐다. 여성해방 '의식 고양' 모임들이[**] 생기고, 시위가 조직됐으며, 여성 억압의 본질이 무엇이고 그것에 도전하려면 어떤 정치적 사상과 행동이 필요한지를 다루는

---

* 원래 '폴리티코(정치꾼)'는 사회주의 페미니스트를, '페미니스트'는 급진주의 페미니스트를 서로가 경멸적으로 일컫는 말이었다. 폴리티코는 여성 억압의 원인이 자본주의라고 봤고 좌파와 연대를 유지하려 했다. 처음에는 폴리티코가 여성해방운동에서 영향력이 컸으나 곧 급진주의 페미니스트의 영향력이 더 우세해졌다.

** '의식화' 또는 '의식 고양'(consciousness-raising)은 특히 1960년대 여성운동에서 유행한 운동 방식이다. 의식 고양 모임에서 사람들은 여러 주제에 대해 생각을 나누고 억압의 경험을 공유했다.

서적·소책자·문건이 폭발적으로 쏟아져 나왔다. 일부에서는 '제1물 결'에 참여했던 여성들과 연계하려는 움직임도 있었다. 그러나 제1 물결 여성들과 제2물결 여성들의 경험이 얼마나 다른지를 보여 주 는 한 사건이 있었다. 한 여성해방운동 단체는 저명한 참정권 운동 가이자 전국여성당의 지도자인 앨리스 폴을 1969년 신좌파가 주 도한 "닉슨 대통령 취임 반대" 집회에 초대했다. 거기서 시위자들은 "투표권을 도로 가져가라"고 외쳤다. 새로운 세대에게 투표란 민주 주의를 우롱하는 행위이자 "여성의 환심을 사려는 사탕발림"에 지 나지 않았던 것이다. 여성의 투표권을 위해 싸우다 투옥되기도 했 던 앨리스 폴에게 사람들 앞에서 함께 유권자 등록증을 불태우는 이벤트에 참여하자고 권했을 때, 폴은 "펄쩍 뛰며 대노했다."[46]

처음으로 대중의 관심을 끈 사건 하나는 1968년 애틀랜틱시티에 서 개최된 미스 아메리카 선발 대회 반대 시위였다. 여성들은 행렬 을 이루고 시위를 했으며 여러 시간 동안 게릴라식 퍼포먼스를 했고 살아 있는 양에게 왕관을 씌우기도 했다. 흔히 잘못 알고 있는 것과 는 달리, 시위대는 브래지어를 불태우지 않았다. 그 대신 "거들, 브 래지어, 헤어롤, 《레이디스 홈 저널》* 등 여성을 구속하는 것으로 여 겨지는 물건을 "자유의 쓰레기통"에 집어던졌다.[47] 일부 시위대가 실 제로 이 물건들을 불태우려고 계획하기는 했으나 목재로 된 보행로

---

\* 당시 여성해방운동은 끊임없이 미용과 집안일을 강조해 여성 억압을 재생산하는 《레이디스 홈 저널》 같은 고급 여성지에 반대했다.

에 불이 붙을 것을 우려한 시市에 의해 중단됐다.[48]

운동의 초기부터 여러 쟁점을 놓고 격렬한 정치적 논쟁들이 있었다. 누가 진짜 적인가? 가장 중요한 투쟁은 무엇인가? 베트남 전쟁인가, 인종차별주의인가, 자본주의인가, 성차별주의인가? 여성은 어떻게 조직화해야 하는가? 이런 논쟁과 투쟁 속에서 성장한 페미니즘은 결코 하나의 특정한 이데올로기로 규정된 적이 없다. 오히려 페미니즘은 언제나 서로 경합하는 여러 의미를 포괄했다. 미국 전역의 여성 수만 명이 참가한 최초의 전국적 시위가 1970년에 벌어졌다. 이것은 여성 참정권 쟁취 50주년을 기념한 것이었다. 이때 제기된 요구는 고용과 교육의 평등한 기회 보장, 임산부 요청에 따른 자유로운 임신중절 허용, 24시간 운영되는 보육 센터였다. 여성들은 가정 내 성 역할에 도전했고 출산을 통제할 권리를 위해 싸웠으며 직장에서의 평등을 요구했다.

1960년대 말과 1970년대 초에는 다음과 같은 여러 단체가 있었다. "시애틀급진여성, '샌프란시스코 릴리스의 자매들,'* '함께 배우는 자매들SALT', 서드소플로펜(말이 되지 않는 표현으로 새로운 생각에 개방적임을 나타내려고 지은 명칭), '보스턴의 세포 16', 빵과장미, … 뉴욕페미니스트, 뉴욕급진여성에서 분리돼 나온 단체들인 레드

---

* 릴리스는 유대의 민간설화에 나오는 아담의 첫 아내다. 신이 아담의 갈비뼈로 여자를 창조했다는 구약성서와 대조적으로, 일부 유대 민간설화는 신이 아담과 릴리스를 동시에 흙으로 창조한 것으로 묘사한다. 또한 릴리스가 아담에게 복종하는 것을 거부하고 스스로 에덴동산을 떠났다고 전해지기도 한다.

스타킹과 최초의 마녀단.'"[49]

활동가들은 여성들을 위한 새로운 문화를 창조하고자 했다. 그들은 옛 생활 방식에서 벗어나기 위해 대안적 생활 방식, 복장, 행동을 찾고자 했다. '세포 16'은 "금욕, 분리주의, 가라테"를 강령으로 삼았는데,** 한 페미니스트 대회에서 창립 멤버 한 명이 긴 머리카락을 삭발하는 의식을 치르기도 했다. 이것은 "남성 중심적 미의 기준에 대한 저항의 일환이었다. 머리 길이는 페미니즘과 거의 상관이 없다고 생각한 많은 사람들은 그들의 퍼포먼스에 눈살을 찌푸리기도 했다."[50] '시카고 웨스트사이드 그룹'은 소비주의에 반대하는 폴리티코들이 주도했는데 모든 페미니스트가 똑같은 복장을 입자고 제안했다. 이것은 "'소비자이자 옷걸이라는 여성 이미지'와 여성을 분리하기 위한 것이었다. … (캘리포니아의 페미니스트들이 이런 여성해방 유니폼을 제작한 적이 있다. 그러나 이 유니폼이 과연 많이 팔렸는지는 의심스러운데 왜냐하면 소매 부분에 여성을 상징하는 마크

---

\* '지옥에서 온 여성들의 국제 테러리스트 음모'(Women's International Terrorist Conspiracy from Hell)가 정확한 명칭이다. 명칭에 테러리스트라는 단어가 있으나 테러 활동과는 무관했고 게릴라식 퍼포먼스를 통해 이목을 집중시키고 정치적 주장을 하는 것을 과장해 표현한 것이다. 1969년 뉴욕급진여성은 견해 차이로 레드스타킹과 WITCH 등으로 갈라졌다. 레드스타킹은 여성의 의식 고양에 중점을 둔 반면, WITCH의 회원들은 대부분 사회주의 페미니스트였는데 급진주의 페미니즘의 영향도 많이 받았다. 또한 WITCH는 같은 명칭을 사용하는 여러 독립적 지부들의 집합체인데, 각각의 개별 지부를 '마녀단'이라고 불렀다.

\*\* '세포 16'은 성폭력에 저항하기 위해 여성에게 호신술로 가라테를 가르쳤다. 이 단체는 남자와 떨어져서 금욕 생활을 하는 것을 추구했다.

를 수놓은 것을 제외하면 맥도날드의 유니폼하고 똑같았기 때문이다.)"[51]

## 급진주의 페미니즘의 부상

'주류' 페미니스트 또는 개혁주의 페미니스트와 구별해 스스로를 급진주의 페미니스트라고 부르는 이들이 등장했고 시간이 지나면서 여성해방운동의 지배적 흐름이 돼 갔다. 공민권운동의 베테랑이었던 베벌리 존스와 주디스 브라운은 1968년 "플로리다 문건"이라고 불리는 글을 작성했다.[52] 이 글은 남성을 확고하게 적으로 규정하는 급진주의 페미니즘의 체계를 세운 글이다. 그들은 운동 내의 여성 활동가들이 남성과 맞서 싸우려 하기보다는 "좋은 말로 타일러서" 남성들이 여성 억압이라는 문제를 인정하게 만들려고 노력하고 있다며 맹렬히 비판했다.

그들은 만약 광범한 사회운동에서 여성이 밀려난다면, "여성은 '운동'을 위해 투쟁하는 것을 멈출 수밖에 없을 것이고 무엇보다 여성 자신의 해방과 독립을 위해 싸우기 시작할 것"이라며 그보다 더 좋은 일은 없을 것이라고 단언했다. 그들은 또한 "여성이 이 투쟁을 진지하게 받아들이기 시작할 때에야 비로소 여성이 단지 무시당하고 착취당하는 것이 아니라, 공포와 경멸의 대상이며 노예화돼 있다는 사실을 이해하기 시작할 것이다" 하고 주장했다.[53]

그들은 더 넓은 사회적 해방을 쟁취하려는 전망에 대해 이렇게 혹독한 평가를 내리면서 남성을 노예 소유주와 같다고 여겼다. "여성 각자의 삶에서 가장 직접적인 억압자는, 설령 이론적으로는 그가 그 역할을 어쩌면 원하지 않더라도, 바로 '남성'이다. 우리 중 어떤 사람들은 남성이 단지 장기판의 졸일 뿐이라고 생각하고 싶어 하지만, 남성이 지배하는 거대한 플랜테이션인 이 세상에서 여성을 관리·감독하는 것은 여전히 남성이다."[54] 그들은 해결책의 하나로 여성으로만 구성된 코뮌을 만들고 결혼한 여성도 휴식을 위해 찾아올 수 있도록 하자고 제안했다.

이런 유형의 급진주의 페미니즘은 여성의 이른바 "타고난" 장점, 즉 "개인적 필요에 대한 관심, 타인에 대한 배려, 여러 사람을 고려하는 의사 결정"을 "구성원 전체가 지배를 위해 양육된 성"인 남성이 지배하는 사회체제의 해결책으로 제시했다.[55] 가부장제 이론이라고 이름 붙인 이런 접근법이 헤게모니를 쥐게 됐다. 가부장제가 무엇을 의미하는지는 언제나 사람마다 달랐으나, 기본적으로 가부장제는 계급사회 이전에 발생했고 계급사회와 나란히 별개로 작동해 온 통제와 지배의 체제로서 모든 남성이 모든 여성을 억압하는 체제로 여겨졌다.

사회주의 사상을 거부하고 분리주의로 향한 사람들의 일부는 심지어 억압을 이해하는 데 이론은 필요하지 않으며 각각의 억압의 경험을 연결하는 것만으로도 충분하다고 주장했다. 다른 여성들, 특히 여성해방운동 내의 소수 노동계급 여성들은 이런 시각을 비판했는데 학습과 이론을 내버리는 것은 오직 대학 교육을 받은 중간계급 여성이나 누릴 수 있는 사치라고 주장했다. 마르크스주의를 읽고 배우기를 원한 한 노동계급 여성의 반응은 설득력이 있다. 그녀는 마르크스주의를 배운다고 해서 자신의 "진정성"이 파괴될 것이라고는 생각하지 않으며 "무지함을 원하지 않는다"고 말했다. 또 다른 사람들은 계급적 차이를 설명하는 분석을 모두 거부하고자 했다. 《제4세계 선언》(1971)에서 말하고 있듯이 그들은 "계급은 기본적으로 남성들 간의 구분"인 반면 "여성은 자신의 성적 카스트 신분에 따라 규정"되며 여성은 식민화된 "제4세계"라고 생각했다.[56]

여성운동이 이처럼 점차 분열돼 간 이유 하나는 성 정치 문제였다. 운동의 초기에 레즈비언은 그다지 눈에 띄지 않았다. 사실 최대 주류 여성 단체인 전미여성기구NOW의 지도부에 레즈비언이 소수 있었지만 자신이 레즈비언임을 드러내지 않고 있었다. 플로리다 문건의 한 부분에는 레즈비언들이 여성운동을 하면서 겪은 어려움들이 암시돼 있다. 주디스 브라운은 다음과 같이 썼다. "급진주의적 여성들이 십중팔구 다른 여성들보다 동성애에 더 편협한 태도를 보이는 것 같다. 이것은 참으로 알 수 없는 운동의 역설 중 하나다. … 우리가 살고 있는 사회에 이미 존재하는 긴장 관계에 동성애라는 이슈를 더하는 것은 지나치다고 생각하는 게 아닐까 싶다." 그녀는 이어서 말한다. "우리는 '패그', '핌프' '퀴어' '다이크' 같은 단어들을* 함

---

\* 모두 동성애자를 비하하는 속어다.

부로 사용하는 것을 중단해야 한다."[57]

몇몇 레즈비언들이 섹슈얼리티를 논쟁의 중심에 놓게 한 사건을 벌였다. 1970년 노동절, 2차 여성 총단결 대회에서 40여 명의 여성이 "보라색 골칫거리"라고 쓰인 티셔츠를 입고 무대로 뛰어나갔다 (베티 프리던이 여성운동 내의 레즈비언들을 이렇게 불렀다고 한다).* 무대에 오른 여성들은 지지를 호소했고 많은 여성들이 무대로 나갔다. [이듬해] 전미여성기구 협의회에서는 "이성애 중심 문화에서 레즈비언으로 산다는 것"에 관해 2시간 동안 토론을 벌였다. 협의회는 동성애 혐오에 대한 결의안을 작성했고 보라색 골칫거리는 이후 급진레즈비언이라는 조직을 만들었다.[58]

섹슈얼리티라는 주제는 반복해서 논쟁을 불러일으켰다. 일부 레즈비언들은 여성 동성애가 "실천적 페미니즘"이며 "남성과의 관계를 완전히 끊은 페미니스트만이 진정한 페미니스트"라고 주장했다. 이런 주장에 레즈비언과 이성애자를 가리지 않고 많은 페미니스트들이 격앙된 반응을 보였다.[59]

운동에서 균열을 낳은 또 다른 쟁점은 인종 문제였다. 인종 문제가 중심적 문제였지만(사실 운동 전체가 남부의 인종차별에 대항하

---

* 여성 총단결 대회는 전미여성기구가 페미니스트들의 단결을 모색하기 위해 기획한 행사였다. 당시 전미여성기구의 회장 베티 프리던은 레즈비언에 대한 대중의 부정적 인식으로 여성운동이 피해를 받을 수 있다며 몇몇 레즈비언 활동가를 주요 직책에서 해임하거나 단체에서 제명해 버렸다. 대회의 후원 단체에서 레즈비언 단체를 빼기도 했다.

는 운동 속에서 성장했다) 초기부터 여성해방운동을 주도한 것은 백인 여성들이었다. 그러나 아무리 위험이 심각했어도, 북부의 백인 여성들은 남부에서 활동하다가 언제든 집에 돌아갈 수 있었다. 그들은 자신들이 조직한 흑인에겐 전혀 없었던 선택지들을 가지고 있었다. 블랙파워 운동이 부상하고 신좌파가 북부 대학가로 되돌아간 것은 처음부터 운동 내부에 존재했던 이런 차이가 드러난 것이었다.

일부 흑인 여성 활동가들은 여성해방운동에서 이질감을 느꼈다. 왜냐하면 흑인 여성의 삶에 큰 영향을 미치는 것은 인종차별주의였는데, 인종차별로 고통받는 것은 흑인 남성도 마찬가지여서 잔인한 폭력과 살인에 신음하고 있었던 것이다. 흑인 여성에게는 젠더가 항상 최우선 문제는 아니었다. 그러나 인종차별주의에 관한 문제 제기에 맞닥뜨리고 싶어 하지 않은 백인 여성들은 어떤 경우에는 적대적 태도를 드러내기도 했다. 앨리스 에컬스는 전국의 여성해방운동 활동가들이 모인 한 회의에서 벌어진 논쟁에 대해 썼다. 그들은 흑표범당의 급진적 흑인 여성들을 1968년 레이크빌라 여성해방운동 대회에 초청할지를 놓고 논쟁을 벌였다.

한 여성은 흑인 여성들을 초대하는 것이 "역효과를 낳을 것"이라며 불만을 토로했다.

저는 흑인 인권 단체에서 일해 본 적이 있습니다. 거기에는 백인 여성들도 참가하고 있었어요. 저는 전투적 흑인 여성들을 이길 수 없다는 것을 알고 있습니다. 그들이 분위기를 결정하고 단체에 있는 백인 여성들을 완전히 꼼짝 못 하게 만듭니다. … 억압에 관해서는 그들이 주도권을 쥐고 있어요. … 그리고 그들은 백인 여성들이 그 점을 분명히 알도록 만듭니다. 저는 흑인 여성한테 자기가 저보다 얼마나 더 많이 억압받고 있고 그것에 대해 제가 무엇을 해야 하는지를 대회에 가서 듣고 싶지 않습니다.[60]

많은 다른 여성들이 이런 생각을 반박하고 운동이 흑인 여성을 포용하지 않는 것은 실수라고 주장했지만, 결국 급진적 흑인 여성들에게 특별히 참석하라는 초대를 하지 않기로 했다.[61]

여성 활동가들이 서로 다른 정치적 견해를 발전시키며 이합집산을 거듭했기 때문에 더 많은 약점들이 드러났다. 운동은 국가의 인종차별적 구조에 저항하기 위한 대중운동으로 시작해 많은 사람들에게 억압이 없는 세상에 대한 담대한 비전을 제시했지만, 점차 내향적·배타적으로 변해 갔다. 여성이 마땅히 평등을 누려야 한다는 메시지는 그 시대에 살던 수많은 사람들에게 호소력이 있었는데도, 운동은 대체로 소수의 여성 활동가 너머로 확산되지 못했다.

1969년 '더 페미니스트'라는 명칭의 한 단체는 회원들이 단체의 활동에 의무적으로 참가해야 한다고 투표로 결정했다. 또한 전체 회원 중 기혼이거나 남자와 동거하는 여성의 비율이 3분의 1을 넘지 못하도록 했다. 왜냐하면 결혼을 "본질적으로 불평등한" 것으로 봤기 때문이다.[62] 마녀단 회원들은 결혼 박람회에 가서 검은색 베일을 쓰고 시위를 하며 박람회에 들어오는 여성들에게 "여기 무덤으로 가는 노예가 온다!"고 외치는 퍼포먼스를 벌이는 등 "운동에 참가하지 않는 여성들에 대한 경멸을 드러냈다."[63] 일부 단체들은 임신한 여성도 문제라고 여겼으며 임신이 성차별적 기대에 부응하는 것일 뿐이라고 봤다. 슐라미스 파이어스톤은 자신의 책 《성의 변증법》에서 임신이 "야만적"이라고 단언했다.[64]

1971년 워싱턴 출신의 한 활동가는 단체들이 포용적이지 못한 것이 문제라고 인정했다. "우리와 다른 여성들에게 다가서려 노력하는 문제에서 우리는 여전히 우리 조직의 성격을 근본적으로 바꾸지 못했습니다. 오히려 우리는 그들이 운동에 참가하려면 우리와 같아져야 한다고 요구했습니다. 일부는 그렇게 했지만 다른 사람들에게는 그것이 불가능한 일이었습니다."[65] 급진주의 페미니즘 정치는 모든 남성을 적으로 여겼을 뿐 아니라 그런 시각을 받아들이지 않고 그에 따라 살지 않거나 살 수 없는 여성들을 깔보고 공공연히 배척했다. 활동가들은 다수의 여성과 남성을 체제에 저항하도록 자극하기보다는, 다른 활동가들과 경쟁하느라 바빴다. 모든 여성이 공통의 이해관계를 가지고 있다는 생각으로 운동을 조직하면서 발생한 문제들이 이런 분열의 부분적 원인이었다.

이 시기 미국의 급진 운동들은 대부분 조직 노동계급에 관심을 기울이지 않았다. 이처럼 노동계급 기반이 없었다는 것은 투쟁이 쇠퇴했을 때 여러 부문 운동을 하나로 묶을 수 있는 계급 조직이라는 구심점이 없었다는 것을 의미했다. 이것은 여성해방운동에도 영향을 끼쳤다. 사회적 문제에 대해 집단적 대응이 더는 가능하지 않아

보이자 개인적 해결책을 추구하려는 경향이 강해진 것이다.


## 영국의 여성해방운동

미국의 여성해방운동은 주로 중간계급 여성들이 주도했고 그런 계급 기반을 반영했다. 이 여성들은 대학을 다녔고 이전 세대의 여성들은 누리지 못했던 새로운 기회가 차별과 편견 때문에 좌절되는 것을 원하지 않았다. 영국에서는 여성해방운동의 맥락이 그와는 달랐다. 역사가인 실라 로보섬은 1972년에 출간된 여성해방운동 저작선 1권에서 다음과 같이 썼다. "1968년 가을, 미국과 독일에서 여성해방운동이라는 것이 벌어지고 있다는 어렴풋한 소문이 영국에 도달했다. 우리는 무슨 일이 벌어지고 있는지 제대로 알지 못했다." 그들은 모여서 논의할 생각도 안 했다. "조직화를 주도한 세력은 전혀 다른 곳에서 왔다."[66]

여성의 권리를 위한 투쟁을 사회적 문제로 제기한 가장 중요한 사건은 1968년 동런던 대거넘의 포드 자동차 공장에서 벌어진 여성 노동자 파업이었다. 그들은 자동차 시트커버를 만드는 재봉공들이었는데 자신들의 높은 숙련도에 걸맞게 더 나은 처우를 요구하고 있었다. 파업은 3주간 지속됐고 동일임금이라는 문제가 대두됐으며 결국에는 법률 개정에 대한 요구로 번져 갔다. 여성 노동자들은 남성 노동자 임금의 92퍼센트를 받을 수 있게 됐다. 그러나 C등급으로 재조정되는 성과를 얻지는 못했다.* 여성 재봉공들은 16년이 지난 후에야, 7주간의 파업에서 승리해 C등급으로 전환될 수 있었다.

여성 노동자들은 단호하게 행동했지만 동시에 자신들이 포드자동차 전체를 마비시킬 수 있는 힘을 가지고 있다는 사실에 깜짝 놀랐다. 파업 참가자 실라 더글러스는 40년 남짓 흐른 후 다음과 같이 술회한다. "시트가 없으면 자동차를 팔 수 없는 게 당연하죠. 그때 깨달았어요. 우리가 생각보다 더 중요한 존재라는 걸요. 사실 그렇게까지는 생각해 본 적이 없었거든요. 그래서 파업이 벌어지고 공장이 멈췄을 때 꽤나 놀랐어요. … C등급 달성에서 동일임금으로 그러니까 동등한 권리를 얻는 것으로 나아갔어요."[67]

이와 같은 투쟁들이 영국 여성해방운동의 탄생에 기본적으로 영향을 미쳤다.

1970년대 초는 노동계급 대중투쟁이 벌어진 시기였다. 두 번의 전국적 광원 총파업, 전국적 부두 노동자 총파업, 그리고 200건 이상의 공장점거 투쟁이 벌어졌다. 그래서 영국의 여성해방운동은 미국의 여성해방운동에서 자극을 받기는 했지만, 매우 다른 조건에서 형성됐다. 영국에는 더 강력한 혁명적 좌파가 있었고 오랜 전통의

---

* 포드자동차 공장에서 저숙련 생산직은 B등급, 고숙련 생산직은 C등급으로 구분됐고 각 등급도 세부적 등급으로 나뉘었다. 파업 이전, 여성 재봉공은 B등급으로 구분됐으며 최상위 B등급 남성 노동자 임금의 85퍼센트를 받았다. 파업을 통해 여성 노동자들은 최상위 B등급으로 재조정됐고 같은 등급 남성 노동자 임금의 92퍼센트를 받게 됐다.

잘 조직된 노동운동과 노동조합운동이 존재했던 것이다. 이런 배경이 영국 여성해방운동의 지배적 사상과 논쟁을 형성했다. 또한 새로이 정치화된 여성들의 활동에도 영향을 끼쳤다. 그들이 조직한 운동들은 노동계급 여성의 필요와 요구를 반영하는 경우가 많았다. 예를 들어, 직장에서의 평등, 동일임금, 출산수당 등을 요구한 것이다. 페미니스트들이 노동자 투쟁에 적극적으로 연대하는 것은 당시에 흔한 일이었다.

초기의 운동은 육아수당의 전신인 가족수당이 세금 체계로 흡수되지 못하게 지키는 것이었다. 가족수당이 세금 체계로 흡수된다는 것은 여성이 수당을 직접 받지 못하게 된다는 것을 의미했다.* 노동조합운동의 일부가 참여한 '여성 노동자 헌장' 운동이 시작돼 직장과 육아, 보육 지원에 관한 요구 사항을 제시하고 그것을 달성하기 위한 운동을 벌였다. 이것은 여성 개인에 지워지는 부담을 국가가 덜어 주도록 강제하려는 것이었다.

영국 곳곳에서 몇몇 이질적인 여성 단체들이 운동을 시작하고 있었다. 《하피스 비자》라는 소식지가 생겨났다(이후 《슈루》로 이름을 바꿨다). 이 소식지는 서로 다른 단체들이 돌아가며 편집을 맡았다. 마오쩌둥주의와 마르크스주의를 비판하는 글이 마오쩌둥주의자와

---

* 영국은 1945년 가족수당법을 제정해 둘째 아이부터 일정액의 수당을 지급하도록 했다가, 1968년 가족수당을 인상하면서 수당의 일부를 세금에서 감면해 주는 형태로 바꿨다. 이후 1970년대 중반, 가족수당법을 대체하는 육아수당법이 제정돼 첫째 아이부터 수당을 지급하게 됐다.

마르크스주의자가 쓴 글과 함께 같은 호에 실리기도 했다.[68]

여성들은 1969년 미스 월드 선발 대회 반대 시위 같은 실천적 행동을 조직했다. 또한 작업장에 유인물을 배포하기도 했다. 로보섬은 다음과 같이 회상한다.

우리는 처음에는 분명 몇몇 초보적 실수를 저질렀어요. 예를 들어 셰필드 모임은 공장 정문에서 아침 6시에 피임에 관한 유인물을 배포했죠. 당연히 공장의 여성들은 그들을 사정없이 놀려 댔어요. "이렇게 이른 아침부터 무슨 섹스 얘기예요? 장난하는 거예요?" 요크에서는 동일임금에 관한 모임을 기획하면서 노동조합 여성들에게 연락하는 것을 잊어버리기도 했습니다. 아무도 오지 않았죠.[69]

물론 여기서 중요한 것은 여성 단체들이 어쨌든 공장 정문으로 향했다는 사실이다. 미국 여성운동의 창시자들은 이런 일을 하지도 않았고 중요하게 여기지도 않았다.

로보섬은 1970년 초에 영국 최초의 전국 여성해방운동 행사가 개최됐을 때의 흥분을 회상한다.

러스킨칼리지에서 최초의 여성해방 대회를 연 날을 기억합니다. 약 500명이 왔는데 우리는 그렇게 많은 사람들이 오리라고는 기대도 하지 않았습니다. 굉장히 놀라웠죠. 몇몇 소규모 단체들이 아니라 수백 명이 모이는 것을 갑자기 보게 됐으니까요. 이듬해에는 시가행진도 했는데 수천

명이 모였습니다.[70]

　그 대회에서 지역 조직들이 대표자를 보낼 수 있는 느슨한 형태의 전국 조직인 전국여성조정위원회가 구성됐다. 이 조직을 통해 각 조직이 서로 연락을 취했으며 네 가지 요구 사항을 중심으로 활동했다. 그것은 동일임금의 즉각적 시행, 교육과 고용 기회의 평등, 무상 피임과 임산부 요청에 따른 임신중절 허용, 24시간 운영되는 무료 보육 시설이었다.

　단체에 참여한 여성들은 "대개 20~30대의 중간계급 가정주부와 사무직 노동자"였다.[71] 그렇지만 운동의 초기에 좌파와 계급 정치의 영향력은 아직 뚜렷했다.[72] 여성해방운동 당시 나온 여러 글을 모은 최초의 선집이 1972년에 발간됐는데, 여기에는 "여성과 노동"이라는 장이 포함돼 있고 노동조합, 실업, 동일임금, 흑인 여성과 노동, 야간 청소 노동자 파업에 관한 글이 실려 있다.[73]

　두 번째 선집인 《환상의 조건》은 마르크스를 인용하면서 시작한다. "자신의 조건에 대한 환상을 버리라고 하는 것은 환상이 필요한 조건을 버리라고 하는 것이다."* 그리고 표지에 실린 만화는 자

---

\* 《헤겔 법철학 비판》의 일부로 종교의 사회적 원인을 설명하는 구절이다. 마르크스는 포이어바흐 같은 계몽주의자들을 비판하며 사람들이 종교라는 환상을 통해 행복을 추구하는 것을 멈추게 하려면 단지 그런 관념을 버리라고 요구하는 것이 아니라 그런 환상을 가지도록 만드는 사회적·물질적 조건을 변혁해야 한다고 주장했다.

본주의가 문제라고 지목하고 있다. 이 책에는 동일임금, 여성 노동자 헌장, 노동조합총연맹TUC(이하, 노총)의 출산휴가 사용 권유를 다룬 장과 "성차별, 자본주의, 가족"이라는 절이 포함돼 있다. 마지막 쪽에는 한 소년과 소녀가 관처럼 생긴 성 역할 상자 속으로 들어가는 장면을 표현한 만화가 실려 있다. 또한 "〈소셜리스트 워커〉와 〈모닝스타〉를 토대로" 그 전 12개월 동안 여성 노동자들이 참가한 모든 파업을 표시한 달력도 실려 있었다. 이 달력에는 런던 최초의 여성 버스 기사가 채용된 날(1974년 5월)과 최초의 여성 버스 감독관 3명이 임명된 날(1974년 8월)과 같은 중요한 날도 표시가 돼 있었다.[74]

무엇보다 1970년대 초 여성 노동자들의 노조 조직률 상승과 대규모 파업이 초기의 여성해방운동에 큰 영향을 끼쳤다. 1914년에 전체 노동조합원의 약 10퍼센트가 여성이었는데, 1975년에는 26.8퍼센트가 여성이었다.[75] 특히 교사와 국민보건서비스와 같이 여성 노동자들이 집중되는 공공 부문에서 역대 정권들에 맞선 전투적 투쟁이 벌어졌다. 1968년~1978년에 공공부문노조NUPE의 여성 조합원 수는 3배로 증가했고, 지방정부사무직노조NALGO의 경우는 2배로 증가했으며, 보건서비스연맹COHSE의 여성 조합원 수는 4배로 증가했다. 이 세 노동조합은 현재 공공서비스노조UNISON로 통합돼 있다.

---

\* 〈소셜리스트 워커〉는 지은이의 소속 단체인 사회주의노동자당의 기관지이며 〈모닝 스타〉는 공산당 기관지였던 〈데일리 워커〉의 후신이다.

과학기술관리직노조<sup>ASTMS</sup>(지금은 유나이트 노조에 속해 있다)의 여성 조합원 수는 무려 7배로 증가했다.[76]

런던의 야간 청소 노동자 노조 결성 운동은 당시에 사회주의자, 페미니스트, 여성 노동자 단결의 상징이 됐다. 청소 노동자이자 주도적 활동가 중 하나였던 메이 홉스는 청소 노동자들이 저임금에서 허덕였으며 "아이들을 먹이고 입히고 월세를 내기 위해" 일해야 했다고 말한다.[77] 페미니스트와 사회주의자를 포함한 여성 단체들은 여성 노동자들이 많이 일하는 사무실을 돌며 함께 유인물을 배포하고 연대를 조직했다.

토니 클리프는 사무실 청소 노동자 쟁의가 발생한 바로 그해에 여성 노동자 투쟁의 규모에 대해 다음과 같이 썼다.

리즈의 의류 노동자 2만 명(85퍼센트가 여성이다)이 파업에 돌입했다. 노동자들은 피케팅 원정대를* 보내 요크셔 주 전역의 의류 공장들을 봉쇄했다. 수만 명의 교사들(4분의 3이 여성이다)도 반세기 만에 처음으로 임금 인상을 요구하며 파업했다. 1971년에는 런던의 전화교환원들이 임금 인상 투쟁을 벌였고, 컴벌랜드에 있는 작은 온도계 회사인 브래넌에서는 여성 노동자들이 노조를 지키기 위해 파업에 들어갔다. 1972년에는 머지사이드 주의 피셔벤딕스와 런던의 브라이언트컬러프린팅 점거 투쟁에 여성 노동자들이 참가했다. 같은 해, 손일렉트리컬인더스트리스의 자회사

---

\* flying picket. 파업 노동자들이 다른 공장으로 행진해 파업 동참을 호소하는 것.

인 굿맨스의 여성 노동자들이 동일임금을 요구하며 파업을 벌여 승리했다. 1973년에는 수십만 명의 병원 노동자들(대다수가 여성이다)이 최초로 전국 총파업을 했다. 같은 해, 코번트리에 있는 제너럴일렉트릭컴퍼니에서 200명의 여성 노동자들이 성과급 문제로 8주 동안 파업했다. 맨스필드호져리밀스의 아시아계 여성 노동자들은 인종차별에 항의하며 파업했고, 주로 여성 조합원으로 구성된 지방정부사무직노조도 전국 총파업을 벌였다.[78]

노동계급 여성들이 노조운동에 유입되는 것과 동시에 여성해방 사상이 강력해진 것은 엄청난 결과를 낳았다. 노동조합들은 여전히 주로 남성이 주도하고 있었지만 많은 조합원들이 여성해방운동의 요구에 공감했고 평등을 위한 투쟁을 지지하고 연대하기 위해 노력했다. 여성해방운동의 영향은 오랫동안 지속됐고 그 결과 여성의 평등이라는 원칙은, 설령 현실로 구현되지는 않더라도, 노조운동에서 상식이 됐다.

그러나 여성해방운동의 조직화 방식은 미국에서처럼 흔히 노동계급 여성들을 배제했다. 대부분의 단체들이 선호한 조직 형태는 서로 잘 알고 지내는 소수의 여성들로만 모임을 꾸리는 것이었는데, 그래도 1년 이상 유지되지 못하는 경우가 많았다. 그들은 다양한 여성들을 더 많이 끌어들이는 것이 필요하다고 여기지도 않았다(일부 단체는 소수 정예를 유지하는 것이 자신들의 강점이라고 주장했다). 그들은 참여할 수 있는 회원 수를 제한했는데 왜냐하면 "기존 구성원들 사이에 끈끈한 관계와 연대감이 형성됐기 때문"이었다. 그들은 사회가 아니라 여성들 자신을 변화시키는 것에 집중했다. 북런던의 터프널파크 모임은 이것을 다음과 같이 표현했다. "억압자와 동일시하며 만족하게 만드는 안정과 반사 권력을 포기해야 하며, 자신이 속한 피억압 집단을 포함해 피억압 집단들과 동일시하는 것에서 힘을 찾아야 한다."[79]

로보섬은 1972년에 이미 이 문제를 언급했다. "영국에서 여성해방운동이 시작될 때 학생운동은 쇠퇴하고 있었다. 그리고 베트남 연대 운동은 이미 끝난 상태였다. 실질적인 정치적 주도권은 노동운동이 쥐고 있었다." 로보섬은 좌파 진영이 "여성해방 진영보다 개입 능력이 더 뛰어났다"고 인정했다. 여성해방운동은 "교육과 선전의 기능은 수행하지만 사람들을 동원하는 것에는 어려움을 겪는다. … 목표가 무엇인지 명확한 합의 없이 일치된 행동을 하는 것은 거의 불가능하다."[80]

1970년대 중반, 계급투쟁이 쇠퇴했을 때 여성운동은 객관적 어려움을 극복할 수 있는 규모의 대중적 사회운동으로 발전하지 못한 상태였다. 운동 내의 여성들은 점점 더 섹슈얼리티, 계급, 정치, 인종에 관한 문제로 분열했다. 우후죽순 생겨난 여성 단체들은 때로는 다른 단체들과 전국적으로 협력하기도 했지만 다른 단체들은 육아나 의식 고양 등의 지역 사업에 집중했다. 그러나 이런 상황에서도 계급 정치의 영향이 완전히 사라지지는 않았다.

한 사례는 1970년대 말에 여성운동과 노동조합이 협력해 1967년에 제정된 임신중절법을 지켜 낸 것이다. 사회주의자들과 전국임신중절권캠페인NAC의 여러 활동가들은 노동조합들이 이 문제에 나서게 하려고 노조 대의원 대회에서 안건을 발의하고 논쟁을 벌이며 노력했다. 임신중절을 제한하려는 몇몇 법안이 발의됐다가 폐기됐다. 마침내 1978년 노총은 만약 앞으로 중절권을 위협하는 법안이 다시 발의되면 시위를 조직하겠다는 결의문을 통과시켰다. 이 정책을 실천하기까지는 그리 오래 걸리지 않았다. 1979년 보수당 의원인 존 코리가 임신중절권을 공격하는 법안을 발의한 것이다.

1979년 10월 코리의 법안에 반대한 노총의 집회는 어마어마했다. 8만여 명이 행진에 참가했다. 런던 중심부를 가로질러 행진하는 데 몇 시간이 걸렸다. 남녀 노동자들이 모든 부문의 노조 깃발을 들고 끝 없는 행렬을 이뤘으며 대부분의 조합원이 남성인 노조들도 다수 참가했다. 노동자들은 임신중절권을 계급의 문제로 여겼으며 당연히 노조가 앞장서서 지켜 내야 한다고 생각했다. 이 시위가 보여 준 힘과 조직 노동계급이 나서서 여성의 선택권을 옹호했다는 사실 덕분에 영국 사회에서는 임신중절권에 대한 지속적이고 굳건한 대중적 지지가 확립됐다.

노동계급 여성들은 여전히 주로 자신들이 강력한 곳, 즉 집단적 노동조합 조직에서 스스로를 조직했다. 여성 노동자들은 동일임금을 요구한 1976년 트리코 파업과 노조 인정을 요구한 1977년 그룬윅스 파업 같은 주요 파업에 참가했다.

많은 페미니스트들은 1970년대 말과 1980년대에도 노동운동을 힘의 원천으로 여겼다. 그러나 일부 페미니스트 활동가들은 노조운 동 내에서 활동하는 것에 반대했다. 예를 들어, 애나 쿠트와 비어트 릭스 캠벨은 노조가 이른바 협소한 부문적 이해관계만을 대변할 수 있다고 비판했다. 영국의 여성 문제를 다룬 《달콤한 자유》(1982)에 서 그들은 "남성이 여성의 대의를 진심으로 옹호하려면 어느 정도의 이타심이 필요했는데 노조운동의 전통에는 그런 이타심이 부재했 다"고 주장했다. 그들은 남성과 여성의 "이해관계가 충돌"하며 남성 은 "의도적으로라기보다는 본능적으로" 자신의 이해관계에 따라 행 동했다고 주장했다. 그러나 쿠트와 캠벨은 노동조합들이 노동자의 부문적 이해관계를 뛰어넘어 투쟁에 매진한 사례들을 보면서도 무 시해 버렸다.

1979년 코리에 대항한 노총의 집회에 대해 그들은 다음과 같이 언급한다. "이기심이 남성이 임신중절권을 지지한 유일한 동기는 아 니었지만" 남성 조합원들이 참가한 주된 이유는 "1967년 임신중절법 을 수호하는 것이 … 남성의 물질적 조건에 아무런 위협이 되지 않 았기 때문이다. 실제로 1967년 임신중절법은 많은 남성의 경제적 어 려움을 덜어 줬고 사회적 체면도 세워 줬다."[*81]

그들의 이런 반‌노조 편견은 노동계급 여성과 남성에게 임신중절 수술 불법화가 끼친 악영향에 대한 형편없는 몰이해를 보여 준 것이

---

* 임신중절로 양육의 책임을 지지 않아도 되는 것을 남성의 경제적 이익으로 본 것 이고 혼외 자녀가 태어나지 않게 막는 것을 남성의 사회적 체면 유지로 본 것이다.

다. 많은 남성 조합원들은 자신의 동료, 누이, 딸, 아내, 여자친구와 함께 행진했고 이것은 합법적이고 안전한 임신중절이 자신들의 문제이기도 하다는 것을 인식했기 때문이다. 부유층 여성들은 불법 임신중절로 죽지 않았지만 수많은 노동계급 여성들은 죽었다. 이것이 그 시위에 그토록 많은 사람들이 참가한 이유다. 노동조합이 단순히 남성의 이해를 대변한다면 남성 관리자와 지배계급의 이해도 대변한다는 말인가? 그런 시각은 그 어느 때보다 더 많은 여성들이 노조에 참가하고 있었다는 사실도 무시하는 것이다. 여성 노동자들이 파업했을 때 그들이 연대를 호소한 대상은 남녀를 포함한 모든 동료 노동자들이었다.

노동계급 조직이 여성에게 억압적이라는 이런 시각은 여성운동 내 일부가 혁명적 사회주의 조직을 전면 공격하는 것으로 나아갔다. 1979년에 처음 출판되고 2013년에 재출판된 《파편화를 넘어》의 주제가 바로 이것이다.[82] 이 책의 저자인 실라 로보섬, 린 시걸, 힐러리 웨인라이트는 특히 레닌주의 조직들을 겨냥해 운동의 문젯거리라고 지적했다. 이 책은 많은 여성들에게 노동계급을 더는 사회변혁의 주체로 보지 않을 명분을 제공했다. 거리의 투쟁과 노동조합 투쟁이 모두 쇠퇴해 가면서 1960년대의 격동기에 세상을 변혁할 수 있다고 믿었던 많은 사람들이 개혁만이 현실적 대안이라고 생각하기 시작했다. 그래서 많은 영국인들이 노동당으로 기울기 시작했다.[83]

이런 변화에는 모순이 있었다. 노동당은 베트남 전쟁 반대 운동과 평등권 쟁취 운동이 벌어지던 1960년대에는 기성 체제의 확고한 일부로 여겨졌다(노동당은 미국을 지지했다). 그렇지만 노동당은 여전히 노동계급 운동의 주된 정치적 표현체로 여겨지는 정당이기도 했다. 노동당에 가입하는 활동가들은 전투적 투쟁으로 평등과 해방을 쟁취할 수 있다는 신념은 버렸을지 몰라도, 분리주의를 주장하는 급진주의 페미니스트들과는 달리, 여전히 자신들을 불평등에 헌신적으로 저항하는 계급 조직의 일원으로 여겼다. 설령 주류 개혁주의라 하더라도 말이다.

1980년대에 노동당을 정치적 고향으로 삼은 것은 과거의 여성해방운동 활동가들만이 아니었다. 옛 혁명가들이 포함된 광범위한 좌파의 일부도 마찬가지였다. 많은 사람들이 전국의 지방의회에서 여성위원회와 특별위원회를 창설하는 데 참가했다.[84] 1986년에는 33곳의 지자체에 여성위원회가 조직돼 있었다. 같은 해 런던광역시의회가 [마거릿 대처에 의해] 폐지될 당시, 최초의 여성위원회인 런던광역시 여성위원회는 96명을 고용하고 9000만 파운드[약 1500억 원]의 예산을 사용하고 있었다.[85]

여성위원회들은 평등이라는 이슈를 정치적 의제로 올리는 데 일조했다. 위원회들은 고용 평등 문제를 제기했는데 예를 들어 소방공무원 일자리를 여성과 소수민족에게 개방했으며 이런 노력은 현재까지도 영향을 끼치고 있다. 그러나 여성위원회는 그 자체가 목적이 돼 버리는 경우가 많았으며 일부 여성들에게는 지역과 중앙의 노동당 정치 활동에서 경력을 쌓는 디딤돌로 이용되기도 했다.

계급에 관한 주장들만이 여성운동을 분열시킨 것은 아니었다. 여성해방운동은 동성애자 해방운동과 함께 성장했다(영국의 동성애자해방전선GLF은 1970년 말에 창설됐다). 여성해방운동 내에서 일부 여성들은 가부장제가 여성 억압의 원인이라는 주장에서 더 나아가 남자 없이 살아야 한다고 주장했다. 이런 논리에 따라 일부 활동가들은 여성 동성애를 정치적 선택의 문제로 여겼다. 그들은 그것이 억압에 맞선 투쟁을 진지하게 생각하는 사람이 할 수 있는 유일한 정치적 선택이라고 주장했다.

예를 들어 리즈혁명적페미니스트그룹은 여성이 "정치적" 레즈비언이 돼야 하며 신념에 따라 남성을 거부해야 한다고 주장했다. 그들은 "남자와 함께 살거나 섹스하는 모든 여성은 자매들에 대한 억압을 유지하도록 도와주는 것이며 우리의 투쟁을 방해하는 것"이라고 주장했다. 이것은 뉴욕의 급진주의 레즈비언들이 작성하고 런던 워크숍에서 재출판된 클리트 성명서에 따른 것이었는데, 클리트 성명서는 이성애자 여성을 다음과 같이 공격한다. "이성애자 여성은 마치 여장 남자인 복장도착자처럼 생각하고 말하고 다리를 꼬고 옷을 입고 흥분해서 싼다." 물론 이런 공격에는 트랜스젠더에 대한 모욕도 담겨 있다. 이 성명서가 뉴욕에서 출판됐을 때 다른 급진주의 페미니스트들은 이런 공격에 크게 반발했다고 하는데, "영국의 급진주의 페미니스트들은 아무 말도 하지 않았다."[86]

여성운동 내의 분열과 다툼이 너무나 심각해서 전국 여성해방운동 대회는 1978년 버밍엄 대회를 마지막으로 중단됐다. "분열이 너무 격렬하고 고통스러웠기 때문에 아무도 그런 모임을 다시 조직하려 하지 않았다."[87] 페미니스트들과 활동가들은 단일 쟁점 운동과 지역 운동을 지속했다. 그러나 1980년대에 들어서면 다시 많은 사람들이 대처 정부에 대한 노동계급 저항의 일부로 참가하게 된다.

그리넘커먼 미군 기지 핵무기 반대 운동은 1980년대 초 많은 급진주의 페미니스트의 관심을 끌었다. 1981년에 여성 캠프가 세워졌고 이듬해에는 크루즈미사일 반대 운동에 수만 명이 참가했다. 1983년 4월, 반핵군축운동CND은 그리넘커먼에서 핵무기연구소AWRE가 있는 올더마스턴까지 14마일의 구간에 7만 7000명의 인간 띠 잇기 행사를 조직했다. 같은 해 12월, 크루즈미사일 배치 몇 주 후에는 5만 명의 시위대가 기지를 에워쌌다.

그러나 그리넘커먼 평화운동은 남성을 적으로 규정하는 정치의 약점도 많이 보여 줬다. 여성은 본성적으로 평화를 사랑하는 것으로 묘사됐으며 시위의 슬로건은 "저 남자애들한테서 장난감을 빼앗자"였다. 그들은 미사일을 남성성의 상징으로 봤으며 기지 철조망에 탐폰이나 기저귀 핀 같은 '여성성'을 상징하는 물건들을 걸어 놓음으로써 여성이 본질적으로 평화를 사랑한다는 점을 내세웠다. "여기서 성장하고 있는 여성의 힘만이 크루즈미사일과 남성의 세계 지배를 멈출 수 있는 유일한 힘이라면 우리는 패배할지도 모릅니다. … 저는 제가 밤에 돌아다닐 때 왜 공격받을지도 모른다는 두려움을 느끼는지 압니다. 저는 이 세상에 왜 군사주의와 제국주의, 인종차별과 성차별이 존재하는지 압니다. … 그것은 바로 가부장제 때문입니다. 남성 지배 때문입니다."[88] 그러나 "저 남자애들한테서 장난감을 빼앗자"와 같은 슬로건은 장난감 상자를 책임지고 있는 보수당 총리가 사실은 여성[마거릿 대처]임을 간과한 것이었다.

## 제2물결의 종말

결국 페미니즘의 두 번째 파도는 험한 바위에 산산이 부서졌다. 즉, 인종·섹슈얼리티·정견 같은 다양한 정체성이 운동을 분열시킨 것이다. 운동이 초기에 내건 네 가지 요구 사항은 집단적 투쟁으로 쟁취할 수 있는 물질적 이익에 초점을 둔 것이었다. 시간이 흐르면서 다른 요구들이 등장했다. 1975년에는 여성의 법적·재정적 자립과 레즈비언 차별 철폐를 요구했고, 1978년 마지막 여성해방운동 대회에서는 여성이 자신의 성적 지향을 밝힐 권리와 남성 폭력으로부터의 해방을 주장했다. 남성의 폭력에 초점을 맞춘 것은 여성 억압이 개인 간 관계에서 비롯한다고 보는 시각으로 전환했음을 의미하는 것이었다.

이것은 억압이 사회구조에 뿌리를 두고 있다는 시각에서 후퇴한 것이다. 여성이 가정 폭력으로 엄청난 고통을 겪고 있다는 사실은 가족제도를 동경해야 할 모델로 내세우는 사회에서 흔히 은폐돼 왔다. 비록 가정 폭력은 개인 간 관계에서 발생하는 것이기는 하지만, 우리는 그것을 더 넓은 사회적 맥락에서 이해해야 하며 사회의 이데올로기와 구조, 특히 경찰과 사법제도의 형태로 국가가 이런 폭력을 방조하고 정당화한다는 점을 이해해야 한다. 1977년에 시작된 '리클레임 더 나이트' 집회들은 가정 폭력이란 문제에 대한 집단적 대응이었지만 남성이 문제의 원인이라는 가정이 지배적이어서 한계가 있을 수밖에 없었다.

분리주의 페미니스트들은 이성애자 여성들이 "적과 동침"하고 있다고 비난했다. 이스라엘을 지지하는 페미니스트들은 팔레스타인 투쟁을 지지하는 페미니스트들과 결별했다. 흑인과 아시아계 여성들은 자신들이 겪는 인종차별을 여성운동을 주도하는 백인 여성들이 제대로 인식하지 못한다고 느꼈다. 개인들과 단체들 사이에 때때로 발생한 극심한 분란 때문에, 미국의 페미니스트 활동가인 티그레이스 앳킨슨은 뉴욕에서 자신이 함께 설립했던 단체에서 탈퇴하면서 다음과 같이 말했다. "자매 정신은 강력하다. 정말 죽여준다. 그리고 대개 자매들을 죽여 놓는다."[89] 《스페어 립》 잡지의 편집부는 분란이 너무 심해서 심리치료사를 초빙해야 했다. 그들은 1980년 9월호 사설에서 "자매 정신으로 사이좋게 지내면서 일하기가 어려웠다. 이 모든 것이 너무 심각한 수준이라서 우리는 조직과 개인의 문제들을 정리하도록 도와줄 집단상담사를 초대해 일련의 특별 회의를 열기로 결정했다"고 토로했다.[90]

미국에서는 의식 고양을 위해 모인 소규모 여성 모임들의 한계가 드러났다. 여성해방운동이라는 말을 처음 만든 페미니스트인 조 프리먼은 1970년에 쓴 혹독한 비평서인 《무無구조의 폭정》에서, 말만이 아니라 효과적으로 실천하려면 "운동이 조직과 구조에 대한 편견에서 벗어나야 할 것"이라고 주장했다. 그녀는 "의식 고양 모임은 여성해방운동의 주요 수단으로서 기능을 상실하고 있다"고 말했다. 또 조직 구조를 없앤 것이 더 민주적이기는커녕 현실에서는 오히려 비공식적 엘리트주의를 양산했다고 지적했다.* 그런데 프리먼의 경험에 따르면 모임들은 자신들만의 비공식적 규칙을 두는 경향이 있었다. 그들은 모임에 가입하려는 여성을 나이가 적은지 많은지, 레즈비언인지 아닌지, 기혼자인지 아닌지, "유행에 밝은" 사람인지 아닌지 등에 따라 가려서 받아들였다. 그리고 "같이 어울리는 행위 자체가 목적이 돼 버렸다."《세 번째 해의 노트들》(1971)의** 편집자 머리말도 이런 시각을 보여 준다. 이 글은 많은 여성들이 의식 고양을 투쟁의 한 단계로 여기고 있으며 그것은 "도구로서 한계가 있다"고 말했다. 또 모임들이 "분석으로 나아가고 그다음에는 작은 집단적 행동으로 그리고 가장 어렵지만 대규모 집단적 행동과 대중운동"으로 나아갈 것을 촉구했다.[91]

인종, 계급, 섹슈얼리티와 여러 정치적 문제로 말미암은 분열의 과정은 아무런 맥락 없이 발생한 것이 아니다. 여성해방운동은 미국

---

* 많은 급진주의 페미니스트들은 조직의 위계질서와 관료적 조직 관리를 '남성적'이라고 규정하고 일체의 조직 구조를 거부했다. 그 대신 구성원들의 평등하고 수평적인 관계에 기초한 의사 결정을 '여성적'이라고 여겼으며 만장일치를 이상적인 것으로 여겼다.

** 급진주의 페미니즘의 중심적 활동가였던 슐라미스 파이어스톤이 편집한 소책자. 파이어스톤은 《첫 번째 해의 노트들》, 《두 번째 해의 노트들》, 《세 번째 해의 노트들》을 편집했다.

과 전 세계에서 대중투쟁이 발전하던 시기에 성장했다. 미국과 영국에서 여성해방운동이 쇠퇴한 것은 1960년대의 반란과 계급투쟁이 1970년대 하반기와 1980년대 초에 전반적으로 쇠퇴한 것과 분리해 생각할 수 없다.

그러나 1980년대에도 계급 정치와 노동자 투쟁에 자극받아 페미니즘 운동이 벌어진 사례들이 있다. 영국에서는 1984~1985년에 1년간 이어진 역사적인 광원 파업 당시 탄광촌 여성들이 파업에서 주도적 구실을 했다. 그들은 파업 참가자를 위한 급식소를 운영하고, 대체 인력 투입을 막았으며, 전국을 돌며 파업기금 모금과 연대를 호소했다. '탄광 폐쇄에 반대하는 여성들'이라는 단체가 결성돼 광원들을 위한 전국적 연대를 조직했고 이것은 마거릿 대처가 이끄는 보수당 정권에 맞선 결정적 전투가 됐다. 이 파업이 참혹하게 패배하자 노동계급은 대처 정권이 자신들에게 선포한 전면전에서 승리할 수 있다는 자신감을 잃었고 사기가 크게 꺾였다.

이 투쟁의 시기에 여성들이 이룬 성과는 상당했다. 여성들은 동일임금 법제화, 임신중절권, 이혼의 자유 확대, 고용과 교육 기회의 확대, 정치적 대표권을 성취했다. 여성의 평등권에 대한 페미니즘 사상은 사회 곳곳에 스며들었다. 당시의 개혁 요구들을 반영한 또 다른 사회적 개혁으로는 1967년의 동성애 비범죄화와 1965년의 사형제 폐지가 있었다.

1950년대의 숨 막힐 듯한 도덕규범은 통쾌하게 무너지기 시작했다. 섹스는 더는 여성들이 감내해야 하는 무언가로 여겨지지 않았다. 비록 '스윙잉 60년대'의 많은 변화들이 사회 전체로 퍼지기까지 여러 해가 걸렸지만 말이다. 1960년대 말에 잉글랜드 북서부 지역 배로에 살던 한 남성은 엘리자베스 로버츠의 구술사 인터뷰에서* 느린 변화에 답답해한 많은 사람들의 심정을 대변했는데, 그는 10대 시절을 회상하며 다음과 같이 말했다. "배로에서는 진동하기 시작했을 뿐이에요."**92

그러나 가장 큰 승자는 노동계급 가정 출신으로 1960년대와 1970년대의 사회이동 증가로 혜택을 입은 일부 여성들이었다. 이 여성들은 교육 수준이 높았으며 중간계급에 자리를 잡을 수 있었다. 여성해방운동이 쇠퇴하는 동안 일부 여성들은 새로 획득한 권리를 활용해 유리 천장을 뚫고 변호사, 의사, 정치인, 은행가가 될 수 있었다.

이런 여성들의 일부는 심지어 자본주의 체제와 유착할 수 있을 정도로 혜택을 누렸다. 미국의 여성학자인 헤스터 아이젠스타인은 자신의 책 《유혹에 빠진 페미니즘》에서 이런 현상을 다룬다. 그녀는 체제가 더 효과적으로 기능하기 위해 어떻게 페미니즘을 부분적

---

* 영국 랭커스터대학교 교수인 엘리자베스 로버츠는 수많은 사람들을 인터뷰해 노동계급 가정생활과 사회생활에 관한 구술사를 썼다.

** '스윙잉 60년대'는 1960년대 런던에서 성적 자유와 새로운 사회 분위기와 문화가 형성된 것을 가리키는 말이다. 스윙은 문자 그대로는 '혼들린다'는 뜻이다. 이 남성 응답자의 말은 자신의 동네인 배로에서는 새로운 유행이 '진동'하듯이 미세하게 시작됐을 뿐임을 표현한 것이다.

으로라도 흡수할 수 있었는지 살펴본다. "불행히도 최근 몇 년 사이 나는 조직된 형태의 페미니즘이 갈수록 불공정하고 위험한 법인 자본주의 체제와 너무나 잘 어울리게 돼 버렸다는 사실에 … 두려움을 느끼게 됐다."[93] 페미니즘은 자신의 뿌리와는 완전히 반대되는 방향으로 재형성돼 왔다.

이제 사용자들은 더 많은 여성을 관리자로 채용하고 동일임금을 지급하도록 권장된다. 평등이 우리가 이룩해야 할 원칙적 목표라서가 아니라, 여성노동위원회* 보고서가 표현하듯이 "성 평등이 경영에 도움이 된다"는 이유에서다.[94] 아이젠스타인은 미국의 한 보고서를 인용하는데 그 보고서는 "평등이 경영에 도움이 된다"는 주장이 타당하다고 말한다. 그녀는 여성 노동을 연구하는 조사 기관인 카탈리스트의 2004년 보고서를 인용한다. "여성 임원 수가 가장 많은 것으로 《포천》이 선정한 500대 기업은 여성 임원이 가장 적은 기업들보다 평균 35퍼센트 더 높은 수익을 올렸다."[95]

타블로이드 신문들은 처음에 이런 여성들을 '커리어 우먼'이라고 비웃었다. '커리어 우먼'이라는 표현은 가정을 저버리고 이기적 야망을 추구한다며 여성을 비난하는 성차별적이고 비하적인 표현이다. 남성에 대해서는 절대 '커리어 맨'이라고 하지 않는다. 그러나 이 소수의 여성들은 사회적 문제에 대해 개인적 해결책을 찾을 수 있었다. 그들은 청소를 해 주고 아이를 돌봐 줄 사람을 고용할 수 있었

---

* 영국 총리실 산하 특별위원회.

으며 다림질은 세탁소에 맡길 수 있었다. 이것은 상층계급 여성과 그들이 고용한 노동계급 여성에게는 오래전부터 익숙한 방식이었다.

체제 내에서 자리를 잡은 가장 정치적인 활동가들은 많은 수가 학계로 진입했다. 1960년대와 1970년대에 활동했던 여성 일부에게 대학은 투쟁의 현장이자 보금자리가 됐다. 미국에서는 여성학과가 폭발적으로 개설됐다. "1974년 초에 78개의 교육기관이 여성학과를 두고 있었으며 또 다른 50개의 대학에서는 2000여 개의 여성학 강좌가 운영되고 있었다."[96] 이런 변화가 여성해방 사상과 논쟁의 발전에 어떠한 영향을 끼쳤는지는 다음 장에서 살펴보겠다.

그렇지만 이 시기의 전투성과 정치적 급진화가 여성 억압 문제에 끼친 영향은 오늘날의 노동계급 운동에서도 여전히 볼 수 있다. 동일임금이든 임신중절권이든 보육 시설이든 여성의 권리를 위한 투쟁은 노동계급의 의식에 각인돼 있으며 노조 조직에도 반영돼 있다. 물론 이런 노력에도 불구하고 여성은 여전히 성차별을 겪는다. 그러나 여성은 노동계급 투사로서 큰 족적을 남겼으며 강력하고 지속적인 유산을 우리에게 물려줬다.

# 8장 오늘날 페미니즘의 부흥

　미국의 여성해방운동은 대중적인 사회적 저항과 격변이 벌어지던 시대의 산물이었다. 영국에서는 전투적 노동자 투쟁과 베트남 전쟁 반대 운동 같은 정치적 투쟁들 속에서 여성해방운동이 성장했다. 그러나 여성해방운동은 분열했고 적극적 투쟁이라는 본래의 뿌리에서 멀어져 갔다. 사실 여성해방운동의 쇠퇴 자체가 더 넓은 사회적 투쟁들이 쇠퇴했음을 보여 주는 징후였다.

　이론과 실천이 분리되면서 이론의 발전에도 부정적 결과를 가져 왔다. 많은 활동가들이 학계로 모여들었고 운동의 쇠퇴로 말미암아 이제 여성 억압에 대한 논의는 현실과 동떨어진 난해한 학술적 토론으로 흐르기 일쑤였다. 페미니즘은 실천을 통해 쟁취해야 하는 목표라기보다는 일련의 사상으로 여겨지게 됐다. 최근 여성해방 정치에 대한 관심이 되살아나면서 발생한 논의들에서는 오늘날의 문제들에 대한 통찰을 얻기 위해 1960~1970년대의 이론적 발전에 관심을 두는 경우가 많다. 제2물결 여성해방운동은, 그것을 비판하고 또 다른 전망을 제시하고자 할 때도, 여전히 활동가들과 이론가들에게 핵심적 기준이다.

제2물결 여성운동 당시에 이미 그 뒤 생겨날 수많은 다양한 흐름이 모습을 드러내고 있었다. 앨리스 에컬스는 문화적 페미니즘이* 1970년대 초의 미국 여성해방운동에서 이미 등장할 조짐을 보이고 있었다고 지적한다. 그녀는 "성계급 체제를 없애기 위해 노력하는 정치적 운동"에서 "남성성을 문화적으로 과대평가하고 여성성을 과소평가하는 경향을 뒤집기 위한 대항문화 운동"으로의 전환에 주목한다. 다시 말해, 억압의 체계적·물질적 구조보다 관념과 표현을 우선시하게 된 것이다.[1]

이런 변화들은 정치와 무관하게 발생한 것이 아니다. 영국에서 1979년 보수당이 선거에서 승리하자 최초의 여성 총리인 마거릿 대처는 노동계급의 가장 잘 조직된 부문들 일부를 강력하게 공격하기 시작했다. 1980년대는 대처 정부에 맞선 처절한 투쟁들로 점철됐고 이것은 일부 페미니스트들을 곤혹스럽게 했다. 그들은 평범한 사람

---

* 문화적 페미니즘은 원래 사회주의 페미니스트들이 급진주의 페미니즘을 비판적으로 부를 때 사용한 용어였다. 즉, 페미니즘을 사회구조의 변혁을 추구하는 정치적 운동이 아니라 모종의 문화적 라이프스타일로 전락시킨 것에 대한 비판이었다. 그러자 일부 급진주의 페미니스트들은 오히려 문화적 페미니스트를 자처하면서 탈정치적 페미니즘을 추구했다.

들에 대한 이런 공격을 어떻게 여성이 이끌 수 있는지 설명하기가 어려웠다. 그래서 때로는 대처를 "여자의 모습을 한 남자"로 부르기도 했다. 마치 여성은 지배계급의 이해를 대변하지 못하는 것처럼 생각한 것이다.

다른 사람들은 여성운동이 대처를 여성이 아니라고 보고 "의절"하는 것에 비판적이었다. 페미니즘 저술가인 너태샤 월터는 대처가 "제대로 평가받지 못하고 있는 영국 페미니즘의 위대한 영웅"이며 대처를 비판하는 사람들은 "현세의 여성 권력을 인정하지 못하는 것"이라고 주장했다. 월터는 여성이 "타인에게 다정할 수 있을 뿐 아니라 … 아주 매정할 수도, 치명타를 입힐 수도, 이기적으로 행동할 수도 있는 자신의 능력"을 긍정적으로 봐야 한다고 주장했다.[2] 소수의 사람들은 이런 시각에 동의했고 대처가 "나름대로 일종의 페미니스트"이며 대처의 권력욕이 "여성도 권력욕이 있다는 사실을 정당화해 줬다"는 시각을 받아들였다.[3]

대처의 신자유주의 정책은 공공 부문을 대규모로 사유화했고 경쟁과 탐욕을 찬양하는 문화를 만들어 냈다. 이런 배경 속에서 대중매체는 "포스트페미니즘"에 대해 말하기 시작했다. 그들은 마치 우리가 여성이 이미 모든 것을 달성한 세상에서 살고 있는 듯이 이야기했고 여성의 권리를 위해 싸워야 한다는 생각은 일종의 시대착오적 발상이라고 주장했다.

여성이 남성을 흉내 내서 성공하고 있다는 생각은 '파워 드레싱' 패션을 통해 시각적으로 표현됐다. 파워 드레싱이라는 말은 1970

년대에 한 미국인 작가가 쓴 남성용 자기계발서에서 유래했다. 비즈니스 여성을 위한 파워 슈트의 터무니없이 넓은 어깨 패드는 심지어 티셔츠와 잠옷에 사용되기도 했다. 마치 여성이 평등한 대우를 받지 못하는 건 체구가 작기 때문이고 옷에 패드를 약간만 넣으면 사회에서 당당해질 수 있다는 듯이 말이다.

'포스트페미니즘'은 여성이 너무 많은 자유를 누리는 것이 오늘날의 여성 문제라는 주장으로 발전했다. 그 결과 1990년대에 우파는 여성이 1960년대와 1970년대에 이룬 많은 성과에 심각한 이데올로기적 역공을 퍼부었다. 대중매체는 직장 일을 하느라 아이를 낳지 않다가 더는 아이를 낳을 수 없는 나이가 돼 가는 여성들에 대한 이야기를 쏟아 냈다. 이것은 여성들이 출산이라는 자신의 생물학적 특성에 저항하고 있는 것이며 여성은 이런 생물학적 특성 때문에 직장에서 남성과 대등해질 수 없다는 뜻이었다.

미국 페미니스트 수전 팔루디의 1992년 저서 《백래시》는 여성의 권리를 후퇴시키고자 한 우파의 공격이 얼마나 심했는지를 잘 묘사했다. 그녀는 또한 몇몇 저명한 페미니스트들이 이제는 여성해방운동과 거리를 두려 하면서 급진주의에서 멀어지고 있는 현상을 살펴봤다.[4] 팔루디는 베티 프리던이 어떻게 여성을 비난하는 쪽으로 퇴보했는지를 묘사한다. 프리던은 여성들이 남성의 세계에서 성공하고자 노력한다고 비난했으며 성폭력 반대 집회 참가자들을 "스스로를 피해자화化하는 데 빠져 있는 것"이라고 폄하했다.[5]

케이티 로이피, 나오미 울프, 카밀 팔리아 등 수많은 유명 여성 저술가들이 포스트페미니즘 사상과 밀접한 관련이 있었다. 그들은 1970년대의 "피해자 페미니즘"을 이른바 "파워 페미니즘"으로 대체해야 한다고 주장했다. 로이피의 가장 논쟁적인 저서는 강간과 성희롱을 다룬 것인데 이 책은 미국의 대학가에서 큰 논란이 됐다. 로이피는 《다음 날 아침》에서 뉴저지에 있는 아이비리그 대학인 프린스턴대학교의 학생 문화를 연구하고 페미니스트들이 "피해자" 문화를 만들고 있다고 주장했다. 즉, 젊은 여성들이 피해자 문화 때문에 자신들이 늘 남성 폭력의 위험에 노출돼 있다고 느낀다는 것이다. 카밀 팔리아는 "남성의 원초적 성욕"으로부터 자신을 보호할 책임은 여성 스스로에게 있다고 주장했다.[6] 언론은 팔리아가 "데이트 강간을 페미니스트들의 헛소리로 치부했다"고 대서특필했다.[7] 울프는 강간에 대한 로이피와 팔리아의 시각을 옳게 거부하며 그들이 성폭력 피해자들이 겪는 매우 실질적인 문제를 사소한 것으로 치부하고 무시한다고 지적한다.

사업에서 성공을 거둬 높은 지위에 오른 여성들이 포스트페미니즘을 열렬하게 지지하는 경우가 많았다. 그들은 신자유주의 세계에서 여성이 얼마나 뛰어날 수 있는지를 증명하려 했다.


## 제3물결

여성이 '피해자 의식'을 버려야 한다는 주장은 '제3물결' 페미니즘이라는 이름으로 등장한 사상의 일부와 비슷했다. 제3물결 페미니즘은 포스트페미니즘과 더불어 발전했고 "별도의 도움은 필요 없다. 우리는 원하는 것은 무엇이든 할 수 있다"는 식의 태도를 취했다. 그렇지만 '페미니즘'은 어떤 형태든 좋은 것이고 여전히 필요하다는 시각에서 출발하고 있었다.

이것은 여러모로 제2물결 페미니즘을 명시적으로 거부하는 것이었다. 제2물결은 이제 사회에서 중요한 위치를 차지하고 있는 백인 중간계급 여성만을 대변하는 것으로 여겨졌다. 반면에 제3물결은 반★인종차별주의, 퀴어 이론, 정체성 정치와 관련이 있었다. 페미니즘 저술가 앨리스 워커의 딸인 리베카 워커가 1992년 초 미국의 페미니즘 잡지 《미즈》에 기고한 글에서 제3물결이라는 용어를 처음 사용했다. 워커는 "나는 포스트페미니즘 페미니스트가 아니다. 나는 제3물결이다" 하고 선언했다.[8]

제3물결 페미니즘은 다원주의적이었고, 여러 웹사이트와 웹진을 만들어 냈으며 록과 힙합뿐 아니라 라이엇 걸 무브먼트와* 같은 음악적 조류에 영향을 끼쳤다.[9] 제3물결은 단일한 프로젝트를 주장하지 않았고 제2물결과 달리 사람들에게 이래라저래라 하지 않는다고 선언했다. 영국의 저술가이자 저널리스트인 너태샤 월터는 제2물결

---

* Riot Grrrl movement. 1990년대 초에 생겨난 하위문화 운동으로 페미니스트로서의 의식 고양과 펑크록을 결합한 것이다. '라이엇'은 폭동과 저항을 의미하며 '걸'은 여성을 의미하지만 girl이 아니라 grrrl로 표기하는데 이것은 동물이 으르렁거리는 소리를 표현하는 의성어이기도 하다.

이 "남성 혐오와 연관돼 있었으며 불만에 찬 '정치적 올바름'이었고 엄격한 도덕주의였다. … 이 운동은 편협하다고 여겨졌다"고 비판했다.[10] 새로운 페미니즘은 재미있고 섹시함을 표방했다. 분명히 이것은 작업복 같은 옷을 걸치고 제모도 안 하고 다니던 1970년대의 페미니스트들과 거리를 두려는 것이었다(페미니스트들에 대한 이런 고정관념은 우파 언론이 유포한 이미지에서 끌어온 것이었다). 미국의 페미니스트인 제시카 발렌티는 다음과 같이 썼다. "못생기고 뚱뚱하고 털이 많은 게 잘못인가? 물론 잘못은 아니다. 그렇지만 솔직해지자. 촌스럽고 매력 없어 보이는 어떤 것과 함께하고 싶은 사람은 아무도 없다."[11]

미국의 여성해방운동이 전부는 아니지만 대부분 백인으로 구성된 협소한 계급 기반에서 비롯했다는 것은 사실이다. 미국의 여성해방운동은 결국 대다수 노동계급 여성이 겪는 일상의 문제들을 이해하지 못했다. 그렇지만 제3물결도 진정한 해결책을 내놓지 못하는 것은 마찬가지였다.

제3물결은 성차별주의를 전복하고 언어를 재구성하고자 했다. 그래서 여성들은 "나는 잡년이다", "나는 쌍년이다", "포르노가 최고야"라는 문구가 새겨진 티셔츠를 입고 다녔으며 앵그리블랙, 비치피에이치디Bitchphd 같은 웹사이트와 《비치》와 《버스트》 같은 잡지가 생겨났다. 그리고 그들은 시장에서 성공을 거두는 경우가 많았다. "《버스트》의 판매 부수는 5년 만에 1000부에서 3만 2000부로 증가했다."[12] 젊은 여성들을 겨냥한 미국의 웹사이트인 페미니스팅은 원래 제시카 발렌티가 만들었는데, 이 웹사이트의 로고는 "과장된 체형(매우 큰 가슴)의 여성이 앉아 있는 실루엣 이미지"다. 웹사이트 운영자들은 이 이미지가 대표적 성차별 이미지 '머드플랩 걸'을* 전복하는 것이라고 주장한다. 왜냐하면 그 로고의 여성은 가운뎃손가락을 들고 있기 때문이다.[13]

페미니즘과 페미니스트는 무엇이든 누구든 뜻할 수 있는 말이 돼 버렸다. 예를 들어, 영국의 페미니즘 압력단체인 포셋협회는 2006년 유명인들이 "이것이 페미니스트의 모습입니다"라고 적힌 티셔츠를 입고 사진을 찍게 하는 캠페인을 벌였다. 그들은 보수당 정치인인 테리사 메이도 포함시켰다. 포셋협회의 애나 버드는 몇 년 후 이것을 다음과 같이 옹호했다. "페미니즘은 우리가 규정하는 것처럼 본질적으로 좌파적이거나 우파적인 것이 아닙니다. 페미니즘은 여성이 삶의 과정에서 동등한 권력과 영향력을 누릴 수 있도록 해 주는 것입니다."[14] 월터는 영국에서 "페미니즘을 실천한다는 것"은 어떤 단체들에게는 "파티를 열어 샴페인과 카나페를 즐기는 것"을 의미하고 "다른 단체들에게는 깃발을 들고 집회를 하는 것"을 의미한다고 말했다.

이렇게 1960년대와 1970년대의 "족쇄"에서 벗어나 무엇과도 어울릴 수 있는 "새로운" 페미니즘은 포르노를 제작하는 사람이든 포르

---

\* 머드플랩은 자동차 타이어의 흙받기를 뜻한다. 미국의 트럭 흙받기에는 오래전부터 '머드플랩 걸'이라고 불리는 과장된 체형의 여성 실루엣 이미지가 사용됐다.

노에 반대하는 사람이든 모두 페미니스트일 수 있다는 것을 의미했다. 컵케이크를 굽건 퀼트를 짜건,* 생물학적 결정론을 받아들이건 사회화가 지배적 구실을 한다고 믿건 모두 선택의 문제가 됐다. 여성이 어떤 선택을 하건 여성에게 힘을 실어 주는 것이고 그 자체가 페미니즘적이라고 포장됐다. 여성의 선택을 둘러싼 사회적 맥락이나 제약은 거의 고려하지 않았다. "많은 제3물결 문헌들에서는 … 불평등이나 권력 구조를 강조하는 것은 시대에 뒤떨어진 것으로 여겨진다. … 실제로 제3물결의 강조점은 대체로 … 섹시함과 쾌락 추구다."[15]

페리엘 아셴브랜드는 2000년에 가장 많이 팔린 티셔츠를 제작했는데 "내가 믿는 부시는 나 자신의 부시뿐이다"라는** 슬로건을 새겨 넣었다(당시 미국 대통령 [후보] 조지 W 부시를 가리킨다). 그녀는 그 슬로건과 동일한 제목의 책을 쓰기도 했는데 새로운 세대의 목소리를 표현한 것으로 칭송됐다.[16] 아셴브랜드는 한 인터뷰에서 자신이 랩댄스 클럽에 가는 것을 즐긴다고 자랑스럽게 말했다. "제 생각에는 뚱뚱하고 머리가 벗겨지고 땀에 전 남자보다는 그 여자들이 랩댄스를 춰 주는게 더 좋은 것 같아요. 재미있고 섹시하죠. 저는 강

---

* 컵케이크를 굽거나 퀼트를 짜는 것은 전통적으로 여성이 해야 할 집안일로 여겨지던 것인데, 일부 페미니스트들은 이런 행위를 적극적으로 받아들여 "전복적" 의미를 부여하면 페미니즘적 행위가 될 수 있다고 주장한다.

** bush는 관목이나 덤불을 의미하는데 성기 부근에 난 음모(陰毛)를 뜻하기도 한다. 미국 대통령 부시와 음모가 동음이의어인 것을 활용한 언어유희다.

하고 섹시한 여자이면서도 페미니스트일 수 있다고 생각해요."[17]

예일대학교 신학대학원에서 교수로 재직했던 페미니즘 이론가 잰 브레슬라워는 자신이 가슴 확대 수술을 받은 것이 페미니스트로서의 선택이었다고 선언해서 언론의 주목을 받았다. 그녀는 《플레이보이》에 다음과 같이 썼다. "가슴 확대 수술은 자신감을 준다 … 물론 가슴 확대 수술을 받는 여성이 가부장적 문화에 억압받는 피해자라는 것이 페미니즘의 기본 견해다. … [그렇지만 — 지은이] 페미니즘은 자신의 몸과 삶을 스스로 통제하는 것이다."[18]

이런 여성들이 페미니스트를 자처하든 안 하든 성형수술을 하거나 스트립 클럽에 다닌다고 해서 그 여성들을 비난하는 것은 올바른 대응이 될 수 없다. 중요한 것은 여성을 성적으로 대상화하고 일부 여성들로 하여금 그런 대상화에 순응하도록 만들거나 성적 대상화가 마치 사회적 저항이라도 되는 양 찬양하도록 만드는 세상을 설명하는 것이다. 그러나 제3물결 페미니즘의 중요한 대변자들은 그런 분석을 하려는 시도조차 하지 않았다. 제3물결 페미니스트이자 《매니페스타》의 저자인 제니퍼 범가드너는 이 시기를 회상하며 다음과 같이 쓴다. "제3물결 페미니즘은 편리했다. 굳이 집회나 모임에 갈 필요가 없었다. … 제2물결의 급진주의 페미니스트들은 대중운동이 중요하다고 생각했고 자유주의 페미니스트들은 여성들의 단체와 시설 등을 설립해 남성적 사회제도에 영향을 끼치는 것이 중요하다고 믿었다. 그렇지만 제3물결 페미니스트는 다음과 같이 말할 것이다. '내가 움직일 때마다, 나는 여성운동을 하는 것이다.'"[19]

# 국가가 페미니즘을 이용하다

지배계급은 페미니즘 사상의 약점을 이용해 아프가니스탄 전쟁과 이라크 전쟁을 정당화했고 이것은 큰 논란을 불러일으켰다. 2001년 정치가들은 서방이 아프가니스탄을 침공해 점령하면 아프간 여성들이 해방되는 새로운 시대가 열릴 것이라고 주장했다. 여학교가 설립되고 민주주의가 도입될 것이라고 말이다. 그러나 지구상에서 가장 빈곤한 나라를 폭격하는 것이 해방을 가져올 리 만무하다. 전쟁이 일어나면 가장 취약한 집단이 가장 큰 고통을 겪기 마련이다. 전쟁은 아프간 여성들에게 해방이 아니라 빈곤과 폭력을 가져다줬다.

서구의 무슬림들도 페미니즘과 해방의 이름으로 박해를 받는다. 2003년 프랑스에서는 일부 페미니스트들이 학교에서 히잡(머릿수건) 착용을 금지하기 위한 캠페인에 참가했다. 그러나 크리스틴 델피 같은 페미니스트는 이에 반대했다.[20] 히잡 금지 법안은 결국 통과됐으며 2011년에는 공공장소에서 니캅(얼굴을 가리는 베일) 착용을 금지하는 법안도 통과됐다. 그 결과 무슬림 여성들은 기소되고 거리에서 박해받았다.[21] 2015년 1월, 한 이슬람주의 단체가 〈샤를리 에브도〉의 파리 사무실에서 12명의 저널리스트를 살해했다. 〈샤를리 에브도〉는 이슬람과 예언자 무함마드를 공격하는 '풍자' 만화를 그린 것으로 악명이 높았다. 델피는 이런 사건 때문에 무슬림의 처지가 더욱 악화됐다고 썼다. 정치가들은 프랑스가 "전쟁 중"이라고 선언했으며 넌지시 "적은 국내에 있다"고 주장했다. 이 때문에 "머릿수건을 쓴 여성들이 점점 공공 부문 일자리에서 배제되고 있으며 이제는 민간 부문에서도 배제되고 있다. 이 모든 것이 여성을 해방한다는 명목으로 벌어지고 있다."[22]

《일차원적 여성》(2009)의 저자인 니나 파워는 지배계급이 페미니즘을 이용해 억압과 전쟁을 정당화하고 있다고 말한다. "최근의 지정학적 담론에서 가장 심각하고 당혹스러운 변화 하나는 10~15년 전이라면 페미니즘을 가장 강력하게 비난했을 인물들이 페미니즘의 언어를 사용하고 있다는 것이다."[23] 미국의 마르크스주의 페미니스트인 헤스터 아이젠스타인은 이것을 "매들린 올브라이트 페미니즘"이라고 부르며* 본래 미국 제국주의에 반대하는 전투적 반전운동에서 성장해 나온 페미니즘이 얼마나 많이 변해 왔는지를 지적한다.[24]

서구 열강들이 전 세계를 돌며 "야만인들을 문명화시킨다"고 묘사한 수백 년 동안의 제국주의적 선전은 인종차별주의로 인식돼 거부당했다. 그러나 지난 10년간 일부 페미니즘 사상은 서구의 '계몽주의', '근대성', '페미니즘'이 '중세적' 이슬람보다 우월하다는 주장을 지지하는 담론으로 타락해 버렸다. 프랑스에서는 주요 페미니스트 연합체인 전국여성권리연합CNDF이 히잡을 쓴 여성이 모임에 오지 못

---

\* 매들린 올브라이트는 미국 최초의 여성 국무 장관으로 1999년 나토의 세르비아 공습을 주도했다. 서방의 경제제재로 이라크 아동 50만 명이 사망한 것에 대해 "그럴 만한 가치가 있다"고 말한 것으로도 유명하다.

하게 막았으며 세계 여성의 날 집회에도 참가하지 못하게 막으려 했다. 델피가 썼듯이 무슬림 여성들은 "여성의 권리를 위해 싸울 자격이 없는 존재"로 여겨지고 있다.[25]

델피가 이런 태도에 반대하는 이유는 "'여성의 대의'가 수치스럽게도 제국주의 전쟁의 도구로 이용돼 왔고 여전히 이용되고 있기 때문이다. … 우리가 억압자들을 지지해 주고 그들을 따라 또 다른 종류의 억압과 타자화로 나아간다고 해서 억압자들이 우리에게 시혜를 베풀지는 않을 것이다. 그리고 우리가 그런 것을 원하기라도 한다는 말인가? 우리는 그들의 시혜 따위는 필요 없다. 우리는 정의를 원한다."[26]

서방의 군대가 아프가니스탄이나 이라크에 주둔하는 문제든, 여성의 베일 착용 권리에 관한 문제든, 이슬람 혐오가 대세가 됐다.

리즈 페커티는 이슬람 혐오의 성장과 그것을 정당화하기 위해 페미니즘을 이용하는 현상을 파헤치려고 많은 연구를 해 왔으며 다음과 같은 내재적 모순을 지적한다.

무슬림들을 지배 문화에 동화되도록 강요하기 위해 사용하는 조치 중 가장 문제가 되는 것은 무슬림 여성들을 공격하는 것이다. 저들은 "여성의 인권"을 위한 것이라고 떠들어 대지만 실은 무슬림 여성들을 공격하고 있다. 그것도 다른 여성들의 지원을 받아서 말이다. 이 얼마나 모순적인가! … 그러나 그런 페미니스트들은 무슬림 여성들이 너무나 수동적이며 노예화돼 있다고 주장한다. … 그러므로 국가가 그들을 해방해야 한다

는 것이다.[27]

　미셸 배럿은 "많은 페미니즘 저술에 노골적으로 여성이 우월하다는 식의 주장이 담겨 있음을 부인할 수 없다"고 말한다.[28] 그녀는 젠더에 관한 본질주의적 시각이 다시 나타나고 있는 현상을 살펴본다. 그런 시각은 여성과 여성의 선택이 본성적으로건 도덕적으로건 남성보다 우월하다고 여긴다. 어떤 여성들의 행동과 삶의 선택은 다른 사람을 재단할 수 있는 위치에 있는 (일반적으로) 서구의 백인 중간계급인 여성들에 비해 덜 중요하다고 간주되기도 하는데 이런 때도 우월주의적 시각이 작동한다고 할 수 있다.

　배럿은 제2물결 저술이 많은 경우 다양성이 부족했다는 점을 인정한다. 그러나 마르크스주의 페미니스트인 리스 보걸은 운동의 다양한 목소리가 담긴 경우도 있었다고 지적한다. "예를 들어 유명한 선집인 《자매 정신은 강력하다》는 여성 간의 차이점들을 다뤘는데 다음과 같은 여러 글을 실었다. 프랜 빌의 '이중 구속: 흑인이면서 여성으로 살기', 진 테퍼먼의 '두 가지 일: 공장에서 일하는 여성들', 마사 셸리의 '급진적 레즈비언의 수기', 조 모스의 '살아 있는 폐물이 돼 가는 상처: 늙어 가는 여성들'."[29]

　현실은 미국의 제3물결을 대표하는 인물들이 자신들이 비판하는 운동보다 더 다양한 목소리를 포괄하는 경우가 거의 없었다는 것이다. 새로운 세대의 생각을 모으려 한 책인 《매니페스타》의 저자들은 오랫동안 여러 차례 만찬을 함께 하며 자신들의 생각을 발전시

컸다고 말한다. 그러면서 "분명히, 이런 무작위로 모인 친구들(뉴욕에 살며 대부분 언론계에 종사하는)이 모든 여성을 대표할 수는 없다"고 인정한다.[30] 1992년 "나는 제3물결이다" 하고 당당하게 선언한 리베카 워커는 예일대학교를 다녔으며 20대 초반에 자신의 정치 프로젝트를 위해 제3물결행동조합이라는 재단을 설립할 정도의 재력을 가지고 있었다.

## 정체성, 교차성, 특권

여성해방운동의 쇠퇴 이후 논쟁을 지배한 쟁점은 여성의 경험을 단일한 것으로 보지 않고 서로 다른 억압의 경험을 이해하는 방법에 관한 것이었다. 각각의 개인이 겪는 억압의 경험에 집중하는 정체성 정치의 부상은 '여성'이나 '흑인' 등등이 동질적 집단이 아니라고 인정하게 된 것을 반영했다. 그러나 정체성 정치는 운동의 일부 요소를 개인적 정체성에만 기반하는 일련의 정치로 끌어들였다.[31] 나오미 클라인은 자신이 대학을 다닐 때 정체성 정치가 득세했다며 다음과 같이 썼다. "우리의 비판은 권력 구조 이면의 경제학이 아니라 권력 구조 안에 있는 여성과 소수자를 대변하는 것에 중점을 뒀다."[32]

그 결과 피억압자들 사이에 더욱더 많은 분열이 일어났고 때로는 억압이 서열화되기까지 했다. 일부 페미니스트 저술가들은 이것을 "억압의 특권"이라고 불렀다. "정체성 정치는 종속 집단에 속하는 사람은 지배 집단에 속하는 사람이 결코 가질 수 없는 지식이나 사상에 대한 '생물학적' 또는 '자연적' 접근권을 가진다고 가정하는 본질주의로 뒤틀려 갔다."[33] 정체성 정치는 개인의 경험만을 중요하게 여겼으며 사람들의 차이에 집중했다. 억압에 맞서 성공적으로 투쟁하도록 사람들을 단결시킬 수 있는 공통의 기반이나 이해관계에는 관심이 없었다.

최근에 다시 많은 관심을 끌고 있는 교차성이라는 개념은 정체성 정치가 발전한 결과였다. 교차성은 억압이 여러 가지 고통의 단순한 총합으로 경험되는 것(때때로 "더하기" 접근법이라고 불린다)이 아니라고 말한다. 교차성은 서로 다른 억압이 동시에 작동하며 특정한 방식으로 "맞물린다"고 주장한다. 만약 여러분이 혹인 여성이라면 여러분은 인종차별과 성차별을 경험하지만 단순히 두 가지 별개의 문제로 경험하는 것은 아니다. 여러분이 경험하는 인종차별은 "젠더화"되기도 하는데 왜냐하면 흑인 여성의 섹슈얼리티에 대한 편견이 존재하기 때문이다. 오늘날 젊은 페미니스트들이 "교차성"을 주장할 때, 그것은 그들이 모든 종류의 억압을 포괄하려 하며 인종차별, 성차별, 동성애 혐오 등이 "교차"해서 단순한 부분들의 총합 이상이 되는 것을 이해한다는 의미다.

서로 다른 억압이 어떻게 상호작용하는지의 문제는 이미 19세기부터 활동가들이 직면한 문제였다. 노예 출신의 저널리스트인 아이다 B 웰스는 19세기 말에 여성 투표권을 위해 투쟁했으며 동시에 인종차별적 폭력과 린치에 대항하는 운동을 이끌었다. 1960년대와

1970년대에 흑인 여성들은 다층적 억압이라는 문제(몇몇은 이것을 "이중 구속"이나 "삼중 구속"이라고 불렀다)를 제기했는데 흑인 여성들은 여성해방운동이 다양한 억압을 적절히 대변하지 못하고 있다고 주장했다.[34]

1977년 '컴바히 강 공동체'의* 흑인 페미니스트들은 매우 중요한 성명서를 발표했다. 많은 사람들이 이 성명서에서 교차성 개념이 최초로 공식 표명됐다고 여긴다. 그런데 흥미롭게도 이 성명서는 사회주의 정치와 마르크스주의에 대한 헌신과 열정을 담고 있다.[35]

또 다른 제3세계인 흑인 노동계급 여성들은 페미니스트 운동에 처음부터 참여해 왔다. 그러나 운동 외부의 반동적 세력과 운동 내부의 인종차별과 엘리트주의 때문에 우리의 참여는 은폐돼 왔다. …

우리는 모든 피억압자들이 해방되려면 가부장제뿐 아니라 자본주의와 제국주의라는 정치·경제 체제를 파괴해야 함을 깨닫는다. 우리는 사회주의자다. 왜냐하면 우리는 노동이 지배자들의 이익을 위해서가 아니라, 노동하고 생산물을 만드는 사람들의 집단적 이익을 위해 조직 돼야 한다고 믿기 때문이다. … 우리는 마르크스가 구체적인 경제적 관계를 분석하는 데 적용한 이론에 근본적으로 동의하지만, 우리 흑인 여성의 특정한 경제적 상황을 이해하려면 마르크스의 분석을 더 확장해야 한다는 것도 알고 있다.[36]

---

\* 1970년대 중후반에 활동한 흑인 레즈비언 페미니스트 단체. 후주 35 참조.

그들은 또한 일부 페미니스트들이 레즈비언 분리주의로 나아가는 것을 비판했다. 그들은 레즈비언 분리주의가 "심지어 그것을 실천하는 사람들에게도 과연 적절하고 진보적인 정치적 분석과 전략"인지 의문을 제기했다. "왜냐하면 레즈비언 분리주의는 오로지 여성억압의 성적 근원만을 인정하고 계급과 인종 같은 다른 근원은 철저하게 무시하기 때문이다." 비록 '컴바히 강 공동체' 자신도 섹슈얼리티 문제에 대한 이견으로 분열해 그토록 비판한 당시의 분열에서 자유로울 수 없었지만 말이다.

컴바히 성명서는 "특권"에 대해서도 언급한다. "우리는 우리가 의존할 수 있는 인종적·성적·이성애적·계급적 특권을 가지고 있지 않다. 우리는 또한 이런 유형의 특권을 가진 집단이 누리는 자원이나 권력에도 전혀 접근조차 할 수 없다."[37] 특권 이론은 최근 몇 년 사이 학계와 활동가들 사이에서 재조명되고 있는데 때로는 교차성 접근법과 연결되기도 한다. 특권 이론은 조금 뒤에 살펴보겠다.

페미니스트이자 법학 교수인 킴벌리 크렌쇼가 1989년 교차성이라는 용어를 처음 만들었다. 이 용어는 제너럴모터스에서 정리해고를 당한 흑인 여성들의 소송사건에서 나온 것이다. 회사 측은 자신들이 성차별금지법에 따라 처벌받을 수 없다고 주장했는데 왜냐하면 모든 여성이 해고당한 것은 아니었기 때문이다. 또한 인종평등법에 따라 처벌받을 수도 없다고 주장했는데 해고당하지 않은 흑인 노동자도 많았기 때문이다. 크렌쇼는 제너럴모터스가 1964년 이후로 오직 흑인 여성만 채용한 사실을 지적했다.* 그 전에는 흑인 남성은 생산직에 고용됐고 백인 여성은 사무직으로 고용됐다. 따라서 1970년 이후에 근속 연수가 짧은 순으로 정리해고를 시행한 것은 전적으로 흑인 여성에게만 불리한 것이었으며 이것은 그들이 그 전 여러 해 동안 흑인 여성으로 차별받아 온 데서 비롯한 것이었다. 그러나 법은 이런 점을 인정하지 않았다.[38]

크렌쇼는 이것을 구급차가 교차로 사고 현장에 왔다가 가해 차량이 어느 방향에서 왔는지 알 수 없기 때문에 그냥 가 버리는 상황에 비유했다. 이런 비유는 피억압자가 억압들의 교차점에 있는 것으로 본다. 그리고 그 억압들을 서로 다른 여러 방향에서, 별개의 근원에서 오는 것으로 본다. 이것은 이 모든 억압의 단일한 공통의 근원을 고려하지 않는다. 다름 아닌 자본주의 체제다.

흑인 페미니스트인 퍼트리샤 힐 콜린스는 "지배의 그물망"이라는 용어를 사용해 억압의 영향이 다양하게 맞물리는 것을 묘사하는데 이 개념 또한 위와 같은 문제를 해결하지는 못한다. 콜린스는 모든 개인을 그물망의 일부로 보며 "우리 각자는 우리 삶의 틀을 구성하는 복합적 억압의 체계에서 상이한 양의 불이익과 특권을 얻는 것"일 뿐이라고 주장한다. 이 때문에 때로 개인이 스스로 변해야 한다는 데 중점을 두기도 한다. 콜린스는 고인이 된 오드리 로드의 말을

---

* 1964년 미국에서 공민권법이 제정돼 인종·피부색·성별·종교·출신국에 따른 차별이 금지됐다.

인용한다. "혁명적 변화가 진정으로 주목해야 할 것은 단지 우리가 벗어나고자 하는 억압적 상황만이 결코 아니라, 우리 각자에게 깊이 새겨져 있는 억압자의 면모다." 이어서 다음과 같이 단언한다. "변화는 자기 자신과 함께 시작한다. 사회적 변화는 언제나 우리가 주변 사람들과 맺는 관계 속에서 일어나야 한다."[39]

개별 여성과 그들이 겪는 억압의 경험은 활동가들이 정치화되도록 자극하는 경우가 많았다. 영국의 저술가 게리 영이 주장했듯이 "정체성은 좋은 출발점이다. 정체성은 우리가 어떻게 여기에 왔는지 그리고 왜 사람들이 특정 정치에 참여하길 원하는지 설명한다. 그렇지만 정체성은 종착점으로는 형편없다."[40] 교차성은 여성이 모두 동일한 경험과 요구를 가진 단일한 범주가 아니라는 점을 깨닫는 데는 유용한 개념일 수 있다. 그러나 이 개념은 묘사와 인식의 수준에서만 유용할 뿐이다. 교차성은 억압의 근원이나 억압에 도전할 수 있는 방법을 분석하는 데는 아무런 노력도 하지 않는다. 단순히 교차성에 대한 신념을 선언하는 것이 체계적 억압에 맞서는 전략이 될 수는 없다.

교차성이 최근에 다시 조명받고 있는 특권 이론과 공통점이 있다는 것은 분명하다. 특권은 체제가 개인에게 부여하는 것으로 간주되며 그래서 특권을 부여받은 개인은 타인이 겪는 억압에 책임이 있는 것으로 여겨진다. 물론 억압은 추상적이고 이론적인 구성물이 아니다. 억압은 실질적이고 물질적인 영향을 끼치며 종종 '체제'가 아닌 개별 인간의 행동을 통해 표현된다. 어떤 개인이 억압적 방식의 행동을 하거나 편견을 드러낼 때 그에 대처하고 반대하는 것은 굉장히 중요하다. 그렇지만 차별과 편견을 특권의 산물로 설명하는 시각은 심각한 문제가 있다. 에스미 추나라와 유리 프라사드가 주장하듯이, 이런 시각은 "잠재적으로 논쟁에 유해하며 실제로 억압적 행동에 면죄부를 줄 위험이 있다. 만약 누군가가 인종차별적이거나 성차별적인 말이나 행동을 한다면, 그의 '특권적' 젠더·인종·섹슈얼리티 등의 자동적 표출로 보기보다는, 그의 말이나 행동이 인종차별적이고 성차별적임을 설명하며 도전하는 것이 모든 당사자에게 확실히 더 낫고 더 교육적이다."[41]

많은 특권 이론가들이 개인 간 관계의 수준을 넘어서지 못하면서도 종종 체제를 억압의 근원으로 지목하기도 한다. 그러나 이제 개인들을 어쩔 수 없이 억압을 수행하는 행위자로 간주하며 개인적 담론의 정치가 논의를 지배하고 형성한다. 예를 들어, 특권 이론은 백인이나 남성은 그저 사회의 '지배적' 부문의 일부로 여겨지는 것을 통해 특권을 얻는다고 설명한다. 그래서 노동계급 백인 남성은 인종차별적 사회에서 백인이라는 특권을 통해 이득을 본다고 가정된다. 이렇게 정체성을 강조하는 논리는 같은 성별과 인종은 이해관계가 일치한다고 암시하는 것이다. 전혀 그렇지 않은데도 말이다. 특권 이론은 또한 억압에 대한 책임과 비난을 개인들에게 돌리며 인종과 성별에 따른 분열이 사회구조에 내재해 있다는 사실을 무시한다.

그래서 특권 이론의 과제는 예를 들어 "혜택을 누리는" 사람의 시각에서 불평등을 바라봄으로써 "특권"을 가시화하는 것이다. 이에 따라 최근 몇 년 동안 학계는 백인성과 남성성 연구에 매진했다. 그래서 여성이 남성보다 평균 임금이 적다는 사실을 한 학자는 "'남성성 배당금'이라는 말로 설명한다. 즉 남성은 그저 남성이라는 이유로 불로소득을 얻는다는 것이다."[42] 이런 시각은 남성의 급여를 여성의 급여를 희생시켜 얻은 것으로 본다. 또 남성, 특히 남성 노동자가 여성의 저임금을 통해 이득을 누린다고 본다. 이런 시각은 많은 남성과 여성이 함께 살며 여성의 저임금 때문에 가족 전체가 어려움을 겪는다는 현실을 무시한다. 또한 노동자를 고용하고 있는 남녀 사용자는 노동자의 성별이 무엇이건 그들보다 더 많은 이득을 챙긴다는 사실을 간과한다.

이것은 위험한 실천적 결론에 도달하게 된다. 동일임금을 위한 투쟁에서 여성의 급여가 오르려면 남성의 급여가 줄어들어야 한다고 말할 수 있게 되는 것이다. 이것이 1980년대에 영국의 일부 페미니스트들이 추진한 '페미니즘 소득정책'의 이면에 있는 생각이었다. 그렇지만 이것은 그저 이론적 수준에만 머물러 있지 않았다. 2000년대 초 영국에서 동일임금을 놓고 벌어진 잇단 논쟁에서, 남성 노동자의 임금을 공격하는 것이 마치 진보적인 양 여겨졌는데 이때 위와 같은 논리가 사용됐다. 공공 부문 노동자들은 1997년 '단일 직위' 협약을 통해 동일임금을 추구했는데, 여성의 임금을 인상하기 위해 저임금 남성 육체노동자의 임금 삭감을 감수해야 한다는 주장이 제기됐다. [대부분 지방정부인] 사용자들은 남성이 여성을 희생시켜 이득을 보고 있다는 주장을 이용해, 임금을 높이는 데 필요한 정부 재정 지원을 요구하지 않고 전체 임금 수준을 하향 평준화하는 데 성공했다.

이런 정책의 지지자 일부는 다음과 같이 말한다. 이런 접근법이 "개인을 비난하는 것은 아니다. … 우리는 원하든 원하지 않든 특권을 누린다. … 의식적으로 성소수자를 차별하는 사람도 있고 그러지 않는 사람도 있지만 사회에서 성소수자가 누리지 못하는 특권을 누린다."[43] 이런 논리는 결국 개인이 문제라는 것이다. 한 특권 이론가는 "체제를 유지하는 것은 남성들의 침묵이다" 하고 말한다.[44]

"보이지 않는 배낭"이라는 상징적 개념은 1988년 페미니즘 저술가 페기 매킨토시가 처음 사용한 이래 널리 퍼졌는데 사람들이 "자신의 특권을 점검"해야 한다는 의미였다.[45] 매킨토시는 남성이나 백인이 "보이지 않고 무게가 없는 배낭을 풀어 특별한 식량, 보험, 도구, 지도, 안내서, 암호책, 여권, 비자, 옷, 나침반, 비상용품, 백지수표"를 내놓아야 한다고 말한다. 이런 개념은 이제 미국의 많은 교육 과정과 반인종차별주의 연구와 여성학에서 대세가 됐다. 콜로라도대학교의 배낭연구소에서는 교사 등의 교육 종사자에게 특권 이론을 가르친다.

추나라와 프라사드는 특권 이론에 내재한 엘리트주의를 다음과 같이 설명한다.

우리는 모두 타고난 편견과 억압적 관념에서 벗어날 수 없는 존재로 여겨진다. 어느 정도 계몽된 자기 인식에 도달할 수 있는 유일한 예외는 이론가들 자신이다. … 특권 이론은 겉으로는 물질적 현실에 기반을 둔 것처럼 보이지만, 실제로는 관념론에 빠지고 만다. … 그렇기 때문에 특권 이론이 가장 중요하게 여기는 것은 교육과 의식이다.[46]

특권 이론은 억압을 체계적인 것으로 보기는 하지만 벗어날 길도 없고 변화 가능성도 없는 인간 사회의 변함없는 특징으로 여긴다. 다만 "특권을 누리는 사람들"에게 그들의 "특권"을 일깨울 수 있을 뿐이다. 그러나 현실은 인종차별이 백인 노동계급에게 이득이 되지 않는다는 것이다(2장 참조). 객관적으로 보면, 우리 편을 분열시키는 것은 모두 우리를 약화시킨다. 어떤 노동자가 인종차별적인 경우 실제로는 자신의 이해관계를 좀먹고 있는 것이다. 그가 그렇게 생각하든 안 하든 상관없이 말이다. 인종차별주의 같은 온갖 억압적 관념에 맞서 싸우는 것은 원칙적으로 중요하다. 이것은 또한 우리 편이 인종·성별·종교 등에 따른 분열로 약화되지 않을수록, 억압에서 실제로 이득을 보는 사회의 최상층에 맞서 더 잘 싸울 수 있다는 것을 의미한다.

특권 이론의 논리적 결론을 따라가 보면, 개인적 정체성을 결정적 요인으로 여기는 모든 이론과 마찬가지로 결국 노동계급의 분열과 파편화를 강화하는 것이 되고 만다. 동시에 특권 이론은 예컨대 모든 백인 남성이 이해관계가 일치한다고 가정하는 것이므로, 모든 여성이 남성과 분리해 조직해야 한다는 의미가 된다. 그렇지만 이렇게 보면 자연스레 여성도 온갖 상이한 환경에 처해 있으므로 예를 들어 흑인 여성, 레즈비언, 노동계급 여성 등도 서로 분리해 따로 조직해야 한다는 말이 된다.

사회주의자들은 피억압 집단이 별도로 조직화하기 원한다면 그렇게 할 권리를 옹호한다. 그렇지만 우리는 또한 진정한 적, 즉 우리를 분열시키려 하는 지배계급에 대항해 서로 단결할 때 가장 강력한 힘을 발휘할 수 있다고 생각한다.


## 문화로의 전환

1960~1970년대 운동의 쇠퇴 이후, 체제를 전체로서 이해하고 변혁하려는 마르크스주의 같은 '거대 담론'을 일반적으로 거부하는 것이 지배적 사상이 됐다. 낸시 프레이저는 1970년대의 페미니즘 이론이 "성별 관계를 정치경제의 영역에 위치 지웠다"면 1990년대에는 "대부분의 페미니스트가 '문화로의 전환'을 하면서 지식인들이 마르크스주의로부터 집단 탈주하는 데 동참했다"고 썼다. 1980년대의 페미니즘 이론은 성별을 순전히 "정체성이나 '문화적 구성물'"로 여겼다. 그래서 오늘날의 젠더 연구는 "넓게 보면 문화 연구의 한 영역"이다.[47]

마르크스주의 페미니스트인 테리사 이버트는 이런 변화가 마르크스의 유물론에서 "사회를 관념들의 운동의 결과로 간주하는 헤겔의 관념론으로 되돌아가는 것"을 의미한다고 썼다.[48] 마르크스는 독일 철학자 게오르크 헤겔의 방법론은 사회를 거꾸로 뒤집어서 생각하는 것이라고 주장했다. 마르크스는 다음과 같이 헤겔을 조롱했다. "옛날 옛날에 한 용감한 청년이 사람이 물에 빠져 죽는 것은 중력이라는 관념에 사로잡혀 있기 때문이라고 생각했다. 그러니까 만약 이런 관념이 단지 미신이나 종교적 관념에 불과하다고 공언해서 그것을 머릿속에서 완전히 없앨 수만 있다면, 사람들은 물에 빠져 죽을 위험에서 완전히 벗어나게 될 것이다."[49] 마르크스가 가벼운 농담처럼 던진 이런 비유는 매우 중요하고 혁명적인 주장을 담고 있다. 관념이 물질세계를 만드는 것이 아니라 물질세계가 인간과 인간의 관념을 형성한다는 것이다.

계급과 마르크스주의에서 멀어지는 정치적 과정은 포스트모더니즘과 포스트구조주의의 부상과 밀접한 관련이 있었다. 이런 사상은 학계에 엄청난 영향을 끼쳤다. 많은 페미니스트들이 실천 활동에서 학계로 후퇴한 것과 맞물려 특히 페미니즘 이론에 많은 영향을 끼쳤다. 이것은 정치적 저술의 형식과 내용에 모두 영향을 끼쳤다. 한 저술가는 이런 과정을 1970년대의 "사회적 격동"에서 생겨난 페미니즘이 "물질적 버팀목"을 상실하게 된 것으로 묘사한다.[50] 또 다른 저술가는 1960년대와 1970년대의 많은 활동가들의 "급진적 전망"이 "직접적 탄압이 아니라 학술적 지식의 제도화와 관념화에 내재해 있는 더 미묘한 과정들에 의해 좌절됐다"고 썼다.[51]

어떤 운동이나 요구가 모든 여성을 대변할 수 있다는 사상에 대한 제3물결 페미니즘의 도전은 정체성 정치와 다층적 분화라는 개념에 깊이 자리 잡았다. 언제나 여성해방운동의 일부였던 여러 정치적·이론적 조류, 예를 들어 마르크스주의 페미니즘이나 급진주의 페미니즘은 정체성의 정치에 완전히 가려졌다. "아프리카 여성 페미니즘이라고 하건, 혹인 페미니즘 사상이라고 하건, 유색인종 여성의 시각이라고 하건 … [정치가 아니라 정체성에 따라 페미니즘 조류를 구별하는] 이런 변화는 … 그 자체가 오해를 불러일으켰다. 왜냐하면 유색인종 여성들 자신의 다양한 정치적 신념을 무시하고 그들을 하나의 동질적 집단으로 간주했기 때문이다."[52]

그와 동시에 정체성이라는 개념을 완전히 해체하고 거부하려는 움직임도 있었다. 심지어 '여성'이라는 개념이 부적절하다는 주장도 있었다. 일부 페미니스트들이 지적하듯이, 이런 주장은 젠더가 정말로 완전히 해체될 수 있다면 과연 젠더의 평등을 위한 투쟁을 할 필요가 있는가 하는 문제를 제기한다.

주디스 버틀러 같은 이론가들은 모든 여성이 공통의 경험과 목적을 가진 하나의 성별이라고 보는 본질주의적 페미니스트들에 대응해 젠더란 단순히 "수행"되는 것일 뿐이라고 주장했다. 젠더가 단순히 이분법적인 생물학적 사실이라는 생각을 거부하는 흐름이 생겨났으며 1990년에 출판된 버틀러의 책 《젠더 트러블》도 그런 흐름의 일부였다. 이런 반反본질주의적 시각은 젠더가 사회화에 의해 구성되는 방식을 보여 줬으며 우리 모두가 생물학적 성별과 관계없이 '남성적'이거나 '여성적'이라고 여겨질 수 있는 성향들을 가지고 있다고 주장했다. 이런 생각은 퀴어 이론으로 발전했는데, 젠더가 생물학적으로 결정된다고 보는 일부 페미니스트들의 시각을 효과적으로 반박하는 것이었다. 버틀러는 일부 급진주의 페미니스트들이 이성애를 거부해 온 것은 그 자체가 '본질주의'의 한 형태라고 지적했으며, 퀴어 이론은 그런 본질주의를 거부했다.[53] 그러나 일부 사람들은 이런 논리를 발전시켜 전체 체제에 뿌리를 두고 있는 불평등, 차별, 억압에 구조적 토대가 있다는 생각을 완전히 거부하는 것으로 나아갔다. 비록 버틀러 자신은 그렇게 생각하지 않았지만 말이다.

《젠더 트러블》 발표 거의 20년 후인 2009년, 모녀 페미니스트 저술가인 캐스 우드워드와 소피 우드워드는 퀴어 이론의 영향력이 너무나 강력해서 학계에서는 여성이라는 단어를 사용할 때 따옴표 안에 넣어서 표현하는 것이 일반적 관행이 돼 버렸다고 썼다. 그들은 그 결과 여성이라는 단어를 사용하는 것이 "새로운 종류의 급진주의로 여겨지게 된다"고 주장했다.[54] 버틀러 자신은 일부 이론가들이 자신의 개념들을 차용하는 것에 우려를 표명하기도 했다.[55] 자신의 이론에 따라 여성의 삶의 경험을 기술하는 이 포스트구조주의자들에 대응해 일부 페미니스트들은 여성 신체의 정치로 전환하기도 한다.* 이들은 1980년대의 일부 페미니스트들과 달리 여성의 어머니로서의 출산 능력을 찬양하려 하지는 않는다. 그 대신 여성 억압

---

* 일부 포스트구조주의 이론가들은 억압과 젠더 문제에 너무 추상적으로 접근하는 바람에 여성과 여성의 일상적 억압 경험에서 완전히 동떨어진 논의로 나아간다. 예를 들어 젠더는 단순히 "수행"되는 어떤 것이 돼 버리고 따라서 출산 등의 현실과 여성 억압의 물질적 부담을 인정하지 않는다 — 지은이.

이 다름 아닌 여성 자신의 몸을 통제하려는 투쟁으로서 주로 경험된다는 점을 지적한다. 우드워드 모녀는 여성 신체를 정치적 투쟁의 장소로 보는 이런 시각을 "신체로의 전환"이라고 부른다.[56] 나오미 울프는 여성 성기에 대한 전기傳記를 썼는데* 버자이너의 "정서적 감수성"이 억압에 의해 훼손되고 있다고 말한다. 이 책은 '신체로의 전환'을 극단적이면서도 다소 초현실적으로 표현하는 사례라고 할 수 있다.[57]

## 제4물결이 존재하는가?

제3물결은 사실 여성해방운동과 같은 '물결'이 아니었다. 여성의 권리나 해방을 위한 투쟁이 크게 끓어오른 것도 아니며 제2물결과 같은 큰 성과를 달성한 것도 아니다. 제4물결도 이와 마찬가지로 그저 잔물결에 불과하다. 그렇지만 일군의 새로운 페미니스트들은 제4물결이라는 용어를 사용하는데 이것은 제3물결의 지배적 특징인 피상성과 자신을 차별화하기 위해서다. 제니퍼 범가드너는 한 가지 차이가 의사소통의 방식이라고 말한다. 제3물결은 "웹진과 노래"로 소통한 반면, 2010년경에 시작됐다고 하는 제4물결은 블로그

---

\* 《버자이너: 새로운 전기》(2012). 여성의 신체, 섹슈얼리티, 욕망을 과학과 문화사의 측면에서 다룬다. 버자이너는 여성의 성기를 일컫는다.

와 트위터로 소통한다는 것이다.[58] 분명 인터넷 덕분에 수많은 저술가와 활동가가 서로 생각을 나누고 토론에 참가할 수 있었다. '에프워드', '여자의 방', '에브리데이 섹시즘' 같은 웹사이트들이 새로운 세대의 정치화에 중요한 구실을 하고 있다.

어떤 경우에는 거리 시위와 집회로 분노가 쏟아져 나오기도 했다. 2011년의 잡년행진slutwalk이 대표적 사례다. 캐나다 토론토의 한 경찰관이 학생 안전 행사에서 여학생들에게 성추행을 당하지 않으려면 "잡년처럼 헤프게 입고 다니지 말아야 한다"고 말했다. 이 때문에 토론토에서 수천 명이 시위와 행진을 했으며 영국을 비롯한 세계 곳곳에서 연대 집회가 열렸다. 이것은 강간과 성폭행을 여성의 탓으로 돌리는 것뿐 아니라 오늘날 사회에서의 전반적 처우에 얼마나 많은 분노가 쌓여 있는지를 잘 보여 준 사건이었다.

좌파와 페미니스트 사이에서는 잡년행진이 여성 비하적 용어인 '잡년'을 받아들여 긍정적 표현으로 전복하려 하는 것을 두고 논쟁이 벌어졌다. 그러나 성차별적 용어를 사용하는 것에 대한 우려가 있기는 했지만, 많은 사회주의자들이 잡년행진에 참여한 것은 옳았다.

제3물결은 성차별적 편견을 웃어넘기거나 역설로 받아들이는 경향이 있었는데 이런 경향에서 벗어나려는 움직임도 있었다. 우드워드 모녀는 "역설로 여겨지는 모든 것이 전복적이라는 가정은 너무 진부해져서 더는 비판적이지 않다. 대중문화를 전복하는 것과 해방이라는 수사를 이용해서 젊은 여성들에게 물건을 팔아먹으려 하는 것을 구분하는 것이 점점 더 어려워졌다"고 썼다.[59] 페미니즘 저술가인 린 시걸은 "때로는 '반체제적'이거나 재미있거나 진보적이라고 여겨질지라도, 개인적 해방의 확장이라는 목표에서 멀어져서 시장을 확장하고자 하는 상품 소비문화로 옮겨 가는 것"은 위험하다고 경고한다.[60] 9장에서는 여성의 신체를 상품화해서 성차별을 강화한 이른바 '외설 문화'나 대중문화의 '포르노화'에 대해 제3과 제4의 '물결'들이 어떻게 대처했는지 더 자세히 살펴볼 것이다. 이런 현상들은 새로운 세대가 여성 차별 문제에 관심을 가지고 글을 쓰고 사회운동에 참여하는 데 중대한 영향을 끼치고 있다.

## 사회재생산: 거대 담론을 찾아서?

최근 들어 문화적 재현을 강조하는 것으로는 답할 수 없는 문제들에 대한 유물론적 대답을 찾고 진지한 억압 이론을 발전시키려는 시도가 다시 관심을 불러일으키고 있다. 그래서 가족의 구실을 다시 살펴볼 뿐 아니라 제2물결의 이론적 기반을 재조명하는 움직임이 있었다. 이런 작업은 특히 마르크스주의자들의 관심을 끈다.

4장에서는 가족을 계급사회, 더 구체적으로는 자본주의 사회에서 여성 억압을 형성하는 제도로 보는 마르크스주의 관점을 설명했다. 여성 억압에서 가족이 하는 구실에 대한 오늘날의 논의는 '사회재생산 이론'으로 표현되고 있다. 이 이론은 많은 사회주의 페미니스트들이 주장한 '이중체계론'에서 벗어나고자 하는 시도다. 이중체계론은 개별화된 가족의 영역과 상품생산과 착취의 영역이 서로 별개로 나란히 존재한다고 봤다. 또 여성 억압의 원인을 사회적 맥락 속에서 살펴보거나 자본주의 체제 전체에서 가족이 수행하는 기능을 통해 보지 않고 개별 가족 내 개인들의 관계와 가부장제에서 찾는다.

리스 보걸의 저서인 《마르크스주의와 여성 억압: 단일한 이론을 향해》는 원래 1983년에 썼고 최근 새로이 재출판됐는데, 제목이 암시하듯이 이중체계론의 대안을 제시하려는 시도다.[61] 사회재생산이란 단순히 자본주의의 구조와 조직 방식의 재생산, 즉 체제의 자기보존을 의미할 수 있다. 그러나 페미니즘 이론의 맥락에서는 노동계급 가정에서 이뤄지는 개별화된 노동력 재생산과 자본 축적 사이의 관계를 가리킨다. 마르크스는 노동력을 독특한 상품으로 규정한다. 즉 노동력은 "인간에게 있는 정신적·육체적 능력의 총체이며, 인간이 온갖 종류의 사용가치를 생산할 때마다 발휘하는 능력이다." 한편에 인간의 임금노동을 통한 사물, 즉 상품의 생산이 있고 다른 한편에는 '생산자', 즉 노동력을 발휘해 잉여가치를 창출하는 노동자의 재생산이 있다.

보걸은 계급사회의 여성 억압이 "세대교체 과정"에서 여성의 "차별적 지위"로부터 비롯한다고 주장한다. 또 가족을 이런 과정이 주로 벌어지는 "역사적으로 특수한 사회적 형태"로 본다.[62] 보걸은 노동력 재생산을 구성하는 세 과정을 설명한다.

첫째, 직접 생산자가 원기를 회복하고 일터로 돌아갈 수 있게 해 주는 다양한 일상 활동이 있다. 둘째, 종속 계급에서 노동하지 않는 구성원(너무 어리거나 나이가 많거나 병들었거나 다른 이유로 노동인구에서 제외된 구성원)을 부양하는 비슷한 활동이 있다. 셋째, 종속 계급에서 사망하거나 더는 일할 수 없게 된 구성원을 대체해 노동력을 보충하는 교체 과정이 있다.[63]

보걸은 이런 방식의 구분을 통해 흔히 노동력 재생산을 "이성애 가족의 맥락"에서 생물학적 구실[출산]과 관련지어 설명하는 시각으로부터 벗어나고자 한다.

보걸은 "생물학적 차이가 사회에서 성별에 따른 차별적 지위의 물질적 요인을 구성하지만", 어떤 사회든 성별 차이를 사회관계와 떼어 놓고 볼 수는 없다고 주장한다. 따라서 여성이 아이를 낳고 젖을 먹일 수 있는 능력이 필연적으로 억압으로 이어지는 것은 아니다. "[성별] 분업과 개인적 차이의 사회적 의미는 해당 사회의 실제 맥락 속에서 구성된다."[64] 심지어 여성이 직장을 다녀도 자유로울 수 없는 것은 다름 아닌 가정에서의 책임 때문이다. 따라서 여성은 "직접 생산자"가 될 수도 있지만 "노동력 재생산에서 차별적 역할이 부여된다는 것이 계급사회 여성 억압의 뿌리다."

사회재생산 이론의 강점은 여성 억압을 관념과 상징의 문제로 보는 것이 아니라 유물론적으로 이해하려 하고 가족이 체제에서 하는 기능을 전체적으로 본다는 점이다. 사회재생산 이론은 가사노동이 남성이 아니라 자본에 이익이 된다고 여긴다.

보걸이 썼듯이 "개별 가족 내부에 끊임없이 갈등이 벌어지는 상황에서 왜 여성 억압이 그저 남성에 의한 억압처럼 보이는지, 왜 마치 초역사적이고 적대적인 성별 분업에서 비롯해 가족으로 구현되는 것처럼 보이는지"를 이해하기는 어렵지 않다. 그러나 보걸은 다음과 같이 분명하게 말한다. "그럼에도 여성 억압이 유지되는 물질적 토대는 … 자본주의적 재생산에 필요한 가사노동을 여성의 책임으로 돌리는 것이지 성별 분업이 아니다."[65] 여성 억압의 기원에 관한 논의에서 보걸의 작업이 다시 관심을 끄는 것은 환영할 만한 변화다. 왜냐하면 이것은 관념론에서 벗어나 개별화된 재생산을 논의의 중심에 놓기 때문이다. 그러나 일부 사회재생산 이론가들은 가족을 억압이 발생하는 제도로 보는 것을 거부하며 때로는 엥겔스의 《가족, 사유재산, 국가의 기원》을 여성 억압의 기원에 대한 이론적 이해를 제공해 주는 것으로 보는 것이 아니라 단지 역사적 기술일 뿐이라고 기각하기도 한다.

자본주의에서의 가사노동의 중요성에 관한 논의에서 일부 페미니스트들은 가사노동이 노동력 재생산의 구실을 하는 것이 실제로는 잉여가치를 창출하는 것이라고 주장하는 것으로 나아갔다. 즉, 가정 안에서 여성들이 착취당하고 있다는 것이다. 마리아로사 달라 코스타와 셀마 제임스도 그런 주장을 했는데, 그들은 자본주의에서는 오직 임금노동만 가치가 있거나 '생산적'인 것으로 여겨지므로 가사노동에도 임금을 지급해야 한다고 주장했다. 이것은 가사노동을 체제 전체에 대한 이해와 연결하는 데서 마르크스주의 분석 틀을 잘못 사용한 것이다.

이것은 노동가치론과 개별화된 재생산에 대한 마르크스의 설명을 오해한 것이다. 마르크스의 노동가치론은 수행된 노동이 얼마나 힘든 일인지 또는 인간 생존에 얼마나 중요한지에 따라서 가치가 있는지 또는 생산적인지 여부를 따지는 것이 아니다. 마르크스에게 착취란 노동자들이 일할 수 있는 능력(노동력)을 임금을 지불하는 사용자에게 상품으로 판매하는 과정이었다. 사용자는 이 임금을 가능한 한 적게 주려 하며 임금은 수많은 요인들에 따라 결정된다. 즉, 계급 세력 관계, 노동자들의 자신감 수준, 평균적 생활수준에 대한 사회의 일반적 기대 등에 따라 달라질 수 있다.

여기서 사고팔리는 것은 노동자의 노동능력이지 실제 노동이 아니다. 착취는 노동자와 사용자 간의 그리고 서로 경쟁하는 사용자들 간의 사회적 관계이기 때문에 개별 노동자가 얼마나 많은 가치를 생산하는지도 중요한 문제가 아니다. 즉, '사회적 필요노동시간'이라는 개념을 인식해야 한다. 이것은 어떤 사회에서 주어진 시기에 특정 상품을 생산하는 데 필요한 평균 시간을 말한다.

그렇지만 가사노동이 잉여가치를 직접적으로 생산하지 않는다고 해서 가사노동이 지배계급에게 이익을 가져다준다는 사실을 마르크스주의자들이 인식하지 못하는 것은 아니다. 이탈리아의 페미니즘 저술가인 실비아 페데리치가 그런 비판을 한 바 있다. 페데리치는 마르크스가 오직 상품생산만이 가치를 생산한다고 봤고 "자본주의적 축적 과정에서 여성의 무보수 재생산 노동의 중요성을 인식하지 못했다"면서 이 때문에 마르크스는 자본주의를 "제대로 분석하지 못했다"고 썼다.[66] 그러나 마르크스주의적 분석은 개별화된 노동력 재생산 과정에서 가족이 수행하는 경제적·이데올로기적 구실과 여성의 역할을 정확하게 인식한다. 또 지배계급 가족의 경우에는 재산을 물려주는 수단 구실을 한다는 것도 알고 있다. 이런 시각 덕분에 여성이 가족 안에서 고립감을 겪을 수 있고 그것이 얼마나 유해하고 영혼을 파괴하는 악영향을 끼치는지도 알고 있다.

페데리치는 가사노동이 1960~1970년대의 투쟁 이전에는 "보이지도 않았고 제대로 평가받지도 못했다"고 주장하며 당시의 여성해방운동이 "자본주의 경제에서 무보수 가사노동의 중요성을 드러냈으며 사회가 가정이라는 플랜테이션의 거대한 집합체라는 이미지를 만들어 냈다"고 말했다.[67] 그러나 사회주의자들과 페미니스트들은 가정에서 이뤄지는 여성 노동의 본질이 무엇인지를 놓고 이미 100여 년 동안 논쟁해 왔을 뿐 아니라, 가정을 플랜테이션에 비유해 가사노동이 노예노동임을 암시하는 것은 가사노동의 모순을 제대로 보지 못하게 만든다. 즉, '가사노동'의 경험은 끔찍하게 힘든 일이면서도 동시에 사랑하는 사람들을 잘 돌보려는 노력의 일환일 수 있는 것이다.

여성의 가사노동이라는 주제는 새로운 것이 아니다. 미국의 사회주의자인 조세핀 콩거카네코는 1913년에 여성의 가사노동이 "여러분의 남편이 효율적 노동자가 될 수 있게 해서 … 사용자가 막대한 이윤을 벌어들이도록" 하는 것이라고 주장하는 유인물을 작성했다.[68] 독일의 혁명가인 로자 룩셈부르크는 여성 문제에 관한 연설에서 다음과 같이 말했다. "현재의 자본주의 경제체제의 관점에서 보면 이런 종류의 노동[가사노동]은 아무리 엄청난 희생과 에너지를 쏟아부은 것이라 할지라도, 수많은 작은 노력이 모인 것이라 할지라도, 생산적 노동이 아닙니다. … 이것은 잔인하고 미친 소리로 들립니다. 그러나 이것이야말로 우리가 사는 자본주의 경제체제의 잔인함과 광기를 보여 주는 것입니다."[69] 헤더 브라운은 마르크스도 이와 비슷하게 생각했다고 주장한다. 마르크스는 가사노동이 비생산적이라면서 '비생산적'이라는 단어에 따옴표를 붙였는데 이는 마르크스가 여성의 가사노동의 중요성을 이해했음을 보여 준다는 것이다.

러시아 혁명의 두 핵심 지도자 레닌과 트로츠키도 가사노동이라는 문제를 다뤘다. 20세기 초 러시아에서 가사노동은 육체적으로 매우 힘든 일이었고 여성이 사회에서 그리고 혁명에서 온전한 구실을 하기 어렵게 만드는 심각한 물리적 장애물이었다. 레닌은 여성의 처지가 "가내노예와 마찬가지다. 왜냐하면 자질구레한 집안일이 여성을 짓누르고 옥죄면서 점차 무기력해지고 자존감을 잃게 만들기 때문이다. 여성은 부엌일과 육아에 매여 자신의 노동을 극도로 비생산적이고 하찮고 까다로운 허드렛일에 소모하며 무력감에 빠지게 된다"고 말한다.[70]

러시아의 볼셰비키는 개별화된 가사노동이 불가피하다는 생각을 거부하고 사회적 해결책을 모색했다(12장 참조). 이와 달리 가사노동에 임금을 지급해야 한다는 주장은 개별화된 가사노동이 불가피하다는 생각에 도전하지 못하는 것이다. 가사노동에 임금을 요구하는 것은 해결책이 아니며 문제를 제대로 이해하는 방식도 아니다. 오히려 이것은 우리가 없애려 노력하는 성별 분업을 강화하는 것으로 이어질 수 있다. 즉, 집안일이 '여자의 일'이고 앞으로도 그럴 것이라는 생각을 말이다. 사회의 다음 세대를 양육하는 책임은 사회가 져야 한다. 국가가 포괄적 복지를 제공해야 하며, 여성과 남성 모두에게 충분한 유급 육아휴직을 줘야 하고, 육아수당 등이 있어야 한다. 이런 요구들은 노동계급 전체의, 노동계급 전체를 위한 요구다. 왜냐하면 어떻게 아이와 노인과 병자를 돌볼 것인가 하는 문제는 '여성 문제'가 아니기 때문이다.

페미니즘 이론과 실천의 역사를 살펴보면, 성을 모든 여성을 단결시키는 핵심적 구분으로 보는 견해와 사회의 계급 분열이 여성의 삶에 영향을 미친다고 이해하는 견해 사이에 긴장이 존재해 왔다. 성차별과 억압이 자본주의 사회와 별개로 작동한다고 보는 이론은 해방을 위한 효과적 투쟁과 멀어질 수밖에 없을 것이다. 억압은 단순히 자기 자신을 변화시킨다고 해서 없앨 수 있는 문화적 창조물이 아니며, 개별 가족 내부의 성 역할에 관한 문제도 아니다.

최근에 페미니즘 이론과 실천에 대한 관심이 커지고 있는 것은 나이를 불문하고 여성 억압에 대한 분노가 존재한다는 점을 보여 준다. 많은 새로운 활동가들은 여성 억압이 자본주의 체제의 본질과

긴밀하게 연결돼 있다는 점을 이해하고 있다. 마르크스주의 전통은 차별이 만연한 세계를 설명해 줄 뿐 아니라 그것을 변혁할 방법도 제공할 수 있다.

# 9장 성 해방이 왜 중요한가

여성과 여성의 몸을 고깃덩어리 취급하는 이 세상에서 성 해방이란 어떤 의미이고 우리는 어떻게 성 해방을 달성할 수 있을까? 우리는 모든 곳에서 여성의 섹슈얼리티가 여성과 여성의 몸에 대한 극히 성차별적인 고정관념과 연결되는 것을 본다. 흔한 광고부터 포르노까지 모든 것에서 — 때로는 광고와 포르노를 구분하기 어렵다 — 여성의 이미지는 수동적인 성적 대상으로 나타나고 이런 현상은 더욱 노골화하고 있다. "전에는 충격으로 여겼을 법한 이미지에 사람들은 이제 신경조차 쓰지 않고, 그런 이미지가 텔레비전, 잡지, 도시 전체의 보이지 않는 풍경이 돼 버렸다."[1]

성을 사고파는 세상에서 비롯한 가치관, 이미지, 행동, 패션이 주류 문화와 사회 속으로 끊임없이 침투하고 있으며 이것이 성적 자유가 무엇인지에 대한 인식을 형성하기에 이르렀다. 1990년대에는 여성이 랩댄스 클럽에 아무렇지도 않게 다니는 것이 성 해방을 의미하는 듯했고, 2011년에 출간된 소설 《그레이의 50가지 그림자》는 학대 관계를 다루는데도 여성을 성적으로 해방하는 이야기라고 평가돼 전 세계적 베스트셀러가 됐다.


## 성폭력

최근에 우리 사회의 성폭력과 성적 학대가 어느 정도인지(현재뿐 아니라 과거에도)가 드러나고 있다. 여성에 대한 강간과 성폭력 수치를 보면, 여성이 경찰에 신고하는 비율은 증가했을지 모르지만 유죄판결을 받는 비율은 충격적일 정도로 낮다. 1장에서 강조했듯이, 일부 경찰은 강간 혐의 사건에 대해서만 유독 "혐의 없음"으로 처리하는 경우가 많다. 어떤 경우에는 접수된 신고의 3분의 1이 이런 식으로 처리된다. 강간 신고가 "혐의 없음"으로 처리되는 평균 비율은 10.8퍼센트인데, 경찰에 신고된 전체 범죄의 "혐의 없음" 비율은 3.4퍼센트에 불과하다.[2]

이와 같은 사실을 고려하면 신고된 강간 사건 중 유죄판결을 받는 비율에 관한 통계도 실제 격차를 더욱 축소해 반영하는 것임을 알 수 있다. 또한 언론 보도도 현실을 왜곡한다. 최근 영국의 언론은 여러 가해자들이 공모해 시설에 있는 아동과 청소년을 학대한 사건들을 주로 다뤘는데, 이 때문에 아동 학대 사건이 대부분 가정에서 일어나고 피해 아동이 가해자와 아는 사이인 경우가 신고된 사건의 90퍼센트에 이른다는 사실은 제대로 드러나지 않는다.[3] 강간과 폭행 사건의 대다수는 피해 여성이 아는 사람이 저지른 것이다. 2013년 정부 통계를 보면 "작년에 발생한 가장 심각한 성범죄 사건의 피해자 가운데 약 90퍼센트가 가해자를 알고 있었다."[4]

2014년 10월에 통계청이 발표한 자료를 보면, 같은 해 1월부터 6월까지 2만 2116건의 성범죄가 신고됐다. 이 수치는 전년도에 비해 29퍼센트 증가한 것으로 역대 최고 수준이다. 이 통계에는 과거에 발생한 사건들이 많이 포함돼 있으나, 통계청의 범죄통계국장인 존 플래틀리는 "증가한 수치의 73퍼센트가 현재 수사 중인 범죄"라고 확인해 줬다.[5] 정확히 어떤 요인들 때문에 이렇게 증가했는지는 알기 어렵지만, 성범죄에 대한 대중의 인식이 더 확대될수록 더 많은 여성이 성폭력은 심각한 범죄라고 당당하게 주장할 수 있을 것이다.

여전히 많은 사람이 강간을 여성 탓으로 돌리는 편견을 갖고 있고 경찰과 정치인들도 그런 반응을 보인다. 국제사면위원회가 조사한 자료를 보면 "응답자의 4분의 1 이상은 여성이 특정한 종류의 옷을 입고 있었다면 강간 피해에 전부 또는 일부 책임이 있다고 여겼다. 또한 훨씬 더 많은 사람들(30퍼센트)은 여성이 술에 취해 있었다면 강간당한 것이 여성 잘못이라고 생각했다. 또 12명 중 1명은 성관계가 '문란'한 여성이 강간당했다면 그 여성이 잘못한 것이라고 생각했다."[6] 경찰 포스터는 언제나 여성을 겨냥한다. 그래서 여성에게 "적당히 마시고 … 안전하게 귀가하라"거나 친구를 혼자 두지 말라고 촉구한다. [잉글랜드의 서부 지역을 관할하는] 웨스트머시아 경찰은 2015년 [여성이 파티에 갔다가 강간당해 쓰러져 있는 모습을 담은 포스터에] "기대로 가득 찬 밤이 후회로 가득 찬 아침이 되지 않도록 하세요"라는 문구를 사용했다가 거센 항의를 받았다. 경찰은 똑같은 문구를 남녀가 함께 술 마시는 장면을 담은 포스터에도 사용했다고 변명했으나, 이 모든 것의 공통점은 여성이 강간을 당할지 말지는 여성의 선택에 달린 것이고 여성이 성폭행을 당했다면 잘못된 선택을 한 여성의 책임이라고 암시한다는 점이다.

강간 사건에서 중요한 문제는 여성이 성관계에 동의했는지 안 했는지뿐이다. 무슨 옷을 입었는지, 술을 마셨는지 안 마셨는지, 커피 한 잔 마시는 것에 동의했는지 안 했는지는 중요하지 않다. 강간의 입증 책임을 피해자에게 부과하지 않으려는 많은 노력이 있었지만, 여전히 여성은 자신이 성관계에 동의하지 않았음을 증명해야 하는 처지에 자주 놓이게 된다. 강간 사건이 증가하고 있지만 대중문화에서 강간과 성폭력은 별일 아닌 것처럼 취급된다. 강간을 농담 소재로 삼는 "강간 우스개"라는 용어가 있을 정도다. 이것은 단지 남성 잡지뿐 아니라 주류 문화에서도 마찬가지다. 2012년 에든버러 페스티벌의 한 행사에서 닉 페이지라는 코미디언은 자기 차례가 왔을 때 무대에 나가기를 거부했다. 왜냐하면 앞서 다른 코미디언 3명이 강간에 대한 농담을 했기 때문이다. 아마존은 많은 사람의 항의를 받고 레이프플레이라는 '강간 시뮬레이션' 게임의 온라인 판매를 중단해야 했다. 이것은 "사용자가 여성 캐릭터를 강간하는 게임인

데, 다른 남성 캐릭터들과 함께 강간할 수도 있다."[7]

지미 새빌이 수많은 아동과 젊은 여성에게 성범죄를 저질렀다는 충격적 사실은 그가 사망한 후에야 알려졌다. 새빌은 마거릿 대처, 왕실 인사, 고위급 경찰과 친분이 있었다. 그는 감히 건드릴 수 없는 존재로 여겨졌다. 새빌의 사건이 폭로되면서 다른 많은 성범죄 사건도 주목받았고 현재 수사가 이뤄지고 있다. 과거에 일어난 강간, 성희롱, 학대 사건들에 대한 법정 소송이 잇따르고 있는데, 일부는 유명 인사를 상대로 한 소송이다. 지배층은 하도 많은 스캔들에 연루돼 있어서, 성범죄를 조사하기 위해 만들어진 위원회의 초대·2대 위원장은 당시의 스캔들에 연루된 정치인들과 관련돼 있었기 때문에 결국 사퇴해야 했다. 3대 위원장은 뉴질랜드 판사 로웰 고더드였는데, 관련자들과 확실히 아무 관계가 없는 사람을 위원장으로 앉히기 위해 지구 반대편에서 데려와야 했다.

몇몇 평론가들은 유명 인사들의 성범죄 스캔들이 1960년대의 [성에 대한] "관대한" 태도 때문이라고 비판했다. 그러나 이런저런 형태의 아동 성 학대는 1960년대에 시작된 것이 아니다. 그리고 성 해방은 선택과 통제에 관한 것이다. 즉, 학대와 정반대의 것이다. 오히려 섹슈얼리티와 관련해, 특히 여성의 섹슈얼리티와 관련해 그동안 억눌린 생각들을 공개적으로 말하기 시작하자 억압적 행동에 도전하기가 더 쉬워졌다. 가해자들은 많은 여자아이와 젊은 여성뿐 아니라 남자아이도 남들이 자신의 말을 믿어 주지 않을까 봐 두려워서 신고하지 않는다는 사실을 악용했다. 그리고 그런 두려움은 충분히 근거가 있는 것이었다.


## 성적 자유를 위한 투쟁

1960~1970년대 여성해방 투쟁의 일부는 섹슈얼리티와 성적 자유에 관한 것이었다. 이것은 사소한 부수적 문제로 여겨지지 않았고, 오히려 해방의 전망에 필수적인 것이었다. 당시 여성들은 어머니와 할머니 세대에게 강요됐던 무지, 즉 여성의 신체에 대한 무지와 여성도 성적 욕망을 표현할 수 있다는 사실에 대한 무지에 저항했다. 피임을 할 수 있게 되고 안전한 합법적 임신중절수술을 받을 수 있게 된 것은, 원치 않는 임신에 대한 걱정 없이 더 자유롭게 이성 간 성관계를 할 수 있게 해 준 중요한 물질적 성과였다. 당시에는 어떻게 살고 어떻게 사랑할지를 선택할 수 있는 새로운 방안들이 쏟아져 나왔다. 동성애자 해방운동이 탄생한 것도 이런 새로운 자신감과 낡은 도덕률을 거부하는 태도가 표출된 것이었다.

모든 투쟁과 대규모 사회적 격변을 보면, 사회적 관습과 법률, 전통, 이데올로기의 억압적 구조가 흔들릴 때는 섹슈얼리티에 대한 인식과 통제도 마찬가지로 흔들린다는 것을 알 수 있다. 1917년의 러시아, 1920년대의 독일, 1936년의 스페인에서도 그랬다. 엥겔스가 썼듯이 "위대한 혁명운동이 일어날 때마다 '성적 자유'라는 문제가 전면에 등장한다."[8] 제1·2차세계대전 때도 영국과 미국에서 전쟁으로 여성의 전통적 역할이 무너져 내린 것이 사람들의 성 행동에 영향을 끼쳤다. 많은 기혼 여성이 남편이 멀리 나가 있는 동안 다른 사람과 관계를 맺었다. 당시에는 임신중절이 불법이었는데도 전쟁 동안 기혼 여성의 임신중절 건수가 갑절로 늘었고 종전 이후에는 이혼율도 마찬가지로 증가했다는 공식 통계 수치는 부분적으로 그런 사실과 관련이 있다.[9]

혼전 성관계는 결코 새로운 현상이 아니었지만, 전쟁의 영향과 직장 여성의 증가로 말미암아 성관계의 기회와 욕구가 증대했다. 당시에는 여성, 특히 미혼 여성이 피임이나 임신중절을 하기가 쉽지 않았기 때문에, 여성의 성생활이 더 활발해졌다는 사실은 '사생아' 출산을 통해 분명히 알 수 있다. 전쟁 전 '사생아' 출산은 전체 출산의 4~5퍼센트를 차지했는데 두 차례 세계대전 동안과 1945년 무렵에는 전체 출산의 3분의 1이나 됐다.[10]

섹슈얼리티는 인간에게 본질적인 것이다. 섹슈얼리티는 마치 우리 삶의 은밀하고 개인적인 부분처럼 느껴지고 흔히 개인적 정체성과 연관된 문제로 여겨진다. 그래서 우리가 살고 있는 사회가 섹슈얼리티에 깊은 영향을 끼친다는 것을 이해하기 어려울 수도 있다. 그러나 우리를 인간으로 만드는 다른 모든 부분과 마찬가지로 우리의 섹슈얼리티도 밀폐된 진공상태에서 발전하지 않는다.

오늘날 성은 전례 없는 수준으로 상품화되고 있다. 특히 여성의 몸이 상품화되고 있다. 여성의 몸을 상품화하는 것은 섹스 자체를 판매하는 것은 아니지만 분명히 성차별이다. 여성이 성적 대상이 되는 연령대가 점점 더 낮아져서 심지어 어린아이도 예외가 아니다. 부드러운 소재로 만든 빨간색 아동용 "뾰족 하이힐"과 "아빠의 섹시 귀요미"라는 문구가 새겨진 여아용 운동복이 판매되고 있다.[11]

랩댄스 클럽은 대규모 사업이다. 영국에서 연간 매출액이 3억 파운드[약 4600억 원]로 추산된다. 랩댄스 클럽은 금융인과 기업인이 고객을 '접대'하는 장소로 흔히 사용된다. 런던에 있는 랩댄스 클럽의 86퍼센트는 이런 관행을 용이하게 하려고 "은밀한 영수증"을 발급한다. 영수증에 클럽 이름이 나오지 않게 해서 비용 처리할 수 있도록 해 주는 것이다.[12] 실제로 랩댄스 클럽이 기업체와 매우 깊이 얽혀 있다 보니 코번트리에서는 어떤 랩댄스 클럽이 허가를 신청했을 때 한 "유력 기업인"이 시의회와 논쟁하면서 "코번트리가 기업하기 좋은 곳이 되고자 한다면, 질 좋은 성인 유흥 시설이 있어야 하고 여기에는 랩댄스 클럽도 포함됩니다" 하고 주장했다.[13]

1960년대의 성 해방 투쟁 덕분에 더 노골적인 성차별 이미지들과 엄청난 규모의 국제적 포르노 시장이 창출될 수 있었던 듯하다. 섹스에 더 열린 태도를 가지게 된 것은 여성해방운동의 실질적 성과 중 하나였다. 여성들은 섹슈얼리티에 대한 억압적 태도와 금기에 도전했고 삶의 모든 영역에서 단순히 남성의 부속물이 아닌 주체적 존재가 되기를 원했다. 여성들은 자신의 욕망을 표현할 수 있는 권리와 자기 삶의 주인공이 될 수 있는 권리를 원했다. 여성과 남성 모두 섹스에 대해 공개적으로 이야기할 수 있기를 원했고 과거의 숨 막히게 답답한 도덕에서 벗어나기를 원했다(물론 지배계급 자신은 살면서 그런 도덕을 지키지 않았다).

많은 여성은 너무 오랫동안 자신의 신체 부위 명칭도 알지 못했고 여성 신체의 자연스러운 기능을 뭔가 불결하고 부끄러운 것이라고 교육받았다. 의사들조차 여성의 성기를 "아래쪽"이라고 에둘러 표현하던 시대에 여성에게 클리토리스가 있고 그것이 중요하다고 말하는 것은 단지 해부학적 지식의 문제가 아니라 하나의 정치적 행위였다. 여성이 자신의 몸과 성에 대해 제대로 알지 못했다는 사실은 원치 않는 임신이라는 문제를 야기했을 뿐 아니라 당시의 많은 여성에게 섹스가 쾌락을 위한 것이 아니었다는 점을 보여 주는 것이기도 하다. 1940년대 중반 노동계급 기혼 여성들에 관한 자료를 보면 다음과 같은 말이 나온다. "성적인 것과 멀수록 더 좋은 남편으로 여겨진다. '무척 좋은 남편이에요. 저를 많이 귀찮게 하지 않아요.' '남편은 호색한이 아니에요.' '남편은 전혀 귀찮게 하지 않아요.'"[14]

그 암울했던 옛날로 돌아가는 것이 오늘날 여성의 몸과 섹슈얼리티를 노골적으로 상품화하는 것의 대안일 수는 없다. 자본주의는 성 개방 풍조와 여성의 성적 자유 증대를 흡수해서 이윤 창출에 활용하는 재주를 보여 줬다. 1960년대에 세계 전역에서 벌어진 대중적 투쟁과 반란에도 불구하고 체제는 살아남았고, 이윤이 원동력인 사회는 투쟁의 성과들을 왜곡했다. 마르크스주의자인 니컬라 필드는 1970년대의 운동을 통해 새로 자신감을 얻은 성소수자들이 어떻게 이윤을 위해 착취당하는지 설명했다. 기업들은 전에는 미처 몰랐던 성소수자들의 구매력을 활용하는 이른바 "핑크 경제"를 창출했다

는 것이다.[15]

그래서 여성의 성적 자신감은 악명 높은 "헬로 보이스" 브래지어 광고판과* 폴댄스 교실로 변형된다. 이것은 섹슈얼리티가 가장 상품화되고 상업화된 형태인데, 오히려 이것이 [성적] 자유의 새로운 기준이 됐고 이에 반대하는 것은 고루하고 억압적인 태도로 여겨졌다.

헨 파티 패키지를** 광고하는 한 웹사이트는 전형적 사례다. 그 업체는 상품을 팔기 위해 해방의 언어를 사용한다. "폴댄스 수업에 참여하면 일상생활의 억압에서 해방될 수 있고 스스로 당당해질 수 있습니다."[16] 폴댄스는 주류 문화로 자리 잡았다. 페인턴에 있는 사우스데번칼리지는 2009년 '건강 주간 행사'를 개최하며 벌레스크***/폴댄스 업체를 불러 14~19살 관객 1000명 앞에서 폴댄스 공연을 하게 했다. 그 업체의 광고 문구 하나는 "여성에게 힘을 주는 전문가들"이었다.

주디스 윌리엄슨은 성 상품화의 심화 현상을 연구한 최초의 페미니즘 학자 중 한 명으로 특히 광고 분야의 성 상품화를 연구하고 있는데, 위와 같은 현상을 "알리바이가 있는 성차별"이라고 부른다.[17] 이 말이 뜻하는 바는 이런 "새로운" 성차별적 대상화가 반어적

---

* 기능성 속옷인 원더브라의 광고로 큰 가슴이 자신감을 준다고 암시했다.

** 헨 파티는 여성만의 파티를 일컫는 말이다. 헨 파티 패키지는 여성들이 함께 모여 폴댄스 파티를 열고자 할 때 이를 위한 공간, 의상, 음악과 음향 시설, 액세서리 등의 각종 서비스를 제공하는 상품이다.

*** 반라의 여성 댄서들이 성적 매력을 강조하며 춤추는 쇼.

이고 무해한 패러디로 받아들여진다는 것이다. 왜냐하면 여성은 이미 해방됐으므로 성차별적 이미지는 불쾌한 것이 아니라 그저 재미있는 것일 뿐이라고 말이다. 미국 작가인 애리얼 레비는 2005년에 펴낸 《여성 우월주의자》에서 새로운 형태의 성차별을 "외설 문화"라고 부르는데, 레비는 이것이 여성해방운동의 언어를 훔쳐서 사용한다고 주장했다. 레비는 다음과 같이 말한다. "이것은 성적 자유가 아니다. 외설 문화는 섹슈얼리티의 가능성과 신비로움에 마음을 여는 것이 아니다. 그것은 섹시함의 특정 표현, 즉 한없이 상업적인 섹시함만을 끊임없이 반복하는 것이다."[18]

마르크스는 자연을 상대로 의식적으로 노동하는 인간의 독특한 능력에 자본주의가 끼치는 영향에 대해 쓴 바 있다. 마르크스는 노동자들이 자신의 그런 능력을 상품화해 사용자에게 판매하지 않으면 생존할 수 없다고 설명했다. 그러므로 인간의 의식적 노동이라는 능력은 사람들의 삶을 개선해 줄 수 있는 놀라운 능력이지만, 자본주의 생산관계에서는 이 능력이 사고팔리는 낯선 사물이 돼야만 노동자가 생계 수단, 즉 돈을 벌 수 있게 된다.[19]

인간의 섹슈얼리티도 이와 똑같은 과정을 거치고 있다. 오직 사고팔릴 수 있는 것만 귀중하게 여기는 사회에서 살다 보니 섹슈얼리티를 통해 행복을 누릴 수 있는 개인의 능력은 축소되는 것이다. 여성의 몸을 이렇게 성적으로 상품화하는 것은 남성과 여성 모두의 존엄성을 훼손하는 것이다. 이것은 모든 남성이 성적으로 자신만만하고 공격적이며 브래지어의 컵 사이즈로 여성을 측정하고 욕망하는 존재라고 가정하는 것이다.


## 여성의 몸

여성 신체의 대상화는 새로운 현상이 아니다. 오랫동안 여성은 남성과 달리 외모로 평가받았다. 여성의 몸은 언제나 품평의 대상이다. 여성은 옷을 너무 짧게 입어도, 너무 유행에 뒤떨어져도, 히잡이나 다른 종교적 의상으로 몸을 너무 많이 가려도 비판을 받는다.

이것은 모든 연령의 여성에게 영향을 끼친다. 젊음과 화려함에 집착하는 사회의 요구를 충족시켜 줄 수 없는 나이 든 여성은 한물간 여성으로 취급된다. 설령 그들이 주름 제거를 비롯한 노화 방지 수술을 받는다 하더라도 말이다. 나이 든 여성이 그런 수술을 받으면 오히려 조롱의 대상이 될 뿐이다. 언론은 여성 국회의원들이 흰머리가 생기기 시작하면 그에 대해 이러쿵저러쿵 떠들어 댄다. 고위직 여성들에게도 외모에 대한 이런 압력이 심각하다. 2010년 미국에서는 "56~74살의 여성 상원 의원 16명 중 흰머리가 보이는 여성은 아무도 없었고, 여성 하원 의원의 90퍼센트도 마찬가지였다."[20] 텔레비전의 여성 아나운서는 너무 나이가 들었다는 이유로 해고되지만 나이 든 남성 아나운서는 여전히 매일 밤 텔레비전에 나온다. 아나운서 커스티 영은 텔레비전 방송에서 오직 여성에게만 적용되는 나이

차별에 대해 다음과 같이 이야기했다. "저는 언젠가 존 스노가* 자신과 같은 나이의 여성 아나운서에게 자리를 물려주는 날을 고대하고 있습니다."[21]

57살의 BBC 진행자인 미리엄 오라일리는 2011년 BBC를 상대로 나이 차별 금지 소송을 제기해 승리했다. 그녀는 1주일마다 방영되는 프로그램인 〈컨트리파일〉의 진행자였는데 [2009년에 나이가 많다는 이유로] 더 젊은 여성 진행자로 교체되면서 해고됐다. 반면 74살의 남성 진행자인 존 크레이븐은 2015년까지도 여전히 프로그램을 진행하고 있었다.[22] 역사학자인 메리 비어드는 텔레비전에 출연했다가 악성 댓글에 시달려야 했는데 단지 그녀가 성차별적 고정관념에 순응하지 않았기 때문이다. 비어드는 2013년 BBC의 〈퀘스천 타임〉에 딱 한 번 출연한 후 자신이 받은 협박 트윗과 악성 댓글을 공개해서 문제의 심각성을 일깨우려 했다.**

그러나 여성의 외모에 집착하는 사회의 영향을 받는 것은 이런 고위직 여성이나 유명한 여성만이 아니다. 평범한 여성과 어린 소녀도 매주 잡지의 표지 모델로 나오는 여성의 몸을 상세하게 품평하는 이

---

\* 영국의 언론인이자 텔레비전 아나운서. 1989년부터 〈채널 4〉 뉴스를 진행하고 있다.

\** 저명한 고대사 교수인 메리 비어드는 토론 프로그램인 〈퀘스천 타임〉에 패널로 출연해 이민자를 환영하는 주장을 펼쳤다. 비어드는 평소처럼 화장이나 염색을 하지 않은 채로 출연했는데, 방송 뒤에 심한 외모 비하와 성적 욕설이 담긴 악성 댓글들이 달렸다.

야기를 접한다. 연예인이나 유명인이 스키니 진이나 비키니를 입었다가 뱃살이 조금이라도 사진에 포착되면, 커다란 화살표로 그 부분을 가리키는 사진을 싣고 야단법석이 난다. 또한 여자 연예인이 너무 야위거나 쇠약해져서 갈비뼈가 드러나고 얼굴이 수척해져도 마찬가지로 이러쿵저러쿵 흠을 잡는다. 연예인 가십을 싣는 잡지들 외에도 수많은 잡지가 다이어트와 음식을 다루는 데 열을 올린다. 다이어트와 음식이 마치 모든 여성이 집착하는 두 가지인 양 말이다. 그러니 여성의 95퍼센트가 자신의 몸을 바꾸고 싶어 한다는 사실은 놀랍지도 않다. 여성의 실제 몸과 여성이 원하는 포토샵 처리된 이미지 사이의 간극은 너무 커서 도저히 극복할 수 없을 정도다.

1975년에 대다수 모델의 체중은 여성 평균치보다 8퍼센트 가벼웠다. 오늘날에는 23퍼센트나 가볍다. "1950년대의 《플레이보이》 모델이나 미스 아메리카 수상자와 비교하면, 오늘날의 모델 중 최소한 4분의 1은 체중이 거식증 환자 수준이다. 한편 여성의 평균 체중은 증가했다."[23] 갭이나 탑샵을 포함한 영국의 일부 의류업체들은 10년 전에 '0 사이즈'를 도입했다. 0 사이즈는 영국의 4 사이즈[허리둘레 25인치]에 해당하는 미국의 치수인데, 이제 많은 여성이 선망하는 신체 사이즈가 됐다. 그 후 영국의 2 사이즈[허리둘레 24인치]에 해당하는 '00 사이즈'도 도입됐다. 2013년에는 미국의 두 주요 의류업체인 제이크루와 아베크롬비앤피치가 또 다른 새로운 사이즈인 '000 사이즈'를 출시했는데, 허리둘레가 23인치인 이 치수는 성인 여성보다는 7살 아동의 신체 사이즈에 더 가깝다.

여성의 외모에 대한 사회적 압박은 매우 크고 젊은 남성들에게도 그런 압박이 증가하고 있는데, 이 때문에 거식증에 시달릴 수도 있다. 최근에는 당뇨폭식증이라는 신조어가 생겼는데 이것은 당뇨병 환자가 체중을 줄이려고 일부러 인슐린 주사를 맞지 않는 것을 가리킨다. 거식증과 폭식증의 원인은 복잡하기 때문에 단순히 날씬해지고 싶은 욕망으로 설명할 수는 없다. 그렇지만 여성이 그런 정신적 문제를 겪을 수 있는 이유는 음식이 단지 신체에 필요한 자양분을 의미하는 것만은 아닌 세상에서 살고 있기 때문이다. 즉, 음식에는 문화적 기대가 담겨 있는 것이다. 광고와 언론 기사들은 초콜릿이나 크림 케이크를 먹는 여성을 "말 안 듣는 짓"을 하는 어린애처럼 취급한다. 또는 여성이 맛없는 크래커와 샐러드만을 먹으면 자기관리를 잘한다고 추켜세운다.

사회의 기대를 충족시키려고 [눈썹, 다리, 겨드랑이 등의] 털을 뽑고 밀고 다듬고 꾸미는 과정을 묘사하는 데 '건강'이라는 말을 사용하는 것도 놀라운 일이 아니다. 그러나 현재의 '미용과 건강' 담론은 그 어느 때보다 정도가 심하고 텔레비전의 '외모 변신' 프로그램은 단지 패션이나 다이어트에 관한 조언을 하는 것이 아니라 성형수술도 권유한다. 한 페미니즘 저술가는 최근 몇 년 사이 "미용-산업 복합체"가 여성들을 공략하는 과정을 묘사한다.[24] 이것은 연간 1600억 달러[약 186조 원] 규모의 산업이다.[25]

또한 이 산업은 언제나 새로운 시장을 찾고 있다. 미국이 아프가니스탄을 침공한 후, 2002년에 《보그》의 편집장인 애나 윈터와 많은 화장품 회사들은 아프가니스탄 여성부 내에 '뷰티 스쿨' 설립을 후원했다. 윈터는 뷰티 스쿨이 "아프가니스탄 여성을 더 아름답게 만들어 주고 자신감을 향상시키는 데 기여할 뿐 아니라 고용 창출에도 이바지할 것"이라고 말했다고 한다. 이런 시각은 서방의 점령 아래 살아가는 아프가니스탄 여성들에게 중요한 우선순위가 무엇인지를 전혀 이해하지 못하는 것이지만, 뷰티 스쿨에 참여한 화장품 회사의 중역 한 명이 "만약 이 사업이 빠른 시일 안에 미국산 화장품에 대한 수요를 창출하지 못한다면" 성공으로 여길 수 없다고 말한 것을 보면 여기에는 노골적인 경제적 동기가 숨어 있다는 것을 알 수 있다.[26]

2013년에 성형수술의 압도 다수, 즉 90.5퍼센트가 여성을 상대로 이뤄진 것이다. 최근의 연구는 성형수술을 원하는 여성의 심리적 문제가 수술을 받는다고 해서 반드시 해결되는 것은 아님을 보여 준다. "2007년에 시작한 연구들은 … 가슴 성형수술을 받은 여성의 자살률이 일반적 자살률의 갑절이나 된다는 것을 발견했다."[27]

가슴 '확대' 수술은 가장 흔한 수술인데 지금은 소음순 성형과 질 성형도 인기를 끌고 있다. 이런 수술의 마케팅 대상은 자신의 신체 부위에 "자신감이 없는" 여성들인데, 그들에게 현대의 포르노에 나오는 포토샵 처리된 여성 성기처럼 생긴 "명품 성기"를 만들어 주겠다고 광고한다. 성차별적 사회의 기대와 압력에 짓눌린 여성들은 그런 기대를 충족시켜 줄 수 있는 수술을 받으면, 때로는 위험한 수술일 수도 있지만, "당당함"을 찾을 수 있을 것이라는 말을 듣는다.

스트립 클럽이 해방적인 것이고 재미있는 것이라고 말하며 해방의 언어를 사용하는 것만도 짜증 나는데, 이제는 우리 몸에 칼까지 대라고 부추기고 있는 것이다. 한 업체는 소음순 성형이 "더 젊고 아름다운 외음부를 만들어 줄 뿐 아니라 긍정적인 자기 이미지와 자신감을 되찾아 줄 것입니다!" 하고 떠벌린다. 그들이 다음과 같이 말할 때는 이런 성형수술을 받아야 하는 이유가 의학적 필요 때문은 아니라는 사실이 분명히 나타난다. 우리 의사들은 "수술의 예술적 성격을 이해하도록, 그리고 여성들이 기대하는 만족스러운 결과가 어떤 것인지를 이해하도록 훈련받고 있습니다."[28]

해마다 약 3만 건의 가슴 성형수술이 이뤄지는데 거의 모두 사설 병원에서 행해진다. 그중 약 4500건은 유방암으로 유방 절제술을 받은 여성을 위해 국민보건서비스 체계 안에서 이뤄지는 복원 수술이다. 일부 업체들은 이윤을 극대화하려고 규정을 무시하기도 한다. 2010년에는 한 프랑스 업체가 생산한 보형물에 사용 금지 조치가 내려졌다. 가슴 성형용 실리콘 보형물을 제조하는 프랑스 업체인 PIP가 보형물에 공업용 실리콘을 사용한 사실이 드러난 것이다. 이것은 의료용 필러가 아니라 소파 충전재로 가장 널리 쓰이는 실리콘이다. 영국에서 4만 7000명이나 되는 여성이 사설 병원에서 이 보형물을 사용한 수술을 받은 것으로 추정되는데, 이 실리콘 보형물은 찢어져서 내용물이 누출될 위험이 높은 것으로 드러났다.

이런 업체들이 추구하는 이윤은 막대하다. 정부 통계를 보면, 영국의 성형 산업은 2010년에 23억 파운드[약 3조 5000억 원] 규모였고,

2015년에는 36억 파운드[약 5조 5000억 원]로 증가할 것으로 추정된다.[29] 사설 병원의 가슴 성형 평균 비용은 3000~5000파운드[약 460만~760만 원] 정도다. '메이크 유어셀프 어메이징' 같은 웹사이트들은 성형수술 비용을 할부로 나눠 낼 수 있다고 홍보한다.

일부 페미니스트들은 서구에서 성형수술이 증가하는 추세를 여성 성기 훼손의 문제에 비유한다.[30] 성기 훼손은 주로 아프리카와 중동 지역의 29개국에서 사춘기 이전 소녀들을 대상으로 이뤄지는 수술이다. 이것은 클리토리스를 잘라 내 제거하거나 음순을 제거하고 질구를 봉합하는 수술인데, 이후 성생활이나 출산을 위해서는 다시 절개해야 한다. 서구에는 여성 억압이 없고 성형수술은 소비자의 선택일 뿐이라고 말하는 정치인과 언론의 위선을 폭로하는 것은 옳다. 우리는 여성에게 달성 불가능한 사회적 기대에 맞출 것을 요구하는 끔찍한 압력을 폭로해야 한다. 여성이 그런 기대를 내면화할 수 있지만, 그렇다고 해서 그것이 성차별적 사회의 산물이 아닌 것은 아니다.

또한 성기 훼손 관행은 여성과 여성의 섹슈얼리티에 대한 뿌리 깊은 억압적 관점을 반영하는 것이다. 그러나 서구의 지배계급은 성기 훼손 문제를 이용해 무슬림을 비난한다. 또, 그들의 전략, 즉 국가가 위에서 아래로 강제하는 정책이 성기 훼손의 피해자인 여성들에게 반드시 도움이 되는 것도 아니다. 오히려 어린 소녀들은 부모나 가족이 처벌받을까 봐 두려워서 당국에 자신의 고민을 이야기하지 않을 수도 있다. 무슬림 혐오를 경험한 여성들은 성기 훼손의 압력에 시달리면서도 당국을 신뢰하지 못하고 아무에게도 도움을 청할 수 없는 상태에 처하게 된다. 2014년 유엔 여성 폭력 특별 보고관 라시다 만주는 영국의 여성 폭력 실태를 발표하면서 "일부 해로운 관행, 예를 들어 나이 어린 여성의 조혼이나 강제 결혼 또는 여성 성기 훼손 같은 것에 대해서만 법적·정책적 대응이 이뤄지는 반면, 영국의 성차별적 문화 때문에 생겨나 모든 여성에게 영향을 끼치는 온갖 폐해들은 무시되고 있다"고 우려를 표명했다.[31]

성형수술과 성기 훼손은 서로 연결돼 있는 문제지만 동일한 문제가 아니다. 성형수술과 성기 훼손 모두 성차별적 사회가 여성의 신체에 끊임없이 압력을 가한 결과이기는 하지만, 성인 여성이 스스로 성형수술을 받는 것과 성기 훼손을 똑같은 문제로 보는 것은 성기 훼손의 실상을 하찮게 보는 것이다. 성기 훼손은 많은 경우 아무런 의학적 훈련도 받지 않은 사람들, 주로 여성들이 마취도 없이 시행한다. 성기 훼손이 시술되는 나이는 마을마다 다르지만, 보통 자기가 무슨 일을 당하는지 그리고 자신의 건강과 성생활에 어떤 장기적 영향을 끼치는지 제대로 이해할 수조차 없는 어린 나이의 여자아이들에게 성기 훼손이 시행되고 있다. 보통 사람들의 선입견과 달리, 성기 훼손의 기원은 종교적 교리가 아니라 전통에 있다. 비록 무슬림 인구가 많은 나라들에서 성기 훼손이 가장 빈번하지만, 전 세계 무슬림의 대다수는 성기 훼손을 하지 않고 또한 일부 기독교 지역에서도 성기 훼손이 이뤄진다. 일부 공동체에서는 여성이 미래를 보장받을 수 있는 유일한 방법이 결혼인 경우가 많고 그래서 딸을 결혼시켜야 한다는 압박 때문에 성기 훼손을 하게 된다. 성기 훼손은 장래의 신랑에게 신부의 순결을 증명하는 수단이자 혼외 성관계를 방지하는 방법으로 여겨지는 것이다.

2013년 유니세프의 한 연구는 성기 훼손을 하는 가장 주된 이유가 공동체의 전통을 따르라는 압력이라고 보고했다. 오늘날 1억 2500만 명 이상의 여성이 성기 훼손을 당한 것으로 추정된다. 일부에서는 영국에서 6만 5000명에 달하는 여성이 모종의 성기 훼손을 당한 것으로 추정하는데 이것은 유럽에서 가장 많은 수치다. 그러나 이것은 성기 훼손이 이뤄지는 나라 출신 여성의 수를 바탕으로 추정한 것에 불과하기 때문에 현실을 정확히 파악한 것으로 볼 수 없다. 예를 들어 어떤 가족들은 딸의 성기 훼손을 피할 목적으로 고향을 떠나왔을 수도 있기 때문이다.

성기 훼손 문제에 대처하는 서구의 전략들은 국내외 모두에서 잘못된 방식으로 시행돼 왔다. 미국의 한 종교 단체는 부르키나파소의 보보디울라소에 '기쁨 병원'을 설립하기 위해 기금 모금 운동을 벌였다. 그 병원의 표어는 "클리토리스를 가지세요"였다. 그 병원은 성기 훼손을 당한 여성들이 클리토리스 복원 수술을 받을 수 있는 유일한 병원이 될 것이라고 주장했다.[32] 그렇지만 현지에도 그런 수술을 하는 병원은 많다. 단지 그 병원들은 만성적 재정 부족에 시달리고 있을 뿐인데 그 지역의 현실에 맞는 더 세심한 방식의 운동을 벌였다면 그런 문제를 해결할 수 있었을지도 모른다.

# 포르노와 성매매

서구에서 질 성형이 유행하는 이유 하나는 포르노가 널리 퍼져 있기 때문이다. 어떤 이미지들을 자주 접하다 보면 마치 그 이미지들을 '정상적'인 것으로 여기기 시작할 수 있다. 포르노그래피는 새로운 현상이 아니다. 그러나 전과 다른 점이 있다면 인터넷으로 수많은 포르노 이미지와 동영상에 쉽게 접근할 수 있게 됐다는 점이다. 이것은 포르노 산업을 크게 변화시켰다. 과거에는 섹스숍이나 다른 은밀한 경로를 통해 포르노가 유통됐고 스트립 클럽은 어두운 뒷골목에 있었지만, 이제 포르노는 주류적 소비문화의 일부가 됐다. 2004년의 한 연구는 "포르노 사이트의 조회 수가 구글, 야후, MSN 검색 엔진의 조회 수를 모두 합한 것의 3배나 된다"는 사실을 발견했다.[33]

1주일에 1회 이상 인터넷을 이용하는 9~19살 아동과 청소년의 절반 이상이 포르노를 접한 적 있으며, 4분의 1은 포르노가 포함된 스팸메일이나 스팸메시지를 받은 적 있다. 또한 만 13~19살 청소년의 68퍼센트가 인터넷으로 포르노를 본 적 있다고 응답했다.

따라서 포르노그래피를 두고 페미니스트와 사회주의자 사이에서 벌어지는 논쟁은 1970년대의 논쟁과 매우 다를 수밖에 없다. 당시 급진주의 페미니스트인 로빈 모건은 "포르노는 이론이고 강간은 실천"이라는 유명한 주장을 했다.[34] 오늘날에는 페미니스트 포르노를 옹호하는 사람도 있고, 남성이 아니라 여성이 제작한 포르노는 괜찮다고 주장하는 사람도 있으며, "유기농 공정 무역 포르노"를 옹호하는 사람도 있는데 이런 포르노에서는 배우들이 주류 포르노 산업의 배우들보다 더 존중받는다고 한다. 페미니스트 저술가인 케이틀린 모런은 오늘날의 포르노를 보면서 남자아이들이 무엇을 배울지 우려하며 [천편일률적이지 않은] "자유분방한 포르노"가 필요하다고 쓴다. 그녀는 "월세를 내야 할 때 여성에게 갑자기 일어나는 일로 섹스를 묘사하는 것이 아니라, 두 사람이 함께 하는 무언가로 섹스를 묘사하는 포르노"를 남자아이들이 볼 수 있기를 바란다.[35]

페미니즘 웹진 〈버젠다〉의 공동 설립자인 리애넌 루시 코슬렛은 오늘날 포르노를 대하는 많은 젊은 페미니스트들의 태도를 대표한다. 그녀는 〈가디언〉 칼럼니스트인 조 윌리엄스에게 다음과 같이 말했다. "섹스로 가득 찬 문화 속에서 자라나다 보니 포르노에 전적으로 반대한다는 것은 부자연스럽게 느껴집니다. 저는 10대 시절에 크리스티나 아길레라의 〈더티〉 뮤직비디오를 본 기억이 납니다. 그 뮤직비디오는 우리 어머니에게는 포르노였겠지만, 저에게는 그저 평범한 뮤직비디오였습니다." 코슬렛은 포르노에 반대하는 것은 곧 다른 사람의 욕망과 포르노 산업에 종사하는 여성들을 비판하는 것이라고 여긴다.[36]

포르노와 '섹스 산업'에 대한 여러 주장이 있다는 것은 오늘날의 페미니스트 활동가들과 저술가들 사이에 심한 균열이 존재한다는 사실을 보여 준다. 성을 구매하는 남성을 처벌하기 원하는 사람들이나 성매매를 비범죄화하기 원하는 사람들부터 성판매가 여느 직업과 다를 바 없는 그냥 직업일 뿐이라고 생각하는 사람들까지 다양한 견해가 있다. 코슬렛의 위와 같은 발언은 요즘 득세하는 시각을 표현한 것인데, 즉 포르노, 랩댄스, 성매매를 비판하는 것은 사실상 그 일에 종사하는 여성들을 공격하는 것이라는 시각이다. 이런 시각은 예를 들어 어떤 여성이 성매매에 종사한다면, 그 여성은 이미 사회적으로 지탄받고 있기 때문에 성매매를 문제 삼는 것은 잘못이라는 것이다. 따라서 성매매는 여성이 선택할 수 있는 직업의 하나로 여겨야 하고, 성매매 여성의 안전과 경제적 안정을 보장해 주는 것 말고는 성매매를 규제해서는 안 된다는 것이다. 그들은 이와 다른 시각은 모두 "창녀 혐오"이고, 자신을 주체적 "성 노동자"로 규정하려는 여성들의 권리를 부정하는 것일 뿐이라고 주장한다.

이렇게 선택을 강조하는 주장은 1980~1990년대 포스트페미니즘의 주장과 겹치는 부분이 있다. 당시 새로운 세대의 페미니스트들은 여성 억압을 과거지사로 여기지는 않았지만, 자신이 여성의 편임을 증명하려는 사람은 여성이 무슨 선택을 하든 무조건 지지해야 한다고 주장했다. 그러나 이것은 심각한 문제가 있는 발상이다. 왜냐하면 여성의 모든 선택이 아무런 경제적·사회적·물리적 압력 없이 자유롭게 이뤄진 것이라고 가정하기 때문이다. 지폐 도안에 여성이 적어도 한 명은 있어야 한다고 주장했다가 온라인상에서 끔찍한 공격에 시달려야 했던ʹ 영국의 페미니스트 캐럴라인 크리아두페레스는 다

---

\* 2013년 영국은행은 5파운드 지폐 뒷면의 인물을 여성 사회개혁가인 엘리자베스

음과 같이 썼다. "여성의 선택권을 부인하는 페미니스트는 없다. 그러나 [나 같은] 일부 페미니스트들은 여성이 이미 그 권리를 행사하고 있다는 생각을 거부한다. 구조가 아니라 여성을 비난하는 것처럼 보일까 봐 두려워서, 매우 특정한 선택을 여성에게 강요하는 구조를 분석하지 않는다면 그것은 의도적 오해 앞에서 투쟁을 포기하는 것이다."[37]

우리는 성 노동을 개인적 '선택'의 문제로 보는 것을 넘어서야 한다. 사회주의자는 성매매를 비롯해서 여성의 몸을 상품화하는 것에 기반한 산업의 여러 측면을 분석할 때 반드시 자본주의 사회의 소외와 여성의 일반적인 사회적 지위를 고려해야 한다. 이런 논의가 1980년대 내내 이뤄졌다.

포르노는 여성에 대한 가장 성차별적인 묘사뿐 아니라 가장 조악한 인종차별적 편견도 재생산한다. 예를 들어, 아시아인 여성은 수동적으로 묘사되고 흑인 여성은 위험하고 음탕한 것으로 묘사된다. 미국의 페미니스트 작가 벨 훅스는 "인종차별적이고 성차별적인 이미지들에서 흑인 여성은 성 경험이 많고 외설스럽다는 편견에 기초해 묘사된다"고 주장한다.[38] 또한 포르노는 남성에 대한 뒤틀린

---

프라이에서 윈스턴 처칠로 교체할 계획을 발표했는데 그러면 영국 지폐의 뒷면에는 여성 인물이 한 명도 없게 될 터였다. 이에 크리아두페레스 등이 지폐에 여성 인물의 도안을 포함할 것을 주장하는 운동을 벌여 10파운드 지폐에 제인 오스틴의 초상을 사용하겠다는 발표를 이끌어 냈다. 그 뒤, 크리아두페레스는 트위터상에서 강간과 살해 협박에 시달려야 했다.

편견을 재생산하고, 성기의 크기, 성적 능력 그리고 성관계에서 여성이 원하는 것에 대한 왜곡된 관념을 만들어 낸다. 성매매에 종사하는 남성도 있지만 그들은 소수다. 성매매 종사자의 10~15퍼센트가 남성으로 추정된다.[39]

제인 프리처드가 썼듯이 "예나 지금이나 성매매와 성 노동의 규모와 성격은 빈곤, 양극화, 그리고 세계 자본주의의 고질적 혼란에 의해 좌우된다. 그러나 성매매는 착취의 또 다른 차원이기도 하지만, 무엇보다 여성 억압이라는 맥락 속에서 이해돼야만 한다."[40]

미국의 레스토랑 체인인 후터스는* 영국에서도 지점을 열었는데, 여성 직원의 가슴을 훔쳐보는 분위기가 식당 전체에 가득하다. 후터스에서 일하는 여성들은 치킨윙을 서빙할 때 성적 대상화뿐 아니라 성희롱도 감수해야 한다는 내용의 계약을 체결하는 것으로 드러났다. '성 산업'으로 분류되지도 않는 업종인 후터스의 계약서는 다음과 같은 내용을 포함하고 있다. "본인은 후터스의 콘셉트가 여성의 성적 매력에 기초하고 있다는 점과 근로 환경 속에 여성의 성적 매력에 대한 농담과 섹스를 암시하는 언사가 만연하다는 점을 인정하고 받아들입니다. … 또한 본인은 본인의 직무, 복장, 근로 환경이 위협적이라거나 적대적이라거나 불쾌하다고 생각하지 않는다는 점

---

* 후터스에서 근무하는 웨이트리스는 '후터스 걸'로 불리는데 주황색의 짧은 반바지와 가슴을 강조하는 꽉 끼는 흰색 민소매 셔츠를 유니폼으로 입는다. 후터스라는 단어 자체가 여성의 큰 가슴을 의미한다.

을 분명히 인정하고 받아들입니다."[41]

성매매가 여느 직업과 다를 바 없다고 주장하는 사람들은 노동력을 상품으로 판매하는 노동자가 겪는 소외나 성을 판매하는 노동자가 겪는 소외가 아무런 차이가 없다고 주장한다. 그러나 핀 매케이는 다음과 같이 말한다. "건설 노동자가 된다고 해서 사용자가 그 노동자의 몸을 성적으로 이용할 수 있는 것은 아니다. 이 점은 기자, 학자, 웨이터 등의 경우도 마찬가지다."[42]

여성의 몸과 성관계 능력 자체가 상품이 되는 것과 노동력을 판매하는 것은 다르다. 성적 착취는 여성 억압과 소외가 가장 극단적으로 드러나는 사례 중 하나다. 성은 우리 사회에서 고액 화폐 같은 것이 됐다. 그리고 어떤 여성들에게는 유일한 화폐일 수도 있다. 많은 여성들이 성매매에 종사하게 되는 이유는 그들이 다른 대안이 별로 없다고 느끼는 상황에 처해 있기 때문이다. 모든 여성이 자신의 경제적 문제를 해결할 방법에 대해 실질적인 선택권을 행사하고 있다고 주장하는 사람들은 여성의 삶의 물질적 현실을 무시하는 것이다.

최근의 연구들은 "길거리에서 성 노동을 하게 만드는 두 가지 가장 중요한 요인"이 주거비 부족과 약물중독이라는 것을 보여 준다. 브리스틀의 한 연구에서는 조사 대상 여성의 3분의 2가 집이 없거나 거처가 불안정하다고 응답했다. 이들은 모두 약물중독 문제가 있다고 응답했다. 또 다른 연구들은 많은 여성이 학대의 생존자들이라는* 점을 지적한다. 한 연구 결과를 보면 성매매에 종사하는 여성의 3분의 2가 "아동기에 신체적·성적·정서적 학대"를 겪었다고 응답했다.[43] 또한 성매매 여성의 약 70퍼센트가 아동기에 보호시설에 수용된 적이 있는 것으로 추산된다.

최근 로치데일과 로더럼 같은 지역에서 발생한 수많은 아동 성 착취 사건을 통해서도 위와 같은 사실을 확인할 수 있다. 이 사건들에서 가해자들은 보호시설에서 거주하는 취약한 처지의 청소년들을 꾀어내서 성매매를 강요했다. 일부 소녀들은 자신의 가정에서 학대를 견디고 살아남은 후 분리돼 시설에 수용된 것이었지만 그들에게 필요한 지원이 적절하게 이뤄지지 않았다.[44] 당국의 책임자들은 거듭거듭 노동계급 소녀들이 그렇게 엉망인 삶을 스스로 "선택"했다고 일축했다. 그러나 그 소녀들은 짧은 인생 경험에서 진정한 사랑과 애정을 받아 본 적이 없기 때문에 가해자 남성이 보이는 관심을 진실한 것이라고 믿고 받아들인 것이다. 이런 사실을 이해했어야 하는 담당자들은 오히려 전혀 그러지 못했다.

단지 개인의 선택이라고 말하는 것은 모든 사람의 삶에 영향을 끼치는 거대한 힘들을 무시하는 것이다. 대부분의 사람들에게는 어디서 살지, 어떤 일을 할지에 대한 선택의 폭이 매우 협소하다. 따라

---

* 흔히 학대의 '피해자'라고 표현하나, 많은 여성운동가는 '피해자'라는 용어 대신 '생존자'(survivor)라는 표현을 쓰고 '학대당하다'라는 표현 대신 '학대를 견디고 생존하다'라는 표현을 쓴다. 지은이도 여기서 그런 용어를 썼으므로 우리말에서는 널리 쓰이는 표현이 아니지만 '생존자'로 번역했다.

서 예를 들어, 핵발전소를 비판한다고 해서 핵발전소에서 일하는 사람들을 비난하는 것은 아니지만 사회주의 사회에는 핵발전소와 핵무기가 있어서는 안 된다는 주장은 얼마든지 할 수 있는 것이다.

돈을 주고받는 행위는 개인 간의 평범한 관계조차 왜곡할 수 있다. 어떤 할아버지·할머니는 손주들에게 넉넉한 경제적 지원을 해 주기도 하지만 이것이 손주들의 성장에 부정적 영향을 미칠 수도 있다. 남성이 여성에게 저녁을 "사 주면" 여성이 그 보답으로 무언가를 "줄" 것이라고 기대하게 된다. 돈은 그것이 닿는 모든 것을, 인간 삶의 모든 부분을 오염시키고 왜곡한다. 성을 판매하는 것은 (대부분 여성의 몸을 파는 것인데) 우리의 삶에서 큰 행복의 원천이 될 수 있을 뿐 아니라 가장 중요한 인간관계의 일부에도 영향을 미칠 수 있는 인간적 측면을 소외시키고 왜곡하는 것이다.

성 산업에 종사하는 여성들이 스스로 조직화할 수 있는 권리를 주장하고 자신의 안전을 지키기 위해 노력하는 것은 정당하다. 길거리에서 일하는 여성은 폭력을 겪을 위험이 극히 높다. 그런 여성은 성매매에 종사하지 않는 여성보다 살해될 가능성이 60~100배가량 더 높다.[45] 그런 여성은 모두 노동조합을 결성할 권리를 가져야 하고 존중받을 권리를 요구해야 한다. 그리고 경찰에게 범죄자 취급을 당하거나 괴롭힘을 받아서는 안 된다. 그러나 우리는 그런 여성들이 노동조합원이 되면(지금은 매우 소수다) 그들의 상황이 바뀔 것이라는 환상을 품어서는 안 된다. 여성들은 성을 구매하는 남성과 이익을 뜯어내는 포주의 공격에 취약할 뿐 아니라 국가의 공격에도 취약하다. 인신매매당한 여성은 당국에 적발되면 추방될 위험이 있고, 영국의 사례들에서 봤듯이 심지어 가해자의 꾐에 넘어간 아동조차 경찰의 보호를 기대하기 어렵다.

많은 사람들이 대량생산된 포르노의 성차별적이고 비인간적인 영향에 혐오감을 느껴서, 일부는 포르노와 성매매가 그 자체로 여성에 대한 폭력이며 특별한 "억압 도구"라고 주장하기도 했다.[46] 이런 시각으로 말미암아 저명한 페미니스트인 앤드리아 드워킨과 캐서린 매키넌은 1983년 미국에서 우파 단체들과 협력해, 포르노가 시민권을 침해하는 것이라고 주장하며 법정 소송을 벌여 논란을 불러일으켰다. 그러나 그들이 제안해서 통과시킨 조례는 결국 위헌판결을 받았고, 포르노 반대 활동가들을 포함한 다수의 페미니스트들은 드워킨과 매키넌의 활동과 그들이 우파와 동맹한 것을 매우 비판했다.[47] 많은 사람의 생각과 달리, 그들은 국가가 포르노를 검열해야 한다고 주장하지는 않았다. 그렇지만 국가의 개입을 활용해서 포르노에 맞서 싸우려 한 시도는 매우 위험한 선례를 남겼다. 더 최근에 급진주의 페미니스트인 줄리 빈델은 우파 단체들과 협력해 랩댄스 클럽 금지 운동을 벌였다.[48] 이런 식으로 국가권력에 호소하는 것은 실수다. 이것은 그런 운동에 도움을 요청하는 여성들을 경찰과 법정이라는 형태로 일상적으로 희롱하고 처벌하는 것이 다름 아닌 국가라는 사실을 무시하는 것이다.

포르노는 여성 억압의 한 징후이지 그 근원이 아니다. 여성은 가장 초기의 포르노 사진과 인쇄물이 대량생산되기 훨씬 전부터 억압받았다. 포르노를 검열하는 것은 해결책이 아니고 오늘날에는 그것이 가능하지도 않다. 특정 형태의 포르노, 예를 들어 폭력적 내용을 포함한 포르노를 금지하는 것은 그럴듯하게 보일 수도 있다. 그러나 우리가 경찰, 공무원, 판사 등의 국가기관에 우리의 섹슈얼리티를 단속할 수 있는 권한을 부여하면 그들은 그 권한을 이용해 자신들이 '불온'하다고 여기는 글과 이미지도 금지할 것이다. 그들은 성소수자의 글이나 심지어 안전한 성생활에 대한 구체적 조언들도 겨냥할 수 있다. 아동 학대를 담은 포르노는 이미 다른 법령으로 금지돼 있다.

포르노를 단속하는 법률이 어떻게 이용될 수 있는지는 "1984년 마거릿 대처의 보수당 정부 시절 도덕적 반동의 일환으로 '게이 이즈 더 워드' 서점을 침탈해 수백 권의 서적을 압수하는 데 외설물출판금지법(1959)이 활용된 사례"를 보면 알 수 있다.[49] 그 전에는 레즈비언의 사랑을 다룬 래드클리프 홀의 소설 《고독의 우물》이 오랫동안 금지됐다. 검열에 반대하는 한 페미니스트 저술가가 지적했듯이 "이 책에서 연인들의 행위를 명시적으로 묘사하는 부분은 '그날 밤 그들은 사랑으로 하나가 됐다'는 불후의 문장뿐"인데도 말이다.[50] 개혁 입법으로 여겨졌던 법률이 국가에 도전하는 사람들을 대상으로 사용되기만 한 사례들은 역사에서 흔히 찾아볼 수 있다. 스토킹처벌법은 환경운동가들을 상대로 사용됐고, 공중질서법은 원래 파시스트 집회를 금지하기 위한 법안이었으나 반反자본주의 시위와 그밖의 항의 행동을 금지하는 데 빈번히 사용됐다. 국가는 선의의 중립적 권력이 아니므로 공적이든 사적이든 우리의 삶에 개입할 힘을 조금이라도 더 많이 가지도록 해서는 안 된다.

검열과 국가 통제는 언제나 노동계급의 권리를 통제하려는 것이다. D H 로런스의 소설 《채털리 부인의 연인》의 출판에 대한 1960년의 재판은 그 책을 금지하려는 것이 아니었다. 그 책은 이미 오랫동안 하드커버로 출판되고 있었다. 그 재판의 쟁점은 그 소설이 페이퍼백, 즉 값싼 보급판으로 출판되도록 허용해서 처음으로 "하인들과 부인들"도 그 책을 구입할 수 있게 할 것인지였다. 마찬가지로 18세기 이후 이탈리아 남부의 유명한 로마 유적지인 폼페이를 발굴한 고고학자들은 성적 묘사가 노골적인 벽화와 조각상을 다수 몰수했는데, 그 작품들은 용암이 그 마을을 덮쳤을 당시에는 대중적인 것이었다. 고고학자들은 그 작품들이 여성과 아동에게 노출되지 않도록 비밀 장소에 보관했다. 1816년에는 이 전시물들의 사진이 포함된 값비싼 도록圖錄이 프랑스에서 출판됐다. 프랑스 정부 당국은 다수의 도록을 압수하고 파괴했지만 재력이 있는 사람들은 이 도록을 수집품으로 소장했다.[51] 대영박물관에도 세크레툼이라는 비밀 전시실이 있었다. 이 전시실은 원래 빅토리아 시대의 큐레이터들이 대중이 보기에는 지나치게 성적으로 노골적이라고 판단한 작품들을 모아서 보관하던 곳이었는데 선택된 신사 양반들은 입장이 허가됐다.

포르노에 반대하는 것과 더 많은 성적 표현의 자유를 주장하는 것 사이에는 아무런 모순이 없다. 오히려 포르노가 만연한 현실은 포르노가 보여 주는 협소하고 틀에 박힌 성애 묘사와 맞지 않는 성적 표현들은 억압하는 효과를 낸다. 포르노가 만연한 현실에 맞서려면 다양한 섹슈얼리티와 인간관계에 더 개방적이 돼야 한다. 이것은 특히 학교교육에서 필요하다. 학교교육에서는 성의 모든 측면에 대해 공감할 수 있고 솔직하고 폭넓은 토론이 거의 이뤄지지 않는다. 1905년 혁명가인 클라라 체트킨은 사회주의 소책자에 다음과 같이 썼다. "여러분의 자녀에게 성에 대한 진실을 말해 주세요!"[52]

## 성교육

언론은 10대 청소년들이 무분별한 성생활과 포르노에 빠져 있다며 선정적 충격 보도를 툭하면 내놓는다. 그러나 섹스가 만연해 있으면서도 심하게 억압되는 사회에서 청소년들이 성에 대해 배울 때 부딪히는 문제들은 거의 보도하지 않는다. 영국은 현재 성교육이 일부 지역의 중고등학교에서만 의무적으로 시행되고 있는데, 2015년 2월 정부의 특별위원회는 모든 학교에서 성교육을 의무화하는 방안을 내놓았다. 청소년들은 솔직하게 공감할 수 있고, 도덕주의적이지 않으며, 섹스를 사고팔거나 거래하는 것으로 여기지 않는 방식으로 성에 대해 배울 수 있는 기회가 없다.

미국의 성교육은 금욕을 장려하는 프로그램이 압도하고 있다. 그런 프로그램에 대한 재정 지원은 1996~2006년에 10억 달러나 됐다.[53] 《롤리타 효과》의 저자는 "여학생들은 자신의 욕망이 언제나 위험하고 해롭다고 여겨지는 상황(그와 동시에 남학생들의 성적 관심을 끌도록 부추겨지는 상황)에서는 성관계에서 자신이 어떤 선택을 할 수 있는지 이해하지 못하고 배우지도 못한다"고 썼다.[54] 여성은 남성의 욕망에 어떻게 대처해야 하는지를 배우지만 자신의 욕망을 어떻게 계발해야 하는지는 배우지 못한다. 미국에서 10대 임신율은 금욕만을 강조하는 성교육이 최고조였을 때 가장 높았다. 오늘날 10대 임신율은 역대 최저 수준인데 그 이유는 여러 가지다. 더 우수한 포괄적 성교육이 더 많은 학교에서 이뤄지고 있고 피임 기구가 더 많이 사용되고 있는 점이 주요한 이유다.[55] 연구자들은 "혼전 금욕만을 장려하는 성교육 프로그램은 성관계를 중단시키거나 심지어 늦추는 데도 전혀 효율적이지 않다는 것이 입증됐다"고 결론 내린다.

성교육은 오랫동안 정치적 문제였고, 특히 성소수자의 섹슈얼리티 문제는 매우 민감한 정치 쟁점이었다. 영국에서 1988년에 통과된 악명 높은 지방정부법 28조(4장 참조)는 성, 젠더, 가족에 관한 협소하고 반동적인 지배계급 이데올로기를 노동계급 학생들에게 강요하려는 것이었다. 그와 동시에 보수당은 "피임, 임신중절, HIV, 에이즈 관련 교육을 과학의 필수 교육과정"에서 삭제하기도 했다.[56]

오늘날 우파는 청소년들이 동성애가 '변태적'이라고 배우지 못하면 동성애에 빠지게 될 것이라며 야단법석을 떠는데 이것을 보면 1921년 레즈비언을 형사처벌하자는 법안을 둘러싸고 벌어진 논란이 떠오른다. 당시 검찰총장 데사트 경[卿]은 여성 간 성행위를 음란 행위로 처벌하는 것에 반대하며 다음과 같이 말했다. "그랬다가는 이런 범죄가 있다는 걸 온 세상이 알게 될 겁니다. 그런 것을 들어 본 적도, 생각해 본 적도, 꿈꿔 본 적도 없는 여성들이 관심을 갖게 될 겁니다. 아주 심각한 악영향을 미칠 거라고 생각합니다."[57]

그러나 현실은 달랐다. 심지어 제2차세계대전 때까지도 여성들은 동성애에 대해 생각하고 꿈꿨지만, 일부 여성들은 그것을 뭐라고 부르는지, 다른 여성도 비슷한 감정을 느끼는지 알지 못했다. 뉴욕 주 북부의 한 여성은 전쟁 동안 "여성농경부대와* 함께 추수하러 나갔다가 여성 둘이 서로 입맞춤하는 것을 봤다. 사람들이 둘을 레즈비언이라고 하는 것을 듣고 그녀는 태어나서 처음으로 자신과 같은 사람을 뭐라고 부르는지 알게 됐다."[58] '하층민'의 성생활에 대한 도덕적 공황은 예전부터 늘 있었다. 노동계급의 성생활은 통제돼야 하는 대상이었다. 계급사회와 가족제도가 형성되면서부터 섹슈얼리티에 대한 태도와 인식은 특정한 성 역할과 연결됐고 그런 인식에 위배되는 사람들은 고립되거나 차별받았고 심지어 처벌받기도 했다.

동성애자 해방운동은 경찰이 지배적 성별 역할이나 성적 역할에 따르지 않는 사람을 탄압하고 죄인 취급하는 것에 저항하면서 생겨났다.[59] 로라 마일스는 다음과 같이 썼다. 1969년 경찰이 뉴욕에 있

---

* 제1·2차세계대전 때 전쟁터에 나간 농민을 대신해 농사일을 돕기 위해 결성된 단체다.

는 노동계급 동성애자들의 술집을 급습해서 벌어진 스톤월 항쟁 당시에는 "성별에 적합하지 않은 옷이나 장신구를 세 종류 이상 착용하고 있으면 체포될 수 있었다. 이런 법규는 다양한 성별 정체성을 가진 사람들, 예를 들어 이성 복장 선호자와 여장 남성을 탄압하는 것이었고 이에 대한 불만과 분노가 스톤월 항쟁 같은 기념비적 사건과 1960년대의 여러 저항운동의 원인이 됐다."[60]

동성애 운동가들은 그동안 큰 성과를 거뒀지만, 오늘날 성소수자 학생들의 절반 이상이 학교 안팎에서 직접적 괴롭힘을 당하고 있다.[61] 여학생들은 점점 더 어린 나이에 성적 매력에 따라 자신을 평가하도록 부추겨진다. 과거의 이중 잣대는 지금도 여전히 적용된다. 남학생들은 섹스를 많이 해야 진짜 남자임이 증명되지만, 여학생들은 성적으로 순결을 지켜야 한다는 압력을 받고 성생활이 활발한 젊은 여성은 여전히 "걸레"라고 지탄받을 수 있다.

## 성적 자유는 여성에게 해로운가?

일부 페미니스트들은 오늘날의 현상들을 보면 성적 자유가 여성에게 도움이 되지 않았고 1960년대에 남성은 책임은 덜 지면서 더 많은 섹스를 할 수 있었고 여성은 이용당했을 뿐임을 알 수 있다고 주장하기도 한다. 이탈리아의 페미니스트 실비아 페데리치는 다음과 같이 썼다. "우리에게 섹스는 일이고 의무다. 남자를 만족시켜야 한다는 의무는 우리의 섹슈얼리티에 너무나 깊게 자리 잡고 있어서 우리는 쾌락을 주는 것을 통해서, 즉 남자를 자극하고 흥분시키는 것을 통해서 쾌락을 얻는 것을 배운다."[62] 저메인 그리어는 자신이 과거에 "많은 남자를 만났기" 때문에 불임이 됐다고 말하며 여성은 정숙해야 한다고 주장한다. 더 최근에 포르노 반대 활동가이자 페미니스트인 줄리아 롱은 1960년대의 성 개방과 포르노 산업을 직결시키며 다음과 같이 주장한다. "그것[1960년대 성 개방]의 특징은 노먼 메일러와 윌리엄 버로스 같은 여성 혐오 작가들을 추켜세우는, 근본적으로 남성 우월주의적인 대항문화라는 것이었다. … 이런 식으로 성 혁명과 남권주의적 영웅들은 남성이 여성을 성적으로 이용하는 것을 혁명적이라고 포장했고 그것을 통해 1970년대에 포르노가 확산되는 길을 열어 줬다."[63]

페미니스트인 바버라 에런라이크와 디어드리 잉글리시는 이런 시각을 비판했다. 그들은 당시에 "성차별은 존재했지만 여성들은 실제로 다양한 성적 경험을 더 많이 하고 있었고 그것을 즐기고 있었다"고 말한다. "여성들은 더 많은 섹스를 하고 있었으며 그것은 출산을 위한 것이 아니었다. 여성들은 섹스를 할 수 있는 권리를 주장하고 있었으며 동시에 섹스에 대한 여성들의 사회적·정서적 부담은 줄어들고 있었다."[64] 성적 자유가 남성에게만 이득이라는 주장은 오래된 반동적 신화와 결부되는데 1960년대의 수많은 활동가들은 그런 신화를 깨뜨리고자 했다. 그것은 바로 여성은 실제로는 섹스를 즐기지 않고 성욕도 없고 단지 남성에게 쾌락을 주기 위해 섹스를 한다는 생각이다. 실라 로보섬은 1890년대에도 이런 주장이 제기됐다고 말한다. 당시의 여성들은 효과적 피임법과 안전한 임신중절에 접근하기 위해 분투하고 있었는데,[65] 당시 일부 개혁주의자들은 "성적 자유"라는 개념 대신 "자발적 모성"이라는 개념을 사용해 이야기할 필요가 있다고 생각했다.[*] 사회적 체면을 잃을까 봐 우려했기 때문이다.

다른 여성 활동가들은 여성이 자유로운 섹스를 즐기는 데서 피임이 매우 중요하다는 사실을 더 공개적으로 주장했다.[66] 피임을 하면 남성은 더 많은 섹스를 무책임하게 할 수 있으므로 남성에게 쾌락을 주는 것일 뿐이라는 주장에 대해, 19세기에 성적 자유를 옹호한 에이미 리닛은 다음과 같이 주장했다. "성관계에 대한 욕망은 상호적이지 남성에게만 국한되지 않는다. … 피임은 여성이 성적으로 '스스로를 만족시킬' 수 있게 해 준다." 리닛은 자신의 주장에 대해 한 가지 이유를 덧붙인다. "이 문제에 대한 내 견해는 내가 70살이 아니라 아직 30살도 안 됐다는 사실과 아마 관련이 있을 것이다." 이것은 여성은 나이가 더 들어서야 성적 욕망이 생긴다는 일부 사람들의 생각과도 상반된 것이었다. 로보섬은 비록 "여성이 쾌락을 누릴 권리라는 개념이 19세기 급진주의 사상의 일부였지만, 1890년대에도 여전히 여성이 스스로 그런 욕망을 겉으로 드러내는 것은 어

---

[*] '자발적 모성'은 여성의 성적 욕망과 자유를 스스로 어머니가 되고 싶어 하는 것으로 표현한 것이다.

려운 일이었다"고 지적한다.[67]

성적 자유가 증대하면서 여성의 성적 대상화가 더 극심해지는 것처럼 보이는 오늘날, 보수 우파는 지나친 성적 대상화에 대한 사람들의 우려를 이용한다. 보수당 총리인 데이비드 캐머런은 아동을 성적 대상화하는 문제에 대한 캠페인을 벌였지만 그의 의제는 진보적이지 않다. 캐머런을 비롯한 보수당원들은 우리가 성취한 성적 자유를 규제하길 원했다. 캐머런은 임신중절의 권리를 부인하고 여성을 조신한 가정주부이자 애 낳는 기계로 보는 사람들의 표를 얻으려고 애쓴다. 이와 유사하게, 캐럴 플랫 리보 같은 미국의 우파 저술가들은 "성에 집착하는 문화가 젊은 여성들을 해치고 있다"고 개탄하지만 그들은 성차별이 아니라 성 자체를 주된 문제로 여긴다.[68]

## 도덕과 계급

지배계급은 오랫동안 대중의 섹슈얼리티를 두려워하고 악마화해 왔으며 노동계급 여성과 흑인 여성은 특히 많은 성적 억압을 당해 왔다. 여성은 본래 순수한 존재이므로 순결을 지킬 도덕적 책임이 있다는 말을 듣는다. 성욕을 느끼거나 성생활이 활발한 여성은 '헤프고' 타락한 여자라고 지탄받는다. 1946년 "불안정한 사춘기 소녀"를 다룬 〈브리티시 메디컬 저널〉의 한 기사는 "'객관적인 사회적 연구'를 가장한" 지배층의 온갖 편견과 두려움을 보여 줬다. "이 기사는 '날라리 여자애들'이 '훈육과 통제에 따르지 않는' 것을 심각한 사회문제로 규정하고 그에 대한 관심을 촉구했다." 이 글은 심지어 소녀들의 신체적 성숙조차 심각한 문제로 여겼다. "이 불안정한 소녀들은 '특히 가슴과 엉덩이가 조숙하게 발달하는 증상'을 보이는 경우가 많았다."[69]

1933년 캔터베리 대주교가 "여학생들의 방종한 행동"이라는 주제로 개최한 회의는 "피임이 쉬워진 것이 문제인지 해결책인지"를 논의했다.[70] 사람들은 섹스와 출산의 분리를 한편으로는 환영하면서도 다른 한편으로는 두려워했다. 이것이 노동계급 여성들의 섹슈얼리티와 출산에 대한 모순된 이데올로기의 핵심이다. 산아제한에 대한 태도는 흔히 빈곤층의 "과잉 번식"을 통제하려는 반동적이고 우생학적인 욕망과 밀접한 관련이 있었다.

제국주의자이자 자유당 정치인이었던 로즈버리 경은 20세기 초 빈곤층의 과잉 번식에 대한 지배계급의 우려를 표명했다. "여전히 남아 있는 빈민가와 빈민굴에서는 대영제국의 혈통이 자랄 수 없다."[71] 그러나 이런 시각을 가진 사람들은 반동적 귀족만이 아니었다. 마리 스톱스와 마거릿 생어 같은 산아제한 운동가들도 빈민층에 대해 이런 시각을 가지고 있었다.[72] 교육받은 중간계급만이 산아제한을 하고 빈민은 계속 아이를 많이 낳을 것이라는 우려가 있었던 것이다.

스톱스는 "병 걸린 사람, 게으른 인종, 검약하지 못한 사람, 조심성 없는 사람, 정신이 약해 빠진 사람, 공동체의 가장 저열하고 비루

한 구성원이 왜소하고 뒤틀리고 열등한 유아를 수없이 양산하는 것을 사회가 방치한다"고 불평했다.[73] 그러나 러시아의 볼셰비키였던 알렉산드라 콜론타이와 영국의 스텔라 브라운 같은 다른 사람들은 산아제한의 발전이 더 평등한 사회를 위한 투쟁의 일부라고 여겼다. 스텔라 브라운은 "산아제한이 여성의 자기 결정권에서 매우 중요한 부분"일 뿐 아니라 "노동자의 [사회]통제"와도 연결돼 있다고 말했다.[74]

현재 영국에서는 산아제한을 쉽게 이용할 수 있다. 비록 합법적 임신중절에는 여전히 많은 제약이 따르지만 말이다. 지배계급의 일부는 이런 제한적 임신중절조차 반대했고 오늘날에도 툭하면 도덕적 공황을 부추기고 끔찍한 이야기들을 유포해서 임신중절권을 공격하려 한다.

섹스와 출산의 분리는 성 해방의 전제 조건이다. 여성이 가족 안에서 어머니이자 가정을 돌보는 사람 구실을 하는 것이 여성 억압을 형성하기 때문에, 출산을 통제하는 것이 성 해방의 근본적 요건이다. 그러나 피임 기구를 이용하고 안전한 임신중절을 받을 수 있는 여성에게조차 성 해방은 여전히 요원해 보인다. 성적 자유는 세상이 뒤바뀔 때까지 기다릴 수 있는 한가한 문제가 아니다. 사회가 여성의 몸을 대상화하고 자본주의가 성을 왜곡하는 것은 여성과 남성에게 영향을 끼친다. 여성이건 남성이건, 성소수자이건 이성애자이건, 우리가 선택하는 어떤 방법으로든 우리의 섹슈얼리티를 아무런 억압이나 두려움 없이 표현할 수 있어야 하지만 체제의 작동 방식은 그것을 제약하고 있다. 우리는 날마다 어떤 유형의 인간관계를 추구해야 하는지에 대한 이미지와 이데올로기적 선전 공세에 시달린다. 여성은 좋은 아버지가 될 만하고 편안한 삶을 살게 해 줄 만한 안정된 배우자를 찾아 유혹해야 한다는 말을 여전히 듣고 있다. 이것을 따르지 않는 사람들은, 즉 독신을 선택하거나 아이가 없거나 이른바 정상적 가족이나 인간관계의 바깥에서 사는 사람들은 한심하게 취급되거나 불쌍하게 여겨지거나 더 심한 대우를 받는다. 우리의 개인적 삶이 사회적 기대의 제약을 받지 않는 세계에서 산다는 것이 어떤 것인지를 상상하기는 어렵다.

엥겔스는 사회주의 사회의 성적 관계에 관한 글이 "대부분 앞으로 사라질 것들을 다루는 데 그친다. 그러나 어떤 새로운 것들이 나타날 것인가?" 하고 묻는다. 엥겔스는 이어서 다음과 같은 유명한 구절을 남겼는데, 이 구절은 빅토리아 시대부터 후터스 바와 인터넷 포르노 시대까지 불평등과 억압이 여성에게 미치는 영향에 대한 통찰을 보여 준다. 또한 이 구절에는 미래의 가능성에 대한 낙관이 녹아들어 있고, 세계를 변혁하는 것이 어떻게 우리를 변화시킬 수 있는지, 심지어 우리의 가장 친밀한 관계조차 어떻게 바꿔 놓을 수 있는지가 드러난다. 엥겔스는 새롭게 나타날 것에 대해 다음과 같이 쓴다.

새로운 세대가 성장하게 되면 그 답을 알 수 있을 것이다. 새로운 세대의 남성은 평생토록 여성의 굴종을 돈으로 사거나 다른 사회적 권력을 이용해 여성을 굴복시킨다는 것이 어떤 것인지 전혀 모를 것이다. 새로운 세대의 여성은 진정한 사랑 말고 다른 이유로 남자에게 자신을 허락한다는 것이 어떤 것인지 전혀 모를 것이고 또한 경제적 불이익이 두려워서 사랑하는 사람과 헤어진다는 것이 어떤 것인지도 전혀 모를 것이다.

이런 사람들이 세상에 나타날 때면, 이들은 누구나 당연히 해야 한다고 생각하는 오늘날의 관념을 신경 쓰지 않을 것이고, 스스로 알아서 행동을 선택하고 이에 따라서 각자의 행동에 관한 여론을 스스로 조성할 것이다. 그리고 그걸로 끝일 것이다.[75]

# 10장 자본주의 안에서 평등을 달성할 수 있을까?

자본주의의 원동력은 이윤 추구다. 여성 억압을 포함한 다른 모든 것은 이 핵심적 동역학의 부산물이라 할 수 있다. 따라서 현재와 다음 세대의 노동자를 재생산하는 일(즉, 아이들을 키우고 돌보는 일)과 돌봄이 필요한 다른 사람들을 돌보는 일의 새로운 대안적 방식을 구상하는 것은 자본주의 안에서도 가능하다. 리스 보걸은 다음과 같은 몇몇 방식을 예로 든다. "노동자들을 부양하기 위해 노동자 집단 수용소나 기숙사 시설도 활용할 수 있을 것이다. 그리고 노동인구는 기존 노동자의 세대교체뿐 아니라 이민자나 노예노동을 활용해서도 확보할 수 있다."[1]

우리는 남북전쟁 이전 미국 남부에서, 나치 치하 유럽에서, 아파르트헤이트 시절 남아공에서 노동력 확보에 노동자들이 기계 부품처럼 활용되는 극단적 사례들을 목격한 바 있다. 보걸은 노동자 집단 수용소나 기숙사가 핵가족 제도보다 더 나은 대안이라고 주장하는 것이 아니라, 핵가족이 현대 자본주의에서 노동력 재생산 방식이 취하는 유일한 형태가 아니라고 말하는 것일 뿐이다. 위와 같은 방식은 단지 역사의 일부일 뿐 아니라 오늘날에도 세계 곳곳에서 볼 수 있다. 실제로 생계를 위한 일자리를 찾아 위험한 상황에서도 멀리까지 이주를 감행하는 수많은 이주 노동자들에게 가정생활은 누리기 힘든 사치다.

이 점은 이른바 '경제특구'에 있는 수많은 노동자도 마찬가지다. 경제특구는 중국, 동남아시아 또는 아프리카와 중동의 여러 나라에서 기업이 그 나라의 법률과 조세를 회피할 수 있게 해 주는, 신자유주의의 발명품이다. 여기서 노동자들은 회사 부지 내의 집단 수용소에서 먹고 자고 생활하는데, 때로는 끔찍한 조건에서 살아간다. 카타르에서는 최소한 100만 명의 노동자들이 불결하고 과밀한 노동자 수용소에서 살며 2022년 월드컵 경기장과 시설을 건설하고 있다. 2015년 네팔에서 8000명 이상의 사망자를 낸 강진이 발생했을 때, 카타르의 건설 현장에서 일하던 네팔인 이주 노동자들은 고향으로 돌아가 가족의 장례식을 치르고자 휴가를 신청했지만 받아들여지지 않았다.

그러나 가족제도와 가족 안에서 여성이 하는 구실은 그와 같이 자본주의의 가장 억압적이고 잔인한 상황에서조차 사라지지 않았다. 많은 이주자가 그런 열악한 환경을 참으면서 일하는 것은 자주 볼 수도 없는 고향의 가족에게 돈을 보내기 위해서다. 그리고 고향에 남아 있는 가족을 돌볼 책임을 지고 있는 것은 대체로 여성들이다. 남아공의 마리카나 광산에서 일한 광원들의 경우도 마찬가지였다(2012년 8월 쟁의가 벌어졌을 때 경찰은 파업 참여자들에게 총을 쏴서 34명을 살해했다). 많은 광원들은 가족과 멀리 떨어져 살 수밖에 없었는데, 그들에게는 그것이 가족을 부양할 수 있을 만큼 돈을 버는 유일한 방법이었기 때문이다.

그래서 자본주의의 필요에 따라 가족이 지구 반대편에서 떨어져 살아야 할 때조차, 가족은 여전히 지배적 사회조직 형태다(비록 이런저런 변화는 있지만 말이다). 사회의 모든 측면은 사람들이 모종의 가족 안에서 자녀를 양육하고 여성이 주로 그 일을 담당한다는 것을 전제로 조직돼 있다. 영국에서 이것은 주택의 크기와 형태에서 복지 제도와 학교교육에 이르기까지 모든 것을 포함한다.

엄밀히 말하면 가족제도 자체가 자본주의 체제에 필수적인 것은 아니지만, 마르크스와 엥겔스가 《가족, 사유재산, 국가의 기원》에서 말했듯이 "가족 관계는 소유관계에 완전히 종속된다." 가족은 자본주의 체제에서 매우 유용한 구실을 하므로 예외적인 상황이 아니라면 가족을 대체할 다른 대안을 찾아야 한다는 압력이 존재하지 않는다. 4장에서 살펴봤듯이, 가족제도를 대체하려면 체제는 엄청난 비용을 부담해야 한다. 자본주의가 위기에서 더 깊은 위기로 요동치면서, 여성들이 사회에서 평등한 구실을 할 수 있도록 무상 보육 같은 복지 제도에 대규모 자원을 동원할 가능성은 그야말로 요원해지고 있다.

## 전시戰時의 가사노동 사회화

지배계급이 가족에 집착하는 것은 순전히 실용적 이유에서다. 또한 가족이라는 제도가 복원력이 큰 이유는 체제에 기여하기 때문일 뿐 아니라 가족이 많은 사람들에게 사랑과 위안을 제공하기 때문이기도 하다. 지배계급은 필요한 경우에는 여성의 가사노동을 사회화하려고 시도했다. 제1·2차세계대전 동안 영국과 미국에서 이런 시도가 이뤄졌다.

그 전까지는 여성이 가사를 돌봐야 한다고 떠들어 대던 자들이 어느 순간 느닷없이 여성이 자신의 애국적 의무를 다하기 위해서는 직장에서 일을 해야 한다고 촉구하기 시작했다. 설령 여성이 자녀와 떨어지게 되더라도 말이다. [그러나] 이것은 평탄한 과정이 아니었다. 지배계급의 일부는 전쟁에 필요한 노동력 부족보다는 여성의 사회적 구실이 변하는 것을 더 우려했다. 공무원들과 정치인들은 여성이 가사의 의무를 소홀히 하도록 부추겨서는 안 된다고 이데올로기 공세를 폈고, 여성이 특정 직업에 종사하거나 장시간 노동하는 것을 금지한 법률 조항들을 들먹였다. 그들은 그런 일들이 여성의 타고난 본분과 자질에 위배된다고 주장했다. 그러나 전쟁이 오래 지속되자 그런 법률 조항들은 체계적으로 비판받았고 많은 경우 순전히 필요 때문에 폐지됐다.

제1차세계대전 동안 여성을 전시 노동력으로 동원하다 보니 국가는 여성이 책임지던 가사노동은 어떻게 할 것인가 하는 문제에 직면했다. 영국에서 선덜랜드참정권협회는 그레이트웨스턴레일웨이에서 근무하던 객차 청소원들이 장시간 노동에 항의하며 벌인 파업에 대해 보고했다. 그 노동자들의 다수는 남편과 사별한 여성이었으며 혼자서 가정을 책임지고 있었다. 한 노동자는 다음과 같이 말했다. "여자들은 [집에 가서도 일을 해야 하므로] 남자들보다 곱절로 일을 하고 있는데도 여자들이 남자들만큼 일을 못 한다고 하는 건 억울합니다."[2] 아이를 돌보고 가족을 위해 요리를 하고 장을 보는 일은 전에는 모두 순전히 가정이라는 사적 영역에 속한 것으로 여겨졌지만, 이제 처음으로 공무원들이 그 대책을 논의하기 시작하면서 이것이 정부 정책의 관심사로 떠올랐다.

가정에서 여성이 하는 개인적 구실을 대체할 이런 물질적 방안들을 논의한 목적은 여성해방을 위한 것이 아니라, 전쟁에서 이기고 미래의 이윤 창출을 위해 체제를 더욱 안정시키고 효율화하기 위한 것이었다. 그렇지만 더 많은 경제적 자립을 이루고 집안일을 모두 떠맡던 부담에서 벗어난 경험은 많은 여성에게 해방감을 가져다줬다. 제1차세계대전 전에도 많은 여성이 탄광, 섬유 공장, 도자기 제작소 등에서 산업 노동자로 일했다. 그러나 여성들이 노동자로서 일하며 전쟁을 겪고 난 후, 여성의 삶과 기대는 결코 전과 같지 않았다. 200만 명이나 되는 여성이 그 전에는 남성들만 담당하던 산업 직군으로 진출했다. 점점 더 많은 남성들이 군대로 끌려가서 솜 강과 파스샹달의* 피비린내 나는 참호 속에서 싸우게 되자 여성들이 그 남성들의 노동을 대체했다. 여성들이 담당한 일은 더럽고 때로는 위험한 일이었으며 남성보다 낮은 임금을 받는 것이 일반적이었다. 1916년에 6개월 동안 41명에 이르는 군수산업 노동자들이 TNT 중독으로 사망했다. 한 의사는 16살 소녀의 사망 원인을 증언했는데 다음과 같이 말하며 문제의 심각성을 축소하려 했다. "오직 일부 집단만이 TNT 중독에 취약한데, 18세 미만도 그런 경우에 속합니다."[3] 전쟁 전에 약 170만 명의 여성이 가정부로 일하고 있었는데, 이것은 다른 어떤 직종에 종사하는 여성보다 많은 수였다. 이들에게 전시 노동은 눈이 번쩍 뜨이는 것이었다. 아무리 저임금이라 해도 전에 받던 임금보다는 높았고 입주 가정부로 일하는 것보다 더 독립적으로 생활할 수 있었던 것이다.[4]

국가는 군수공장을 24시간 가동하기 위해서 구내식당이나 탁아소 같은 서비스를 제공해야 했다. 군수공장은 직장 탁아소를 운영했고, 아이가 있는 여성 노동자가 야간 근무를 하는 경우에는 양육수당을 추가로 지급했다. 1917년까지 전국에 100개 이상의 탁아소가 생겨났다. 런던 서부의 군수공장들은 [런던에서 가장 큰 상업 구역인] 파크로열의 영국 농산물 전시장 부지에 건설됐는데, 가장 큰 공장은 7000명의 노동자를 고용했고 대부분이 여성이었다. 1917년 2월

---

* 프랑스와 벨기에의 제1차세계대전 격전지.

에 탁아소가 설립됐는데 "윌즈던에 거주하는 군수공장 노동자들이 전쟁 승리를 위해 열심히 일하는 동안 그 자녀들을 돌볼 수 있는 시설을 제공하기 위한 것이다. 이 시설은 군수부와 윌즈던 구의회가 설립한 것으로 토요일과 일요일을 포함해 매일 24시간 운영된다."[5] 국가가 이 정도 수준의 보육을 제공하는 것은 처음 있는 일이었다. 당시 정부의 우선순위를 반영해 이런 보육 시설이 군수산업에 종사하는 여성들에게만 제공됐다는 점은 의미심장하다.

지배계급의 일부는 전례 없이 많은 여성이 직장에서 일하고 특히 전에는 남성들만 일하던 직종에 종사하게 되는 것의 영향을 우려했는데, 그들이 걱정하던 최악의 사태가 현실이 됐다. 생활의 모든 측면에 영향을 미친 것이다. 여성들은 바지와 짧은 치마같이 육체노동에 더 적합한 옷을 입기 시작했다. 여성들은 당시 영국 전역의 작업장에서 우후죽순 생겨난 여자 축구팀에서 무릎을 드러내고 반바지를 입었다. 여자 축구는 당시 큰 인기를 끌어서 전쟁이 끝날 무렵에는 수만 명의 관중이 경기를 보러 왔다.

군수공장에서는 금속 재질이 포함된 옷을 입을 수 없었는데, 이 때문에 여성들이 코르셋을 입지 않아도 됐다. 또한 머리카락이 길면 기계에 걸릴 위험이 있었기 때문에 여성들은 짧은 머리를 하기 시작했다. 1917년에 이미 언론은 이런 여성들을 "건달 아가씨"라고 부르며 비난했다. 그러니까 지배계급은 여성 노동력이 필요하기는 했지만, 노동계급 여성들이 노동을 하면서 생긴 새로운 자신감은 탐탁지 않게 여긴 것이다. 여성들이 누리게 된 새로운 자유 때문에 공중도덕이 무너질 수 있다고 우려하는 글들이 쏟아져 나왔다. 〈데일리 메일〉은 1915년 '외식녀'라는 말을 만들어 냈다. 외식녀는 혼자 식당에서 식사를 할 만큼 자신감과 경제적 여유가 있는 런던의 직장 여성을 가리키는 말이었다. "전에 여자들은 남자 일행과 함께 있는 때가 아니라면 결코 혼자 시내에서 저녁 식사를 하려고 하지 않았을 것이다."[6] 정부는 여성 노동자들의 도덕적 기강을 세우기 위해 복지 감독관을 임명했는데 이것은 나중에 최초의 여성 경찰관으로 발전하게 된다. 복지 감독관은 주로 중간계급 여성이었는데 공원과 골목을 순찰하며 둘만의 시간을 즐기려는 커플들을 쫓아내는 일을 담당했다. 그러나 사람들은 이런 감독관들에게 저항하고 분노했다.

여성은 한계가 있다는 생각이 무너져 내렸다. 이제 사용자들은 전쟁을 핑계로 여성 노동자들을 인내심의 한계까지 밀어붙였다. 여성 보호 법규들은 폐지됐다. 여성은 투표권을 가져서는 안 된다고 완강하게 주장하던 그 동일한 지배계급이 이제는 여성도 전쟁의 승리에 기여할 수 있다며 여성의 능력을 칭송했다. 그러나 전쟁이 끝나자마자 정부는 시계를 거꾸로 돌리기 원했다. 정부는 일부 여성들에게는 투표권을 허용했지만(6장 참조), 수많은 여성의 일자리를 빼앗았으며 많은 노조 지도자도 이런 정책을 지지했다. 1919년 가을까지 75만 명의 여성이 일자리를 잃었다. 독신 여성 숙소, 구내식당, 주간 탁아소도 곧 폐쇄됐다.

노동조합들이 체결한 여성 고용 협약은 단지 "한시적으로" 유효했을 뿐이다.* 일부 여성 노동자들은 일자리를 지키려고 강력하게 투쟁했다. 시계가 완전히 거꾸로 돌아갈 수는 없었다. 여성들은 새로운 독립성을 발견했다. 여성들은 전쟁 전에는 상상조차 못 했던 일을 얼마든지 할 수 있다는 사실을 자신과 사회 전체에 입증했다. 또한 여성들은 정부가 마음만 먹으면 여성과 아이들을 위해 복지를 제공할 수 있다는 사실도 목격했다. 무엇보다도, 역사상 가장 많은 여성이 노동계급이라는 집단적 세력의 일부가 되는 경험을 했다. 실제로 여성들은 전시 경제에서 노동을 경험한 후, 전통적으로 여성이 종사하던 직군들에서 노조를 조직하기 시작했다. 1920년에 바버라 드레이크는 여성과 노동조합을 연구해서 펴낸 중요한 책에서, 이것이 전쟁의 가장 중요한 결과 중 하나였다고 인정했다. 드레이크는 여성 노동자들이 "조직의 힘과 … 자기 노동의 가치"를 알게 됐으며 이것을 알고 나서는 결코 "잊어버릴 수가 없었다"고 썼다.[7]

제1차세계대전 기간에 겪은 이런 경험보다 더 강렬한 경험이 제2차세계대전과 함께 찾아왔다. 제2차세계대전 동안 여성 노동력이 대규모로 동원됐고 새로 채용된 노동자의 75퍼센트가 기혼 여성이었다. 당시 300만 명에 이르는 기혼 여성과 남편 잃은 여성이 고용됐다. 이것은 전쟁 전의 수치보다 거의 곱절이었다. 여성들은 가족보

---

* 제1차세계대전 당시 영국에서는 금속노조, 전국여성노동자연맹 등 노동조합들이 정부와 사용자들과 협상해 여성의 전시 노동조건을 규정하는 협약을 맺었는데, 동일노동 동일임금을 보장받는 대신 전쟁이 끝나면 남성을 우선 고용한다는 내용이었다.

다 전쟁이 우선이라는 말을 또다시 들었으며, 전쟁이 끝난 후 여성들은 새로 찾은 독립성을 또다시 잃고 싶지 않았다. 미국의 한 연구자는 전쟁 초기에 직장을 갖게 된 여성의 90퍼센트가 전쟁이 끝나면 일을 그만두겠다고 했지만, 전쟁이 끝나자 85퍼센트에 이르는 여성이 계속 일을 하고 싶어 했다는 인터뷰 결과를 보여 줬다.[8]

전쟁 전에 탁아소 수는 한 줌에 불과했지만, 1943년에는 지방자치단체가 운영하는 주간 탁아소 수가 1450여 개로 치솟았으며 여기서 7만 1806명이나 되는 아이들을 보살피고 있었다.[9] 여성 노동자들은 무단으로 근무지를 이탈하는 경우가 너무 많다고 여겨졌다. 얼마 후 정부는 많은 여성이 장을 보기 위해 먼 거리를 이동해야 하고 부족한 배급품을 타기 위해 줄을 서야 한다는 사실을 인정했다. 일부 공장들은 '장 보는 시간'을 도입했는데, 여성 노동자들이 공식적으로 일찍 퇴근해서 생필품을 구입할 수 있도록 한 것이다. 다른 공장들에서는 여성들을 위해 대신 '장 봐주는 사람'을 고용하기도 했으며, 어떤 고용주들은 자기 직원들에게 지정된 가게의 줄 맨 앞에 설 수 있는 허가증을 구해다 주기도 했다.

1944년 매주 1억 7000만 끼의 식사가 집 밖에서, 즉 공장의 구내식당과 정부가 운영하는 2000개의 '영국 식당'에서 이뤄졌다. '영국 식당'은 하루에 60만 끼의 저렴한 식사를 제공했다. 학교는 점점 더 많은 아이들에게 급식과 무료 우유를 제공했다.

1918년 제1차세계대전이 끝나면서 직장에서 여성들을 밀어낸 과정이 제2차세계대전이 끝난 1945년에도 똑같이 벌어졌다. 두 차례 전쟁 기간 모두 여성들은 "남성의 일"을 "한시적으로" 대신하는 것일 뿐이라는 말을 들었다. 어떤 경우에는, 예를 들어 철도에서는 여성들이 담당한 많은 직무의 명칭을 전쟁 전에 그 일을 담당했던 남성 노동자의 이름을 따서 짓기도 했다. 여성들이 그 일을 자신의 일이라고 여기지 않도록 모든 조치가 취해진 것이다.

그러나 머지않아 전후 호황으로 경제 규모가 확대되자 여성 노동력이 그 어느 때보다 더 필요해졌다. 이 때문에 여성의 가사노동이 제한된 수준이나마 사회화됐는데, 신기술이 발전해서 가사노동의 부담을 덜어 주는 제품들이 등장한 것도 이런 과정을 촉진했다.

전후 호황기부터 오늘날까지 지배계급은 가족을 대체할 재생산 방식을 제공하지 않으면서도 여성들이 잉여가치를 생산하는 일에 종사하게 만들 만큼만 변화를 허용하려 한다. 이와 같이 여성 차별의 물질적 토대가 그대로 남아 있는 상황에서는 완전한 평등이 달성될 수 없다. 자본주의의 위기가 심화하고 장기화하면서 노동계급과 빈민층 여성의 가사노동 부담은 오히려 증가하고 있다. 이 점은 영국과 그 밖의 서구 나라들에서도 마찬가지지만, 세계의 다른 지역들에서는 훨씬 더 심각하다. 예를 들어, 케냐에서는 빈곤과 억압 때문에 여성의 부담이 극심해서 여성이 "하루에 섭취하는 열량의 최대 85퍼센트가 단지 물을 긷는 일에 소모될 정도다."[10]

이것은 자본주의에서는 변화가 불가능하다거나 개혁이 달성될 수 없다는 뜻일까? 결코 그렇지 않다. 오히려 역사는 개혁을 위한 투쟁이 생명을 구할 수도 있는 실질적인 물질적 변화를 가져올 수 있음을 보여 준다. 임신중절의 권리를 합법화한 것도 그런 사례 중 하나다.

## 개혁주의의 한계

영국에서 의회를 통해 개혁을 성취하고자 한 일부 페미니스트들은 변혁의 수단으로 노동당을 선택했다. 1980년대에 많은 페미니스트가 노동당에 들어가서 노동당이 여성의 권리 문제를 다루게 하려고 투쟁했다. 또한 이 활동가들은 노동계급 전체의 생활수준 향상을 위한 투쟁에도 헌신했다. 그러나 노동당 지도부는 정치적 한계를 거듭거듭 드러냈다. 많은 당원과 지지자가 헌신적인 노동계급 투사들이었는데도 말이다. 역사는 지난 세기에 여성들이 쟁취한 모든 성과는 결코 지배계급이 기꺼이 내준 것이 아니라는 사실을 분명히 보여 준다. 여성이나 전체 노동계급이 획득한 모든 권리, 모든 임금 인상, 모든 법적 보호 조처는 투쟁의 성과였다.

그런 성과들은 중요하지만 한계가 있고, 계급 세력균형이 지배계급에 유리하게 바뀌면 도로 빼앗길 수 있다. 그래서 2010년부터 5년간 데이비드 캐머런의 보수당 연립정부 치하에서 수많은 노동자들의 생활수준이 확 떨어졌다. 그 전에 투쟁으로 따낸 임금과 연금은 삭감됐다. 과거에 여러 세대가 쟁취한 복지 제도의 많은 부분이 축소됐으며, 이것은 특히 노동계급 여성의 부담이 증가하는 결과를 가져

왔다.

1967년의 임신중절법은 처음 제정됐을 때부터 계속 공격을 받았고, 결코 북아일랜드까지 확대 적용되지 못했다. 캐머런 정부를 보며 새로운 자신감을 얻은 임신중절 반대자들은 여성의 임신중절 권리를 공격했으나 아직까지는 성공하지 못했다. 그러나 이 편견에 가득 찬 자들은 여성의 임신중절 권리를 무력화할 기회를 호시탐탐 엿보고 있다. 설령 이들이 현행법에 공개적으로 반대할 수 있을 만큼 자신감이 충만하지는 않더라도 말이다.

오히려 이들은 자신들의 주장을 여성의 권리를 옹호하는 듯한 언어로 포장해야 한다는 것을 배우고 있다. 그래서 중절 반대론자들은 중절수술을 원하는 여성에게 추가 심문(즉 "상담") 절차를 강요하려 하면서도 그것이 여성이 올바른 선택을 할 수 있도록 "권리를 보장"해 주는 방안이라고 주장한다. 이것은 그들이 아직은 세력이 약하다는 것을 보여 주는 징후이지만 또한 그들이 결코 포기하지 않는다는 것을 보여 주기도 한다. 따라서 우리는 중절 반대론자들이 밀어붙이려고 시도하는 모든 입법안과 개정안을 항상 예의 주시해야 한다. 지역에 따라 법률과 관행에서 모두 한계는 있지만, 한 세대의 여성들이 임신중절의 권리를 누리며 자랐다. 우리는 이런 권리를 지키고 확대하기 위해 싸울 준비가 돼 있어야 한다.[11]

성 평등 입법이 확대되는 것은 환영할 만한 일이지만 그 자체가 변화를 보장해 주지는 못한다. 동일임금법이 1970년에 제정돼(물론 사용자들에게는 5년의 유예기간이 주어졌다), 45년이 지났는데도 동일임금은 달성되지 못했다. 마찬가지로 인종차별은 불법이지만 여전히 만연해 있어서, 흑인과 아시아계 사람들은 고용에서 차별을 받고 경찰의 불심검문에 시달리고 감옥에 가는 비율도 높다는 등등의 차별을 겪고 있다.

그래서 우리는 아무리 작은 것이라 할지라도 우리가 달성할 수 있는 모든 개선책을 위해 날마다 싸워야 한다. 혁명가들은 "혁명이 일어날 때까지 기다리라"고, 그러면 모든 것이 해결될 것이라고 결코 말하지 않는다. 아무리 체제 내에서 개혁을 달성하려는 투쟁이라도 그것 역시 중요하다. 그 투쟁이 달성하려는 목표도 중요하고 개혁의 실현 과정에서 벌어지는 투쟁 자체도 중요하다. 이런 투쟁들은 사회의 성격에 대한 더 광범한 물음을 던질 수 있게 해 주고, 현 체제가 자연스러운 질서이므로 그대로 받아들여야 한다는 생각을 약화시킬 수 있다.

모든 개혁과 모든 성과는 중요하다. 그러나 자본주의 체제의 한계 내에서 쟁취할 수 있는 것에만 초점을 맞추면 위험하다. 이런 논리는 단지 부자들과 권력자들의 식탁에서 떨어지는 빵 부스러기 몇 조각이 노동계급 내부에서 분배되는 방식의 변화에 불과한 요구를 하도록 이끌 수 있다. 따라서 국가나 지배계급의 권력에 근본적으로 도전하지 않고 여성의 평등을 달성하려는 정치 전략은 결국 평범한 남성들을 상대로 싸워서 이득을 얻는 것을 대안으로 내세울 수 있다. 제2물결 여성운동 이래 오늘날까지 일부 페미니즘 이론가들이 이런 태도를 취해 왔다.

예를 들어 육아와 가정생활에서 여성에게 필요한 변화를 논의할 때, 페미니즘 작가인 캐서린 레드펀과 크리스틴 온은 개인, 직장, 국가가 협력해야 할 뿐 아니라 "남성도 스스로 유급 노동시간을 약간 줄이고 가족을 돌봐야 한다"고 썼다.[12] 그러나 "유급 노동"을 남성이 누리는 특혜의 일종으로 여기고 남성들이 그것을 포기해야 한다고 주장하는 것은 노동계급 가족이 생존을 위해 분투하는 현실을 도외시하는 것이다. 영국의 노동시간은 유럽에서 가장 긴 편에 속한다. 많은 노동자가 장시간 노동을 하는 것은 생활을 유지할 수 있을 만큼 돈을 버는 방법이 그것뿐이기 때문이다. 노동시간 단축은 많은 사람들의 꿈이지만 그것은 소득이 감소하지 않음을 전제로 할 때다.

이런 페미니즘 저술가들의 주장은 8장에서 살펴봤는데, 그들은 "여성이 해방을 향해 전진하려면 남성이 자신의 권력과 특권을 포기하고 심지어 불편도 감수해야 하는데, 남성들은 이런 사실을 받아들이지 않는다"고 말했다.[13] 이런 페미니스트들은 1980년대에 탄광, 항만, 인쇄업과 그 밖의 여러 분야에서 수많은 노동자가 일자리를 잃은 것을 페미니즘의 성과로 묘사했는데, 왜냐하면 이런 직종에 주로 남성이 종사했기 때문이다.[14]

이런 해결책이 시사하는 바는 노동계급의 일부를 희생시켜 다른 부분의 삶을 개선하는 데 만족해야 한다는 것이다. 대다수 남성은 "권력과 특권"이 없다. 만약 우리가 성 평등 확대의 대가를 노동계급 남성이 치러야 한다고 말한다면, 이것은 재화가 부족해서 모두에게 골고루 나눠 줄 수 없다는 지배계급의 거짓말을 그대로 믿는 것이다. 그러면 적을 잘못 고르게 되고 우리의 성공 가능성을 제한 하게 된다. 오히려 우리는 부유층과 권력자들의 손아귀에서 개혁을 탈취하려 해야 한다. 그들은 우리를 분열시키는 것을 통해서 지배 를 유지하기 때문이다. 노동계급의 어떤 부분이든 처지를 개선하고 지배층한테서 더 많은 것을 얻어 내면 그것은 곧 노동계급 남성에게 도 이익이 된다.

바로 이것이 자본주의 내에서 성 평등을 추구하는 문제가 난관 에 봉착하는 지점이다. 여성이 남성과 평등해지기 위해 싸우고 있는 사회에서 정작 모든 남성은 서로 평등하지 않기 때문이다. 그러면 우리는 어떤 남성과 평등해지기 위해 싸우고 있다는 말인가? 리처 드 브랜슨인가* 아니면 병원의 환자 이송원인가? 그렇다고 해서 성 평등이 가치 있는 목표가 아니라는 말은 아니다. 계급사회가 철폐 되든 아니든 성 평등은 중요한 문제다. 고등법원 판사이건, 국회의 원이건, 회사의 경영진이건, 청소 노동자이건 간호사이건, 사회 전체 에 여성은 평등하게 존재해야 한다.

권력을 쥐고 있는 자들은 변화를 막고자 어떤 수단이라도 사용 할 것이다. 그들은 힘 있는 자리에 여성이 소수인 이유를 체계적 차 별 때문으로 설명하지 않고 다른 이유를 대려고 때때로 매우 억지 스러운 주장도 만들어 낸다. 예를 들어, 광산업체인 앵글로아메리

---

* 영국의 기업인으로 다국적기업인 버진그룹의 회장이다.

칸과 엑스트라타 사이에 기업 인수전引受戰이 벌어졌을 때, 앵글로의 전 부회장인 그레이엄 부스트레드는 앵글로의 여성 최고경영자인 신시아 캐럴의 일 처리에 대해 다음과 같이 말하며 분통을 터뜨렸다. "왜 여성 최고경영자를 찾기가 쉽지 않은지 압니까? 그건 대부분의 여자들이 성적으로 만족을 못 하기 때문이에요. 남자는 콜걸을 부를 수도 있고 발기부전 치료 클리닉에 갈 수도 있기 때문에 성적으로 불만족을 느끼지 않아요. 성적으로 욕구불만인 최고경영자는 제대로 일을 할 수가 없어요."[15]

부스트레드를 단지 구시대의 남성 우월주의에 찌든 인물로 치부할 수만은 없다. 지배계급은 평등에 관심이 없다. 지배계급의 존재 자체가 계급사회의 강요된 불평등에 의존하기 때문이다.

여성이 인구의 절반이라는 사실을 사회 최상층의 기관들에 반영하기 위해 전 세계에서 여러 정책이 추진됐다.

2003년 노르웨이 정부는 상장회사의 이사회에 여성 이사가 최소한 40퍼센트 포함되도록 의무화했다. 이행까지 5년 기한이 주어졌다. 현재 노르웨이 상장회사 이사회의 42퍼센트가 여성이지만, 그중 많은 수가 비상임이사이며 일상적 회사 운영에는 참여하지 않는다. 노르웨이 학자인 앙네스 볼소는 이 정책의 한계를 지적하는 비판에 맞서 다음과 같은 말로 정책의 효과를 옹호했지만 별로 도움이 되는 것 같지는 않다. "더 많은 여성이 참여하기 때문에 회의 분위기가 좀 더 즐거운 것 같습니다. 회의 자료도 더 깔끔하게 정돈돼서 이해하기가 더 쉽습니다. 그리고 회의 과정도 더 격식에 맞춰 진행됩니다."[16]

역대 영국 정부들은 기업에 성별 균형을 맞추도록 요구하는 법률을 제정하는 데 난색을 표해 왔다. 그 대신 그들은 이윤 극대화를 원하는 기업주들의 욕망에 호소해 왔는데, 유능한 인재들의 절반인 여성을 무시하면 그들의 전문 지식과 기술을 활용할 수 없다고 말하며 기업들을 설득하고자 했다. 2015년 3월 영국은 새로운 법률을 제정해 250명 이상을 고용한 기업은 성별 임금 현황 보고서를 공개하도록 의무화했다. 이것은 기업들이 그 전 수년 동안 자율적으로 규정을 준수하겠다고 말했지만, 강제성이 없는 임의규정을 지킨 기업이 소수에 불과했기 때문에 나온 조처였다. 영국 100대 기업의 이사회에 여성이 별로 없는 현실을 타개하려는 노력의 일환으로 2010년에는 한 무리의 여성 임원들이 '30퍼센트 클럽'을 창설했다. 이 단체의 목적은 2015년 말까지 기업 이사회에 30퍼센트의 여성을 확보하는 것이었다.[17]

여성이 사회 전체에서 모든 역할과 지위에 참여하는 세상을 만든다면 그것은 커다란 진전일 것이다. 그러나 이것은 여성이 남성보다 본질적으로 더 선하고 더 친절하고 더 유능하고 더 진보적이기 때문이 아니다. 만약 자본주의 사회의 상층부에 여성이 더 많다면, 기후변화나 세계적 빈곤이나 전쟁에서 비롯하는 위협이 줄어들까? 그렇지 않다. 그런 성 평등이 바람직한 이유는 단지 성차별이 줄어든 사회를 반영하기 때문일 뿐이다.

그렇지만 그런 사회가 가능하더라도 더 많은 테리사 메이와* 앙겔라 메르켈과** 셰릴 샌드버그가*** 다수의 여성과 남성을 착취할 뿐 오늘날과 다를 바가 전혀 없는 세상이라면 도대체 누가 만족할 수 있을까? 우리가 마주하고 있는 싸움은 뭔가 더 근본적인 것을 위한 싸움이다. 즉, 해방을 위한 싸움이다. 여성해방은 자본주의가 존속하는 한 쟁취할 수 없다. 여성해방은 자본주의 체제의 중심에 있는 착취와 제국주의 전쟁과 극심한 빈곤과 병존할 수 없다.

여성 억압은 계급사회의 모든 곳에 그물처럼 얽혀 있고 우리 존재의 모든 측면을 일그러뜨린다. 그 때문에 자본주의를 분쇄해야만 여성해방은 가능하다. 여성 억압의 뿌리 자체가 계급사회 내에서 형성된다. 그런데 과연 그런 근본적 변혁이 가능할까? 주변을 살펴보면 자본주의의 모든 측면이 우리의 일상생활 속에 깊숙이 자리 잡고 있어서 근본적 변혁이란 말은 유토피아적 미사여구처럼 들릴 수 있다. 그러나 체제에 도전해 온 경이로운 투쟁의 역사를 보면, 최근 몇 년간의 투쟁만 봐도 다른 그림을 볼 수 있다. 그것은 가난한 사람들과 착취받는 사람들이 체제에 맞서 저항할 수 있고 또 저항하고 있는 모습이다. 또한 이것은 지배자들이 권력을 지키려고 얼마나 모

---

* 영국의 보수당 정치인.

** 독일의 총리이자 독일 기독교민주연합 대표.

*** 미국의 기업인으로 스타벅스와 구글 이사를 지냈고 현재 페이스북의 최고운영책임자다. 24~25쪽 참조.

질고 잔악한 행동을 할 수 있는지도 보여 준다.

우리가 이런 투쟁에서 승리하고자 한다면, 우리의 가장 강력한 세력을 동원해야 한다. 그것은 바로 노동계급이다.

# 11장 계급이 변혁의 주체가 될 수 있는 이유

우리는 남성을 상대로 투쟁하고 있는 여성이 아니라 착취자를 상대로
투쟁하고 있는 노동자다.[1]

— 엘리너 마르크스

계급은 우리 삶의 모든 측면을 좌우한다. 계급은 우리가 어디서
살고 어느 학교에 다닐지, 우리의 건강이 어떠할지, 우리가 언제 무
엇 때문에 죽을지에 영향을 끼친다. 그렇지만 계급이 존재하는지를
두고도 논란이 끊이지 않는다. 계급이라는 것이 더는 존재하지 않
을지도 모른다고 말하면서도, 언론은 계급에 대해 끊임없이 떠들어
댄다. 노동계급은 '차브족族으로' 치부되며, 빈곤층은 무기력한 거지

---

* 영국 노동계급 청소년과 청년, 그들의 하위문화를 경멸적으로 일컫는 용어다. 더

들로 악마화된다. 명문 사립학교 출신들이 주로 내각의 장관이 되거나 아카데미상 후보자 명단에 오른다는 사실이 논란이 되기도 하고 여성 사업가인 케이티 홉킨스의 계급적 속물근성이 도마 위에 오르기도 한다. 텔레비전 시리즈 〈어프렌티스〉에 출연해 약간 유명세를 얻은 홉킨스는 자신의 자녀들이 샤메인이나 샤더네이 같은 이름을 가진 아이와는 절대 같이 놀게 하지 않겠다고 했다. 왜냐하면 그 이름들이 '하층계급'의 이름이기 때문이라는 것이다.

이런 편견 탓에 일부 사람들은 다른 피억압 집단과 마찬가지로 노동계급도 차별당하고 있다고 말한다. 이것은 때로 '계급 차별'이라고 불린다. 이 용어는 가난한 노동계급이 기회의 평등을 보장받지 못하고 있고 심한 편견에 시달린다는 점을 인정하는 용어로 여겨진다. 물론 실제로 노동계급에게는 삶에서 많은 기회가 주어지지 않으며 이들에게 대한 심한 편견도 분명 존재한다. 노동계급은 따분한 일만 할 줄 아는 아둔한 존재로 늘 폄하되고 무시당한다. 그러나 이런 생각은 역겨운 것이기는 하지만, 계급 차이를 만들어 내는 것은 아니고 다만 계급 차이를 정당화할 뿐이다.

계급에 대한 또 다른 시각은 사람들이 스스로 계급을 규정한다거나 계급이 주로 라이프스타일과 문화에 따라 결정된다는 것이다. 런던대학교 정치경제대학이 BBC와 함께 연구한 결과가 2013년에

---

러운 공영주택에 살고, 빈둥거리면서 복지 예산이나 축내고, 짝퉁 명품 브랜드를 걸치고 다니는 폭력적인 젊은이가 차브족의 전형적 이미지다.

뉴스 헤드라인이 됐는데, 영국에 7가지 계급이 존재한다는 것을 발견했다고 주장했다. 그 연구는 지금까지 사회에서 사용된 계급 구분법은 "전통적 노동계급"이 사라지고 있고 "영국 사회사의 초기 단계에 존재했던 '구시대의 유물'임"을 인식하지 못하는 "빅토리아 시대의 구분법"이라고 주장했다.[2] 그들은 설문 조사를 통해 사람들의 계급 위치를 살펴본 후 이와 같은 결론에 도달했는데 그 설문 조사는 사람들이 주로 먹는 음식이 무엇인지, 좋아하는 음악이 무엇인지, 휴가 때 어디로 여행을 가는지 등을 물어봤다. 이것은 계급에 대한 오래된 편견을 반영하는 것이고 또한 계급을 순전히 주관적 문제로 여기는 것이다. 당신의 계급 위치는 단지 스스로 생각하는 바에 따라 결정된다는 것이다.

여기서 다음과 같은 중요한 질문을 하게 된다. 계급을 구분하는 근거는 무엇이고, 왜 이것이 여성해방 투쟁에서 중요할까?

주류적 시각은 계급을 단순히 사회적 지위와 경제적 불평등의 문제로 바라본다. 물론 경제적 불평등은 사회적 계급 분화의 산물이다. 그러나 마르크스는 《공산당 선언》에서 계급을 부와 빈곤의 문제로만 보는 사람들을 비판했는데 많은 좌파도 예외가 아니었다. 마르크스는 노동계급을 단순히 "가장 고통받는 계급"으로 규정하는 것은 노동자들의 잠재력을 무시하는 것이라고 말했다. 마르크스가 볼 때, 노동자들에게는 동정이나 자선이 필요하지 않다. 노동자들은 세계를 변혁할 힘이 있다. 바로 그 때문에 모든 해방 이론에서 계급이 그렇게 중요한 것이다. 계급을 이해하게 되면, 세계를 변혁하는 것에서 누가 이익을 얻고 또 누가 그럴 능력이 있는지를 알게 된다.

마르크스는 계급을 사람들을 구분하는 고정된 범주로 여기지 않고 체제 내의 역동적 사회관계에서 비롯한 것으로 봤다. 이 관계는 생산수단을 소유하고 통제하는 사람들과, 먹고살기 위해 자신의 노동력(일할 수 있는 능력)을 판매해야 하는 사람들 간의 관계다. 이것은 사회적 서열에서 어디에 위치하는지에 대한 주관적 느낌에 따른 것이 아니라, 피착취자와 착취자 간의 객관적 사회관계에 따른 것이다.

이 기본적 관계에서 시간에 따라 변화하는 계급의 온갖 부수적 모습이 파생된다. 오늘날에는 육체노동자도 명품 옷을 입을 수 있고, 레스토랑에서 식사를 할 수도 있고, 휴가철에 해외여행을 갈 수도 있다. 몇십 년 전에는 이런 사람을 중간계급으로 분류했을 것이다. 불과 10년 전만 해도 평균적 생활수준을 유지하는 데 필요한 최소한의 조건으로 여겨지던 것이 오늘날과는 매우 달랐다.

마르크스주의적으로 계급을 이해하는 것은 체제와 사회를 하나의 전체로, 즉 그 중심에 내재적 모순이 있는 대립물의 통일로 바라보는 것이다. 부를 소유하고 통제하는 소수의 사람들은, 먹고살기 위해 노동을 할 수밖에 없는 다수의 사람들한테서 최대한의 잉여가치를 뽑아내야만 한다. 왜냐하면 공장이나 기업을 그저 소유하고 있는 것만으로는 지배계급이 이윤을 얻을 수 없기 때문이다. 건물, 사무실, 생산 라인은, 아무리 최첨단 기술로 만들어졌더라도, 인간 노동의 산물일 뿐 그 자체로는 이윤을 만들어 낼 수 없다. 이윤의 원천은 인간의 개입인 것이다.

자연을 상대로 의식적으로 노동하고 세계를 형성할 수 있는 능력이 우리를 인간으로 만들어 주는 가장 중요한 핵심이다. 그러나 노동자가 자본주의 체제에서 살아남고 싶다면, 이 고유한 속성을 현금으로 교환될 수 있는 상품으로 전환해야 한다(2장 참조).

자본주의에서 자신의 노동력을 판매용 상품으로 전환해야만 하는 상황보다 더 끔찍한 상황은 노동력을 판매용 상품으로 전환하지 못하는 상황뿐이다. 자본주의 체제는 여러 가지 이유로 일을 할 수 없거나 실업자가 된 사람들을 쓸모없는 존재로 취급한다. 그들은 비웃음거리가 되고, 쥐꼬리만 한 실업수당에도 감지덕지하며 살아야 한다고들 생각한다. 자본주의는 오직 잉여가치를 생산할 수 있는 능력만을 중요시한다. 노동자들의 삶, 그들의 건강, 그들의 소망과 두려움, 교육·예술·문화에 대한 그들의 욕구는 사용자에게 혹은 지배계급 일반에게 전혀 중요하지 않다. 사용자와 지배계급이 원하는 것은 그저 노동자가 제때 출근해서 자신들에게 필요한 일을 해 주는 것일 뿐이고, 노동자의 삶에서 나머지 일들은 어찌 되든 상관없다고 생각한다.

그런데 이 과정에서 체제 전체가 돌아갈 수 있게 만드는 하나의 계급이 필연적으로 탄생한다. 지배계급은 이윤을 창출하고 부를 늘리는 데서뿐 아니라, 먹을 음식과 살 집과 자신과 자신의 생산물이 이동할 수 있는 도로와 자신의 건강을 돌봐 줄 의료 서비스까지 모두 노동자들에게 의존한다. 자본주의에서 인간의 노동 없이 이뤄질 수 있는 것은 아무것도 없다.

## 계급 모순

계급은 여러분에게 할당된 사회적 구분이 아니다. 계급은 사회의 소수와 다수 사이의 적대적 착취 관계로서만 존재한다. 이 때문에 자본주의에서는 투쟁이 벌어질 수밖에 없는 것이다. 이 투쟁은 노동시간, 임금, 노동조건이나 휴가일수를 둘러싸고 벌어지는 일상적·제한적 밀고 당기기일 수도 있고 지배계급의 지배권 자체에 도전하는 활화산 같은 투쟁으로 폭발할 수도 있다.

마르크스주의가 계급은 단지 또 하나의 '차별'이 아니라고 주장하는 이유는 계급에는 고통의 경험 이상의 것이 있기 때문이다. 억압은 전투적 저항을 불러일으킬 수 있고 그래서 여러 성과를 쟁취할 수도 있다. 그러나 억압에 반대하는 것에만 기반을 둔 투쟁은 대규모 투쟁으로 발전하기 어려울 수도 있고 정치적 한계에 부딪힐 수도 있다. 계급 모순은 착취의 경험이 가혹하고 잔인하며 영혼이 파괴되는 끔찍한 것일 수도 있지만 그런 경험이 강력한 집단적 저항의 가능성을 제공하기도 한다는 것을 뜻한다. 마사 지메네즈가 썼듯이 "인종차별과 성차별은 [인간을 해방시키는] 장점이 전혀 없는 반면, 계급 관계는 변증법적으로 말하면 대립물의 통일이다. 즉, 계급 관계는 착취의 현장이면서 동시에, 객관적으로, 사회변혁의 잠재력을 가진 주체들이 형성되는 현장이다."[3]

## 시대착오적?

우리는 계급에 대한 이런 시각이 산업혁명 시기나 마르크스가 저술 활동을 하던 시기에는 적합했을 수 있지만 지금 세상은 그때와 매우 다르다는 말을 자주 듣는다. 석탄, 철강, 조선 같은 주요 산업이 쇠퇴했고 그 때문에 마르크스가 생각했던 노동계급은 종말을 맞이했다는 주장이 제기된다. 이것은 자본주의 팽창기의 특정 시점에 존재했던 남성 육체노동자들만을 노동계급으로 여기는 매우 협소한 시각이다. 많은 페미니즘 저술가도 이런 주장을 한다. 그들은 오늘날 여성 노동자들이 노동계급이나 국가를 "여성화"하고 있다고 묘사하며 따라서 여성은 "자기 손으로 역사를 만들어야 하고 노동자들 같은 다른 사람들이 해방해 주기를 기다려서는 안 된다"고 주장하지만, 이것은 여성이면서 노동자인 사람들이 존재한다는 사실을 간과하는 것으로 보인다.[4]

이런 시각은 자본주의가 언제나 변화하고 있으며 새로운 시장과 이윤 증대를 추구하는 과정에서 노동의 성격도 변화시키고 있다는 점을 인식하지 못하는 것이다. 마르크스가 살아 있을 때도 이 점은 마찬가지였다. 마르크스는 다음과 같이 썼다. "기존의 낡은 산업은 모두 이미 파괴됐거나 날마다 파괴되고 있다. 그런 산업은 새로운 산업으로 대체된다. 그리고 새로운 산업을 도입하는 것은 사느냐 죽느냐 하는 문제가 된다."[5]

마르크스 시대 이래 이런 과정은 더 격렬해지고 속도가 빨라졌을 뿐이다. 마르크스는 자본주의가 "그동안 사람들의 존중을 받았던 모든 직업에서 그 후광을 제거했다"고 썼다. 부르주아지는 "의사, 변호사, 성직자, 시인, 과학자를 자신이 고용한 임금노동자로 만들어 버렸다."[6] 이와 같이 "생산수단을 끊임없이 혁신하는 것"은 자본주의 탄생 이래 오늘날까지 지속되는 자본주의의 특징이다. 20년 전만 하더라도, 콜센터, 온라인 쇼핑 전용 유통센터와 대규모 물류 창고는 존재하지 않았다. 그렇지만 그런 곳에서 일하는 노동자들은 19세기의 작업장이나 공장에서 일하던 노동자들과 동일한 방식으로 착취 당한다. 교사와 강사는 과거에는 어느 정도 자율성과 명망을 누릴 수 있는 전문직으로 여겨졌지만 지금은 대체로 노동계급의 일부가 됐다.


## 노동계급 안에서 여성의 위치는 어디인가?

노동계급 안에서 여성이 어떤 위치를 차지하고 있는지에 대해 좌파와 일부 페미니스트 사이에 많은 착각과 혼란이 존재한다. 가정 바깥에서 일하는 여성은 언제나 있었다는 사실을 거듭 강조할 필요가 있다. 노동계급의 다수는 남성 노동자의 임금으로 아내와 자녀를 부양하는 핵가족 모델을 전혀 경험하지 않았다.

이 책은 주로 영국과 미국의 상황을 다루고 있지만, 국제적 통계 수치를 살펴보지 않으면 노동계급 안에서 여성이 하는 구실을 이해할 수 없을 것이다. 전 세계적 통계를 살펴보면 노동계급 여성의 숫자는 역대 최고 수준이다. 예를 들어, 라틴아메리카와 카리브 해 나라들에서 여성 노동자의 비율은 1990년 이후 35퍼센트 증가했다.[7] 세계은행의 자료를 보면 전 세계에서 여성은 노동인구의 40퍼센트 이상을 차지하고 모든 성인 여성의 55퍼센트 이상이 임금노동자다.

오늘날 영국에서 여성의 66.7퍼센트(1410만 명)가 임금노동자인데, 이것은 역대 최고 수치다. 역사상 가장 많은 수의 여성이 전일제로 일하고 있으며(810만 명), 600만 명은 시간제로 일하고 있다. 여성의 임금수준은 낮은 경향이 있지만, 여성의 소득은 자신과 가족의 생계를 유지하는 데 필수적이다. 여성이 체제에 투여하는 노동력역시 영국의 국민경제에 필수적이다. 전체 가정의 4분의 1이 한부모 가정이고 한부모의 90퍼센트가 여성이다. 맞벌이 가정에서도 여성의 소득은 상당히 중요하다. 여성의 소득이 가계소득의 절반 이상인 경우가 전체 맞벌이 가구의 21퍼센트를 차지한다.[8]

그러나 오늘날 전체 노동인구의 절반이 여성이지만, 여전히 여성 노동자들은 노동계급에서 주변적 존재이고 임시직이나 불안정 직종에서만 일한다고 여겨진다. 너태샤 월터는 다음과 같이 말한다. "맞습니다. 여성은 더 많이 일하고 있습니다. 그러나 여성은 경제의 주변부에서, 즉 '전형적이지 않은' 직종에서 일하는 경우가 많습니다."[9] 그러나 자료를 보면 1971년 이래로 여성과 남성의 전체 고용률이 점차 비슷해지는 경향이 있다. 나나 파워는 사람들이 노동의 "여성화"를 말할 때는 "단순히 현실을 묘사하는 것이기도 하고(과거에 여성의 일이 그런 경향이 있었던 것처럼 노동이 일반적으로 더 불안정해지고 의사소통 중심이 되는 것) 개탄의 표현이기도 하다(여자들이 남자들의 일자리를 빼앗고 있다! 더는 우리의 일자리가 없는 것은 어쨌든 여자들 잘못이다!)"고 쓴다. 그러나 또 다음과 같이 단언한다. "노동하는 여성이 더 많아져서 노동 자체가 더 '여성화'했다."[10] 직장 내에 여성의 수가 늘어남으로 말미암아 종종 도덕적 공황이 발생한다는 나나 파워의 말은 옳지만, 이 말에도 여성 노동자들은 엄밀한 의미의 노동계급에는 속하지 않는다는 가정이 바탕에 깔려 있다.

1971~2011년에 여성 고용률은 늘어나는 추세였던 반면 남성 고용률은 감소 추세였다.[11] 지난 15년 동안 자녀가 있는 여성과 없는 여성 사이의 고용률 격차는 1996년 5.8퍼센트포인트에서 2010년 말 0.8퍼센트포인트로 감소했다. 여성이 밖에 나가 일을 하는 이유는 남성의 임금을 보충하거나 사치품 몇 개 더 사기 위한 것이 아니다(과거에는 여성이 일해서 버는 돈을 "머리핀 살 돈"이라고 부르며 하찮게 여기기도 했다). 여성은 '산업 예비군'도 아니다. 다시 말해 여성은 위기 때만 노동인구로 유입됐다가 나중에는 버려지는 계급의 부분에 속하지 않는다.

자녀가 있는 여성은 많은 어려움을 겪지만 그들이 자동으로 주변적인 불안정 노동의 소용돌이로 내쳐지는 것은 아니다. 성인 여성의 다수는 일을 하고 있다. 77퍼센트나 되는 여성이 출산 후 18개월 이내에 직장으로 복귀한다.[12] 노동인구를 조사한 한 자료를 보면, 1살 이하 자녀가 있는 여성이 현재의 직장에서 일한 평균 근속 연수가 6년이 넘는다. 노동연금부의 조사 결과를 보면 육아휴직을 했다가 같은 직장으로 복귀하는 비율이 2002년 이래로 급격히 증가했다. 2002년에는 41퍼센트가 육아휴직 후 새 직장으로 옮긴 반면, 2007년에는 14퍼센트만이 그랬다. 육아휴직 후 같은 직장으로 복귀한다는 것은 여성이 소중한 임금수준과 숙련도를 계속 유지할 수 있다는 것을 의미한다. 여성은 아이를 낳은 후에 그와 같은 임금 수준과 숙련도를 어쩔 수 없이 포기하는 경우가 많다.[13]

시간제 노동은 대부분 여성이 담당한다. 시간제로 일하는 여성이 받는 임금은 시간제로 일하는 남성의 임금보다 많기는 하지만, 시간제 일자리의 시급은 정규직 시급보다 최소한 37퍼센트 더 적다.[14] 그러나 이런 시간제 일자리가 반드시 불안정한 것만은 아니다. 여성이 시간제로 일하는 것은 대부분 아이를 돌봐야 하기 때문이다. 많은 여성이 더 많은 시간 동안 일을 하고 싶어 하지만 저렴한 보육 시설이 부족하고 노동시간이 유연한 일자리를 찾기가 어렵기 때문에 그러지 못한다. 포셋협회의 최근 연구 결과를 보면, 설문에 응한 여성의 28퍼센트가 자신이 원하는 것보다 더 적은 시간 동안 일하고 있다고 대답했다.

여성이 직장에 다니는 경우에도 여전히 가사노동의 대부분을 부담해야 한다는 사실은, 그렇게 많은 여성이 노동인구에 포함돼 있는 상황이 여성에게는 모순임을 의미한다. 여성이 직장에 다니게 되면, 그렇지 않아도 힘든 생활에 부담이 추가되기 때문이다. 그러나 모순의 다른 측면은 여성이 노동인구의 일부, 즉 집단의 일부가 됨으로써 가정에서 고립돼 있을 때는 가질 수 없는 저항할 힘과 가능성을 얻게 된다는 것이다.

실비아 페데리치 같은 페미니즘 저술가들은 1970년대에 가사노동에 임금을 지급하라는 운동을 전개했는데, 그들은 이런 차이를 인식하지 못했다. 페데리치는 여성이 가정 밖에서 일하는 것은 "여성의 착취를 증가시키는 것일 뿐 아니라 단지 다른 형태로 여성의 구실을 재생산하는 것이다. 어디를 둘러보든 여성이 직장에서 일하는 것은 여러모로 단지 가정주부의 상황이 연장되는 것에 불과하다는 사실을 알 수 있다"고 말했다.[15] 페데리치는 나아가 다음과 같이 주장한다. "가정에서와 마찬가지로 임금노동을 하는 직장에서도 여성은 특히 여성적이고 서비스 중심적이고 흔히 성적 매력과 관련된 직종에 배치되고, 그래서 사실상 이런 직종들로 국한되고 고립된다."[16] 페데리치는 그런 직종으로 "비서, 가사도우미, 판매원, 성매매 여성, 비행기 승무원" 같은 예를 든다.[17]

그런 많은 직종은 분명히 사회와 가정에서 여성의 능력과 구실에 대한 성차별적 편견을 반영하고 영속화한다. 그러나 오늘날 여성은 그런 일들 외에도 수많은 종류의 직종에 종사하고 있다. 일부 서비스 직종과 공공 부문에서는 여성 노동자들이 대다수를 차지하고 있는데, 그 이유 하나는 전후 호황기에 여성이 대규모로 노동인구에 편입될 당시 그런 분야들이 급속히 성장하고 있었기 때문이다. 돌봄 노동 같은 이런 직종의 많은 부분은 흔히 사회에서 가장 취약한 처지의 사람들에게 필요한 것을 다루는데도 자본주의에서는 그 가치가 제대로 평가받지 못한다.

그러나 그런 성차별적 고정관념을 반영하는 일자리들에서도 여성 노동자는 남성 노동자와 함께 계급으로서 힘을 가지고 있다. 그런 직종에서는 경영진이 노동자들을 고정관념에 순응하게 만들어야 한다는 사실을 이용해 노동자들이 오히려 반격을 가할 수도 있다. 예를 들어, 1999년 캐세이패시픽 항공사의 여승무원들은 "임금 인상과 노동조건 개선을 요구하는 쟁의행위의 일환으로 모든 비행 시 한 시간 동안 승객에게 미소를 짓지 않겠다고 위협했다."[18] 학자인 데버러 캐머런은 캐세이패시픽이 미소를 지으며 상냥하게 서비스하는 아시아계 여성 승무원의 이미지를 광고에 활용한 것은 인종차별적 고정관념도 반영하는 것이라고 옳게 지적했다.

우리는 항공사들의 성차별적 광고가 사실상 여성 승무원들이 비행 동안 남성 기업인들의 성적 시중을 들 것을 암시하는 셈이라고 비판할 수 있어야 한다. 그러나 그런 광고가 아무리 진부하고 상투적이더라도 바로 그 여성들이 항공사의 업무를 마비시킬 힘을 가지고 있다는 것이 중요하다. 2011년 영국항공BA에서 노동조건 개선을 요구하는 격렬한 쟁의가 벌어졌을 때도 이런 사실을 확인할 수 있었다. 당시 승무원들은 미소 짓기를 거부하는 것에서 한 발 더 나아가, 아예 일하러 가기를 거부했다.

임금노동의 본질은 여자든 남자든 노동자들을 한데 모아서 일을 시키는 것이고 그 필연적 결과는 집단적 조직화다. 노동자 개인이 사장과 약속을 잡고 만나서 정중하게 부탁하는 것으로는 임금 인상을 달성할 가망이 없다. 대부분의 노동자들은 사장과 면담은커녕 입구에서 막혀서 사장실에 들어가 보지도 못할 것이다. 노동운동의 역사는 노조를 조직하고 노동자들의 가장 강력한 무기를 사용해서, 즉 집단행동으로 가장 중요한 성과들을 쟁취해 온 역사였다.

## "노조 안에서 여성의 위치"

2014년 영국 정부 통계는 여성 노동자의 노조 가입률이 남성 노동자보다 12년 연속 더 높았다는 것을 보여 준다. 이 점은 시간제이건 전일제이건, 정규직이건 비정규직이건 모두 마찬가지였다.[19] 2013년 여성 노동자의 노조 조직률은 약 28퍼센트인 반면 남성 노동자는 23퍼센트였다. 2011년 11월 30일에는 영국 역사상 최대 규모의 여성 노동자 파업이 벌어졌다. 공공 부문 노동자 260만 명이 연금 삭감에 항의하며 파업을 벌였는데, 그중 다수가 여성이었다.

"1995년 이래로 노동조합 조직률은 여성과 남성 모두 상대적 감소세를 보였으나 여성 노동자의 감소 경향이 훨씬 약했다. 여성의 노조 조직률은 1995년 29.7퍼센트에서 2013년 28.3퍼센트로 감소한 반면 남성은 1995년 35퍼센트에서 2013년 22.9퍼센트로 감소했다."[20] 또한 여성 노동자와 24살 이하 청년 노동자가 노조 가입을 통해 가장 많은 혜택을 누릴 수 있음을 보여 주는 연구 결과도 있다. 이른바 "노조 프리미엄"을 수치화한 것이 있는데, 즉 "노동조합원과 비조합원의 시간당 평균임금 차이를 백분율로 나타낸 것이다." 이 노조 프리미엄은 여성이 약 30퍼센트로 남성의 8퍼센트보다 높았다. "16~24살은 임금 프리미엄이 38퍼센트인 반면 25~34살은 13퍼센트였다."[21]

미국의 페미니즘 저술가인 헤스터 아이젠스타인은 미국에서도 비슷한 경향을 발견했다. 비록 전체 노조 조직률은 훨씬 더 낮지만 말이다. "비록 전국의 노조 조직률은 감소했지만 조합원 중 여성 비율은 급속히 늘어났다. 2004년 전국의 모든 노동조합원 가운데 43퍼센트가 여성이었는데 이것은 기록적인 수치였다." 아이젠스타인은 이런 수치가 "약 700만 명의 여성이 노조의 단체협약 적용 대상이라는 사실을 보여 주며 미국에서 최대 규모의 여성 노동자 운동은 조직 노동자 운동이라 할 수 있다"고 주장한다.[22]

노조가 존재한다고 해서 그 자체만으로 언제나 노동조건과 임금이 유지되는 것은 아니고 반드시 향상되는 것도 아니다. 영국에서 보수당 집권기에 노동계급의 생활수준이 공격받은 것을 보면 이 점을 잘 알 수 있다. 중요한 것은 현장조합원 조직의 힘이다. 그런 힘이 없으면 노동자들은 노조 지도부가 자진해서 투쟁을 이끌고 사용자나 정부에 도전하는 것에 의존하게 된다.

영국의 노조운동 지도자들은 여전히 "남성이고 무기력하고 고리타분"하다고 묘사되는데 정확한 지적이다. 이것은 심지어 조합원의 다수가 여성인 노조에서도 마찬가지다. 이 글을 쓰고 있는 지금, 노조의 사무총장 가운데 여성은 4명 중 1명꼴이다. 여성이 전체 조합원의 약 49퍼센트를 차지하는데도 말이다. 그러나 노총의 중앙집행위원회와 상임집행위원회에서 여성 위원이 42퍼센트를 차지하는 것은, 예컨대 국회에서 여성 의원이 29퍼센트에 불과한 것보다 훨씬 더 성별 균형이 이뤄졌다고 할 수 있다.

## 전투성, 계급의식, 자신감

계급의 힘에는 두 측면이 있다. 하나는 노동계급의 위치와 힘이라는 객관적 현실이고 다른 하나는 노동자들이 자신의 투쟁 능력에 대해 느끼는 주관적 생각이다.

지배계급은 공장, 사무실, 기업 같은 생산수단을 소유하고 있을 뿐 아니라, 정신적 생산수단도 소유하고 통제한다. 1911년 사회주의자인 헬렌 켈러는 이런 정신적 생산수단에 "지적 생활을 장려하는 것들, 즉 언론, 교회, 학교"가 포함된다고 말했다.[23] 오늘날 대중매체는 웹사이트, 텔레비전과 신문, 출판물과 온라인 등 극히 다양하다. 또한 교육과정은 점점 더 사유화되고 있으며 학생들의 요구가 아니라 자본의 요구에 더 큰 영향을 받고 있다. 이 때문에 마르크스는 다음과 같이 썼다. "모든 시대에 지배계급의 사상이 지배적 사상이다. 즉, 사회를 지배하는 물질적 힘을 가진 계급이 그와 동시에 정신적 힘도 지배한다."[24]

그러나 만약 그것이 전부라면 지금 이 책을 읽는 사람도 없을 것이고 평범한 대중은 항상 루퍼트 머독의* 쓰레기 같은 우파 언론이 떠들어 대는 지배계급의 주장을 그저 받아들이기만 할 것이다. 상황은 그렇게 간단하거나 안정적인 것이 아니다. 마르크스는 "모든 계급사회의 역사는 계급투쟁의 역사"라고도 썼다. 착취 과정 자체가 만들어 내는 사회적 긴장 때문에, 노동자들은 삶의 경험을 통해 때로는 지배계급의 사상을 약화시키기도 하고 그에 도전하기도 한다.

자본주의는 노동자들의 노동력을 착취하기 위해 노동자들을 점점 더 집결시킨다. 경쟁의 압박 때문에 사용자들은 끊임없이 노동자들을 더 쥐어짜려고 한다. 그러면 노동자들은 유일한 수단을 사용해 자신을 방어하고자 노력한다. 바로 집단적 행동이다. 즉, 노동자들은 계급, 인종, 그 밖의 모든 것에 대한 생각이 어떠하든지 간에 함께 집단적으로 행동하게 되는 것이다. 사회주의자이자 역사가인 핼 드레이퍼는 노동자들의 저항은 계급 위치의 산물이지 어떤 고유한 본성이 아니라고 설명했다. 그는 다음과 같이 썼다. "노동자들이 다른 사람들보다 더 투쟁을 좋아한다는 증거는 없다. 분명한 사

---

* 〈폭스〉, 〈월 스트리트 저널〉 등 전 세계의 여러 언론사를 거느린 뉴스코퍼레이션의 회장.

실은 자본주의가 노동자들로 하여금 어쩔 수 없이 투쟁을 하도록 만들고 또 투쟁에 익숙해지도록 만든다는 것이다."[25]

캐런 기어런은 1984년 아일랜드 던스스토어스에서* 파업을 벌인 노동자 12명 중 한 명이다. 그들은 아파르트헤이트 정책을 실시하던 남아프리카공화국의 제품을 취급하기를 거부하며 약 3년간 파업을 벌였다. 캐런 기어런은 아일랜드 국영 방송국인 RTE와 한 인터뷰에서 파업 전의 상황에 대해 다음과 같이 말했다. "우리는 기본적으로 우리의 작은 일상사나 좁은 사회관계에만 관심이 있었어요. 그래서 금요일에 급여를 받으면 맥주집에 가거나 디스코를 추거나 하며 돈을 써 버리고는 월요일에 다시 일하러 가서 그저 해야 할 일을 했어요. 그게 전부였어요." 그러나 그들의 투쟁은 전 세계의 주목과 지지를 받았고 결국 1987년 아일랜드 정부는 아파르트헤이트 정권이 무너질 때까지 남아프리카공화국 제품의 판매를 금지했다.

그래서 현 상태에 도전하지 않고 그럭저럭 살아온 노동자들, 심지어 반동적 사상을 가진 노동자도 투쟁에 참여할 수 있는 것이다. 노동쟁의 때 파업 이탈자를 막고 대체 인력 투입을 저지하기 위해 작업장 입구에 늘어선 노동자가 "저는 원래 투사는 아니지만 … "으로 말을 시작해서 왜 특정한 피해나 부당한 처사를 도저히 참을 수 없어 투쟁에 나섰는지 설명하는 것을 흔히 볼 수 있다. 노동자들이 일단 어떤 투쟁이나 저항에 참여하게 되면, 체제의 진정한 본질을 볼

---

* 식료품, 의류, 생필품 등을 판매하는 아일랜드의 대형 유통업체.

수 있는 가능성이 열린다. 계급투쟁은 자본주의의 현실을 가리고 있던 덮개를 걷어 내는 가장 효과적인 방법이다. 러시아 혁명 때 노동자들은 볼셰비키가 언제나 다음과 같이 말했다고 회고한다. "여러분을 설득하는 것은 우리가 아니라 여러분의 삶 자체일 것입니다."

이것이 마르크스가 말한 "즉자적" 계급에서 "대자적" 계급으로 노동계급이 발전하는 과정이다. 이것이 의미하는 바는 노동계급이 독자적 이해관계와 힘을 깨닫게 되고, 사회의 진정한 분열을 들춰내서 그것을 완전히 끝장내기 위한 태세를 갖추게 된다는 것이다. 그러나 투쟁 수위가 낮은 시기에도, 사회주의 정치를 받아들이고 자본주의에 반대하는 개인들이 있을 수 있다. 그것은 사회주의 사상이나 주장의 설득력 때문일 수도 있고 개인적 경험 때문일 수도 있다. 예를 들어, 경찰서에 갇혀 있다가 사망한 피해자의 많은 유가족은 개인적 비극을 겪고 정의를 위해 싸우다가 단호한 활동가가 되기도 한다.

또한 대규모 사회운동도 엄청난 정치적 영향을 미칠 수 있는 잠재력이 있다. 전 세계적 반자본주의 운동은 한 세대 전체에게 자본주의 체제가 문제의 근원이라는 생각을 심어 줬으며, 이것은 학생운동부터 기후변화 저지 운동까지 오늘날 정치의 많은 부분에 여전히 영향을 끼치고 있다. 아룬다티 로이,* 나오미 클라인,** 수전 조지*** 등

---

\* 《작은 것들의 신》의 저자로 1997년 맨부커 상을 수상한 인도 출신의 작가.

\*\* 《노 로고》와 《쇼크 독트린》을 쓴 캐나다 출신의 진보적 지식인.

\*\*\* 프랑스에서 활동하는 미국 출신의 비판적 정치사회학자.

많은 뛰어난 활동가들과 작가들이 반자본주의 운동에 참여했다.
2003년 영국에서는 이라크 전쟁에 반대하는 분노가 폭발해서 200
만 명이 거리에 나와 시위에 참여했다. 이런 대규모 시위는 국내 정
치에 영향을 끼쳤고 반전 여론이 널리 퍼졌다. 아랍 혁명도 세계적
저항에 영향을 끼쳤다(12장 참조). 오큐파이(점거하라) 운동은 광
장 점거라는 방식을 통해 항의하고 스스로 교육하고 저항을 조직
했다. 그러나 이 모든 투쟁이 계속 성공할 수 있는지 아닌지는 그런
투쟁들이 조직된 노동계급의 투쟁과 얼마나 연결될 수 있는지에 달
려 있다.

평범한 대중을 한 사람씩 설득해서 억압에 저항하고 변혁을 위해
싸우도록 할 수는 없을 것이다. 그러나 노동계급은 독특하다. 왜냐
하면 노동계급에게는 분열을 극복하고 단결하고자 하는 자연스러
운 추진력이 존재하기 때문이다. 이런 추진력은 노동자들의 물질적
조건에서 비롯하는 것이지 모든 노동자를 한 명 한 명 이데올로기적
으로 설득하는 데서 나오는 것이 아니다.

마르크스는 대중적 노동계급 투쟁이 자본주의를 끝장낼 수 있
는 유일한 방법일 뿐 아니라 "공산주의 의식이 대규모로 형성될 수
있는" 유일한 방법이라고도 주장했다. 마르크스는 다음과 같이 썼
다. "다른 방법으로는 지배계급을 전복할 수 없기 때문에 혁명이 필
요하기도 하지만, 지배계급을 전복하는 계급이 자신에게 남아 있는
구시대의 모든 폐습을 청산하고 새로운 사회를 건설하기에 적합한
존재가 되는 것은 오직 혁명 과정에서만 가능하기 때문에 혁명은 필

요하다."[26]

여성의 능력에 대한 성차별적 관념, 인종차별, 동성애 혐오 같은 구시대의 폐습은 대중투쟁이 승리하는 데 필요한 단결을 약화시킨다. 수많은 노동자가 자본주의의 일상생활에서는 그런 관념들을 어느 정도 가지고 있다. 노동계급이 변혁의 주체라는 사회주의자들의 주장은 노동자들을 이상화하는 것이 아니다. 사회주의자들은 남녀 모두를 포함한 노동계급의 잠재적 능력을 보고 그렇게 주장하는 것이다.

여성은 노동계급 투쟁이 분출할 때마다 전면에 나섰다. 17세기와 18세기에 식량난으로 소요 사태가 일어났을 때 여성들은 "자신이 원하는 가격으로 곡물을 구입하기 위해 허리춤에 칼을 차고" 시장과 제빵소에서 곡식을 확보했다.[27] 신노조운동이 폭발했을 때(6장 참조) 수많은 노동계급 여성, 대부분 가장 처참한 상태에 있던 여성들이 사용자와 국가에 맞서 들고일어났다.

20세기에는 전 세계에서 벌어진 여러 투쟁의 중심에 여성이 있었다.

여성 노동자들은 1917년의 러시아 혁명을 촉발했다. 1912년 미국의 로런스 섬유 공장에서는 대부분 이주 노동자였던 1만 명의 여성이 역사적 파업을 벌이고 노동자 대투쟁을 이끌었다. 양차 세계대전 동안 영국의 여성 노동자들은 새로 깨달은 자신들의 집단적 힘을 보여 줬고, 또 다른 곳에서는 대영제국의 지배를 무너뜨린 민족해방운동에서 여성들이 싸웠다. 여성은 미 제국주의와 싸워 이긴 베트남 민족해방운동을 포함해 1960년대에 전 세계에서 일어난 반란의 일부였다. 영국의 [1984~1985년] 광원 대파업은 오직 남성 노동자들만이 참여한 파업이었는데도 전체 노동계급을 정치화할 수 있었다. 결국 탄광촌의 여성들이 파업에서 중추적 구실을 하게 됐는데, 심지어 피켓라인에서 경찰과 충돌하기도 했다. 21세기에는 아랍 혁명으로 압제자들을 거꾸러뜨린 강력한 반란에서 여성들이 중심적 구실을 했다(12장 참조).

## 계급의 힘

영국에서는 근래 [노동계급의] 전투성이 부족하고 투쟁 수위가 낮지만 그렇다고 해서 계급적 관점이 약해질 이유는 없다. 더 크게 보면, 자본주의도 가장 심각한 모순에 빠져 있는 것이 일반적 경향이다. 자본주의가 제대로 돌아가려면 노동계급을 더 많이 만들어 내야 하지만 그 계급은 오히려 자본주의 체제를 전복할 잠재력이 있다. 이것은 특정 시기나 지역에만 국한된 것이 아니다. 마르크스가 살던 시대에 노동계급은 서유럽의 일부에만 존재했다. 마르크스의 통찰은 자본주의의 과정을 이해하는 것이었고, 따라서 마르크스의 분석은 그가 살던 당시보다 사실은 오늘날 더 잘 들어맞는다.

우리는 세계화 과정이 가속화되면서 "자본주의는 모든 곳에 둥지를 튼다"는' 마르크스의 주장이 현실이 되는 것을 목격해 왔다. 이로 말미암아 여성은 세계 노동계급으로 훨씬 더 통합되고 있으며 지난 15년 동안 2억 명 이상의 여성이 노동인구에 편입됐다. 중국에서만 수백만 명의 농민이 토지에서 분리돼, 엄청나게 많은 신규 공장에서 자신의 노동력을 판매하는 대규모 노동인구로 편입됐다. 인도에서는 섬유산업에 고용된 수백만 명의 노동자가 20세기 초 미국 맨해튼의 로워이스트사이드 [빈민가] 여성 노동자들의 상황을 연상시키는 끔찍한 환경에서 일하고 있다.

마르크스는 노동계급을 자본주의의 "무덤을 파는 자"라고 불렀다. 마르크스는 노동계급이 체제의 테두리 안에서 사용자한테 임금 인상과 노동조건 개선을 쟁취하는 것보다 훨씬 더 많은 것을 쟁취할 수 있는 잠재적 힘을 가지고 있다고 봤다. 그런 경제적 투쟁은 물론 노동계급의 삶의 질을 향상시킨다. 그러나 계급의 힘은 경제적 문제들을 넘어서서 정치적 목적을 위해서도 발휘될 수 있는 것이다.

지배계급은 경제적 문제와 정치적 문제를 분리하기 원하며 노조가 제한된 정치적 시도를 하는 것조차 비난한다. 예를 들어, 노조가 노동당을 통해 의회에서 의견을 개진하는 것도 비난한다. 보수당 정치인들은 그런 시도가 노조 활동의 범위를 넘어서는 것이라고

---

\* "생산품의 판로를 끊임없이 확장하려는 욕구가 부르주아지를 전 세계로 내몬다. 부르주아지는 어디든 둥지를 틀어야 하고, 어디든 정착해야 하며, 어디든 연고를 맺어야 한다." (《공산당 선언》)

주장하며 나무란다. 2015년 2월 〈데일리 메일〉은 노총이 임신중절권을 제한하는 법률 개정안에 반대하기로 방침을 정한 것을 비판했다.[28] 그러나 노총이 여성의 선택권을 방어한 것은 매우 올바른 일이었다. 자본주의 경제와 정치를 분리하는 것은 가능하지 않다. 정부가 긴축을 강요하는 것은 정치적 과제를 처리하는 것인 동시에 경제적 공격을 가하는 것이다.

수많은 노동자가 의회에서 누가 어떻게 자신을 대변할지에 대해 주장을 하는 것은 전적으로 정당하다. 노동자들은 이런 권리를 위해 투쟁해 왔다. 그러나 사회의 실질적 권력은 의회에 있는 것이 아니라, 생산수단을 소유하고 통제하는 자들이 쥐고 있다. 그들은 도처에서 정치인들의 지원을 받지만, 가장 중요한 지원 세력은 법률, 사법제도, 경찰 등의 국가권력이다. 집권당을 바꾸는 것을 통해서는 이런 권력에 도전할 수 없다. 오직 대중적 계급투쟁을 통해서만 지배계급의 권력에 근본적으로 도전할 수 있다.

노동계급은 여성을 구원해 주거나 여성을 위해 대신 싸워 주는 외부 세력이 아니다. 노동계급은 여성과 남성으로 이뤄져 있다. 또한 흑인과 백인과 아시아인으로 이뤄져 있고, 성소수자와 이성애자로 이뤄져 있다. 노동계급은 다수를 위한 다수의 계급이다.

피억압자들은 노동계급이 후퇴하거나 전진할 때마다 이를 가장 예민하게 감지하고, 다른 모든 피억압 집단과 마찬가지로 여성들도 그런다. 노동계급이 성장할 때 여성의 사회적 지위도 개선된다. 노동계급이 패배하면(가장 심각한 경우는 독재나 파시즘 치하다), 여성의 권리도 짓밟힌다. 이것은 1931년 스페인 공화국에서 여성이 중요한 정치적 권리뿐 아니라 임신중절과 피임의 권리도 쟁취했다는 사례를 통해서도 알 수 있다. 1936년 프랑코 장군이 파시스트 쿠데타를 일으키자 여성과 남성은 공화국을 수호하고자 함께 투쟁했다. 1939년 격렬한 내전 끝에 프랑코가 승리하자 그동안 여성이 쟁취했던 권리는 모두 상실되고 말았다. 파시스트 국가는 이혼, 임신중절, 피임을 불법화했다. 여성은 아이를 많이 낳으면 포상을 받았고 경제적 자립의 길은 가로막혔다.

요지부동이고 불가피하다고들 하는 사회구조에 맞서 남녀 노동자가 함께 싸우면서 얻는 경험은 투쟁의 영역을 개인에서 집단으로 확장시킨다. 노동자들이 집단적으로 행동할 때, 그들은 계급의식을 발전시키고 훨씬 더 큰 성과를 위해 싸울 수 있는 자신감을 얻게 된다. 그러나 체제에 대한 진정한 도전은 단지 일련의 대규모 파업이나 심지어 총파업도 넘어서는 것이다. 그것은 사회를 뿌리째 흔들어 놓을 만큼 강력한 사회적 투쟁을 의미한다. 존 리드는 러시아 혁명을 통해 세계를 변혁할 수 있는 노동자들의 위대한 잠재력을 확신하게 됐다고 말한다. 그는 다음과 같이 썼다. "노동자 대중은 위대한 이상을 꿈꿀 수 있을 뿐 아니라, 그 꿈을 실현할 수 있는 힘도 갖고 있다."[29]

# 12장 여성과 혁명

여성은 혁명의 동력이었습니다. 당신은 혁명이 사람들을 어떻게 변화시켰는지 느낄 겁니다. 사람들은 강력해졌고 담대해졌습니다. 그들은 아무에게도 열등감을 느끼지 않습니다.

— 마히누르 엘마스리, 이집트의 혁명적 사회주의자

혁명은 확고하게 보이는 것을 모두 뒤집어 놓는다. 평범한 대중이 자본주의의 처절하고 고된 일상생활에서 해방될 가능성을 맛보게 되면, 그 무엇이라도 가능하다. 혁명은 무엇보다도 억압받는 사람들의 축제다. 혁명은 투쟁으로 가장 많은 이익을 누릴 사람들에게 역사의 주인이 될 기회를 제공한다.

지배계급은 사회의 근본적 변화가 위험한 것이며 혼란과 폭력 사태를 불러올 것이라는 생각을 퍼뜨리려고 엄청나게 애쓴다. 마르크스는 이런 이데올로기를 지배계급의 "이기적 편견"이라고 불렀다. 이런 편견 때문에 지배계급은 "현재의 생산양식과 소유 형태에서 생겨난 사회형태들을 자연과 이성의 영원한 법칙인 양 바꿔 놓는다"는 것이다. 그런 사회형태들은 끊임없이 변화하는 것인데도 말이다. 마르크스는 "부르주아지 전에 존재했던 모든 지배계급도" 이런 편견을 공유했다고 지적한다.[1]

여성과 남성이 모두 현재의 생활 방식 말고는 다른 대안이 없다고 믿게 만드는 것은 지배계급의 경제적·정치적 필요에 부합한다. 지배계급이 우리로 하여금 자신에게 부여된 사회적 역할을 수행하도록 만드는 과정은 젠더를 이해하는 데서뿐 아니라 사회 전체를 이해하는 데서도 핵심적이다. 일상적 시기에 계급 지배가 유지되려면, 우리가 체제에 순응해야 하고 사회를 좌우하는 것처럼 보이는 거대한 사회적 힘을 전혀 통제할 수 없다고 생각해야 한다. 지배계급은 어떤 사람들은 지배할 운명으로 태어나고 다른 사람들은 지배를 당할 운명으로 태어난다는 생각을 우리가 받아들이기 원한다. 즉, 명문 사립학교를 나와서 옥스퍼드나 케임브리지 대학을 졸업한 사람들이 지배를 하고 나머지 사람들이 지배를 받는 것은 당연하다는 것이다. 우리는 빈곤이건, 실업이건, 정신 건강의 문제이건, 신체장애의 문제이건, 우리와 우리 가족이 겪는 문제를 스스로 책임져야 한다고 배운다. 우리는 5년에 한 번씩 투표용지에 기표하는 것이 민주주의의 꽃이라고 배운다.

이 모든 지배 이데올로기는 부자들이 스스로 온갖 위험을 감수했으니 이윤을 가져가는 것은 당연하다고 둘러대며 점점 더 부유해지도록 보장해 준다. 자본주의에서 노동자들은 노동력을 판매해서 다람쥐 쳇바퀴 같은 일상생활을 계속할 수밖에 없다. 왜냐하면 그것이 먹고살기 위한 유일한 방법이기 때문이다. 사회민주주의 국가들에서는 노동자들의 머리에 총구를 겨누지 않고도 이런 식으로 계급 권력을 유지한다.

사람들이 더는 순응하지 않으려 하거나 자신들의 생활 조건을 더는 견딜 수 없어서 들고일어날 때만, 지배계급은 폭력에 의지하려 한다. 지배계급은 그런 상황을 그다지 원치 않는다. 왜냐하면 저항을 진압하기 위해 경찰을 부르거나 군대를 동원할 수밖에 없게 되면, 상황 통제가 힘들어지고 지배력의 취약성이 폭로되기 때문이다. 따라서 국가의 무력은 위기 때만 동원되지만, 현 상태를 유지하기 위해 언제나 준비 태세를 갖추고 있어야 한다. 그런데 '현 상태'라는 용어조차 사실은 잘못된 것이다. 그것은 사회가 일종의 자연적 평형상태에서 유지되고 있다는 인상을 주기 때문이다. 현 상태라는 것은 실제로는 부유한 권력자의 지배를 통해서 강요되고 있는 것이며, 그들은 모든 수단을 동원해 그런 지배를 억지로 유지하고 있다. 우리는 국가가 사법제도와 경찰력을 통해 어떻게 여성 차별을 유지하고 강화하는 데 한몫하는지 봐 왔다.

레닌은 미완의 저서인 《국가와 혁명》에서 국가가 하는 구실을 설명했다. 이 책이 미완성인 이유는 1917년 10월 혁명으로 집필이 중단됐기 때문이다. 레닌은 《국가와 혁명》의 마지막 문장을 "혁명에 관한 글을 쓰는 것보다 '혁명을 경험하는 것'이 더 즐거운 일이다"라는 농담으로 마무리한다.[2] 비록 마지막 장이 완성되지는 못했지만, 그것은 현실의 투쟁 경험으로 구현됐다. 또한 《국가와 혁명》은 우리가 새로운 사회를 건설하고자 한다면 국가를 폐지해야 한다는 사실을 명료하고 설득력 있게 설명한다.

자본주의에 국가가 필요한 이유는 압도 다수의 의지를 억누르고 소수의 의지를 관철하려면 폭력으로 위협하는 것이 필요하기 때문이다. 노동자들이 권력을 쟁취하면, 혁명을 파괴하려 드는 옛 지배계급의 잔존 세력에 맞서 노동자들의 의지를 관철하기 위해 한동안 폭력을 사용할 수밖에 없을 것이다. 그러나 결국 사회주의 사회가 기반을 잡아 가면서 별도로 국가의 폭력을 사용할 필요는 점점 더 줄어들 것이다. 우리가 알고 있는 국가, 즉 무장한 경찰력과 전문적 군대를 가진 국가는 다수가 다수의 이익을 위해 사회를 운영하게 되면서 "점차 시들어 사라질" 것이다.

그러나 사람들은 영국에서는 혁명이 불가능하다고 말하며 영국인에게는 점진적 변화를 추구하는 노선이 DNA에 각인돼 있다고 말한다. 지배계급의 인종차별적 고정관념에 따르면 혁명이라는 것은 오직 유럽 대륙이나 다른 지역에 사는 "격정적이고 성질 급한 사람들"이 일으키는 것이다. 이것이 새빨간 거짓말이라는 것은 하나의 사례만 봐도 알 수 있다. 바로 1649년 영국 혁명 당시 찰스 1세가 자신의 백성들에게 처형된 사건이다. 역사책이 이것을 영국 내전이라고 부른다고 해서 이것이 절대왕정에 대항한 유럽 최초의 혁명적 봉기였다는 사실을 놓쳐서는 안 된다.

영국에서든 전 세계 어느 곳에서든, 평범한 사람들은 투쟁 없이는 아무것도 얻지 못했다. 남성 노동자와 여성은 모두 투쟁 없이는 투표권을 획득하지 못했을 것이다. 이 점은 동일임금과 육아휴직과 그 밖의 모든 개혁이나 노동조건 향상에서도 마찬가지다. 지배계급은 언제나 어쩔 수 없을 때만 양보를 했다.

오늘날 미국 지배계급은 공민권운동 지도자였던 마틴 루서 킹을 국민적 영웅으로 대우한다. '마틴 루서 킹 데이'라는 공휴일이 있을 정도다. 1955년 몽고메리에서 버스의 앞자리를 백인에게 내주고 흑인이 앉아야 하는 뒷자리로 가기를 거부한 로자 파크스는 오늘날 존경을 받고 있으며 흔히 너무 피곤해서 자리에서 일어날 수 없었던 평범한 재봉사로 묘사되기도 한다. 그러나 아프리카계 미국인들이 법적 평등을 얻은 것은 결코 필연적인 일이 아니었다. 지배계급은 불현듯 큰 깨달음을 얻어서 피부색으로 사람을 차별하고 공민권을 거부하는 것이 부도덕하다는 사실을 깨친 것이 아니다. 노예제도가 야만적이라는 사실을 갑자기 깨닫고 폐지한 것이 아니듯이 말이다.

현실을 살펴보면, 미국 국가는 공민권을 인정하지 않으려고 최대한 저항했다. 연방수사국FBI은 킹 목사를 중상모략하기 위해 집중적으로 사찰했다. 활동가들은 인종차별주의자들에게 살해됐고 국가에 의해 투옥됐다. 로자 파크스는 경험 많은 정치 활동가였고, 사건 후 몇 년이 지난 1967년에 "저는 점진주의를 믿지 않습니다" 하고 말하며 다음과 같이 선언했다. "제게 유일하게 피곤한 일은 양보하고 포기하는 것입니다."

　지배계급이 뻔히 보고 있는데, 언젠가 그들의 권력을 모두 빼앗을 때까지 대중이 지배계급의 권력을 야금야금 몰래 갉아먹는다는 것은 불가능하다. 오히려 우리는 권력을 쟁취해야 하고 그러려면 혁명적 격변이 필요하다. 그러나 과거의 여러 혁명을 보면서 사람들은 많은 물음을 던진다. 혁명으로 또 다른 독재자가 등장하는 것은 아닌지 그리고 경제적 평등을 쟁취하더라도 성 평등을 이루려면 또 다른 혁명이 필요한 것은 아닌지 등등을 말이다.

## 혁명은 어떤 모습일까?

　사람들은 흔히 혁명 하면 폭탄, 검은 복면을 한 사내들, 폭력 등의 이미지를 떠올린다. 이런 이미지는 대다수 사람들이 집에서 두려워 떨며 싸움이 끝나기를 기다리는 것이 곧 혁명이라는 인상을 준다. 도대체 이런 싸움들과 여성해방이 무슨 관련이 있을까?

　혁명은 자기 해방이다. 혁명은 많이 알고 잘 훈련된 소수의 전문가들이나 중무장한 게릴라들이 평범한 대중을 위해 대신 싸우는 것이 아니다. 또한 혁명은 하나의 단일한 사건도 아니다. 혁명은 대규모 사회적 격변을 포함한 일련의 과정이고 이 과정에서 수십만 명, 나아가 수백만 명의 평범한 남성과 여성이 투쟁에 참여하게 된다. 엥겔스가 썼듯이 "대중이 스스로 혁명 과정에 참여해야 하고, 혁명으로 무엇을 달성할지, 그들이 무엇을 위해 목숨 걸고 투쟁해야 하는지를 이미 파악하고 있어야 한다."[3]

혁명은 몇 개월 심지어 몇 년이 걸릴 수도 있다. 그사이에 전진과 후퇴가 있을 것이고 권력을 장악할 수 있는 결정적 순간들도 다가올 것이다. 프랑스 역사가인 알베르 소불은 다음과 같이 썼다. "혁명은 그 지속 기간이 아니라 내용에 의해 [개혁과] 구별된다. 개혁인가 혁명인가 하는 문제는 동일한 결과를 얻기 위해 더 먼 길로 돌아갈지 아니면 지름길로 갈지를 선택하는 문제가 아니라, 목적지를 분명하게 설정하는 것이다. 더 구체적으로 말하면, 새로운 사회를 건설할 것인가 아니면 기존 사회를 살짝 수정할 것인가 하는 문제다."[4]

지배계급이 혁명을 두려워하는 이유는 바로 혁명이 자신들의 지배권 자체에 근본적으로 도전하기 때문이다. 지배계급은 어떤 쟁점 때문에 파업에 돌입하는 사람들이나 거리로 뛰쳐나오는 사람들은 더 담대해지고 정치화할 수 있고 그들의 분노와 저항은 사회 전체로 널리 퍼질 수 있다는 사실을 안다. 기성 체제는 노동자들에게 '너희는 사회를 운영할 능력이 없다'고 말하며 그런 자신감을 꺾어 놓으려고 한다. 때로는 노동자들의 투쟁 잠재력에 회의를 느끼는 사람들도 그런 태도를 보인다. 드레이퍼는 이런 태도를 다음과 같이 묘사한다. "이 가엾은 인간들이 혁명을 일으키리라고 기대할 수 있을까?"[5] 2011년 아랍 혁명이 폭발했을 때, 아랍 주재 대사를 지낸 자들과 이른바 전문가들은 텔레비전에 나와서 "아랍의 거리"는 민주주의를 위한 준비가 돼 있지 않으므로 강력한 독재자가 필요하다고 떠들어 댔다.

평범한 사람들에게 '당신들은 권력을 잡기에는 적절하지 않다'고 말하는 것은 새로운 전술이 아니다. 로자 룩셈부르크는 노동계급이 언제나 자신들이 "정치적 자유를 누릴 만큼 충분히 성숙했다"는 것을 증명해야 했다고 썼다. 그녀는 지배계급에 대해서 다음과 같이 말한다. "신의 기름 부음을 받아 옥좌에 앉은 자와 나라의 가장 고귀한 양반들은 프롤레타리아의 굳은살 박힌 주먹으로 눈두덩을 쳐 맞고 무릎으로 가슴팍이 찍힌 뒤에야, 오직 그때에야 비로소, 대중이 정치적으로 성숙했음을 갑자기 믿게 됐다."[6]

"정치적 성숙"은 투쟁의 결과이며, 여성과 남성 개인으로 구성된 노동계급을 하나의 의식적 정치 집단으로 바꿔 놓는 것은 혁명 과정이다. 혁명은 사회주의자들이 혁명의 필요성을 다수에게 설득해서 발생하는 것이 아니다. 마르크스는 다음과 같이 주장했다. "해방은 역사적 행위이지 정신적 행위가 아니다."[7] 마르크스가 말하고자 하는 것은 물질적 조건을 바꾸려는 실제적 투쟁이 노동자들의 정치의식을 변화시킨다는 점이다. 들고일어나 투쟁하면서 자신의 삶을 스스로 통제해 보는 바로 그 경험이 자본주의 체제의 평범한 생활 조건에서는 상상도 할 수 없던 방식으로 사람들을 바꿔 놓는 것이다.

바로 이런 과정 때문에 혁명적 변화는 해방의 잠재력이 있다고 말하는 것이다. 실비아 페데리치는 마르크스가 "기술적 혁명 개념"을 받아들였다며 비판했다. 그러나 마르크스에게 혁명은 단지 새로운 경제체제를 수립하는 것이 아니라, 인간 해방의 가능성이 활짝 열리는 사건이었다.

노동자들이 다람쥐 쳇바퀴처럼 지루하기 짝이 없는 일에 시달리며 생존을 위해 버둥거리고 자신의 인간성에서 소외된 시기에 지배적이던 사상은 [혁명이 일어나면] 더는 상식으로 통하지 않게 된다. 인종차별, 성차별, 동성애 혐오는 우리를 지배하기 위해 분열시켜야만 하는 체제에서 자라 나온 것이다. 그런 체제에 도전하는 행동은, 즉 우리를 둘러싼 물질적 세계에 도전하는 행동은, 그 체제에서 생겨난 사상도 허공으로 날려 보낸다. 혁명의 시기는 정치의식을 더 급속하고 강렬하게 바꿔 놓는다. 프랑스 혁명을 다룬 저작에서, 마르크스는 혁명에 참여한 사람들의 정치적 성장 과정이 어떻게 가속화하는지를 지적한다. "프랑스 사회의 서로 다른 계급들은 전에는 반세기 단위로 평가하던 시대적 발전을 이제는 몇 주 단위로 평가해야 했다."

혁명의 경험 자체가 혁명은 해방의 잠재력이 있다는 마르크스의 주장을 증명해 준다. 역사를 보면, 모든 위대한 사회혁명의 분명한 특징은 피억압자들이 들고일어난다는 점임을 알 수 있다. 실제로, 투쟁의 성공 자체가 여성과 그 밖의 피억압 집단이 투쟁에 이해관계를 가지고 함께 참여하는지에 달려 있다.

1917년 러시아 혁명은 여성해방을 위해 어떻게 싸워야 하는가라는 질문에 대한 가장 훌륭한 대답이었다. 러시아 혁명은 가장 잔혹한 상태에서 살던 수많은 여성의 삶에 영향을 끼쳤다. 오랫동안 여성들은 러시아 혁명운동의 다양한 분야에 활발하게 참여했다. 볼세

비키 여성 당원들은 정치 활동을 이유로 투옥되고 유배됐다. 영국과 미국에서처럼, 러시아에서도 제1차세계대전 동안 남성이 징집돼 일을 할 수 없을 때 여성이 산업 노동인구의 큰 부분을 차지하게 됐다. 1914년 여성은 노동인구의 26퍼센트를 차지했지만 1917년에는 43퍼센트로 증가했다.[8] 여성은 온갖 종류의 일에 종사했고, 여성의 노동인구 유입은 매우 대규모로 이뤄져서 "수십 개의 방직공장, 심지어 마을 전체가 거의 여성으로만 채워져 있었다."[9] 1917년 1월 차르의 관리 한 명은 상관에게 노동계급 여성들이 "인화 물질 창고"나 마찬가지라고 보고했다.[10] 그의 보고는 옳았다.

1917년 세계 여성의 날 행진을 하던 여성 노동자들이 2월 혁명을 촉발했다. 2월 23일(서구 달력으로는 3월 8일), 그들은 "직장과 가정에서 속속 뛰쳐나와, 빵을 달라고 또 전쟁을 끝내라고 외쳤고 공장과 주택가를 지나면서 안에 있는 사람들에게 나와서 동참하라고 호소했다. … 경찰은 시내 중심가로 통하는 다리를 봉쇄했다. 그러자 여성 노동자들은 강둑 아래로 내려가서 얼어붙은 강을 걸어서 건넜다."[11] 그들은 돌과 눈뭉치를 공장 창문에 던지며 다른 노동자들에게 파업에 참여하라고 요구했고, 채찍으로 무장한 코사크 기병대를 마주해서도 굴하지 않고 저항했다. 1주일이 채 안 돼 차르는 폐위됐다.

트로츠키는 탁월한 저작 《러시아 혁명사》에서 여성들이 주도권을 잡은 것은 예기치 못한 일이었다고 말한다. "2월 혁명은 혁명 조직들의 반대를 극복하고, 아래에서 시작됐다. 자발적으로 주도권을 쥔 것은 프롤레타리아 중에서도 가장 억압당하고 천대받던 부분, 즉 여성 섬유 노동자들이었다."[12]

가장 억압당하며 살던 여성들(일부 지역에서는 남편이 아내를 채찍으로 때리는 것이 합법이었다)이 혁명운동으로 물밀듯 쏟아져 들어왔고, 혁명운동은 여성의 진정한 해방을 우선 과제로 삼았다. 빵과 평화와 토지를 요구하는 이 중대한 아래로부터의 반란에 여성들의 온갖 이익이 걸려 있었다(빵·평화·토지는 비록 단순한 요구였지만, [당시 러시아 상황에서는] 사회를 완전히 뒤엎지 않으면 실현될 수 없는 것들이었다). 볼셰비키는 많은 전투적 노동계급 여성들을 자신의 조직으로 끌어들였고, 여성들이 투쟁의 일부가 되게 하려고 갖은 애를 썼다.

레닌은 다음과 같이 말했다. "모든 해방운동의 경험을 보면 여성이 얼마나 많이 참여하는지에 혁명의 성공이 달려 있다는 것을 알 수 있다."[13] 레닌은 1917년 페트로그라드에 도착했을 때 볼셰비키에게 여성들의 정치 활동을 조직할 것을 촉구했다. 그는 "여성이 일반적 정치 생활뿐 아니라 누구나 해야 하는 일상적 사회 생활에서도 독립적 구실을 하지 못하는 한" 사회주의를 이야기하는 것은 헛된 일이라고 주장했다.[14]

이 시기를 다룬 한 역사서를 보면 여성 볼셰비키 당원의 거의 절반이 노동자였다. "1917년 이전뿐 아니라 이후에도 노동계급 여성의 비율이 이렇게 높았다는 것은 당시 여성들의 문해력이 낮고 볼셰비키가 높은 수준의 정치 교육을 요구했다는 것을 고려하면 매우 놀라운 일이다."[15] 트로츠키는 차르 군대와 시위대의 대치 상황을 다음과 같이 묘사한다. 여성들은 "남성들보다 더 용감하게 바리케이드 앞으로 나아가서 병사들의 총을 붙잡고 거의 명령에 가까운 호소를 한다. '총검을 내려놓으세요. 우리와 함께 합시다.'"[16] 파업에 참가한 여성들은 비협조적인 사용자들을 손수레에 실어서 끌고 가기도 했다. 이제 막 탄생한 노동자 국가가 생존을 위해 반혁명 세력과 싸운 내전기에, 여성들은 적군赤軍에 합류해서 흔히 백군白軍을 상대로 위험한 첩보 활동을 했다. 백군 장교들은 그런 여성들을 비웃었다. 그들은 여성이 "부엌에서 그릇이나 만질 운명을 타고난 우둔한 존재여서 절대로 정치를 이해할 수 없다"고 말했다.[17]

지배계급과 부르주아 여성들도 빈민의 봉기를 신랄하게 비난했고 제국주의 전쟁을 열렬히 지지했다. 부르주아 여성의 일부는 '여성 대대'를 설립했는데 여성 대대는 10월 혁명 이전 몇 달 동안 여성을 징집해서 전쟁터로 보내야 한다고 주장했다. 그러나 한 역사가가 썼듯이, 전쟁에 지친 페트로그라드의 빈민과 노동자들은 여성 대대를 경멸했고 "볼셰비키의 반전 선전이 점차 대중의 지지를 얻게 되자, 볼셰비키와 경쟁하던 다른 혁명 조직들에 대한 지지뿐 아니라 자유주의자들과 페미니스트들에 대한 지지도 줄어들었다."[18]

의사이자 페미니스트인 마리아 포크로프스카야는 일부 부르주아 페미니스트들이 수많은 여성의 현실과 얼마나 괴리돼 있었는지 보여 준다. 그녀는 "빵과 평화와 토지"라는 구호를 무시하며, 여성은 "그런 천박한 물질적 동기"가 아니라 "선거권과 표현의 자유와 의회정치"를 위해 싸워야 한다고 주장했다. 그러나 민주주의와 평등권은 빵과 평화와 토지에 대한 요구와 분리될 수 없었다. 대규모 사회혁명 없이는 그중 어느 것도 성취될 수 없었기 때문이다.

수많은 가난한 노동자와 농민, 그중에서도 특히 여성은 과거에 문맹이었고, 그래서 영원한 신의 뜻에 따라 힘든 삶을 살아야 하는 운명을 타고났다고 믿었다. 그런데 이제 읽고 쓰는 법을 배우기 시작했다. 그들을 위해 12만 5000개 이상의 학교가 설립됐다.[19] 평범한 사람들이 당시의 중요한 문제들을 두고 토론하면서 자신의 삶을 통제하는 일에 참여하기 시작했다. 수많은 사람들이 광장에 운집해 시 낭송에서 그리스비극까지 온갖 공연을 관람했다. "극장과 원형 광장과 학교와 술집과 소비에트 회의실과 노조 본부와 병영에서 강연과 토론과 연설이 이뤄졌다. … 페트로그라드를 비롯한 러시아 전역에서 모든 길모퉁이는 공적 발언을 위한 연단이 됐다."[20]

알렉산드라 콜론타이는 1905년 러시아 혁명을 회고하며 모든 진정한 대중 혁명의 특징, 즉 대중적 토론 열기의 폭발을 다음과 같이 묘사한다. "자신의 의견을 말하고 권리를 주장하는 여성의 목소리를 어디서나 들을 수 있었다."[21]

그러나 볼셰비키는 여성이 진정으로 새로운 사회의 건설에 참여하려면 억압의 물질적 토대가 분쇄돼야 함을 인식했다. 트로츠키는 이 점을 다음과 같이 설명했다. "계획에 따라, 폐쇄적 소기업 같은 가족은, 완전한 사회적 돌봄과 수용의 체제로 교체돼야 한다. 즉, 산부인과, 어린이집, 유치원, 학교, 공공 식당, 공공 세탁소, 응급치료 기관, 병원, 요양원, 체육 시설, 영화관 등이 설립돼야 한다." 볼셰비키가 계획한 것은 "가족의 가사 기능을 사회주의 사회의 제도로 완전히 흡수"하려는 것이었다.

혁명은 러시아 구석구석에 도달했다. 10월 혁명 1년 후, 알렉산드라 콜론타이를 비롯한 볼셰비키 지도자들은 제1차 전국 여성 노동자 대회를 조직했다. 그러나 모든 사람이 이 대회를 그만큼 중요한 일로 생각한 것은 아니었다. 대회 장소로 300명을 수용할 수 있는 공간을 신청한 여성들은 약간의 반대에 부딪혔다. 나중에 콜론타이는 다음과 같이 썼다. "그들은 우리에게 '그렇게 큰 장소를 굳이 신청할 필요가 없어요. 그렇게까지 많이 모이지는 않을 거예요. 80명 정도 규모면 되지 그 이상은 필요 없어요' 하고 말했다. 그러나 1147명의 대표가 참석했다." 이 대표들 중에는 전쟁으로 피폐해진 러시아를 가로지르는 험난한 여정 끝에 겨우 참석한 여성들도 있었다. "많은 여성이 아이를 데리고 왔으며 양가죽 옷을 입거나 펠트 부츠를 신은 사람도 있었고, 전형적 농민 복장이나 군복을 입은 사람, 붉은색의 전통적인 볼셰비키 머릿수건을 쓴 사람도 있었다."[22] 그들은 콜론타이를 비롯한 볼셰비키 여성 지도자들뿐 아니라 레닌의 연설에도 환호했다. 그들은 여성을 조직하는 데 헌신한 혁명에 참여했다는 사실에 자부심을 느꼈다.

또한 볼셰비키는 여성들 사이에서 활동하기 위해 제노텔이라는*

---

\* 제노텔(Zhenotdel)은 zhenskii otdel의 줄임말로 '여성부'라는 뜻이다.

특별 부서를 설치했다. 그리고 잉크와 종이를 구할 수 있을 때면 월간지인 《코무니스트카》를 발행했다.* 제노텔은 이네사 아르망이 이끌었으며 이후에는 콜론타이가 이끌었다. 수많은 여성이 제노텔 활동에 참여하겠다고 신청했다. 제노텔의 자원봉사자들은 자기 집에서 수천 킬로미터나 떨어진 공장이나 마을로 가서 혁명을 선전했다. 그들은 선동 열차나 배를 타고 외딴 지역에 가기도 했는데, '붉은 별'이라는 이름의 배가 볼가 강을 오르내렸다.[23]

그들은 돌아다니며 포스터를 붙이고 노래와 무용 공연 등을 했다. 또한 집회를 열고 영화 상영이나 연극 공연을 했으며 칠판이 설치된 '읽기 교실'을 열어 글을 가르치기도 했다. 그들은 무슬림 인구가 많은 동부의 지역에 가기도 했는데, 무슬림 여성들과 섞여서 함께 일하기 위해 종종 히잡을 쓰기도 했다. 때로 변화가 너무 느리다거나 식량 배급이 너무 적다는 야유나 불평에 직면하기도 했지만, 그들이 조직한 수많은 여성은 대부분 낡은 방식을 끝장내는 변화를 열렬히 지지했다.

그러나 혁명과 혁명이 만들어 낸 강력한 염원은 국내외에서 공격을 받았고 스탈린의 집권과 함께 분쇄됐다. 노동계급의 핵심이었던 많은 사람들과 그들 속에서 혁명을 이끌었던 볼셰비키 간부들은 백군의 공격과 제국주의 열강들의 침략에 맞서 싸우다 죽어 갔다. 다

---

\* 제노텔이 창설된 1919년은 내전이 치열하게 벌어진 때라 잉크와 종이를 구하기 힘들었다. 코무니스트카는 '공산주의 여성'이라는 뜻이다.

른 사람들은 공장을 떠나 새로운 국가의 군 지휘관이나 정치위원이 됐다. 혁명 세력은 점차 속 빈 강정이 된 것이다.

스탈린 체제의 폭정이 발호한 것은 혁명의 결과가 아니라, 러시아에서 시작된 혁명의 물결이 사그라졌다는 신호였다. 러시아 혁명은 결코 혼자 버틸 수 없었고 생존하려면 독일 혁명의 승리가 필수적이었다. 로자 룩셈부르크는 다음과 같이 말했다. "러시아에서는 문제가 제기될 수 있을 뿐이다. 러시아에서 문제가 해결될 수는 없다."[24]

스탈린은 자신의 권력을 공고히 하려고 레닌 사후 옛 볼셰비키 지도자들을 모두 살해했다. 국가권력이 점점 더 그의 손아귀에 들어가고 관료주의가 심화하면서 여성의 지위도 하락했다. 스탈린은 서방과의 국가적 경쟁에서 우위를 차지하기 위해 평범한 대중을 고통으로 내몰았고 그에 따라 농민과 노동자는 참혹한 상태에 처하게 됐다. 1930년대 중반, 스탈린 체제는 여러 해 동안의 격변과 고난을 겪은 소련 사회를 다시 안정화시키려고 노력하면서 가족제도를 소비에트 이데올로기의 중심에 놓았다. 소련의 선전에서 여성의 어머니 구실이 점점 더 강조되고 찬양됐다. 아이를 많이 낳은 여성은 훈장을 받았다. 이런 전통적 구실에 충실한 것이 여성의 애국적 의무로 여겨졌다.[25]

이런 쓰라린 패배 때문에, 서구에서 1960년대에 여성운동이 분출했을 때, 비록 짧았지만 실질적이었던 러시아 혁명의 성과들은 이미 대중의 기억에서 사라진 상태였다. 그러나 러시아 혁명 1년 후 레닌이 한 다음과 같은 말은 오늘날에도 여전히 유효하다.

여성의 처지를 살펴보자. 이 분야에서는 지난 수십 년 동안 세계의 어떤 민주적 정당도, 가장 선진적인 부르주아 공화국도, 우리가 집권 첫해 이룬 것의 100분의 1도 달성하지 못했다. 우리는 여성을 불평등한 처지로 내몰고, 각종 지긋지긋한 형식적 절차로 이혼을 가로막고, 혼외자를 인정하지 않고 반드시 아버지를 찾도록 강제하는 등의 온갖 악법을 실제로 완전히 폐지했다. 이런 악법의 무수한 잔재가 모든 문명국에 여전히 남아 있다는 사실을 부르주아지와 자본주의는 부끄러워해야 한다.[26]

러시아 혁명 후 정말로 사람들이 요청만 하면 얼마든지 쉽게 이혼할 수 있게 된 것이 사실이냐는 [미국 언론의] 질문을 받았을 때 트로츠키는 오히려 다음과 같이 묻는 것이 더 나을 것이라고 말했다. "다른 나라들에서는 아직도 그럴 수 없다는 것이 사실입니까?"

레닌은 [여성 분야에서 이룩한 성과를] "자랑스러워할 권리가 충분하다"고 말했다. 그러나 혁명정부가 시행한 모든 변혁에도 불구하고 레닌은 여전히 엄청난 과제가 남아 있다는 것을 정확히 알고 있었다. 레닌은 "낡은 부르주아 법률과 제도라는 쓰레기 더미"를 이제 막 치웠을 뿐 여성을 억누르던 낡은 제도를 대체할 새로운 제도는 아직 건설하지 못했다고 말했다.[27]

레닌 사후 [스탈린에게] 추방당한 트로츠키는 혁명이 본래의 이상에서 후퇴하는 것을 보며 다음과 같이 썼다. "여성들은 공공 세탁소를 이용하지 않고 다시 스스로 빨래를 하고 있다. 공공 세탁소에서는 빨래가 세탁되는 것보다 찢어지고 도둑맞는 경우가 더 많을 정도로 상황이 나빠졌다."[28] 트로츠키는 페트로그라드 소비에트의 의장을 지녔을 뿐 아니라 적군赤軍을 이끌고 제국주의 열강의 침공에 맞서 싸운 남성이었으나, 여성 노동자들의 생활에서 이렇게 사소해 보이는 변화가 중요하다는 것과 그것이 보여 주는 혁명의 후퇴를 이해했던 것이다.

러시아 혁명은 거의 한 세기 전에 일어난 일이고 당시 여성이 살던 환경은 우리와 거리가 먼 듯하지만, 러시아 혁명은 오늘날의 활동가들에게도 여전히 강력한 교훈이 된다. 러시아 혁명은 평범한 사람들이 최악의 상황에서도 전쟁과 자본주의에 저항하고 그 대안 체제를 건설할 능력이 있다는 것을 보여 준다. 20세기에는 수많은 혁명적 봉기가 일어났고 그때마다 여성을 비롯한 모든 피억압 집단은 자신들의 처지를 개선하고자 도전했다. 예를 들어, 1918~1923년 서유럽의 한복판에서 노동계급의 대규모 투쟁이 분출한 독일 혁명 기간에 혁명적 사회주의자들은 여성해방의 필요성을 투쟁의 중심에 확고하게 됐다. 그러나 이 시기에는 또 다른 중요한 문제에 대해서도 조직화가 이뤄지고 진지한 주장들이 강력하게 제기됐는데 그것은 바로 성소수자들의 성적 자유와 평등에 관한 것이었다. 그러나 독일 혁명이 패배한 비극적 결과는 독일 국경 너머까지 영향을 끼쳤다.

1936년 스페인 노동자들은 파시스트 독재자인 프랑코를 저지하기 위해 봉기했다. 이 투쟁은 삶의 모든 측면에 영향을 끼쳤다. 봉기 때 마드리드에서 학교 교사로 근무했던 로사 베가는 의약품 준비를 마친 뒤에 밤늦게 귀가하곤 했는데, 당시 상황을 다음과 같이 묘사한다. "굉장히 어두워서 길거리에서 사람들과 자주 부딪혔어요. 그러나 저는 한 번도 희롱당한 적이 없었고 여자라는 이유로 불편을 겪지도 않았어요. 전쟁 전이었다면 이런저런 성차별적 언사들이 있었겠지만 이제는 그런 것이 완전히 사라졌죠. 여성은 더는 사물이 아니라 남성과 마찬가지로 인간이고 사람이었습니다." 젊은 사회주의 활동가인 마리아 솔라나는 이 마을 저 마을 돌아다니며 지지를 이끌어 내려고 노력했다. 그녀는 자신이 유일한 여성인 상황이 자주 있었고 때로는 다른 청년들과 침대를 함께 써야 하기도 했지만 "아무 일도 일어나지 않았어요. 정말로 아무 일도요. 인간관계에 대한 새로운 의식이 생겨나고 있었어요" 하고 말했다.[29]

혁명 과정이 어떻게 전개되고 그것이 여성해방 투쟁에 얼마나 중요한지를 알기 위해 굳이 역사를 거슬러 올라갈 필요도 없다. 튀니지에서 처음 시작되고 2011년 1월 중동에서 인구가 가장 많은 나라인 이집트로 번진 아랍 혁명은 중동뿐 아니라 전 세계의 정치 지형을 바꿔 놓았다. 여성의 역할이 다시 한 번 중요한 문제로 떠올랐다. [지금은 다시] 반혁명이 득세하고 있지만, 모로코에서 페르시아 만 국가들을 거쳐 이란에 이르기까지 모든 나라의 군주와 독재자가 혁명을 보며 벌벌 떨었다는 사실을 기억하는 것이 중요하다. 또한 아랍의 민중을 자신들의 제국주의적 기획에서 장기판의 졸로 치부하던 서구 지배계급에게도 이것은 달갑지 않은 충격이었다.

아랍의 반란은 혁명에 필요한 조건들이 무엇인지에 관한 레닌의 설명을 확인해 준다. "'하층계급'이 더는 지금처럼 살고 싶어 하지 않을 뿐 아니라 '상층계급'도 더는 현 상태를 유지할 수 없다고 생각할 때만 혁명은 승리할 수 있다." 2010년 12월 튀니스에서 과일을 팔아 겨우 생계를 유지하던 노점상 무함마드 부아지지가 경찰에게 공격당했을 때 그런 잔혹한 탄압에 시달리는 가난한 튀니지인은 부아지지만이 아니었다. 절망한 부아지지가 분신자살로 항의하자 국민적 공분이 일었다. 그의 개인적 행위가 대규모 봉기를 촉발했고 그것이 서방의 지원을 받으며 20년 넘게 지배하던 독재자 제인 엘아비디네 벤 알리의 부패한 폭정을 종식시킨 것이다.

분노와 연대의 물결은 2011년 1월 이집트 혁명으로 분출했다. 30년간 이어진 호스니 무바라크의 독재 정권은 불과 18일 만에 무너졌다. 무바라크는 서구 제국주의의 꼭두각시였고 신자유주의의 대표 주자였다. 무바라크의 부패한 정권은 미국의 막대한 재정 지원을 받으며 반대파를 고문하고 탄압했다. 2011년 1월 25일 카이로와 이집트 전역에서 튀니지 봉기에 연대하는 수많은 사람이 거리로 쏟아져 나와 무바라크 퇴진을 외쳤다. 이 시위를 혁명적 상황으로 바꿔 버린 사건이 그날 저녁 일어났다. 사람들이 집으로 돌아가지 않은 것이다. 수도인 카이로에서 사람들은 타흐리르 광장을 점거했고, 이곳은 혁명의 진원지가 됐다. 시위대는 자신이 어떤 위험을 감수하고 있는지 알고 있었다. 몇몇 사람들이 손수 만든 플래카드에는 "목숨을 걸고 자리를 지키자"고 적혀 있었다.

타흐리르 광장에서 벌어진 사건은 집단적 조직화 과정에서 어떤 일이 일어나는지를 생생하게 보여 준다.[30] 혁명적 사회주의자인 사메

나기브는 다음과 같이 회상한다. "타흐리르 광장이라는 공간은 물리적으로뿐 아니라 정신적으로도 점거됐다. 여성에 대한 희롱은 사라졌고, 콥트교도와 무슬림 간의 긴장도 증발했다. 사람들은 음식과 물과 담배를 서로 나눴다. 노래와 음악과 시와 구호가 대기를 가득 채웠다."[31] 이것은 모든 사람이 사회의 재편에 공통의 이해관계가 걸려 있다고 느낄 때 인간의 잠재력이 어떻게 표출될 수 있는지를 힐끗 보여 줬다.

이집트의 작가이자 활동가인 아흐다프 수에이프는 당시의 감격과 사람들의 주장을 다음과 같이 묘사한다. "저들은 우리가 분열돼 있고 극단적이고 무식하고 광신적이라고 말한다. 그러나 여기 있는 우리는 다양하고 포용적이며 친절하고 관대하며 세련되고 창조적이며 재치 있다." 타흐리르 광장은 연대의 정신, 웃음, 차이에 대한 존중이 넘쳐흘렀다. 이것들은 모두 자본주의의 일상생활 속에서는 짓밟히는 가치들이다. 사람들은 해방을 실감할 수 있었다. 할머니에서 손자까지 한 가정의 3대가 모두 상점 문 앞에 천막을 치고 있었는데 손수 만든 플래카드에는 "무바라크 꺼져라!" 하고 쓰여 있었다. 공포정치로 지배하던 독재자를 조롱하고 욕할 수 있다는 사실에서 느껴지는 후련함과 즐거움이 사람들의 얼굴에 가득했다. 한 시위자가 든 플래카드에 인쇄된 문구가 이런 분위기를 잘 보여 줬다. "저들은 우리를 겁주려 한다. 그는 우리의 삶을 망쳤다. 우리 인생은 한 번뿐이다. 이제 시작이다."

이집트는 성희롱이 만연한 나라지만, 여성들은 타흐리르 광장에서 안전하다고 느꼈다. 여성들은 자신들이 어기고 있는 금기들에 대해 이야기를 나눴는데 도시에서 밤늦게 밖에 나와 있는 것 자체도 여성에게는 금기였고, 수많은 낯선 사람과 함께 천막을 치고 며칠 밤을 보내는 것은 말할 나위도 없었다. 어느 날 밤 수많은 사람이 거리를 점거하고 행진할 때, 한 무리의 젊은 여학생이 나에게 혼자 있는 것이 무섭지 않느냐고 물었다. 나는 아니라고 대답했다. 그리고 그들에게 여기 있는 것이 무섭지 않느냐고 반문했다. 그들은 대답했다. "아니요. 타흐리르는 이집트에서 제일 안전한 곳이에요."

여성들은 보안경찰이 광장에 들어오지 못하도록 남성들과 함께 주요 거점을 지키며 검문검색을 했다. 무바라크의 깡패들이 광장 점거자들을 해산하려고 시도했을 때, 여성들은 돌을 깨서 카펫으로 굴려 시위대 앞으로 전달했다. 이것은 지배계급이 원하는 여성의 이미지가 아니었다. 특히 무슬림 여성의 이미지는 더더욱 아니었다. 무슬림 여성들은 스스로 해방을 위해 싸우는 주체로 여겨지는 경우가 별로 없다. 그러나 타르히르 광장에서는 뭔가 달랐다. 거기서는 니캅이나 히잡을 쓴 여성과 둘 다 쓰지 않은 여성, 무슬림 여성과 기독교도 여성, 유대인 여성과 종교가 없는 여성, 그리고 모든 연령대의 여성이 자신의 손으로 자신의 삶을 바꾸고자 열정적으로 노력했다.

2011년 2월 11일 무바라크 정권이 무너졌다. 그러나 그 기쁨도 잠시, 군사정부가 권력을 장악했다. 지배계급은 자신들의 권위를 다시 세우고자 분투했다. 타흐리르 광장 점거가 풀리자 거리에서는 즉시 성희롱이 되살아났다. 시위 현장에서는 폭력배들이 여성들을 겨냥했다. 세계 여성의 날을 기념하고자 타흐리르 광장에 모인 여성들을 깡패들이 공격했다. 그 후 여러 달 여러 해 동안 대규모 집회나 시위가 벌어지면 깡패들이 여성을 둘러싸고 잔인하게 성추행과 강간을 하는 사건이 여러 차례 있었다.

2011년 12월 시위 현장에서 군인들이 한 여성을 집단 구타하는 비디오 영상이 찍혔고 이 영상은 매우 빠르게 전파됐다. 그 여성은 "파란 브래지어 여성"으로 알려졌는데 구타 중에 청바지 위에 입고 있던 까만색 아바야가* 벗겨졌기 때문이다. 이 사건은 여성을 혁명에 참여하지 못하게 하고 거리에서 몰아내기 위해 국가가 무슨 짓을 할 수 있는지를 잘 보여 줬다. 그러나 국가의 그런 시도도 통하지 않았다. 며칠 후 1만 명 넘는 여성이 카이로에서 항의 시위를 벌인 것이다.

혁명적 사회주의자인 지지 이브라힘은 2013년 여름의 상황을 다음과 같이 묘사한다. "혁명 전에도 거리에서 남자들이 집단적으로 저지르는 성희롱은 문제였습니다. 특히 사람들이 도시의 광장이나 공원에 나오는 이드** 같은 휴일에는 더 심했습니다. 그러나 요즘은 집단적 성희롱이 혁명을 진압하는 무기로 사용되고 있습니다."[32] 활동가들은 '타흐리르 보디가드'와 '성희롱 방지단' 같은 단체를 조직

---

* 얼굴과 손발을 제외하고 온몸을 가리는 옷.
** 이슬람교의 축제일.

해서, 시위대가 성희롱을 신고하면 즉각 출동했다. 여성 단원과 남성 단원 모두 쉽게 식별되는 유니폼을 입었는데, 군중을 밀치고 들어가서 가해자로부터 여성을 구조한 뒤 일단 안전한 장소로 데리고 가서 필요한 조치를 취했다. 여성들은 위협에도 불구하고 거리를 떠나려 하지 않았다.

국가는 여성 시위자를 '헤픈 여자'라고 부르며 비난했다. 군인들은 여성의 옷을 벗기고 몸수색을 했으며 체포한 미혼 여성에게 "처녀 검사"를 실시했다. 이런 성폭행은 흔히 남성 군 장교가 보는 앞에서 군의관이 자행했다. 2011년 세계 여성의 날 바로 다음 날 사미라 이브라힘은 체포돼 폭행을 당했다. 그녀는 이에 대해 그 전까지는 어떤 여성도 하지 않은 조처를 취했다. 군대를 법정에 세운 것이다. 이브라힘은 소송에서 패했고 군의관은 풀려났지만, 자신의 경험을 공개적으로 밝힌 행동의 영향력은 엄청났다. 그녀는 소송을 제기한 것을 후회하지 않는다고 말했으며 군대가 자신에게 저지른 일에 대해 수치심을 느끼지 않겠다고 선언했다. 수치심을 느껴야 하는 것은 그녀가 아니라 군대였다.

혁명에서 나타난 단결은 혁명의 최대 강점이었다. 전통적 여성상이 무너지고 있다는 도덕적 공황이나 다른 종파에 대한 혐오를 부추기려는 시도는 계급 지배를 다시 강요하려는 것이다. 그런 전술은 필사적으로 권력을 유지하려는 지배자들이 중동 전역에서 사용했다. 예멘의 독재자였던 알리 압둘라 살레는 자신의 하야를 요구하는 대중 시위에 수많은 여성이 참가하자 여성이 시위를 하는 것은

"이슬람의 가르침에 어긋난다"고 말하며 시위를 약화시키려 했다. 그러나 훨씬 더 많은 여성이 거리로 쏟아져 나오게 했을 뿐이다.

이렇게 과거와 현재의 사례들을 살펴보면, 혁명적 사건들이 여성 해방에 핵심적으로 중요하다는 사실을 알 수 있다. 위에서 살펴본 중동의 사건들은 여전히 진행 중이지만 반혁명 세력의 공세가 강력하고 승리는 요원해 보인다. 평등과 해방이 달성된 사회주의 사회는 아직 찾아볼 수 없다. 소수가 다수를 착취하는 체제에서는 반드시 계급투쟁이 일어나게 돼 있다. 그러나 투쟁이 언제나 승리하는 것은 결코 아니다. 투쟁의 승리는 노동계급(즉, 단결을 위한 유기적 동력과 힘을 가진 계급)이 반란에서 하는 구실과 어떤 종류의 정치가 투쟁에 영향을 미치고 지도하는지에 달려 있다.

혁명가들은 인종차별과 성차별에 맞서서 분열을 극복해야 한다고 주장한다. 또한 최대한 많은 노동자가 투쟁을 지도하는 데 관여해야 한다고 주장하고, 승리할 수 있는 전략을 위해 분투한다. 이 책에서 언급한 수많은 뛰어난 여성 사회주의자가 혁명적 정당과 조직의 구성원이었다는 사실은 결코 우연이 아니다. 엘리너 마르크스와 클라라 체트킨부터 로자 룩셈부르크, 알렉산드라 콜론타이, 앤절라 데이비스까지, 우리는 여성이 뛰어난 활동가 이상의 구실을 한 것을 볼 수 있다. 그들은 우리 계급을 사회주의 조직의 핵심적 일부로 조직하는 것이 승리에 필수적이라는 사실을 인식했다.

앞서 살펴봤듯이 노동계급의 구실이 결정적인 이유는 단지 힘이 있기 때문만이 아니라, 마르크스의 주장처럼 다음과 같은 점 때문이기도 하다. "과거의 역사적 운동은 모두 소수의 운동이거나 소수의 이익을 위한 운동이었다. 프롤레타리아의 운동은 압도 다수의 이익을 위한 압도 다수의 자의식적이고 독립적인 운동이다." 그리고 여성은 현재 그 어느 때보다도 더 많이 세계 노동계급의 일부를 형성하고 있다.

이집트의 산업 노동인구 중 여성 노동자의 수는 1980년대 초 이후 급증했다.[33] 공공 부문 노동자는 대부분 여성 노동자이며 "교육과 보건 의료 제도, 지방자치단체와 중앙정부는 여성 노동자가 없으면 기능을 멈출 것이다."[34] 섬유산업의 여성 노동자들은 혁명 이전 몇 년 동안 산업 투쟁에서 중심적 구실을 했다. 2007년 파업에 참여한 한 남성 노동자는 사회주의 신문인 〈알이슈티라키〉의 기자에게 다음과 같이 말했다. "우리는 여기서 '여자'와 '남자'에 대해 말하지 않습니다. 미스르 방직공장의 여자들은 남자보다 백배나 더 용감합니다. 그들은 파업할 때 남자들과 어깨를 나란히 하고 똑같이 싸웁니다."[35]

혁명은 사회의 거대한 계급 세력 사이에 벌어진 역사적 충돌의 결과다. 마르크스는 그런 계급투쟁을 "역사의 기관차"라고 했다.[36] 그러나 이런 사회 세력들은 개인들로 구성돼 있기도 하다. 지배계급은 이 점을 알고 있다. 독일 혁명 때 로자 룩셈부르크는 혁명운동을 파괴하려는 자들에게 너무나 위험한 존재로 보였고 결국 살해됐다. 룩셈부르크는 몇 가지 실수를 저질렀다. 그중 하나는 혁명적 순간이 돼서야 독립된 혁명적 조직을 건설하려고 하는 것이 위험한 일이라는 점을 보지 못한 것이다. 그녀가 살해되는 바람에 독일 혁명가들은 "가장 유능하고 경험 많은 지도자를 상실했다. 그녀의 후계자들도 유능하고 용감했지만 그들은 룩셈부르크가 가지고 있던 풍부한 경험, 직접적 인상을 꿰뚫고 들어가서 상황을 전체적으로 파악할 수 있는 통찰이 부족했다."[37] 여기서 배울 수 있는 교훈은 개인과 조직과 사상이 모두 중요하고 서로 연결돼 있다는 것이다. 조직된 혁명가들이 투쟁에 능동적으로 개입하는 것은 혁명의 성패를 좌우할 수 있다.

## 승리는 어떤 모습일까?

많은 사람들은 소수의 이익이 아니라 다수의 필요를 위해 생산이 이뤄지는 더 평등한 사회가 오면 좋겠다고 생각한다. 그러나 진정한 사회주의 사회는 결코 이뤄질 수 없는 유토피아적 몽상에 불과하다고도 생각한다.

이에 대한 간단한 반박은 자본주의가 제대로 작동하지 않고 있다는 사실을 지적하는 것이다. 21세기 자본주의는 그 경이로운 성취에도 불구하고 전 세계의 많은 사람들에게 기본적 의식주조차 제공하지 못하고 있다. 이것은 자원이 부족해서가 아니다. 오히려 자본주의의 발전으로 전례 없는 생산력 향상이 이뤄졌다. 인류 역사상 처음으로 사회주의 사회의 전제 조건, 즉 풍요의 가능성이 존재한다. 오늘날 우리는 지구상의 모든 사람에게 의식주를 공급하기에 충분한 자원을 가지고 있다.

그러나 인간의 능력을 크게 발전시킨 시대를 열었던 사회체제가 지금은 오히려 인류의 발목을 잡고 있다. 날마다 수만 명이 깨끗한 물이 없어서, 충분한 음식이 없어서 죽어 간다. 이것은 극소수의 엘리트가 체제의 엄청난 생산능력에서 나오는 이익을 모두 가져가기 때문이다. 인류의 생산력은 우리에게 필요한 모든 것을 공급할 수 있지만 엥겔스가 말했듯이 사회적 생산관계가 이것을 "적극적으로 방해"하고 있다. 노후한 자본주의 때문에 인류는 풍족한 세상을 누리기는커녕 전쟁과 기아로 고통받고 있으며 자본주의가 초래한 기후변화는 인류의 생존 자체를 위협하고 있다. 정말 이것이 최선이란 말인가?

사회주의는 복잡한 사상이 아니다. 오히려 자본주의의 혼란과 비교하면 사회주의는 가장 합리적·효율적으로 사회를 조직하는 방식이다. 만약 핵무기 등 각종 무기를 만드는 데 들어가는, 또는 이 체제보다 저 체제가 더 낫다고 선전하는 데 낭비되는 모든 부와 재능과 노동력을 다수의 삶을 개선하는 데 투자한다면 무엇이 가능할지 생각해 보라.

우리는 물리적·신체적 한계 때문에 어려움을 겪고 있는 것이 아니라 오히려 그 반대다. "우리의 생물학적 특징이 우리를 자유롭게 하고 있다." 즉, 인간의 기발한 재주와 창의력과 생산력을 평범한 다수의 이익을 위해 활용한다면 그 무엇이라도 할 수 있게 된 것이다.[38]

우리가 서로 경쟁하며 물어뜯는 짓을 멈춘다면, 역사상 최초로 인간의 협력 성과를 온전히 누릴 수 있게 될 것이다. 이것이 불가능하다고 말하는 사람에게는 다음과 같이 말해야 한다. 인간은 명왕성에 카메라를 보내 사진을 찍을 수도 있고 전 세계 구석구석에서 콜라를 판매할 수도 있는데, 어떻게 모든 사람에게 깨끗한 물과 충분한 식량, 피임 기구와 안전한 임신중절을 제공하는 것이 달성 불가능한 목표란 말인가.

엄청난 선거비용을 감당할 수 있는 특권층 남성과 소수의 여성이 아니라 직장, 학교, 지역사회에서 우리 대표자를 선출하고 또 그들이 잘못했을 때는 언제든지 소환할 수 있는 진정한 민주주의의 모습을 생각해 보라.

진정 집단적으로 사회를 책임진다는 것은 누구나 사회적 책임에 이해관계가 있고 모든 개인에게 자아실현의 가능성이 활짝 열리는 것이다. 인류학자인 엘리너 리콕은 "진정한 협력의 달성은 개성의 표현을 희생시키는 것이 아니라 오히려 그것을 최대한 허용하는 것이다" 하고 말한다.[39] 다음 세대를 양육하는 부담을 노동계급의 핵가족이 짊어지는 것이 아니라 사회가 집단적으로 책임진다면 여성의 삶이 어떻게 바뀔지 상상해 보라.

여성 억압을 뿌리 뽑는 것이 가장 어려운 이유는 그것이 가장 오래되고 깊이 각인돼 있는 억압이기 때문이다. 미래에 일어날 혁명의 성공 여부는 투쟁에서 그리고 새로운 사회를 만들어 가는 과정에서 여성이 어떤 구실을 하느냐에 달려 있을 것이다. 변화는 하루아

침에 오지 않을 것이다. 삶을 바꾸는 혁명적 투쟁을 경험한 사람들은 새로운 삶의 방식을 상상하고 창조하는 일을 오늘날 추상적으로 그려 보는 우리보다 훨씬 잘할 수 있을 것이다.

사회주의 사회에서는 사람들이 어떻게 살고 사랑할 것인지에 관한 논의가 진정으로 자유롭게 선택할 수 있는 환경에서 이뤄질 것이다. 성은 배제적인 이분법적 용어로 정의되지 않을 것이고 여성은 출산 능력이 있다는 이유로 불이익을 받지 않을 것이다.

혁명적 변화를 기대한다는 것은 가만히 앉아서 그것을 기다린다는 뜻이 아니다. 우리는 언젠가 위대한 혁명적 순간이 도래해서 체제를 쓸어버릴 것이라는 희망을 품고 그저 앉아만 있을 수 없다. 우리는 날마다 모든 개혁을 위해 싸워야 하고 모든 억압의 표현에 반대해야 하고 모든 공격에 맞서 저항을 조직해야 한다. 이런 투쟁들을 통해 실질적 변화를 쟁취할 수 있다.

만약 임신중절의 권리를 후퇴시키려 하는 편협한 자들이 설치도록 내버려 둔다면, 수많은 여성이 중절수술을 받기가 더 어려워질 것이다. 따라서 모든 집회와 시위가 중요한 의미가 있고, 노조나 학생회에서 임신중절의 권리를 주장하고 지지를 모으려고 노력하는 모든 활동가가 중요한 것이다.[40] 보육 시설이나 여성 쉼터 지원 예산 삭감에 반대하는 운동을 펼칠 때, 동일임금이나 연금 권리를 위해 파업을 벌일 때, 성차별적 광고를 중단시키려고 투쟁할 때, 지금 우리가 하는 일은 현재의 삶을 개선할 수 있을 뿐 아니라 미래의 투쟁에도 영향을 끼친다.

동시에 우리가 저항에 헌신할 때 그 모든 투쟁은 클라라 체트킨이 말했듯이, "수많은 사람의 마음을 혁명적으로 변화시키고 있음"을 이해하는 것도 중요하다. 저들의 공격에 맞서 싸우는 경험은 우리 편의 자신감과 조직화를 강화해서 미래의 더 큰 투쟁에 기여할 수 있다. 우리가 투쟁에서 패배하거나 승리할 때마다 얻은 교훈은 더 중요한 투쟁에서 결정적 구실을 할 수 있다.

그렇기 때문에 일상적인 모든 투쟁에서, 아무리 그것이 작은 투쟁이더라도, 사회주의 사상과 조직화를 위해 싸우는 것이 매우 중요하다. 우리가 앞으로 여러 세대 동안 방어적 투쟁을 다람쥐 쳇바퀴 돌듯이 하지 않으려면, 시야를 더 크게 넓힐 필요가 있다. 완전히 다른 사회의 가능성에 대한 비전을 가져야 하는 것이다.

자본주의는 우리를 분열시키려 하고 자본주의 말고는 대안이 없으며 사회주의는 불가능하다고 생각하도록 만든다. 그러나 자본주의는 제대로 작동하기 위해서 우리를 하나의 계급으로 모아야만 하는데 바로 이런 객관적 현실에서 우리가 체제를 전복할 수 있는 능력과 여성 억압의 뿌리를 제거할 수 있는 능력이 생겨난다. 자본주의는 21세기에도 이런 모순에서 벗어날 수 없다. 클라라 체트킨의 말을 빌리면, 우리가 지금 투쟁하고 건설하고 조직하는 것은 언젠가 "노동계급 전체가, 남성이든 여성이든, 자본주의 사회질서를 향해 다음과 같이 큰 소리로 외칠 수 있기 위해서다. '너희는 우리에게 의존한다. 너희는 우리를 억압한다. 자, 이제 너희가 세운 건물이 어떻게 비틀거리며 무너지는지 지켜보라.'"[41]

이집트 민중이 세계에서 가장 강력한 독재자 한 명을 끌어내렸을 때, 전 세계의 수많은 사람들이 감명을 받았다. 2011년 1월 타흐리르 광장에서 한 경험을 능가할 만한 것은 없다. 체트킨의 꿈이 바로 손에 닿을 듯 가까이 있는 것 같았고, 평범한 여성과 남성이 실로 얼마나 용감하게 행동할 수 있는지 생생하게 목격할 수 있었다. 서방의 지원을 받은 이집트 군부가 잔혹한 탄압으로 다시 권력을 잡았다는 사실은 지배계급이 체제를 유지하기 위해 무슨 짓이라도 할 것이라는 점을 보여 준다.

　　그러나 이집트 혁명은 마르크스가 당대에 달성하고자 싸운 모든 것이 우리가 살고 있는 이 시대에도 여전히 유효하다는 강력한 증거다. 카이로든, 아테네든, 상파울루든, 런던이든 그 어디서든 우리 계급이 전투를 벌일 때, 우리는 우리 자신의 역사를 만들 수 있다. 우리는 사회주의 사회를 쟁취할 잠재력이 있다. 이것은 진정한 여성 해방과 함께 모든 인류의 해방도 가능하다는 것을 의미한다.

# 후주

## 1장

1 YouGov Poll conducted by the Government Equalities Office, 2014.

2 Alison Wolf, *The XX Factor: How Working Women are Creating a New Society* (Profile Books, 2013), p111.

3 http://adage.com/article/cmo-strategy/marketing-matriarchy/293321/.

4 http://www.prowess.org.uk/ambitious-women-never-had-it-so-good.

5 *Daily Mail*, 23 July 2014, http://www.dailymail.co.uk/femail/article-2703345/The-MYTH-glassceiling-Think-women-raw-deal-work-In-ferocious-blast-pioneering-womanboss-eats-sexist-pigs-breakfast-saystime-stopped-whining.html.

6 Centre for Women and Democracy, *Sex and Power 2014: Who runs Britain?* (Counting Women In coalition, 2014), p6.

7 TUC, *The Pregnancy Test: Ending Discrimination at Work for New Mothers* (TUC, 2014), p2.

8 TUC, *The Pregnancy Test*, pp2-3.

9 Crime Statistics, *Focus on Violent Crime and Sexual Offences, 2012/13* (Office for National Statistics, 2014), Appendix table 2.05. http://www.ons.gov.uk/ons/publications/re-reference-tables.html?edition=tcm%3A77-328149.

10 Joan Smith, *The Public Woman* (Westbourne Press, 2013), p110.

11 Martha Gimenez, "Capitalism and the Oppression of Women: Marx Revisited", *Science and Society Special Issue: Marxist and Feminist Thought Today*, vol 69, no 1, January 2005, p12.

12 Natasha Walter, *The New Feminism* (Little, Brown, 1998).

13 Finn Mackay, *Radical Feminism: Feminist Activism in Movement* (Palgrave Macmillan, 2015), p2.

14 랜드리와 매클린은 미국 학계에서 페미니스트 학자들이 마르크스주의를 공격하는 한 가지 이유에 대해 다음과 같은 통찰을 제시한다. "미국에서는 매카시즘과 레드 콤플렉스의 영향을 과소평가해서는 안 된다. 이는 미국의 페미니즘 저작에서 종종 발견되는 경향, 즉 마르크스주의와 관련된 것은 모두 거부하려는 경향을 어느 정도 설명해 준다. … 유물론으로의 이동이 이런 회피로 이어질지는 좀 더 살펴볼 필요가 있다." Donna Landry and Gerald MacLean, *Materialist Feminisms* (Blackwell, 1993), p32.

15 Michele Barrett, *Women's Oppression Today: The Marxist/Feminist Encounter* (Verso, 2014), pxv.

16 Alex Callinicos, *The Revolutionary Ideas of Karl Marx* (Bookmarks, 2004), p65.

17 Karl Marx, "The International Workingmen's Association 1864, General Rules" (October 1864), https://www.marxists.org/history/international/iwma/documents/1864/rules.htm.

18 https://www.marxists.org/archive/marx/works/1894-c3/ch48.htm.

19 Barbara Ehrenreich and Arlie Russell Hochschild, *Global Women: Nannies, Maids and Sex Workers in the New Economy* (Metropolitan Books, 2002), p39.

20 Alison Wolf, *The XX Factor*, p140.

21 Alison Wolf, *The XX Factor*, p337.

22 Rosa Luxemburg, "Women's Suffrage and Class Struggle" (1914) in Hal Draper, *Women and Class: Towards a Socialist Feminism* (Center for Socialist History, 2013), p290.

23 Eleanor Marx, "Women's Trade Unions in England" in Hal Draper, *Women and Class*, p308.

24 August H Nimtz, *Marx and Engels: Their Contribution to the Democratic Breakthrough* (SUNY, 2000) and Heather Brown, *Marx on Gender and*

the Family: A Critical Study (Haymarket, 2013).

25 Shulamith Firestone, *The Dialectic of Sex: The Case for Feminist Revolution* (The Women's Press, 1971).

26 Clara Zetkin, *Selected Writings*, edited by Eric Foner (International Publishers, 1984), p108.

27 Clara Zetkin, *Selected Writings*, p108.


## 2장

1 Martha Gimenez, "Capitalism and the Oppression of Women", p26.

2 Lindsey German, "Theories of Patriarchy", *International Socialism* 12, 1981.

3 http://www.theguardian.com/lifeandstyle/2009/jan/18/recession-murray.

4 Clara Zetkin, *Selected Writings*, p96.

5 http://www.hscic.gov.uk/article/3880/Eating-disorders-Hospital-admissionsup-by-8-per-cent-in-a-year.

6 http://www.transforminglives.co.uk.

7 Louise Phillips, *Mental Illness and the Body* (Routledge, 2006), p57.

8 Louise Phillips, *Mental Illness and the Body*, p57.

9 Stephen Jay Gould, *The Mismeasure of Man* (Penguin, 1992), p103.

10 Laurie Penny, *Meat Market: Female Flesh Under Capitalism* (Zero Books, 2011), p2.

11 Martha Gimenez, "Marxism and Class, Gender and Race: Rethinking the Trilogy", *Race, Gender and Class*, vol 8, no2, 2001, p22.

12 http://www.theguardian.com/uk/2005/jun/07/ukguns.features11.

13 Joan Smith, *The Public Woman*, p180.

14 Manning Marable, "Peace and Black Liberation: The Contributions of W E B Du Bois", *Science and Society*, vol 47, no 1, 1983, p92에서 인용.

15 V I Lenin, *What is to be Done*, https://www.marxists.org/archive/lenin/works/1901/witbd/iii.htm.

## 3장

1  Eleanor Burke Leacock, *Myths of Male Dominance* (Monthly Review, 1981), p125.

2  http://www.jstor.org/discover/10.2307/2380818?sid=21105605745423&uid=2 &uid=4.

3  Karen Sacks, "Engels Revisited", in Rayna Reiter (ed), *Towards an Anthropology of Women* (Monthly Review, 1975), p211.

4  https://www.marxists.org/archive/marx/works/1867-c1/ch07.htm.

5  Marx. Thomas C Patterson, *Marx's Ghost: Conversations with Archaeologists* (Berg, 2009), p15에서 인용.

6  https://www.marxists.org/archive/marx/works/1867-c1/ch07.htm.

7  Martin Empson, *Land and Labour: Marxism, Ecology and Human History* (Bookmarks, 2014), p16.

8  https://www.marxists.org/archive/marx/works/1883/death/burial.htm.

9  Chris Harman, "Engels and the origins of human society", *International Socialism* 65, Winter 1994, p88.

10  Karl Marx and Friedrich Engels, *The German Ideology* (Lawrence & Wishart, 1994), p64.

11  Friedrich Engels, *The Origin of the Family, Private Property and the State* (Peking Foreign Language Press, 1978), p4.

12  Karl Marx and Friedrich Engels, *The German Ideology*, p50.

13  https://www.marxists.org/archive/marx/works/1845/german-ideology/ ch01a.htm.

14  https://www.marxists.org/archive/marx/works/1876/part-played-labour/.

15  Chris Harman, "Engels and the origins of human society", p101.

16  Steven Rose, R C Lewontin, Leon J Kamin, *Not in our Genes: Biology, Ideology and Human Nature* (Penguin, 1990), p286.

17  Chris Stringer, *The Origin of our Species* (Penguin, 2012), p113.

18  Rob Dinnis and Chris Stringer, *Britain: One Million Years of the Human Story* (Natural History Museum, 2013), p13.

19  인력과 자원이 매우 부족한 루마니아의 고아원과 그 밖의 국영 시설에 수용돼 있는

수만 명의 아동을 대상으로 아동 방치의 영향에 관한 연구가 이뤄졌다. 루마니아 독재자 니콜라에 차우셰스쿠는 인구 증가를 촉진하기 위해 1966년 임신중절과 피임을 금지했으나 많은 사람들이 가난 때문에 아이를 포기해야 했다. 동유럽의 스탈린주의 정권들에 대한 반란의 물결 속에서 1989년에 차우셰스쿠 정권이 무너진 뒤 그런 시설들의 열악한 상황이 폭로됐다. 시설의 아동들은 언어 상호작용이나 심지어 타인과 눈 맞춤조차 하지 못하면서 양육돼 심각한 의사소통·발달 장애를 겪고 있었다. 예를 들어 Charles A Nelson, Nathan A Fox and Charles H Zeanah, "Tragedy Leads to Study of Severe Child Neglect", *Scientific American*, vol 308, issue 4, April 2013 참조.

20 https://www.marxists.org/archive/marx/works/1857/grundrisse/ch01.htm. 이 문제에 관한 마르크스의 주장은 Alex Callinicos, *The Revolutionary Ideas of Karl Marx* 의 2장에서 다룬다.

21 Thomas C Patterson, *Karl Marx, Anthropologist*, p46.

22 모건은 아메리카 원주민의 권리를 옹호했다. 예를 들어 1876년 커스터 장군에 맞선 수족(族)의 저항을 지지했다. 모건의 삶에 대한 흥미로운 이야기와 그의 연구에 대한 평가로는 미국 인류학자 엘리자베스 투커가 1984년에 쓴 에세이를 참조. https://www.lib.rochester.edu/index.cfm?PAGE=4040#5.

23 Eleanor Burke Leacock, *Myths of Male Dominance* (Monthly Review, 1981), p89.

24 https://www.marxists.org/archive/marx/works/1884/origin-family/preface2.htm

25 https://www.marxists.org/archive/draper/1970/07/women.htm

26 M Dyble, G D Salali, N Chaudhary, A Page, D Smith, J Thompson, L Vinicius, R Mace, A B Migliano, "Sex equality can explain the unique social structure of hunter-gatherer bands", *Science*, vol 348, no 6236, 15 May 2015, p796.

27 Thomas C Patterson, *Karl Marx, Anthropologist*, p84.

28 http://web.archive.org/web/20010804020927/http://puffin.creighton.edu/jesuit/relations/.

29 http://puffin.creighton.edu/jesuit/relations/relations_14.html.

30 http://web.archive.org/web/20011215143225/http://puffin.creighton.edu/jesuit/relations/relations_15.html.

31 George Seaver, *David Livingstone: His Life and Letters* (Haroer, 1957). http://

archive.org/stream/davidlivingstone001439mbp/davidlivingstone001439mbp_
djvu.txt에서 볼 수 있다.

32  Eleanor Burke Leacock, *Myths of Male Dominance*, p239.

33  Eleanor Burke Leacock, *Myths of Male Dominance*, p112.

34  Martin Empson, *Land and Labour*, p21.

35  Chris Stringer, *The Origin of our Species*, p143.

36  엠프슨은 네안데르탈인을 멸종시키고 호모사피엔스를 "지구상의 유일한 인간종"
    으로 만드는 데 영향을 끼쳤을 수 있는 몇 가지 환경 요인을 살펴본다. Martin
    Empson, *Land and Labour*.

37  Chris Stringer, *The Origin of our Species*, p221.

38  Kent Flannery and Joyce Marcus, *The Creation of Inequality: How our
    Prehistoric Ancestors Set the Stage for Monarchy, Slavery and Empire*
    (Harvard University Press, 2012), p3.

39  Thomas C Patterson, *Marx's Ghost*, p108.

40  Evelyn Reed, *Women's Evolution: From Matriarchal Clan to Patriarchal
    Family* (Pathfinder Press, 1975), p132.

41  Martin Empson, *Land and Labour*, p26.

42  Kent Flannery and Joyce Marcus, *The Creation of Inequality*, p559.

43  Kent Flannery and Joyce Marcus, *The Creation of Inequality*, p559.

44  Thomas C Patterson, *Marx's Ghost*, p110.

45  Thomas C Patterson, *Marx's Ghost*, p110.

46  Kent Flannery and Joyce Marcus, *The Creation of Inequality*, p563.

47  Karen Sacks, "Engels Revisited", p217.

48  Chris Harman, "Engels and the origins of human society", p136.

49  Heather Brown, *Marx on Gender and the Family*, p220.

50  리스 보걸과 마사 지메네즈는 일부 사회주의 페미니스트들이 엥겔스의 《가족, 사유
    재산, 국가의 기원》 서문 내용을 근거로 이중체계 접근을 정당화한다고 지적한 바
    있다.

51  Heather Brown, *Marx on Gender and the Family*, p168.

52  Karl Marx and Friedrich Engels, *The Communist Manifesto* (Progress,
    1977), p55.

53 Friedrich Engels, *The Origin of the Family*, p65.

54 Antonio Labriola, *Essays on the Materialistic Conception of History* (Cosimo, 2005), p155.


## 4장

1 Leon Trotsky, *Women and the Family* (Pathfinder, 2009), p61.

2 페미니즘 잡지인 《스페어 립》은 1981년 찰스 왕세자와 다이애나 스펜서의 결혼을 앞두고 "다이애나 결혼 반대"라는 모순적 운동을 벌였다. 알다시피 이 결혼은 다이애나가 후계자와 여분의 자녀를 출산한 이후 파경을 맞았다.

3 Dugald Stewart. Karl Marx, *Capital* vol 1 (Penguin, 1979), p616에서 인용.

4 http://newleftreview.org/I/113-114/christopher-middleton-the-sexual-division-of-labour-in-feudal-england

5 Ivy Pinchbeck, *Women Workers and the Industrial Revolution 1750-1850* (Cass 1977), p1.

6 Ivy Pinchbeck, *Women Workers and the Industrial Revolution*, p168.

7 Ivy Pinchbeck, *Women Workers and the Industrial Revolution*, p249.

8 Ross Davies, *Women and Work* (Arrow Books, 1975), p44.

9 Ivy Pinchbeck, *Women Workers and the Industrial Revolution*, p261.

10 Lindsey German, *Sex, Class and Socialism* (Bookmarks, 1998), p25.

11 Heidi Hartmann, *The Unhappy Marriage of Marxism and Feminism* (Pluto Press, 1986), p15.

12 Ivy Pinchbeck, *Women Workers and the Industrial Revolution*, p269.

13 Louise A Tilly and Joan Scott, *Work, Women and Family* (Methuen, 1987), p196.

14 Clementina Black (ed), *Married Women's Work* (Virago, 1983), p7.

15 Chris Harman, "Women's Liberation and Revolutionary Socialism", *International Socialism* 23, Spring 1984, https://www.marxists.org/archive/harman/1984/xx/women.html.

16 carersuk.org.

17 http://www.salary.com/2014-mothers-day-infographics/.

18 http://www.ons.gov.uk/ons/dcp171766_300224.pdf.

19  http://www.ons.gov.uk/ons/rel/wellbeing/household-satelliteaccounts/
valuing-household-clothingand-laundry-services-in-the-uk/rpt---
household-clothing-and-laundryservices.html.

20  Studs Terkel, *Hard Times: An Oral History of the Great Depression* (The
New Press, 1986), p162.

21  http://www.bbc.co.uk/news/uk-22610534. BBC는 가정 폭력 사망 사건에 대해
한 달간 특집 보도를 했다.

22  http://www.nspcc.org.uk/preventingabuse/research-and-resources/
childabuse-and-neglect-in-the-uk-today/.

23  http://www.bridesmagazine.co.uk/planning/general/planning-
service/2013/01/average-cost-of-wedding.

24  http://www.telegraph.co.uk/women/womens-life/9817799/Hen-dos-
everygirl-I-know-complains-about-the-cost.html

25  Alexandra Kollontai, *Selected Writings* (Alison and Busby, 1977), p258.

26  Michele Barrett, *Women's Oppression Today*, pxxxvi.

27  http://www.scu.edu/ethics/publications/other/lawreview/familyvalues.
html#14f.

28  http://www.ons.gov.uk/ons/rel/census/2011-census-analysis/howhave-
living-arrangements-and-maritalstatus-in-england-and-wales-
changedsince-2001-/summary.html.

29  http://thefeministbride.com/, http://www.catalystwedco.com/magazine/,
http://www.theguardian.com/lifeandstyle/2014/jun/28/can-afeminist-
be-a-bride-laura-bates, http://everydayfeminism.com/2015/02/feminist-
wedding/.

30  http://www.ons.gov.uk/ons/rel/vsob1/divorces-in-england-andwales/2012/
sty-13-facts.html.

31  http://www.ons.gov.uk/ons/rel/vsob1/birth-summary-tables--england-
and-wales/2013/info-births-2013.html.

32  http://www.ons.gov.uk/ons/rel/vsob1/birth-summary-tables--england-
and-wales/2013/info-births-2013.html.

33  http://www.ons.gov.uk/ons/rel/vsob1/birth-summary-tables--england-
and-wales/2013/info-births-2013.html.

34 Jenny Chanfreau, Sally Gowland, Zoë Lancaster, Eloise Poole, Sarah Tipping and Mari Toomse, *Maternity and Paternity Rights and Women Returners, Survey 2009/10* (Department for Work and Pensions, September 2011), p7.

35 *Not Having it All: How Motherhood Reduces Women's Pay and Employment Prospects* (Fawcett Society, July 2009), p5.

36 http://www.nct.org.uk/sites/default/files/related_documents/ReturningToWork-Survey.pdf.

37 미디어는 이 여성 의원들을 "블레어의 연인들"이라고 부르기도 했는데 이것은 미디어가 얼마나 지독하게 일상적으로 성차별을 하는지 보여 주는 사례다.

38 http://www.gingerbread.org.uk/content/365/Statistics.

39 http://www.gingerbread.org.uk/content/365/Statistics.

40 carersuk.org.

41 Marx and Engels, *Communist Manifesto*, p55.

## 5장

1 Professor Hurlbert, Newcastle school of Psychology. Natasha Walter, *Living Dolls: The Return of Sexism* (Virago 2010), p145에서 인용.

2 http://www.smithsonianmag.com/arts-culture/whendid-girls-start-wearing-pink-1370097/#DZbZxVDRr88T2oc1.99.

3 Jo B Paoletti, *Pink and Blue: Telling the Boys from the Girls in America* (Indiana University Press, 2012), p101.

4 Jo B Paoletti, *Pink and Blue*, p95.

5 Steven Rose, *Lifelines* (Allen Lane, 1997), p280.

6 Richard Lewontin, *It Ain't Necessarily So: The Dream of the Human Genome and Other Illusions* (Granta, 2000), p205에서 인용.

7 Marian Lowe, "Sociobiology and Sex Differences", *Signs*, vol 4, no 1, *Women, Science, and Society*, autumn 1978, p118.

8 Richard Dawkins, *The Selfish Gene* (Granada, 1978).

9 Hilary and Steven Rose, *Alas, Poor Darwin: Arguments Against Evolutionary Psychology* (Jonathan Cape, 2000), p176.

10 Deborah Cameron, *The Myth of Mars and Venus: Do Men and Women Really Speak Different Languages?* (Oxford University Press, 2007), p100 에서 인용.

11 John Marshall Townsend, Gary Levy, "Effects of Potential Partners' Physical Attractiveness and Socioeconomic Status on Sexuality and Partner Selection", *Archives of Sexual Behavior*, vol 19, no 2, 1990, pp149-164.

12 Krzysztof Kościński, "Assessment of Waist-to-Hip Ratio Attractiveness in Women: An Anthropometric Analysis of Digital Silhouettes", *Archives of Sexual Behavior*, vol 43, no 5, 2014, pp989-997. 40명의 남성을 상대로 이뤄진 이 연구는 남성의 그런 "선호 유형이 엉덩이 대비 허리의 비율과 배우자 평가 사이에 상관관계가 있음을 반영하며 그런 선호는 진화적 적응의 결과임을 보여 준다"고 결론 내린다.

13 http://www.harpercollins.co.uk/9780007478361/men-are-frommars-women-are-from-venus.

14 Cordelia Fine, *Delusions of Gender: The Real Science Behind Sex Difference* (Icon Books, 2010), Natasha Walter, *Living Dolls*, p195 참조.

15 Jo B Paoletti, *Pink and Blue*, p101.

16 Steven Rose, *Lifelines*, p115.

17 Cordelia Fine, *Delusions of Gender*, p177.

18 Lise Eliot, *Pink Brain, Blue Brain*, p8, 엘리엇은 남성의 Y염색체가 46개의 염색체 중 단연 가장 작은 염색체이며 "약 60개의 유전자를 포함하고 있다. … 이와 대조적으로 X 염색체는 약 800개의 유전자를 포함하고 있으며 전체 게놈은 약 2만 5000개의 유전자를 포함하고 있다"고 설명한다.

19 Louann Brizendine, *The Female Brain*. Lise Eliot, *Pink Brain, Blue Brain*, p9에서 인용.

20 John Komlos and Benjamin E Lauderdale, "Underperformance in Affluence: The Remarkable Relative Decline in US Heights in the Second Half of the 20th Century", *Social Science Quarterly*, vol 88, no 2, June 2007, p283.

21 Kent Flannery and Joyce Marcus, *The Creation of Inequality*, p182.

22 Laura Miles, "Transgender Oppression and Resistance", *International Socialism* 141, Winter 2014.

23 Finn Mackay, *Radical Feminism*, p249.

24 Julie Bindel, "The Operation that can Ruin your Life", *Standpoint*, November 2009, http://www.standpointmag.co.uk/node/2298/full.

25 Finn Mackay, *Radical Feminism*, p256.

26 http://www.theguardian.com/commentisfree/2009/feb/01/davos-global-recession-gender.

27 http://dealbook.nytimes.com/2010/05/11/lagarde-what-if-ithad-been-lehman-sisters/?_r=0.

28 Judith Orr, "Lehman Sisters?", *Socialist Review*, March 2009, http://socialistreview.org.uk/334/lehman-sisters.

29 Valentine M Moghadam, "Women, Gender, and Economic Crisis Revisited", *Perspectives on Global Development and Technology*, vol 10, issue 1, 2011, pp36-37.

30 http://www.theguardian.com/business/2009/feb/15/genderrecession-credit-crunch. 이 기사가 다루는 원탁회의는 다음과 같은 제목으로 보도됐다. "우리는 옛날의 마초적 방식으로 되돌아갈 수 없다."

31 *Financial Times*, 16 January 2015, http://www.ft.com/cms/s/0/5482ac56-9d7a-11e4-8946-00144feabdc0.html?siteedition=uk#axzz3PaZThgo1.

32 Lise Eliot, *Pink Brain, Blue Brain*, p7.

33 Gayle Rubin in Rayna R Reiter (ed), *Towards an Anthropology of Women* (Monthly Review, 1975), p180. 루빈은 성경의 《신명기》 22장 5절을 인용한다. "여자는 남자의 옷을 입지 말고 남자는 여자의 옷을 입지 마라. 이런 짓을 하는 자는 모두 너희 하느님 야훼께서 역겨워하신다"[공동번역성서].

34 글라이트먼, 프리드룬드, 라이스버그가 2000년에 한 이 실험은 다음에서 인용된다. https://www.iser.essex.ac.uk/files/conferences/bhps/2003/docs/pdf/papers/crespi.pdf.

35 Condry and Condry (1976). https://www.iser.essex.ac.uk/files/conferences/bhps/2003/docs/pdf/papers/crespi.pdf에서 인용.

36 http://www.habsboys.org.uk/Main-School-School-Rules.

37 http://www.parentdish.co.uk/2014/04/08/boy-15-threatenedwith-exclusion-for-wearing-makeup-nomakeupselfie/#!slide=aol_1003921.

38 http://www.walesonline.co.uk/news/wales-news/cardiff-schoolboys-

turnup-classes-5134447.

39 Lise Eliot, *Pink Brain, Blue Brain*, p136.

40 Lise Eliot, *Pink Brain, Blue Brain*, p121.

41 Jessica Valenti, *He's a Stud, She's a Slut and 49 Other Double Standards Every Women Should Know* (Seal Press, 2008), p14.

42 "The Causes of Sex Delinquency in Girls", 1936. Carol Dyhouse, *Girl Trouble: Panic and Process in the History of Young Women* (Zed, 2013), p107에서 인용. 시릴 버트는 아이큐가 유전된다고 주장했다. 그의 이러한 생각은 11 플러스 테스트[영국에서 초등학교 6학년에 시행되는 학업 성취도 평가]의 근간이 됐고 반세기 동안 영국의 교육 정책에 영향을 끼쳤다. 버트는 일란성 쌍생아를 대상으로 연구했는데 그 결과는 나중에 오류임이 판명됐으며 몇몇 사례는 조작됐음이 드러났다. John Parrington, "The Intelligence Fraud", *Socialist Review*, April 1996, http://pubs.socialistreviewindex.org.uk/sr196/parrington.htm 참조.

43 http://www.theguardian.com/uk-news/2015/jan/14/former-londonteacher-convicted-over-affair-withteenager.

44 Judith Orr, "Rochdale: An anatomy of the sexual abuse scandal", *International Socialism* 135, Summer 2012.

45 Lise Eliot, *Pink Brain, Blue Brain*, p237.

46 Cordelia Fine, *Delusions of Gender*, p35.

47 Carol Dyhouse, *Girl Trouble*, p68에서 인용.

48 https://www.youtube.com/watch?v=_xjgI5oN8DM.

49 Polly Toynbee, *Guardian*, 18 August 1995.

50 Kaydee Summers, "Unequal Genders: Mothers and Fathers on Mountains" (2007), https://www.sheffield.ac.uk/polopoly_fs/1.71700!/file/10-Summers-article.pdf.

51 Ivy Pinchbeck, *Women Workers and the Industrial Revolution*, p311에서 인용.

52 Nickie Charles, *Gender in Modern Britain* (Oxford, 2002), p110에서 인용.

53 Anne and Bill Noir, *Why Men don't Iron: The New Reality of Gender Differences* (Harper Collins, 1999).

54 Warren Farrell, *The Myth of Male Power: Why Men are the Disposable Sex* (Finch, 2001).

55 Hanna Rosin, *The End of Men and the Rise of Women* (Viking, 2012), p79.

56 Kay S Hymowitz, *Manning Up: How the Rise of Women has Turned Men in to Boys* (Basic Books, 2011), pp102-103.

57 Kay S Hymowitz, *Manning Up*, p103.

58 "Valley of the Dudes", *The Economist*, 4 April, 2015.

59 https://www.gov.uk/government/statistics/gcse-and-equivalentattainment-by-pupil-characteristics-2012-to-2013.

60 https://www.ucas.com/corporate/news-and-key-documents/news/ucas-publishes-2014-end-cycle-dataresources.

61 '위민 인 저널리즘'은 젊은 남성들이 미디어에서 어떻게 묘사되는지를 연구해 다음에서 몇몇 사례를 열거했다. http://womeninjournalism.co.uk/hoodies-or-altar-boys/.

62 Emma Perry and Becky Francis, *The Social Class Gap For Educational Achievement: A Review of the Literature* (Royal Society for the Encouragement of Arts, Manufactures and Commerce, December 2010), p2.

63 http://www.genderandeducation.com/resources/pedagogies/singlesex-coeducation/.

64 Sara Delamont, *Sex Roles and the School* (Methuen, 1980), p11.

65 http://www.ons.gov.uk/ons/rel/subnational-health4/suicides-in-theunited-kingdom/2013-registrations/suicides-in-the-united-kingdom--2013-registrations.html.

66 Susan Faludi, *Stiffed: The Betrayal of Modern Man* (Vintage, 2000).

67 Steve Humphries and Pamela Gordon, *A Man's World: From Boyhood to Manhood, 1900-1960* (BBC, 1996), p173.

68 Laura King, *Family Men: Fatherhood and Masculinity in Britain* (Oxford University Press, 2015), p27.

69 Reproduced in Warren Farrell, *The Myth of Male Power*, p107.

70 http://www.theguardian.com/media/2009/may/20/asa-oven-pride-cleared-of-sexism.

## 6장

1 Sheila Rowbotham, *Hidden from History* (Pluto Press, 1983), p13

2 토니 클리프는 이 시기에 출현한 급진적 집단들, 예를 들어 수평파, 디거스, 랜터파와 여성의 사회적 지위에 관한 그들의 주장을 다음에서 묘사한다. *Class Struggle and Women's Liberation: 1640 to the Present Day* (Bookmarks, 1984), p14.

3 Sheila Rowbotham, *Women, Resistance and Revolution* (Penguin, 1972), p17.

4 Sheila Rowbotham, *Hidden from History*, p11.

5 Janet Todd, *Mary Wollstonecraft: A Revolutionary Life* (Weidenfeld & Nicolson, 2000), p219.

6 John M Merriman, *Massacre: The Life and Death of the Paris Commune of 1871* (Yale, 2014), p231.

7 August H Nimtz, *Marx and Engels*, p199.

8 Heather Brown, *Marx on Gender and the Family*, p118.

9 Clara Zetkin, *Selected Writings*, p50.

10 Clara Zetkin, *Selected Writings*, p31.

11 Sheila Rowbotham, *Dreamers of a New Day: Women who Invented the Twentieth Century* (Verso, 2010), p175.

12 Louise A Tilly and Joan W Scott, *Work, Women and Family* (Methuen, 1987), p189.

13 Sarah Boston, *Women Workers and the Trade Unions* (Davis-Poynter, 1980), p48.

14 Louise Raw, *Striking a Light: The Bryant and May Matchwomen* (Continuum, 2011), p219.

15 Barbara Drake, *Women in Trade Unions* (Virago, 1984), p27.

16 Letter from Engels to Laura Lafargue, 10 May 1890, https://www.marxists. org/archive/marx/works/1890/letters/90_05_10.htm

17 Barbara Drake, *Women in Trade Unions*, p28.

18 Barbara Drake, *Women in Trade Unions*, p30.

19 Jill Liddington and Jill Norris, *One Hand Tied Behind Us: The Rise of the Women's Suffrage Movement* (Rivers Oram, 2000), p122.

20  Jill Liddington and Jill Norris, *One Hand Tied Behind Us*, p175.

21  Marian Ramelson, *The Petticoat Rebellion: A Century of Struggle for Women's Rights* (Lawrence and Wishart, 1976), p148.

22  George Dangerfield, *The Strange Death of Liberal England* (Stanford, 1997), p153.

23  Paul Foot, *The Vote: How it was Won and How it was Undermined* (Viking, 2005), p226.

24  Jill Liddington and Jill Norris, *One Hand Tied Behind Us*, p19.

25  Helen Gordon Liddle, an extract from "The Prisoner" in Michael Rosen and David Widgery (eds), *The Chatto Book of Dissent* (Chatto & Windus, 1991), p140.

26  George Dangerfield, *The Strange Death of Liberal England*, p136.

27  Barbara Winslow, *Sylvia Pankhurst: Sexual Politics and Political Activism* (UCL, 1996), p67. 폴리냐크 공작 부인은 재봉틀 사업으로 크게 성공한 싱어 가문의 상속자였다. 공개적 레즈비언이었으며, 공영주택을 옹호해 파리의 빈민을 위해 주거지를 건설하기도 했고, 예술가들을 후원했다.

28  Sylvia Pankhurst, *The Suffragette Movement* (Virago, 1978), p517.

29  George Dangerfield, *The Strange Death of Liberal England*, p176.

30  Jill Liddington and Jill Norris, *One Hand Tied Behind Us*, p269.

31  http://www.parliament.uk/about/living-heritage/transformingsociety/electionsvoting/womenvote/overview/thevote/

32  Barbara Evans Clements, *Bolshevik Women* (Cambridge University Press, 1997), p107.

33  Tony Cliff, "Clara Zetkin and the German Socialist Feminist Movement", *International Socialism* 13, Summer 1981, p69에서 인용.

## 7장

1  Elizabeth Roberts, *Women and Families: An Oral History, 1940-1970* (Blackwell, 1995), p117.

2  이 책은 역사상 가장 많이 팔린 베스트셀러 중 하나다. 스폭의 시각은 전쟁 이전의 엄격한 절차와 훈육 중심의 아동 육아에서 벗어난 것이었다. 그러나 이 책이 인기가 있었다는 사실은 더는 대가족이 늘 가까운 거리에 모여 살지 않게 된 세상에서 부

모, 특히 어머니가 어떻게 자녀를 양육해야 하는지를 배울 필요성이 늘어나고 있었음을 보여 준다.

3  Barbara Ehrenreich, *For Her Own Good: Two Centuries of the Experts' Advice to Women* (Anchor Books, 2005), p252.

4  http://individual.utoronto.ca/vicedo/vicedoca/Publications_files/Vicedo_BJHS.pdf.

5  Elizabeth Roberts, *Women and Families*, p138.

6  Carol Dyson, *Girl Trouble*, p128.

7  Louise A Tilly and Joan Scott, *Work, Women and Family*, p214.

8  Sara Evans, *Personal Politics: The Roots of Women's Liberation in the Civil Rights Movement and the New Left* (Vintage, 1980), p11.

9  Jonathan Eig, *The Birth of the Pill: How Four Pioneers Reinvented Sex and Launched a Revolution* (Macmillan, 2014), p312. 이 약의 부작용에 대한 기록을 통해 얼마나 많은 여성이 이 약을 복용했는지 알 수 있었다. "많은 여성이 뜻밖에 가슴 사이즈가 커졌다. 1960~1969년에 C컵 브래지어의 판매량이 50퍼센트나 증가할 정도였다."

10  Louise A Tilly and Joan Scott, *Work, Women and Family*, p168.

11  Edward Shorter, *A History of Women's Bodies* (Penguin, 1984), p191.

12  Jane Lewis, *Women in England, 1870-1950* (Wheatsheaf, 1984), p17.

13  Jane Lewis, *Women in England*, p17.

14  Lionel Rose, *Massacre of the Innocents: Infanticide in Great Britain 1800-1939* (Routledge and Kegan Paul, 1986), p88.

15  Jeffrey Weeks, *Sex, Politics and Society* (Longman, 1981), p259.

16  Jennifer Nelson, *Women of Color and the Reproductive Rights Movement* (NYU Press, 2003), p68.

17  Miriam Schneir (ed), *The Vintage Book of Feminism* (Vintage, 1995), p152.

18  Elizabeth Roberts, *Women and Families*, p128.

19  Julie A Matthaei, *An Economic History of Women in America: Women's Work, the Sexual Division of Labour, and the Development of Capitalism* (Harvester Press, 1982), p133.

20  *National Black Feminist Organisation Statement of Purpose*, in Miriam

Schneir (ed), *The Vintage Book of Feminism*, p171.

21 Tanisha C Ford, "SNCC Women, Denim, and the Politics of Dress", *The Journal of Southern History*, vol 79, no 3), p625.

22 Sara Evans, *Personal Politics*, p39.

23 Sara Evans, *Personal Politics*, p61.

24 Aaron Cohen, *Amazing Grace* (Continuum, 2011), p43.

25 Kate Weigand, *Red Feminism: American Communism and the Making of Women's Liberation* (Johns Hopkins, 2001), p141.

26 Juliet Mitchell, *Woman's Estate* (Penguin, 1974), p94.

27 Martha Gimenez in Janet Sayers, Mary Evans and Nanneke Redclift, *Engels Revisited: New Feminist Essays* (Tavistock Publications, 1987), p39.

28 Anne Koedt, Ellen Levine, Anita Rapone (eds), *Radical Feminism* (Quadrangle, 1973), p320.

29 Sara Evans, *Personal Politics*, p120.

30 Sara Evans, *Personal Politics*, p120.

31 Kate Weigand, *Red Feminism*, p149; Judy Kaplan and Linn Shapiro (eds), *Red Diapers: Growing up in the Communist Left* (University of Illinois, 1998)에서 다양한 공산당원 자녀를 인터뷰한 인상적인 글도 참조.

32 Betty Friedan, *It Changed my Life: Writings on the Women's Movement* (Victor Gollancz, 1976), pIII. 프리던은 이 회고록이자 저작 선집에서 다음과 같이 쓴다. "나에게 그것은 1950년대 말에 시작됐다." 이와 같이 프리던은 1940년대와 1950년대 초에 좌파 저널리스트로 활동한 것을 건너뛴다.

33 Daniel Horowitz, "Rethinking Betty Friedan and The Feminine Mystique: Labor union radicalism and feminism in Cold War America", *American Quarterly* 48.1, 1996, p3.

34 Alice Echols, *Daring to be Bad: Radical Feminism in America 1967-1975* (Minnesota, 1989), p26.

35 Kate Weigand, *Red Feminism*, p156.

36 Judith Hole and Ellen Levine, *Rebirth of Feminism* (Quadrangle, 1973), p120.

37 Sara Evans, *Personal Politics*, p85.

38 Sara Evans, *Personal Politics*, p87. 에컬스는 이 사건을 설명하면서 많은 여성 회

원이 함께 웃었으며 그의 발언을 운동에 대한 패러디로 받아들였다고 썼다. 그러나 그것이 사실이었더라도, 이 사건은 여성에 대한 멸시가 비판받기 보다는 오히려 공공연히 받아들여지는 분위기였음을 보여 준다.

39  Judith Hole and Ellen Levine, *Rebirth of Feminism*, p112.

40  Alice Echols, *Daring to be Bad*, p120.

41  http://www.jofreeman.com/aboutjo/persorg.htm.

42  Alice Echols, *Daring to be Bad*, p65.

43  Alice Echols, *Daring to be Bad*, p51.

44  Alice Echols, *Daring to be Bad*, p52.

45  Alice Echols, *Daring to be Bad*, p52.

46  Alice Echols, *Daring to be Bad*, p12.

47  Sara Evans, *Personal Politics*, p214.

48  Alice Echols, *Daring to be Bad*, p92.

49  Judith Hole and Ellen Levine, *Rebirth of Feminism*, p420.

50  Miriam Schneir (ed), *The Vintage Book of Feminism*, p130.

51  Alice Echols, *Daring to be Bad*, p162.

52  Alice Echols, *Daring to be Bad*, p68.

53  Alice Echols, *Daring to be Bad*, p62.

54  Leslie B Tanner (ed), *Voices from Women's Liberation* (Signet, 1971), p366.

55  Leslie B Tanner (ed), *Voices from Women's Liberation*, p400.

56  Leslie B Tanner (ed), *Voices from Women's Liberation*, p411.

57  Alice Echols, *Daring to be Bad*, p246.

58  Leslie B Tanner (ed), *Voices from Women's Liberation*, p406.

59  Miriam Schneir (ed), *The Vintage Book of Feminism*, p160.

60  Miriam Schneir (ed), *The Vintage Book of Feminism*, p161.

61  Alice Echols, *Daring to be Bad*, p105에서 인용.

62  Alice Echols, *Daring to be Bad*, p105.

63  Alice Echols, *Daring to be Bad*, p176.

64  Alice Echols, *Daring to be Bad*, p96.

65  Alice Echols, *Daring to be Bad*, p71.

66 Michelene Wandor (ed), *Body Politic: Women's Liberation in Britain 1969-1972* (Stage 1, 1972), p91.

67 Interview in *Socialist Review*, October 2010, http://socialistreview.org.uk/351/when-history-was-made-dagenham.

68 Sheila Rowbotham in Michelene Wandor (ed), *Body Politic*, p95.

69 Rowbotham in Michelene Wandor (ed), *Body Politic*, p97.

70 Interview with author, *Socialist Review*, April 2010, http://socialistreview.org.uk/346/interview-sheila-rowbothamwomen-who-dreamed-emancipation

71 Rowbotham in Michelene Wandor (ed), *Body Politic*, p98.

72 이것은 일부 의식 고양 모임들의 경우에도 마찬가지였다. 런던에 있는 한 작은 여성 모임에 대한 설명에는 다음과 같은 내용이 담겨 있었다. 여성들은 모임에서 자신의 경험 가운데 중요하다고 생각하는 문제들을 꺼내 이야기를 나눴다. 주디라는 이름의 한 여성은 15번째 모임에서 직전에 남편과 결별한 이야기를 꺼냈다. "주디는 전에 결혼을 주제로 토론한 경험이 좋았다며 그 주제가 지금의 상황을 이해하는 데 도움이 될 것 같다고 말했다. 진은 치료 모임도 똑같은 효과가 있을 거라고 말했지만 주디는 엥겔스의 《가족, 사유재산, 국가의 기원》을 읽고 토론하는 치료 모임은 들어본 적이 없다고 말했다." Michelene Wandor (ed), *Body Politic*, p111.

73 Michelene Wandor (ed), *Body Politic*.

74 Sandra Allen, Lee Sanders and Jan Wallis (eds), *Conditions of Illusion: Papers from the Women's Movement* (Feminist Books, 1974).

75 Sheila Rowbotham, *A Century of Women: The History of Women in Britain and the United States* (Penguin, 1999), p415.

76 Judith Hunt and Shelley Adams, *Women, Work and Trade Union Organisation* (Workers Educational Association pamphlet, London, 1980), p15.

77 Anna Coote and Beatrix Campbell, *Sweet Freedom* (Blackwell, 1987), p32.

78 Tony Cliff, *Class Struggle and Women's Liberation*, p170.

79 Tufnell Park group of the London Women's Liberation Workshop in Michelene Wandor (ed), *Body Politic*, p103.

80 Rowbotham, in Michelene Wandor (ed), *Body Politic*, p100.

81 Anna Coote and Beatrix Campbell, *Sweet Freedom*, p165.

82 Sheila Rowbotham, Lynne Segal and Hilary Wainright, *Beyond the Fragments: Feminism and the Making of Socialism* (Merlin Press, 2013).

83 《파편화를 넘어》 초판에 대한 오늘날의 평가는 Peter Goodwin, "Beyond the Frangments", *International Socialism* 9, Summer 1980, p95 참조.

84 Lynne Segal, *Slow Motion: Changing Masculinities, Changing Men* (Virago, 1990), p314.

85 Anna Coote and Beatrix Campbell, *Sweet Freedom*, p106.

86 Anna Coote and Beatrix Campbell, *Sweet Freedom*, p243.

87 Anna Coote and Beatrix Campbell, *Sweet Freedom*, p243.

88 Barbara Harford and Sarah Hopkins, *Greenham Common: Women at the Wire* (The Women's Press, 1984), p166.

89 Susan Faludi, "Death of a Revolutionary: Obituary of Shulamith Firestone", *New Yorker*, 15 April 2013, http://www.newyorker.com/magazine/2013/04/15/death-of-arevolutionary?currentPage=all

90 Tony Cliff, *Class Struggle and Women's Liberation*, p176.

91 Anne Koedt, Ellen Levine, Anita Rapone (eds), *Radical Feminism*, p300.

92 Elizabeth Roberts, *Women and Families*, p63.

93 Hester Eisenstein, *Feminism Seduced: How Global Elites use Women's Labor and Ideas to Exploit the World* (Paradigm, 2009), p1.

94 Women and Work Commission, 2006.

95 Hester Eisenstein, *Feminism Seduced*, p131에서 인용.

96 Tony Cliff, *Class Struggle and Women's Liberation*, p167.

## 8장

1 Alice Echols, *Daring to be Bad*, p6.

2 Natasha Walter, *The New Feminism*, pp172, 175.

3 Helen Wilkinson in Natasha Walter (ed), *On the Move: Feminism for a New Generation* (Virago Press, 1999), p31.

4 Susan Faludi, *Backlash: The Undeclared War Against Women* (Chatto & Windus 1992).

5 Susan Faludi, *Backlash*, p355.

6  Sarah Gamble (ed), *The Routledge Companion to Feminism and PostFeminism* (Routledge, 2001), p190.

7  Susan Faludi, *Backlash*, p353.

8  http://www.msmagazine.com/spring2002/BecomingThirdWaveRebecca Walker.pdf.

9  Simon Reynolds and Joy Press, *The Sex Revolts: Gender, Rebellion and Rock 'n' Roll* (Serpent's Tail, 1995), p327.

10  Natasha Walter, *The New Feminism*, p36.

11  Jessica Valenti, *Full Frontal Feminism* (Seal Press, 2007), p1.

12  Susan Archer Mann and Douglas J Huffman, "The Decentring of Second Wave Feminism and the Rise of the Third Wave", in *Science and Society Special Issue*, vol 69, no 1, January 2005, p69.

13  Kath Woodward and Sophie Woodward, *Why Feminism Matters: Feminism Lost and Found* (Palgrave Macmillan, 2009), p30.

14  http://www.theguardian.com/politics/2012/jan/08/tory-women-mps-new-feminism.

15  Kath Woodward and Sophie Woodward, *Why Feminism Matters*, p169.

16  Perial Aschenbrand, *The Only Bush I Trust is My Own* (Corgi, 2006).

17  http://www.theguardian.com/books/2006/apr/09/society.

18  Clair Snyder, "What is the Third Wave?", *Signs*, vol 1, Autumn 2008에서 인용. 스나이더는 다음과 같이 덧붙인다. 이것은 "잠재적으로 여성이 스스로 선택해서 하는 일은 모두 페미니즘적인 것으로 승인하는 태도"다.

19  Jennifer Baumgardner, *F'em! Goo Goo, Gaga, and Some Thoughts on Balls* (Seal Press, 2011), p250.

20  Hester Eisenstein, *Feminism Seduced*, p178.

21  Hilal Elver, *The Headscarf Controversy: Secularism and Freedom of Religion* (Oxford University Press, 2012), p119.

22  Christine Delphy, *Separate and Dominate: Feminism and Racism After the War on Terror* (Verso, 2015), pXV.

23  Nina Power, *One Dimensional Woman* (Zero Books, 2009), p11.

24  Hester Eisenstein, *Feminism Seduced*, p13.

25  Christine Delphy, *Separate and Dominate*, pp142-143.

26 Christine Delphy, *Separate and Dominate*, p35.

27 Liz Fekete, "Enlightened Fundamentalism? Immigration, feminism and the Right", *Race & Class* 48; 1, 2006, http://statecrime.org/data/uploads/2011/10/fekete2006a.pdf.

28 Michele Barrett, *Women's Oppression Today*, pxxlviii.

29 Lise Vogel, *Woman Questions: Essays for a Materialist Feminism* (Routledge, 1995), p105.

30 Jennifer Baumgardner and Amy Richards, *Manifesta: Young Women, Feminism, and the Future* (Farrar Straus Giroux, 2010).

31 Gary McFarlane in Brian Richardson (ed), *Say it Loud! Marxism and the Fight Against Racism* (Bookmarks, 2013), p102.

32 Naomi Klein, *No Logo* (Flamingo, 2000), p121.

33 Michael Kimmel and Abby L Ferber (eds), *Privilege: A Reader* (Westview Press, 2010), p218.

34 교차성에 대해 비평하면서 딜리아 D 아길라는 1970년대 초 흑인 페미니스트들이 "삼중 구속"이라는 제목으로 발행한 뉴스레터들을 지적한다. 그 뉴스레터들은 다음과 같은 부제를 달고 있었다. "racism, imperialism and sexism", "Tracing the Roots of Intersectionality", *Monthly Review*, April 2012, http://mrzine.monthlyreview.org/2012/aguilar120412.html.

35 Miriam Schneir (ed), *The Vintage Book of Feminism*, p173. 이 단체의 이름은 미국의 남북전쟁 당시 사우스캐롤라이나 주의 컴바히 강 나루터에서 벌어진 과감하고 성공적이었던 야간 전투에서 따온 것이다. 탈출한 노예였던 해리엇 터브먼은 노예주들과 남군 부대들의 집중포화 속에서 북군 병사들을 이끌고 700명의 노예를 구출했다.

36 http://circuitous.org/scraps/combahee.html.

37 Esme Choonara and Yuri Prasad, "What's wrong with Privilege Theory?", *International Socialism* 142, Spring 2014, http://www.isj.org.uk/index.php4?id=971&issue=142.

38 Kimberle Crenshaw, *Demarginalizing the Intersection of Race and Sex: A Black Feminist Critique of Antidiscrimination Doctrine, Feminist Theory, and Antiracist Politics* (University of Chicago Legal Forum, 1989), p139, http://philpapers.org/archive/CREDTI.pdf.

39 Patricia Hill Collins, "Toward a New Vision: Race, Class and Gender as

Categories of Analysis and Connection" in Michael Kimmel and Abby L Ferber (eds), *Privilege: A Reader*, p234.

40 Gary Younge, interview in *Socialist Review* (June 2010), http://socialistreview.org.uk/348/interviewgary-younge-contradictions-identity.

41 Esme Choonara and Yuri Prasad, "What's wrong with Privilege Theory?", p100.

42 Michael Kimmel and Abby L Ferber (eds), *Privilege: A Reader*, p6.

43 Michael Kimmel and Abby L Ferber (eds), *Privilege: A Reader*, p252.

44 Michael Kimmel and Abby L Ferber (eds), *Privilege: A Reader*, p120.

45 Peggy McIntosh, "White Privilege and Male Privilege: a personal account of coming to see correspondences through work in women's studies" (1988), in Michael Kimmel and Abby L Ferber (eds), *Privilege: A Reader*, p13.

46 Esme Choonara and Yuri Prasad, "What's wrong with Privilege Theory?", p99.

47 Nancy Fraser, *Fortunes of Feminism: From State Managed Capitalism to Neoliberal Crisis* (Verso, 2013), p159.

48 Teresa E Ebert, "Materialising Feminism" in *Science and Society Special Issue*, vol 69, no 1, January 2005, p35.

49 Karl Marx and Friedrich Engels, *The German Ideology*, p37.

50 Delia D Aguilar, "Tracing the Roots of Intersectionality", http://mrzine.monthlyreview.org/2012/aguilar120412.html.

51 Susan Archer Mann and Douglas J Huffman, "The Decentring of Second Wave Feminism and the Rise of the Third Wave", p84.

52 Susan Archer Mann and Douglas J Huffman, "The Decentring of Second Wave Feminism and the Rise of the Third Wave", p61.

53 Rosemary Hennessy, Profit and Pleasure: Sexual identities in late capitalism (Routledge, 2000), p67. 핀 매케이는 리즈혁명적페미니스트그룹 같은 단체들이 이성애자 여성을 배제했다고 비판하는 사람들을 강력하게 반박한다. 매케이는 이것이 "반드시 레즈비언이 돼야 한다는 것을 의미하지는 않았다. … 사실 그 단체는 … 레즈비언이 되는 것은 필수적인 것이 아니며 금욕은 언제나 선택의 문제라고 이성애자들을 안심시켰다"고 말한다. *Radical Feminism*, p67.

54 Kath Woodward and Sophie Woodward, *Why Feminism Matters*, p162.

55 Judith Butler, *Bodies that Matter* (Routledge, 1993).

56 Kath Woodward and Sophie Woodward, *Why Feminism Matters*, p160.

57 Naomi Wolf, *Vagina: A New Biography* (Virago, 2012). http://socialistworker.co.uk/art/28999/Naomi+Wolf+reduces+women+to+vaginas 도 참조.

58 Jennifer Baumgardner, *F'em!*, p251.

59 Kath Woodward and Sophie Woodward, *Why Feminism Matters*, p163.

60 Lynne Segal, *Straight Sex: The Politics of Pleasure* (Virago, 1994), p312.

61 Lise Vogel, *Marxism and the Oppression of Women: Towards a Unitary Theory* (Brill, 2013). 리스 보걸 자신이 "적색 기저귀" 아이였다. 보걸은 자라면서 부모의 주된 관심사가 "돈과 매카시즘"이었다고 묘사한다. Lise Vogel, *Woman Questions*, p6 참조.

62 Lise Vogel, *Marxism and the Oppression of Women*, p135. 보걸은 또한 과거에는 이민과 심지어 노동자 집단 수용소도 활용된 바가 있으므로 가족이 '세대교체'를 하는 유일한 방법은 아니라고 지적한다. p188 참조.

63 Lise Vogel, *Marxism and the Oppression of Women*, p188.

64 Lise Vogel, *Marxism and the Oppression of Women*, p153.

65 Lise Vogel, *Marxism and the Oppression of Women*, p177.

66 Silvia Federici, *Revolution at Point Zero: Housework, Reproduction, and Feminist struggle* (PM Press, 2012), p92.

67 Silvia Federici, *Revolution at Point Zero*, p96.

68 Sheila Rowbotham, *Dreamers of a New Day*, p139.

69 Rosa Luxemburg, "Woman's Suffrage and Class Struggle", speech 1912, https://www.marxists.org/archive/luxemburg/1912/05/12.htm

70 https://www.marxists.org/archive/lenin/works/subject/women/abstract/19_06_28.htm.

## 9장

1 Kath Woodward and Sophie Woodward, *Why Feminism Matters*, p124.

2 https://www.gov.uk/government/statistics/an-overview-of-sexual

offending-in-england-and-wales.

3  http://www.nspcc.org.uk/preventingabuse/child-abuse-and-neglect/child-sexual-abuse/sexual-abuse-factsstatistics/.

4  https://www.gov.uk/government/statistics/an-overview-of-sexual offending-in-england-and-wales.

5  http://www.ons.gov.uk/ons/rel/crime-stats/crime-statistics/periodending-june-2014/stb-crime-stats--year-ending-june-2014.html.

6  Joan Smith, *The Public Woman*, p197.

7  Kat Banyard, *The Equality Illusion: The Truth About Women and Men Today* (Faber and Faber, 2010), p123.

8  Friedrich Engels, "The Book of Revelation" in *Marx and Engels on Religion* (1883), https://www.marxists.org/archive/marx/works/subject/religion/book-revelations.htm.

9  Steve Humphries and Pamela Gordon, *Forbidden Britain: Our Secret Past 1900-1960* (BBC Books, 1994), p57.

10  Steve Humphries, *A Secret World of Sex: Forbidden Fruit, the British Experience 1900-1950* (Sidwick & Jackson, 1988), p65.

11  Courtney E Martin, *Perfect Girls, Starving Daughters: The Frightening New Normality of Hating Your Body* (Piatkus, 2007), p298; and http://www.heelarious.com/baby-high-heels.

12  *Corporate Sexism* (Fawcett Society, 2009), p6, www.fawcettsociety.org.uk/documents/Corporate%20Sexism.pdf

13  Cordelia Fine, *Delusions of Gender*, p71.

14  Lesley A Hall, *Outspoken Women: An Anthology of Women's Writing on Sex, 1870-1969* (Routledge, 2005), p179.

15  Nicola Field, *Over the Rainbow: Money, Class and Homophobia* (Pluto Press, 1995), p50.

16  Natasha Walter, *Living Dolls*, p5.

17  Judith Williamson, "Sexism with an alibi", Guardian, 31 May 2003, http://www.theguardian.com/media/2003/may/31/advertising.comment

18  Ariel Levy, *Female Chauvinist Pigs: Women and the Rise of Raunch Culture* (Free Press, 2005), p30.

19  Istvan Meszaros, *Marx's Theory of Alienation* (Merlin, 1986), p35.

20  Alison Wolf, *The XX Factor*, p224.

21  http://www.standard.co.uk/lifestyle/esmagazine/desert-island-diarieskirsty-young-on-grilling-celebs-andbeing-mrs-soho-house-10069211.html.

22  〈컨트리파일〉의 현 진행자인 37살의 엘리 해리슨은 2015년 초 이번에는 자신이 더 젊은 여성으로 교체될 수 있다는 우려를 표명했다.

23  http://psychcentral.com/blog/archives/2012/06/02/why-do-women-hate-their-bodies/.

24  Susan J Douglas, *Enlightened Sexism: The Seductive Message that Feminism's Work is Done* (Times Books, 2010), p228.

25  Catherine Redfern and Kristine Aune, *Reclaiming the F Word: The New Feminist Movement* (Zed Books, 2010), p23.

26  Sheila Jeffreys, *Beauty and Misogyny: Harmful Cultural Practices in the West* (Routledge, 2005), p41.

27  David B Sarwer, "Cosmetic Breast Augmentation and Suicide", *American Journal of Psychiatry*, vol 164, no 7, July 2007, p1006, http://ajp.psychiatryonline.org/doi/full/10.1176/ajp.2007.164.7.1006

28  http://www.oceanclinic.net/labiaplasty-intimate-surgery/.

29  https://www.gov.uk/government/uploads/system/uploads/attachment_data/file/192028/Review_of_the_Regulation_of_Cosmetic_Interventions.pdf.

30  Sheila Jeffreys, *Beauty and Misogyny*, p83.

31  Rashida Manjoo, UN special rapporteur on human rights, report 2014, http://www.ohchr.org/en/newsevents/pages/displaynews.aspx?newsid=14514&

32  Susie Jolly, Andrea Cornwall, Kate Hawkins (eds), *Women, Sexuality and the Political Power of Pleasure* (Zed Books, 2013), p238. 이 병원은 원래 여성용 자위 기구 제조업체인 굿바이브레이션스의 후원을 받았는데 이 회사는 이후 후원을 철회했다. 기쁨 병원은 이 책을 쓰고 있는 2015년 초까지도 건립되지 못했다.

33  Kath Woodward and Sophie Woodward, *Why Feminism Matters*, p124.

34  Sheila McGregor, "Rape, Pornography and Capitalism", *International*

Socialism 45, Winter 1989.

35 Caitlin Moran, *How to be a Woman* (Ebury Press, 2011), p37.

36 http://www.theguardian.com/culture/2014/nov/01/ethical-porn-fair-trade-sex.

37 Caroline Criado-Perez, *Do It Like A Woman: And Change the World* (Portobello Books, 2015), p247.

38 bell hooks, *Outlaw Culture* (Routledge, 2006), p22.

39 Reuben Balfour and Jessica Allen, *A Review of the Literature on Sex Workers and Social Exclusion* (UCL Institute of Health Equity for Inclusion Health, Department of Health, 2014), p4.

40 Jane Pritchard, "The Sex Work Debate", *International Socialism* 125, Winter 2010, p168.

41 Kath Woodward and Sophie Woodward, *Why Feminism Matters*, p106에서 인용.

42 Finn Mackay, *Radical Feminism*, p217.

43 Reuben Balfour and Jessica Allen, *A Review of the Literature on Sex Workers and Social Exclusion*, p5.

44 Judith Orr, "Rochdale: An Anatomy of the Sexual Abuse Scandal".

45 Catherine Redfern and Kristin Aune, *Reclaiming the F Word*, p91.

46 Finn Mackay, *Radical Feminism*, p119.

47 Alison Assiter, *Pornography, Feminism and the Individual* (Pluto Press, 1991), p59.

48 Jane Pritchard, "The Sex Work Debate", p175.

49 Jane Pritchard, "The Sex Work Debate", p175.

50 Elizabeth Wilson, "Feminist Fundamentalism" in Lynne Segal and Mary McIntosh (eds), *Sex Exposed: Sexuality and the Pornography Debate* (Virago Press, 1992), p26.

51 http://www.atlasobscura.com/places/gabinetto-segreto.

52 Tony Cliff, "Clara Zetkin and the German Feminist Movement", p49.

53 Courtney E Martin, *Perfect Girls*, p105.

54 Gigi Durham, *The Lolita Effect: The Media Sexualisation of Young Girls*

and *What We Can Do About It* (Overlook, 2008), p163.

55 http://www.guttmacher.org/gpr/17/3/gpr170315.html.

56 Lynne Segal, *The Politics of Pleasure* (Virago, 1994), p312.

57 Jeffrey Weeks, *Sex, Politics and Society*, p105.

58 Kevin White, *Sexual Liberation or Sexual License: The American Revolt Against Victorianism* (Ivan R Dee, 2000), p103.

59 David Carter, *Stonewall: The Riots That Sparked a Gay Revolution* (St Martin's Press, 2004), p30.

60 Laura Miles, "Transgender Oppression and Resistance".

61 Stonewall, *The School Report 2012*.

62 Silvia Federici, *Revolution at Point Zero*, p24.

63 Julia Long, *Anti-Porn: The Resurgence of Anti-Pornography Feminism* (Zed Books, 2012), p15.

64 Kevin White, *Sexual Liberation or Sexual License: The American Revolt Against Victorianism* (Ivan R Dee, 2000), p55.

65 제프리 윅스는 다음과 같은 점을 지적한다. "많은 의사들이 여성들에게 한번 출산한 이후 다시 출산할 때까지 충분한 시간을 가지라고 조언했지만 그 방법에 대해서는 아무 말도 하지 않으려 했다. 이것은 특히 너무 잔인한 역설인데 왜냐하면 1911년의 조사를 보면 의사들이 모든 직업군 중에서 가장 아이를 적게 가지는 집단이었기 때문이다." *Sex, Politics and Society*, p45.

66 Sheila Rowbotham, *Dreamers of a New Day*, p85.

67 Sheila Rowbotham, *Dreamers of a New Day*, p86.

68 Carol Platt Liebau, *Prude: How the Sex Obsessed Culture Damages Girls* (Center Street, 2007).

69 Carol Dyhouse, *Girl Trouble*, p117.

70 Carol Dyhouse, *Girl Trouble*, p106.

71 Jeffrey Weeks, *Sex, Politics and Society*, p125.

72 Jonathan Eig, *The Birth of the Pill*, p148.

73 Jeffrey Weeks, *Sex, Politics and Society*, p190.

74 Lesley A Hall, *The Life and Times of Stella Browne* (IB Tauris, 2011).

75 Friedrich Engels, *The Origin of the Family*, p96.

## 10장

1  Lise Vogel, *Marxism and the Oppression of Women*, p144.

2  Kate Adie, *Fighting on the Home Front* (Hodder & Staunton, 2013), p 54.

3  Joyce Marlow (ed), *The Virago Book of Women and the Great War* (Virago, 1998), p171.

4  Angela Holdsworth, *Out of the Dolls House: The Story of Women in the Twentieth Century* (BBC Books, 1989), p71.

5  Philip Grant, "Brent's Women at War and at Peace, 1914-1919" (September 2008), http://brent.gov.uk/media/387425/Brents%20WW1%20women%20workers.pdf.

6  Arthur Marwick, *Women at War 1914-1918* (Fontana 1977), p127.

7  Barbara Drake, *Women in Trade Unions*, p108.

8  John Costello, *Love, Sex and War 1939-1945* (Pan Books, 1986), p365.

9  Celia Briar, *Working For Women? Gendered Work And Welfare Policies In Twentieth Century* (Routledge, 2004), p57.

10  http://www.undp.org/content/undp/en/home/ourwork/povertyreduction/focus_areas/focus_gender_and_poverty.html.

11  임신중절권 운동에 관해 더 많은 정보를 찾으려면 abortionrights.org.uk를 방문하라. 이 단체는 영국에서 임신중절 문제를 다루는 가장 중요한 운동 단체라고 할 수 있다. 2003년 전국임신중절권캠페인과 임신중절법개혁협회가 통합해 설립됐다.

12  Catherine Redfern and Kristin Aune, *Reclaiming the F Word*, p133.

13  Anna Coote and Beatrix Campbell, *Sweet Freedom*, p257.

14  Helen Wilkinson, "The Thatcher Legacy: Power feminism and the birth of girl power" in *Natasha Walter* (ed), On the Move, p39.

15  Graham Boustred. *Business Day*, Johannesburg, 8 July 2009에서 인용.

16  http://www.theguardian.com/commentisfree/2011/jul/18/diversityboardroom-corporate-decisions.

17  30percentclub.org.

## 11장

1  "Working Women vs Bourgeois Feminism — Eleanor Marx: How Should

We Organize?" in Hal Draper, *Women and Class*, p309.

2 "A New Model of Social Class? Findings from the BBC's Great British Class Survey Experiment", *Sociology*, April 2013, http://soc.sagepub.com/content/early/2013/03/12/0038038513481128.full.pdf+html.

3 Martha Gimenez, "Marxism, and Class, Gender, and Race", p31.

4 Frigga Haug in Shahrzad Mojab (ed), *Marxism and Feminism* (Zed Books, 2015), p78.

5 Marx and Engels, *Communist Manifesto*, p39.

6 Marx and Engels, *Communist Manifesto*, p38.

7 World Bank Group, *Gender at Work: A Companion to the World Development Report on Jobs*, 2014, p8, http://www.worldbank.org/content/dam/Worldbank/document/Gender/GenderAtWork_web.pdf 에서 볼 수 있다.

8 TUC, *Women and Recession: How will this recession affect women at work?*, 2009, https://www.tuc.org.uk/sites/default/files/extras/womenandrecession.pdf에서 볼 수 있다.

9 Natasha Walter, *The New Feminism*, p23.

10 Nina Power, *One Dimensional Woman*, p20.

11 Alison Spence, *Labour Market, Social Trends* 41 (Office of National Statistics, 2011).

12 Jenny Chanfreau, Sally Gowland, Zoë Lancaster, Eloise Poole, Sarah Tipping and Mari Toomse, *Maternity and Paternity Rights and Women Returners Survey 2009/10*, Department for Business Innovation and Skills (BIS), Department for Work and Pensions, https://www.gov.uk/government/uploads/system/uploads/attachment_data/file/214367/rrep777.pdf에서 볼 수 있다.

13 BIS, *Work and Families Act 2006 Evaluation Report*, March 2010, p15.

14 http://www.fawcettsociety.org.uk/2013/11/equal-pay/.

15 Silvia Federici, *Revolution at Point Zero*, p20.

16 Nancy Fraser, *Fortunes of Feminism*, p28.

17 Nancy Fraser, *Fortunes of Feminism*, p33.

18 Deborah Cameron, *On Language and Sexual Politics* (Routledge, 2006),

p124.

19 BIS, *Trade union membership 2013: Statistical Bulletin*, 2014, p11.

20 BIS, *Trade union membership 2013: Statistical Bulletin*, 2014.

21 BIS, *Trade union membership 2013: Statistical Bulletin*, 2014, p14.

22 Hester Eisenstein, *Feminism Seduced*, p216.

23 Philip S Foner (ed), *Helen Keller, Her Socialist Years: Writings and Speeches* (International Publishers, 1967), p32.

24 Karl Marx and Friedrich Engels, *The German Ideology*, p64.

25 Hal Draper, *Karl Marx's Theory of Revolution*, p42.

26 Karl Marx and Friedrich Engels, *The German Ideology*, p94.

27 E P Thompson. Louise A Tilly and Joan W Scott, *Work, Women and Family*, p55에서 인용.

28 http://www.dailymail.co.uk/news/article-2964511/Fury-unions-tell-MPsnot-make-gender-abortion-crimedivide-communities.html.

29 John Reed, *Shaking the World* (Bookmarks, 1998), p132; 이 글이 처음 실린 신문의 1면을 https://www.marxists.org/history/usa/pubs/ohio-socialist/031-aug-28-1918.pdf에서 볼 수 있다.

## 12장

1 Karl Marx and Friedrich Engels, *Communist Manifesto*, https://www.marxists.org/archive/marx/works/1848/communist-manifesto/ch02.htm.

2 Lenin, *The State and Revolution* (Foreign Languages Press, 1976), p147.

3 Engels, from his Introduction to Karl Marx's *Class Struggles in France*.

4 Albert Soboul. Paul McGarr, "Marxism and the Great French Revolution", *International Socialism* 43, Summer 1989, p95에서 인용.

5 Hal Draper, *Karl Marx's Theory of Revolution*, p73.

6 Rosa Luxemburg, "Women's Suffrage and Class Struggle" in Hal Draper, *Women and Class*, p287.

7 Karl Marx and Friedrich Engels, *The German Ideology*, p1845.

8 Barbara Evans Clements, *Bolshevik Women*, p130.

9 Richard Stites, *The Women's Liberation Movement in Russia: Feminism,*

*Nihilism and Bolshevism, 1860-1930* (Princeton University Press, 1978), p287.

10 Barbara Evans Clements, *Bolshevik Women*, p120. 이 책은 여러 볼셰비키 여성 지도자들에 관한 흥미로운 이야기들을 많이 담고 있다(바버라 클레먼츠는 이들을 볼셰비치키라고 부른다). 그렇지만 혁명에 대한 정치적 분석이나 혁명이 여성의 삶에 끼친 영향은 다루지 않는다. 클레먼츠는 여성 노동자들을 조직하는 일을 담당했던 여성들을 "페미니스트 마르크스주의자"라고 부른다(p107). 그들이 "더 전통적인" 혁명가들의 "반감"을 무릅쓰고 여성들을 혁명운동에 동참시키기 위해 노력했기 때문이라는 것이다. 그렇지만 이것은 같은 책의 다른 곳에 쓴 내용과 분명히 모순되는데 클레먼츠는 "여성을 모든 활동에 참여시키는 것이 볼셰비키의 오래된 관행"이라고 썼다(p125). 또 많은 볼셰비키 지도자가 남녀를 막론하고 여성의 참여가 중요하다는 말을 자주 했다는 사실, 특히 투쟁 자체에서 드러난 사실들과도 모순된다.

11 Barbara Evans Clements, *Bolshevik Women*, p120.

12 Leon Trotsky, *The History of the Russian Revolution* (Pluto Press, 1977), p122.

13 V I Lenin, *The Emancipation of Women* (International Publishers, 1984), p60.

14 Tony Cliff, "Alexandra Kollontai: Russian Marxists and Women Workers", *International Socialism* 14, Autumn 1981, p100.

15 Jane McDermid and Anna Hillyar, *Midwives of the Revolution: Female Bolsheviks and Women Workers 1917* (UCL Press, 1999), p80.

16 Leon Trotsky, *The History of the Russian Revolution*, p128.

17 Barbara Evans Clements, *Bolshevik Women*, p174.

18 Jane McDermid and Anna Hillyar, *Midwives of the Revolution*, p178.

19 Chanie Rosenberg, *Women and Perestroika: Present, Past and Future for Women in Russia* (Bookmarks, 1989), p82.

20 John Reed, *Ten Days that Shook the World* (Penguin, 1977), p40.

21 Tony Cliff, "Alexandra Kollontai", p77.

22 Cathy Porter, *Alexandra Kollontai: A Biography* (Merlin Press, 2013), p304.

23 Richard Stites, *The Women's Liberation Movement in Russia*, p332.

24 Rosa Luxemburg, *Rosa Luxemburg Speaks* (Pathfinder, 1970), p395.

25 Chanie Rosenberg, *Women and Perestroika*, p86.

26 V I Lenin, *The Emancipation of Women*, p63.

27 V I Lenin, *The Emancipation of Women*, p63.

28 Leon Trotsky, *Women and the Family*, p75.

29 Ronald Fraser, *Blood of Spain: An Oral History of the Spanish Civil War* (Pimlico, 1994), p286.

30 나는 카이로에서 호스니 무바라크를 끌어내린 2011년 혁명 초기 18일간의 기록을 〈소셜리스트 워커〉에 보도했다. socialistworker.co.uk/art/23303/Egypt+in+revolt+-+Judith+Orrs+Cairo+diary 참조.

31 Sameh Naguib, *The Egyptian Revolution: A Political Analysis and Eyewitness Account* (Bookmarks, 2011), p19.

32 socialistworker.co.uk/art/33838/Fighting+harassment+in+Cairos+Tahrir+Square.

33 Joel Beinin in Rabab El-Mahdi and Philip Marfleet (eds), *Egypt: The Moment of Change* (Zed Books, 2009), p81.

34 Anne Alexander and Mostafa Bassiouny, *Bread Freedom and Social Justice: Workers and the Egyptian Revolution* (Zed Books, 2014), p70.

35 Anne Alexander, "Women were braver than 100 men", *Socialist Review*, January 2008, http://socialistreview.org.uk/321/women-were-braver-hundred-men.

36 Karl Marx, *Class Struggles in France, 1848-1850*, https://www.marxists.org/archive/marx/works/1850/class-struggles-france/.

37 Chris Harman, *The Lost Revolution: Germany 1918 to 1923* (Bookmarks, 1997), p85.

38 Steven Rose, *Lifelines* 참조.

39 Eleanor Burke Leacock, *Myths of Male Dominance*, p110.

40 임신중절의 권리를 옹호하고 확대하는 문제에 관해 더 많은 정보를 원하면 abortionrights.org.uk 참조.

41 Clara Zetkin, *Selected Writings*, p14.

# 참고 문헌

Adie, Kate, *Fighting on the Home Front: The Legacy of Women in World War One* (Hodder & Staunton, 2013).

Alexander, Anne, and Bassiouny, Mostafa, *Bread Freedom and Social Justice: Workers and the Egyptian Revolution* (Zed Books, 2014).

Allen, Sandra, Sanders, Lee and Wallis, Jan (editors), *Conditions of Illusion: Papers from the Women's Movement* (Feminist Books, 1975).

Aschenbrand, Periel, *The Only Bush I Trust is My Own* (Corgi, 2006).

Assiter, Alison, *Pornography, Feminism and the Individual* (Pluto Press, 1989).

Balfour, Reuben and Allen, Jessica, *A Review of the Literature on Sex Workers and Social Exclusion* (UCL Institute of Health Equity for Inclusion Health, Department of Health, 2014).

Banyard, Kat, *The Equality Illusion: The Truth about Women and Men Today* (Faber and Faber, 2011).

Barrett, Michele, *Women's Oppression Today: The Marxist/Feminist Encounter* (Verso, 2014)[국역: 《다시 보는 여성학: 페미니즘과 마르크스주의의 만남》, 간디서원, 2005].

Baumgardner, Jennifer and Richards, Amy, *Manifesta: Young Women, Feminism and the Future* (Farrar Straus Giroux, 2010).

Baumgardner, Jennifer, *F'em!: Goo Goo, Gaga, and Some Thoughts on Ball*

(Seal Press, 2011).

Black, Clementina (editor), *Married Women's Work: Being the Report of an Enquiry Undertaken by the Women's Industrial Council* (Virago, 1983).

Boston, Sarah, *Women Workers and the Trade Unions* (Davis-Poynter, 1980).

Brown, Heather A, *Marx on Gender and the Family: A Critical Study* (Haymarket Books, 2013).

Callinicos, Alex, *The Revolutionary Ideas of Karl Marx* (Bookmarks, 2004)[국역: 《칼 맑스의 혁명적 사상》, 책갈피, 2007].

Cameron, Deborah, *On Language and Sexual Politics* (Routledge, 2006).

Cameron, Deborah, *The Myth of Mars and Venus: Do Men and Women Really Speak Different Languages?* (Oxford University Press, 2007).

Carter, David, *Stonewall: The Riots that Sparked a Gay Revolution* (St Martin's Griffin, 2005).

Charles, Nickie, *Gender in Modern Britain* (Oxford, 2002).

Childe, V Gordon, *Man Makes Himself* (Watts, 1941).

Clements, Barbara Evans, *Bolshevik Women* (Cambridge University Press, 1997).

Cliff, Tony, *Class Struggle and Women's Liberation: 1640 to the Present Day* (Bookmarks, 1984)[국역: 《여성해방과 혁명: 영국 혁명부터 현대까지》, 책갈피, 2008].

Cohen, Aaron, *Amazing Grace* (Continuum, 2011).

Coote, Anna and Campbell, Beatrix *Sweet Freedom* (Blackwell, 1987).

Costello, John, *Love, Sex & War: Changing Values 1939-1945* (Pan Books, 1986).

Criado-Perez, Caroline, *Do It Like A Woman … and Change the World* (Portobello Books, 2015).

Dangerfield, George, *The Strange Death of Liberal England* (Stanford University Press, 1998).

Davies, Ross, *Women and Work* (Arrow Books, 1975).

Dawkins, Richard, *The Selfish Gene* (Granada, 1978)[국역: 《이기적 유전자: 진화론의 새로운 패러다임》, 을유문화사, 2010].

Delamont, Sara, *Sex Roles and the School* (Methuen, 1980).

Delphy, Christine and Gay, Roxane, *Separate and Dominate: Feminism and Racism after the War on Terror* (Verso, 2015).

Dinnis, Rob and Stringer, Chris, *Britain: One Million Years of the Human Story* (Natural History Museum, 2014).

Douglas, Susan, J, *Enlightened Sexism: The Seductive Message That Feminism's Work Is Done* (Times Books, 2010)[국역: 《배드 걸 굿 걸》, 글항아리, 2016].

Drake, Barbara, *Women in Trade Unions* (Virago, 1984).

Draper, Hal, *Karl Marx's Theory of Revolution*, vol 2, *The Politics of Social Classes* (Monthly Review Press, 1978).

Draper, Hal, *Women and Class: Towards a Socialist Feminism* (Center for Socialist History, 2013).

Durham, Gigi, *The Lolita Effect: The Media Sexualization of Young Girls and What We Can Do About It* (Overlook, 2008).

Dyhouse, Carol, *Girl Trouble: Panic and Progress in the History of Young Women* (Zed Books, 2013).

Eagleton, Terry, *Marx* (Phoenix, 1997).

Echols, Alice, *Daring to be Bad: Radical Feminism in America, 1967-75* (Minnesota University Press, 1989).

Ehrenreich, Barbara, *For Her Own Good: Two Centuries of the Experts' Advice to Women* (Anchor Books, 2005).

Ehrenreich, Barbara and Hochschild, Arlie Russell, *Global Woman: Nannies, Maids and Sex Workers in the New Economy* (Metropolitan Books, 2002).

Eig, Jonathan, *The Birth of the Pill: How Four Pioneers Reinvented Sex and Launched a Revolution* (Macmillan, 2014).

Eisenstein, Hester, *Feminism Seduced: How Global Elites Use Women's Labor and Ideas to Exploit the World* (Paradigm, 2010).

Eliot, Lise, *Pink Brain, Blue Brain: How Small Differences Grow Into Troublesome Gaps—And What We Can Do about It* (Oneworld, 2009).

El-Mahdi, Rabab and Marfleet, Philip (editors), *Egypt: The Moment of Change* (Zed Books, 2009).

Elver, Hilal, *The Headscarf Controversy: Secularism and Freedom of Religion*

(Oxford University Press, 2012).

Empson, Martin, *Land and Labour: Marxism, Ecology and Human History* (Bookmarks, 2014).

Engels, Friedrich, *The Origin of the Family, Private Property and the State*[국역: 《가족, 사유재산, 국가의 기원》, 두레, 2012].

Evans, Sara, *Personal Politics: The Roots of Women's Liberation in the Civil Rights Movement & the New Left* (Vintage, 1980).

Faludi, Susan, *Backlash: The Undeclared War Against Women* (Chatto & Windus 1992).

Faludi, Susan, *Stiffed: The Betrayal of Modern Man* (Vintage, 2000).

Farrell, Warren, *Myth of Male Power: Why Men Are the Disposable Sex* (Finch Publishing, 2001).

Federici, Silvia, *Revolution at Point Zero: Housework, Reproduction, and Feminist Struggle* (PM Press, 2012)[국역: 《혁명의 영점: 가사노동, 재생산, 여성주의 투쟁》, 갈무리, 2013].

Fekete, Liz, "Enlightened fundamentalism? Immigration, feminism and the Right" in *Race & Class* 48:2 (2006).

Field, Nicola, *Over the Rainbow: Money, Class and Homophobia* (Pluto Press, 1995).

Fine, Cordelia, *Delusions of Gender: The Real Science Behind Sex Differences* (Icon Books, 2011)[국역: 《젠더, 만들어진 성: 뇌과학이 만든 섹시즘에 관한 환상과 거짓말》, 휴먼사이언스, 2014].

Firestone, Shulamith, *The Dialectic of Sex: The Case for Feminist Revolution* (The Women's Press, 1979)[국역: 《성의 변증법: 페미니스트 혁명을 위하여》, 꾸리에, 2016].

Flannery, Kent and Marcus, Joyce, *The Creation of Inequality: How Our Prehistoric Ancestors Set the Stage for Monarchy, Slavery, and Empire* (Harvard University Press, 2012)[국역: 《불평등의 창조: 인류는 왜 평등 사회에서 왕국, 노예제, 제국으로 나아갔는가》, 미지북스, 2015].

Foot, Paul, *The Vote: How it Was Won, and How it Was Undermined* (Bookmarks, 2012).

Franks, Suzanne, *Having None of it: Women, Men and the Future of Work* (Granta Books, 1999).

Fraser, Nancy, *The Fortunes of Feminism: From State-Managed Capitalism to Neoliberal Crisis* (Verso, 2013).

Fraser, Ronald, *Blood Of Spain: An Oral History of the Spanish Civil War* (Pimlico, 1994).

Friedan, Betty, *It Changed My Life: Writings on the Women's Movement* (Victor Gollancz, 1976).

Friedan, Betty, *The Feminine Mystique* (Penguin Modern Classics, 2010)[국역: 《여성의 신비》, 이매진, 2005].

Gamble, Sarah (editor), *The Routledge Companion to Feminism and Postfeminism* (Routledge, 2001).

German, Lindsey, *Material Girls: Women, Men and Work* (Bookmarks, 2007).

German, Lindsey, *Sex, Class and Socialism* (Bookmarks, 1998)[국역: 《여성과 마르크스주의》, 책갈피, 2007].

Gimenez, Martha and Vogel, Lise (editors), "Marxist-Feminist Thought Today" in *Science and Society*, vol 69, no 1, (January 2005).

Gould, Stephen Jay, *The Mismeasure of Man* (Penguin, 1992)[국역: 《인간에 대한 오해》, 사회평론, 2003].

Hall, Lesley A, *Outspoken Women: An Anthology of Women's Writing on Sex, 1870-1969* (Routledge, 2005).

Hall, Lesley A, *The Life and Times of Stella Browne: Feminist and Free Spirit* (IB Tauris, 2011).

Harford, Barbara and Hopkins, Sarah, *Greenham Common: Women at the Wire* (The Women's Press, 1984).

Harman, Chris, *A People's History of the World* (Bookmarks, 1999)[국역: 《민중의 세계사》, 책갈피, 2004].

Harman, Chris, *The Lost Revolution: Germany 1918 to 1923* (Bookmarks, 1997)[국역: 《패배한 혁명: 1918~1923년 독일》, 풀무질, 2007].

Hartmann, Heidi, *The Unhappy Marriage of Marxism and Feminism*, edited by Lydia Sargent (Pluto Press, 1986).

Hennessy, Rosemary, *Profit and Pleasure: Sexual Identities in Late Capitalism* (Routledge, 2000).

Holdsworth, Angela, *Out of the Dolls House: The Story of Women in the*

*Twentieth Century* (BBC Books, 1991).

Hole, Judith and Levine, Ellen, *Rebirth of Feminism* (Quadrangle, 1971).

hooks, bell, *Outlaw Culture* (Routledge, 2006).

Humphries, Steve and Gordon, Pamela, *A Man's World: From Boyhood to Manhood 1900-1960* (BBC, 1996).

Humphries, Steve and Gordon, Pamela, *Forbidden Britain: Our Secret Past 1900-1960* (BBC Books, 1994).

Humphries, Steve, *A Secret World of Sex: Forbidden Fruit, the British Experience 1900-1950* (Sidgwick & Jackson, 1988).

Hunt, Judith and Adams, Shelley, *Women, Work and Trade Union Organisation* (Workers Educational Association, London, 1980).

Hymowitz, Kay S, *Manning Up: How the Rise of Women Has Turned Men into Boys* (Basic Books, 2011).

Jakubowski, Franz, *Ideology and Superstructure in Historical Materialism* (Pluto Press, 1990)[국역: 《이데올로기와 상부구조》, 한마당, 1987].

Jeffreys, Sheila, *Beauty and Misogyny: Harmful Cultural Practices in the West* (Routledge, 2005).

Jolly, Susie, Cornwall, Andrea and Hawkins, Kate (editors), *Women, Sexuality and the Political Power of Pleasure* (Zed Books, 2013).

Kanter, Hannah, Sarah Lefanu, and Shaila Shah (editors), *Sweeping Statement: Writings From the Women's Liberation Movement 1981-1983* (The Women's Press, 1984).

Kaplan, Judy and Shapiro, Linn (editors), *Red Diapers: Growing up in the Communist Left* (University of Illinois, 1998).

Keller Helen, Foner, Philip S (editor), *Helen Keller, Her Socialist Years: Writings and Speeches* (International Publishers, 1967).

Kimmel, Michael and Ferber, Abby L (editors), *Privilege: A Reader* (Westview Press, 2010).

King, Laura, *Family Men: Fatherhood and Masculinity in Britain, 1914-1960* (Oxford University Press, 2015).

Klein, Naomi, *No Logo* (Flamingo, 2000)[국역: 《슈퍼 브랜드의 불편한 진실》, 살림 Biz, 2010].

Koedt, Anne, Levine, Ellen, Rapone, Anita (editors), *Radical Feminism* (Quadrangle, 1973).

Kollontai, Alexandra, *Selected Writing of Alexandra Kollontai* (Allison and Busby, 1977)[일부 국역: 《마르크스주의자들의 여성해방론》, 책갈피, 2015].

Labriola, Antonio, *Essays on the Materialistic Conception of History* (Cosimo, 2005).

Landry, Donna and MacLean, Gerald, *Materialist Feminisms* (Blackwell, 1993).

Laurie Penny, *Meat Market: Female Flesh Under Capitalism* (Zero Books, 2011).

Leacock, Eleanor Burke, *Myths of Male Dominance* (Monthly Review, 1981).

Lenin, V I, *The Emancipation of Women* (International Publishers, 1984)[일부 국역: 《마르크스주의자들의 여성해방론》, 책갈피, 2015].

Lenin, V I, *The State and Revolution* (Foreign Languages Press, Peking 1976) [국역: 《국가와 혁명》, 돌베개, 2015].

Leslie B Tanner (editor), *Voices from Women's Liberation* (Signet, 1971).

Levy, Ariel, *Female Chauvinist Pigs: Women and the Rise of Raunch Culture* (Free Press, 2005).

Lewis, Jane, *Women in England, 1870-1950: Sexual Divisions and Social Change* (Wheatsheaf, 1984).

Lewontin, Richard C, *It Ain't Necessarily So: The Dream of the Human Genome and Other Illusions* (Granta Books, 2000).

Liddington, Jill and Norris, Jill, *One Hand Tied Behind Us: The Rise of the Women's Suffrage Movement* (Rivers Oram Press, 2000).

Liebau, Carol Platt, *Prude: How the Sex-Obsessed Culture Damages Girls (and America, Too!)* (Center Street, 2007).

Long, Julia, *Anti-Porn: The Resurgence of Anti-Pornography Feminism* (Zed Books, 2012).

Lowe, Marian, "Sociobiology and Sex Differences", *Signs*, vol 4, no 1, "Women, Science, and Society", (Autumn, 1978).

Luxemburg, Rosa, *Rosa Luxemburg Speaks* (Pathfinder, 1970).

Mackay, Finn, *Radical Feminism: Feminist Activism in Movement* (Palgrave

Macmillan, 2015).

Marlow, Joyce (editor), *The Virago Book of Women and the Great War* (Virago, 1998).

Martin, Courtney E, *Perfect Girls, Starving Daughters: The Frightening New Normality of Hating Your Body* (Piatkus, 2007).

Marwick, Arthur, *Women at War 1914-1918* (Fontana, 1977).

Marx, Karl and Engels, Friedrich, *Communist Manifesto* (Progress, 1977).

Marx, Karl, and Engels, Friedrich, *The German Ideology*, 1845 (Lawrence and Wishart, 1994)[국역: 《독일 이데올로기》, 두레, 2015].

Marx, Karl, *Capital* vol 1 (Penguin, 1979).

McDermid, Jane and Hillyar, Anna, *Midwives of the Revolution: Female Bolsheviks and Women Workers in 1917* (UCL Press, 1999).

Meszaros, Istvan, *Marx's Theory of Alienation* (Merlin Press, 1986)[일부 국역: 《마르크스주의 소외론 연구》, 청아, 1986].

Mitchell, Juliet, *Woman's Estate* (Penguin, 1974)[국역: 《여성해방의 논리》, 광민사, 1981].

Mojab, Shahrzad (editor), *Marxism and Feminism* (Zed Books, 2015).

Molyneux, John, *The Point is to Change It: An Introduction to Marxist Philosophy* (Bookmarks, 2012)[국역: 《중요한 것은 세계를 변화시키는 것이다: 마르크스주의 철학 입문》, 책갈피, 2013].

Moran, Caitlin, *How to be a Woman* (Ebury Press, 2012)[국역: 《진짜 여자가 되는 법: 영국을 발칵 뒤집어놓은 괴짜 칼럼니스트의 여자 생태보고서》, 돌을새김, 2013].

Morgan, Lewis Henry, "Ancient Society" (1877), http://www.marxists.org/reference/archive/morgan-lewis/ancient-society/.

Naguib, Sameh, *The Egyptian Revolution: A Political Analysis and Eyewitness Account* (Bookmarks, 2011).

Nelson, Jennifer, *Women of Color and the Reproductive Rights Movement* (NYU Press, 2003).

Nimtz, August H, *Marx and Engels: Their Contribution to the Democratic Breakthrough* (State University of New York Press, 2000).

Noir, Anne and Bill, *Why Men Don't Iron: The New Reality of Gender*

*Differences* (Harper Collins, 1999).

Pankhurst, Sylvia, *The Suffragette Movement* (Virago, 1978).

Paoletti, Jo Barraclough, *Pink and Blue: Telling the Boys from the Girls in America* (Indiana University Press, 2012).

Patterson, Thomas C, *Karl Marx, Anthropologist* (Berg Publishers 2003).

Patterson, Thomas C, *Marx's Ghost: Conversations with Archaeologists* (Berg Publishers, 2005).

Pinchbeck, Ivy, *Women Workers and the Industrial Revolution 1750-1850* (Frank Cass, 1977).

Porter, Cathy, *Alexandra Kollontai: A Biography* (Merlin Press, 2013).

Power, Nina, *One Dimensional Woman* (Zero Books, 2009).

Ramelson, Marian, *The Petticoat Rebellion: A Century of Struggle for Women's Rights* (Lawrence and Wishart, 1967).

Raw, Louise, *Striking a Light: The Bryant and May Matchwomen and their Place in History* (Continuum, 2011).

Redfern, Catherine and Aune, Kristin, *Reclaiming the F Word: The New Feminist Movement* (Zed Books, 2010).

Reed, Evelyn, *Woman's Evolution: From Matriarchal Clan to Patriarchal Family* (Pathfinder Press, 1975).

Reed, John, *Shaking the World: John Reed's Revolutionary Journalism* (Bookmarks, 1998).

Reed, John, *Ten Days that Shook the World* (Penguin, 1977)[국역: 《세계를 뒤흔든 열흘》, 책갈피, 2005].

Rees, John (ed), *The Revolutionary Ideas of Frederick Engels: International Socialism* 65, special issue (Winter 1994).

Reiter, Rayna R, *Toward an Anthropology of Women* (Monthly Review Press, 1975).

Reynolds, Simon and Press, Joy, *The Sex Revolts: Gender, Rebellion, and Rock 'n' Roll* (Serpent's Tail, 1995).

Richardson, Brian (editor), *Say it Loud! Marxism and the Fight against Racism* (Bookmarks, 2013).

Roberts, Elizabeth, *A Woman's Place: An Oral History of Working Class*

Women 1890-1940 (Blackwell 1984).

Roberts, Elizabeth, Women and Families: An Oral History, 1940-1970 (Blackwell, 1995).

Rose, Hilary and Steven, Alas, Poor Darwin: Arguments Against Evolutionary Psychology (Jonathan Cape, 2000).

Rose, Lionel, Massacre of the Innocents: Infanticide in Great Britain 1800-1939, (Routledge and Kegan, Paul, 1986).

Rose, Steven, Lifelines: Biology Beyond Determinism (Allen Lane, 1997).

Rose, Steven, Lewontin, R C, and Kamin, Leon J, Not in Our Genes: Biology, Ideology and Human Nature (Penguin, 1990)[국역: 《우리 유전자 안에 없다: 생물학·이념·인간의 본성》, 한울, 2009].

Rosen, Michael and Widgery, David (editors), The Chatto Book of Dissent (Chatto & Windus, 1991).

Rosenberg, Chanie, Women and Perestroika: Present, Past and Future for Women in Russia (Bookmarks, 1989)[국역: 《소련 여성과 페레스트로이카》, 한울, 1991].

Rosin, Hanna, The End of Men and the Rise of Women (Viking, 2012).

Rowbotham, Sheila, Century of Women: The History of Women in Britain and the United States in the Twentieth Century (Penguin, 1999).

Rowbotham, Sheila, Dreamers of a New Day: Women Who Invented the Twentieth Century (Verso, 2010)[국역: 《아름다운 외출: 페미니즘, 그 상상과 실천의 역사》, 삼천리, 2012].

Rowbotham, Sheila, Hidden from History (Pluto Press, 1983).

Rowbotham, Sheila, Segal, Lynne and Wainright, Hilary, Beyond the Fragments: Feminism and the Making of Socialism (Merlin Press, 2013).

Rowbotham, Sheila, Women, Resistance and Revolution (Penguin, 1972).

Sargent, Lydia (editor), The Unhappy Marriage of Marxism and Feminism (Pluto Press, 1986).

Sayers, Janet, Evans, Mary and Redclift, Nanneke, Engels Revisited: New Feminist Essays (Tavistock Publications, 1987).

Schneir, Miriam (editor), The Vintage Book of Feminism (Vintage, 1995).

Segal, Lynne and McIntosh, Mary (editors), Sex Exposed: Sexuality and the

*Pornography Debate* (Virago Press, 1992).

Segal, Lynne, *Slow Motion: Changing Masculinities, Changing Men* (Virago, 1990).

Segal, Lynne, *Straight Sex: The Politics of Pleasure* (Virago, 1994).

Shorter, Edward, *A History of Women's Bodies* (Penguin, 1984).

Simons, Mike, *Striking Back: Photographs of the Great Miners' Strike 1984-1985* (Bookmarks, 2004).

Smith, Joan, *The Public Woman* (Westbourne Press, 2013).

Stites, Richard, *The Women's Liberation Movement in Russia: Feminism, Nihilism, and Bolshevism, 1860-1930* (Princeton University Press, 1978).

Stringer, Chris, *The Origins of Our Species* (Penguin, 2012).

Taylor, Barbara, *Eve & The New Jerusalem: Socialism and Feminism in the Nineteenth Century* (Virago, 1983).

Terkel, Studs, *Hard Times: An Oral History of the Great Depression* (The New Press, 1986).

Tilly, Louise A and Scott, Joan W, *Work, Women and Family* (Methuen, 1987) [국역: 《여성, 노동, 가족》, 후마니타스, 2008].

Todd, Janet, *Mary Wollstonecraft: A Revolutionary Life* (Weidenfeld & Nicolson, 2000)[국역: 《세상을 뒤바꾼 열정》, 한길사, 2003].

Trotsky, Leon, *The History of the Russian Revolution* (Pluto Press, 1977)[국역: 《레온 트로츠키의 러시아 혁명사 상·중·하》, 풀무질, 2003~2004].

Trotsky, Leon, *Women and the Family* (Pathfinder, 2009)[국역: 《마르크스주의자들의 여성해방론》, 책갈피, 2015].

Valenti, Jessica, *Full Frontal Feminism: A Young Woman's Guide to Why Feminism Matters* (Seal Press, 2007).

Valenti, Jessica, *He's a Stud, She's a Slut and 49 Other Double Standards Every Woman Should Know* (Seal Press, 2008)[국역: 《우리가 꼭 알아야 할 남자와 여자에 관한 50가지 이중기준》, 책세상, 2011].

Vogel, Lise, *Marxism and the Oppression of Women: Towards a Unitary Theory* (Brill, 2013).

Vogel, Lise, *Woman Questions: Essays for a Materialist Feminism* (Routledge, 1995).

Walter, Natasha (editor), *On the Move: Feminism for the Next Generation* (Virago Press, 1999).

Walter, Natasha, *Living Dolls: The Return of Sexism* (Virago 2010).

Walter, Natasha, *The New Feminism* (Little, Brown 1998).

Wandour, Michelene, *Body Politic: Women's Liberation in Britain 1969- 1972* (Stage 1, 1972).

Weeks, Jeffrey, *Sex, Politics and Society: The Regulation of Sexuality Since 1800* (Longman, 1981).

Weigand, Kate, *Red Feminism: American Communism and the Making of Women's Liberation* (John Hopkins University Press, 2001).

White, Kevin, *Sexual Liberation or Sexual License? The American Revolt Against Victorianism* (Ivan R Dee, 2000).

Winslow, Barbara, *Sylvia Pankhurst: Sexual Politics and Political Activism* (UCL Press, 1996).

Wolf, Alison, *The XX Factor: How Working Women are Creating a New Society* (Profile Books, 2013).

Wolf, Naomi, *Vagina: A New Biography* (Virago, 2012).

Woodward, Kath and Woodward, Sophie, *Why Feminism Matters: Feminism Lost and Found* (Palgrave Macmillan, 2009).

Younge, Gary, *Who Are We—And Should It Matter in the 21st Century?* (Viking, 2010).

Zetkin, Clara, *Clara Zetkin: Selected Writings*, edited by Philip S Foner (International Publishers, 1984)[일부 국역: 《마르크스주의자들의 여성해방론》, 책갈피, 2015].

# 옮긴이 후기

이 책의 번역 작업을 한창 하고 있던 2016년 5월, 서울 강남역 부근에서 한 남성이 일면식도 없는 젊은 여성을 살해했다. 가해자는 "여자들이 나를 무시했기 때문에"라는 살해 동기를 밝혀 충격을 줬다. 사람들은 추모의 마음을 담은 포스트잇을 붙이는 운동을 시작했으며, 이 사건을 정신질환자의 우발적 범죄가 아니라 여성에 대한 구조적 폭력을 드러내는 사건으로 읽어 냈다. 또한 우리 사회의 여성 억압과 차별에 대한 정당한 분노가 표출됐다.

지금까지 여성에 대한 많은 강력범죄가 있었지만, 이 사건은 살해 동기에서 여성에게 인정받고 싶어 하는 욕망, 그 욕망이 좌절됐을 때 느끼는 절망감, 거기서 비롯한 여성에 대한 적개심, 적개심의 실천으로서 무작위적 살인, 이 모든 내면적 과정을 적나라하게 드러냈다. 이것은 여성에 대한 남성의 폭력에 내재해 있는 여성 혐오의 심리를 잘 보여 주는 사례다.

우리는 주변에서 성격이 유순하다는 평가를 받던 평범한 남성이 헤어지자고 말하는 애인을 살해하거나, 실직과 생활고로 일가족을 살해하고 자신도 자살하거나, 자신을 무시했다는 이유로 칼부림을 하고 불을 지르는 일에 관한 기사를 심심치 않게 접한다. 이런 현실을 보면 모든 남성이 잠재적 가해자라는 말은 전혀 과장이 아니다. 필자 자신의 삶을 돌아보건대, 필자가 젊은 시절 폭력범죄자가 되지 않은 것은 항상 윤리적으로 올바른 판단을 했기 때문만은 아니며 단지 운이 좋았기 때문인 면이 있다는 점을 고백한다. 분노에 휩싸여 홧김에 던진 돌이 상대방을 비껴간 것은 운이 좋았을 뿐 그 돌멩이에 살기가 없던 것이 아니다. 상대방을 죽이고 나도 죽어 버릴까 하는 격분의 순간에 간신히 이성을 잃지 않은 것이 과연 올바른 판단 때문이었는지 아니면 그럴 수 있는 기회가 여의치 않았기 때문인지 필자는 자신 있게 말할 수가 없다. '모든 남성이 잠재적 가해자'라는 말조차 완곡한 표현일 뿐, 현실에서는 수많은 남성이 여성을 상대로 한 크고 작은 폭력에서 실제로 가해자가 되고 있다.

이런 현실에서 여성을 상대로 한 끔찍한 범죄가 발생했을 때 여성들이 남성에 대해 분노를 표출하는 것은 너무나 당연하다. 그러나 우리는 남성이라는 성별을 폐지할 수도 없고 사회에서 몰아낼 수도 없다. 분리주의적 '남성 혐오'와 남성들에 대한 성토는 심리적으로 후련할 수는 있지만 문제는 그것으로 여성 억압이 해결되지 않는다는 것이다.

너무나 안타깝게도, 모든 남성을 있는 힘껏 격렬하게 욕한다고 해서, 남성들은 억압과 폭력을 멈추지 않을 것이다. 모든 남성이 얼마나 끔찍하게 폭력적인지 외치는 울분에 공감하지만, 너무나 답답하게도, 그런 주장을 남성들에게 한다고 해도 남성들이 대오 각성해 여성에 대한 폭력을 멈출 것을 기대할 수가 없다. 우리는 여성에 대한 폭력을 강력히 처벌하라고 요구해야 하지만, 정말 눈물 나게 답답하게도, 그런다고 해서 남성들이 폭력을 완전히 멈추지도 않을 것이다. 응분의 처벌은 범죄를 예방하는 효과가 있으며 여성을 상대로 한 범죄에 대해서 엄정한 사법 처리를 요구해야 하지만, 이 책에 나와 있는 사례처럼, 헤어지자는 여성을 죽이고 자기도 죽겠다는데, 어차피 실패한 인생, 감옥에 가건 사형을 당하건 상관없다며 여성에게 분풀이를 하려는데, 이런 남성들을 도대체 어떻게 강력한 처벌만으로 막을 수가 있겠는가.

마르크스주의는 이런 끔찍한 남성들의 존재와 여성 억압의 원인을 체제에서 찾는다. 성폭력을 일으키는 남성의 성에 대한 왜곡된 인식이 이윤 추구를 위해 성을 상품화하고 여성을 (그리고 인간을) 물건 취급하는 자본주의 시스템과 어떻게 무관할 수 있겠으며, 남자로서의 가치를 경제적 능력으로 판단해 능력이 없으면 열등한 존재로 취급하는 현실, 그리고 경제적 실패에 대한 좌절과 분노가 다수 남성들 사이에 끓어오르고 있는 현실이 어떻게 자본주의 경제 체제와 무관할 수 있겠으며, 위계 서열을 강조하고 약자를 멸시하려는 남성성이 고용주들에게 복종할 것을 강요하고 경쟁과 반목을 통해 노동자들을 분열시키려는 자본주의적 지배 방식과 어떻게 무관할 수 있겠는가. 또한 여성을 상대로 한 소위 '묻지마 범죄'와 각종 격정 범죄가 자본주의의 위기와 양극화가 심화되면서 증가하고 있는 것이 과연 우연이겠는가.

그러나 마르크스주의는 여성에 대한 억압을 궁극적으로 해결하기 위해서는 자본주의가 타도돼야 하기 때문에 그 전까지는 어쩔 수 없다고 말하는 것이 아니다. 혁명은 투쟁의 과정이지 하나의 사태가 아니다. 주디스 오어는 우리가 "날마다 모든 개혁을 위해 싸워야 하고 모든 억압의 표현에 반대해야 한다"고 주장하며 "물질적 조건을 바꾸려는 실제적 투쟁이 노동자들의 정치의식을 변화시킨다"고 설명한다. 이와 같이 마르크스주의는 자본주의가 붕괴되면 여성 억압이 자동적으로 사라진다는 것이 아니라, 투쟁의 과정에서 남성의 (그리고 여성의) 의식이 변화하고 차별과 억압이 제거될 수 있다고 보는 것이다.

급진주의 페미니스트들은 해방과 평등을 말하는 자들이 실제로는 성차별적이고 여성 억압적 행태에서 벗어나고 있지 못하다고 비판하며 마르크스주의에 도전장을 내밀었다(7장 참조). 그들은 진보적이고 고결한 체하는 남자라 하더라도 여성에 대한 폭력성, 억압성, 차별 의식, 이른바 '가부장성'을 내면적으로 가지고 있다고 폭로했다. 그들은 도덕적인 체하는 종교 지도자도, 정의로운 체하는 진보적 지식인도 성폭력과 성희롱의 가해자이거나 성차별적 인식을 가지고 있는 '어쩔 수 없는 남자'라고 폭로했다.

이런 급진주의 페미니즘의 도전에 대한 마르크스주의의 응답이 고작 '모든 남성이 다 나쁜 것은 아니다'라는 말뿐이라면 구차한 변명일 것이다. 마르크스주의는 남성성이 본질적으로 악한 것이 아니라 일정한 사회적 조건 속에서 억압적이고 폭력적으로 구성된다는 것을 인식한다. 그래서 급진주의 페미니즘의 도전에 대한 마르크스주의의 가장 강력한 응답을 요약하면 그런 사회적 조건을 변화시킬 수 있는 '사회적 실천'이다. 즉 마르크스주의는 많은 남성이 여성과 함께 싸우며 중요한 물질적 성과를 이뤄 왔으며 여성해방을 위해서는 남성과 여성이 함께 투쟁해야 한다고 지적한다.

이에 대해 급진주의 페미니스트는 남성이 여성의 권리를 옹호하는 것은 여성의 호감과 인정을 얻고 정치적으로 올바른 것으로 보이는 것을 통해 사회적 존경을 받으려는 술책일 뿐이며, 억압의 가해자가 시혜자의 입장에서 여성을 위하는 척하는 것에 불과하고, 평등을 위해 싸운다고 하면서도 일상생활에서는 여전히 내면의 '가부장성'으로 인해 아내의 가사노동을 착취하는 남편이거나 여성의 감정노동을 착취하는 남자친구라고 폭로한다.

물론 그런 지적에는 새겨들어야 할 부분도 있다. 그러나 노동계급이 자본주의에 맞서 싸우는 것은 그들이 자본주의의 온갖 폐해를 내면에서 몰아냈기 때문이 아니라, 투쟁과 혁명의 과정을 통해 그런 썩은 이데올로기를 제거하고 스스로를 해방할 수 있는 잠재성을 가지고 있기 때문이다. 마찬가지로, 설령 모든 남성에게 억압적이고 성차별적인 인식이 내면화돼 있을지라도, 인간은 지배적 이데올로기를 수동적으로 받아들이는 존재인 것만은 아니며 그에 저항하고 맞설 수도 있는 존재다. 남성이 여성과 함께 여성 억압을 발생시키는 물질적 조건에 대항해 싸우는 과정에서 얼마든지 변화할 수 있다고 인식하는 것이 마르크스주의다.

또한 사회주의자는 여성 문제에 대한 책을 읽거나 성차별에 반대하는 집회에 몇 번 참석한다고 해서 갑자기 성차별적 인식이 일소되지 않는다는 것을 알고 있다. 그렇지만 사회주의자는 함께 투쟁하는 과정에서 스스로를 변화시키고 세상을 변화시키려는 의지를 가진 모든 사람을 응원하며 그런 의지가 지속적으로 실천될 수 있도록 격려한다. 사회주의자는 정치 활동에서 차별적 의식을 가진 개인을 적발해 축출하거나 차별에 낮은 감수성을 보이는 구성원을 포함하는 분파를 색출해 배척하는 것을 목표로 삼지 않는다. 왜냐하면 내면적으로 차별 의식이 일소된 순결한 사람들끼리 모여 도덕적으로 완벽한 결사체를 건설하고 독야청청하는 것이 목표가 아니기 때문이다. 사회주의자는 차별과 억압에 맞서 싸우고자 하는 의지만 있다면 그 누구에게나 손을 내밀며 그 누구의 손도 뿌리치지 않는다. 사회주의자는 남성과 여성, 이성애자와 동성애자, 그리고 모든 인간이 계급사회가 유포한 이데올로기를 많건 적건 내면화하고 있는 체제의 피해자임을 이해하고, 서로 소통하고 배우고 토론하며 때로 비판하면서 그것을 극복하기 위해 함께 모이고 연대하고 투쟁하고 단결하는 것이다. 사회주의자에게 차이는 분열의 근거가 아니라 단결의 이유다. 다시 말해 차이를 극복하기 위해 단결해야 하는 것이지, 단결하기 위해 차이에 눈감아야 하는 것이 아니다. 남녀가 함께 여성 억압의 쟁점들을 배우고 소통하며 구체적 문제들을 해결하고자 실천하고 투쟁하는 과정을 통해 개인적 차원에서의 변화가 이뤄질 뿐 아니라 사회적 차원에서도 평등주의적 인식이 보편화될 수 있는 물질적 기반이 조성될 수 있도록 싸우는 것이 마르크스주의 여성해방 전략과 정치의 핵심이다.

이 책의 저자인 주디스 오어는 이렇게 섬세하고 실천적이며 과학적인 마르크스주의 여성해방론을 풍부한 구체적 사건과 역사적 사례를 제시하며 간명하고도 이해하기 쉽게 제시한다. 수많은 여성이 단지 여성이라는 이유로 고통받고 있는 한국 사회에 이 책이 제시하는 비전이 의미 있게 다가가기를 바란다.

2016년 7월

이장원

# 찾아보기